Peter & Éeny Marsh

Das Herz der Sioux

Band 2

Land der vielen Zelte

4. Auflage 2018
©Indian Summer Edition
Neubrandenburg
Autor: Peter & Éeny Marsh
https://www.lakota-heart.de/
Cover: Michael Franke
ISBN: 978-3-947488-01-8
https://www.indiansummer-edition.de/
kontakt@indiansummer-edition.de

Das Herz der Sioux

Land der vielen Zelte

Peter & Éeny Marsh

Bereits seit 1995 führt Charly Juchler erfolgreich seine Lakota Kultur- und Landschaftsreisen, in enger Zusammenarbeit mit Freunden, Organisationen und Institutionen durch. Das große Interesse und die bisher durchgeführten Reisen zeigen, dass er in die richtige Richtung hin arbeitet.

Ein großer Teil seiner erzielten Verkaufserlöse fließen in den Lakota-Hilfsfond „CHANKU LUTA - DER ROTE WEG". Dadurch ist es möglich geworden umfangreiche Hilfen für Lakota-Familien zu gewähren und Projekte in den Reservationen Pine Ridge und Rosebud zu unterstützen.

Konkret beinhaltet das z.B.:

- finanzielle Unterstützung von Sängern bei Zeremonien
- Spende von Lebensmitteln für traditionelle Riten (Sonnentanz, Wettbewerbe für Jugendliche, u.ä.)
- finanzielle Unterstützung beim Rückkauf sakraler Gegenstände
- Mitfinanzierung von Projekten für Schulkinder in den Lakota-Reservationen
- Unterstützung bei der Finanzierung von Flügen von Lakotakünstlern in die Schweiz

Dies ist keine Stiftung und durch eine sehr limitierte Administration ist es möglich, die gesammelten Mittel direkt und ohne Abzüge in die Projekte investieren zu können.
Durch eine überwältigende Hilfsbereitschaft ist es bereits in der Vergangenheit gelungen, wichtige soziale Projekte zu fördern.

Im November eines jeden Jahres wird auf der Chanku Luta Homepage

www. the-red-road.com

Rechenschaft über die Verwendung der Spenden abgelegt.

Im Namen von Charly Juchler danke ich für das entgegengebrachte Vertrauen und hoffe weiterhin auf Unterstützung!

Die Größe der Menschen liegt in der Weite ihrer Herzen ...

Migros Bank, 8401 Winterthur, Schweiz
CH 88 0840 1016 1803 9490 9
Juchler Karl Albert
Chanku Luta
Konto 84-704-3

Wanbli Gleska Olowan
Ikce Wanbli Gleska wan Oo
kta kiyan pi k' un
Wana he yelo, wana he yelo,
wana he yelo.

Gefleckter Adler Lied
Ein gewöhnlicher gefleckter
Adler hast du gesagt wird kommen.
Nun jetzt ist er da,
jetzt ist er da, jetzt ist er da

1.

Hass loderte in den Augen von Schwarzes Hemd, dem Häuptling der White River Ponca, als er mit zornigen Blicken die weiterwandernde Gruppe der Brulé Sioux verfolgte, die unbehelligt ihren Frühlingsjagdgründen entgegenzog, ohne dass auch nur ein einziger Kriegspfeil mit seinem singenden Geräusch die Luft zerschnitt.

Seit Schwarzes Hemd ein Kind war und denken konnte, lebten die Ponca mit den Sioux ständig in erbitterter Feindschaft. Nirgends waren sie, die friedliebenden Ponca, vor den Überfällen ihrer mächtigen und heimtückischen Feinde sicher, die nicht nur ihre Frauen und Mustangs, sondern auch ihre Ernten und Wintervorräte stahlen.

Fast sechzig Krieger standen Schwarzes Hemd in seiner Jagdgruppe zur Verfügung, und zu gern hätte er den überheblichen Sioux eine ordentliche Tracht Prügel verabreicht. Aber die Jäger der Ponca wie auch ihre Feinde, die Lakota, hatten auf der Wanderung ihre Familien bei sich. Nur diesem unglücklichen Umstand und dem ungleichen Kräfteverhältnis zugunsten der Sioux war es zu verdanken gewesen, dass es zu keiner kriegerischen Auseinandersetzung gekommen war.

Als sich die beiden Stämme auf der Prärie trafen, wechselte man, um sein Gesicht und den Frieden zu wahren, lediglich ein paar belanglose und oberflächliche Worte. Aber Schwarzes Hemd war verwirrt, irgendetwas stimmte nicht mit den Brulé, und das machte ihn sofort stutzig. Wieso nur hatten sie über siebzig Krieger und nur so wenige Squaws bei sich, fragte er sich die ganze Zeit. Auch seine beiden ihm treu ergebenen Krieger, Kleiner Wind und Many Scalps, die ihrem Häuptling nie von der Seite wichen und mit ihm gemeinsam an der Spitze ihrer Stammesgruppe ritten, äußerten ihr Misstrauen. Jeder der drei Männer hatte das Gefühl, dass irgendetwas faul war, doch keiner von ihnen vermochte zu deuten, worin genau die Ursache ihres Misstrauens lag.

Während der kurzen und förmlichen Unterredung mit dem fremden Häuptling hatte Schwarzes Hemd versucht, die Brulé etwas eingehender zu studieren. Doch gerade als er dank seiner Kombinationsgabe im Begriff war, dem Geheimnis der Sioux mit einem klärenden Gedanken gefährlich nahe auf die Spur zu kommen, geschah etwas recht Ungewöhnliches. Der Kriegshäuptling der Sioux, der sich als Badger vom Bund der Präriedachse vorstellte, verdrehte während ihres

7

Gespräches den Namen des Poncahäuptlings so arg, dass es fast schon einer Beleidigung gleichkam. Sofort entschuldigte er sich lächelnd für das Versehen bei Schwarzes Hemd und tat so, als ob nichts weiter passiert wäre. Aber auf diese Weise hatte er Schwarzes Hemd voll aus dem Konzept gebracht, und überhaupt, niemand durfte ihn, den Häuptling der Ponca, einfach ungestraft „Schwarzes Fell" nennen. Er war doch kein Stinktier!

Zu allem Überfluss ritt dieser Badger auch noch seinen vor knapp vier Sommern geraubten Präriesturm, einen schwarz-weiß gescheckten Pinto. Allein schon aus diesem Grund konnte sich Schwarzes Hemd samt seines Fells schwarzärgern. Kein anderer Mustang in den Lagern der Ponca hatte jemals vermocht, es mit diesem Tier an Kraft und Ausdauer aufzunehmen. Obendrein war Präriesturm noch von so betörender Schönheit gewesen, dass es der übertriebenen Eitelkeit von Schwarzes Hemd viele Monde lang stets sehr dienlich war.

Was hatte dieser dreiste Sioux frecherweise behauptet, als Schwarzes Hemd das Gespräch geschickt in Richtung auf seinen ehemaligen prächtigen Mustang lenkte? Angeblich hätte er das Tier halb verhungert und herrenlos vor drei Wintern in seinen Jagdgründen nahe der Paha Sapa eingefangen? Das war wieder eine Lüge, welche einer erneuten Beleidigung gleichkam und Schwarzes Hemd innerlich vor Wut zum Kochen brachte.

„Was müssen wir uns noch alles gefallen lassen?", schrie der Häuptling, jetzt endgültig die Fassung verlierend, seine beiden Krieger an. „Ich sage Schluss! Der Skalp dieses dreckigen Siouxhäuptlings, welcher nicht nur meinen Mustang raubte, wird schon bald in meiner Hütte hängen!"

Kleiner Wind, der neben Schwarzes Hemd und dem Krieger Many Scalps ritt, schaute sich entsetzt um. Erleichtert blickte er wieder nach vorn, denn niemand hatte den Gefühlsausbruch seines Häuptlings bemerkt. Alle anderen Stammesmitglieder folgten weiterhin in lang gezogener Linie und ausreichendem Abstand ihren drei Anführern.

Kleiner Wind sah bedrückt zu Boden, denn viel zu lange schon quälte ihn ein zermürbendes Geheimnis, welches auch besser eines hätte bleiben sollen. Doch die Narbe, die sein schlechtes Gewissen durch dieses Geheimnis davongetragen hatte, war erneut, und das auch gleich auf sehr unsanfte Weise, wieder aufgerissen worden.

8

Er wusste es besser, es war nicht dieser Badger, der Häuptling der Brulé, gewesen, der einst den Mustang gestohlen hatte. Er, Kleiner Wind, hatte damals sogar ungewollt bei dem Diebstahl zugesehen und nichts unternommen.

Und wieder einmal kämpfte er mit sich selber. Sollte er sich Schwarzes Hemd wirklich anvertrauen? „Es war nicht ihr Häuptling", gab er dann endlich kleinlaut von sich.

Schwarzes Hemd sah seinen Krieger nicht verstehend an. „Was war nicht ihr Häuptling?"

„Der deinen Mustang gestohlen hatte. Ich sah es, konnte aber nichts dagegen unternehmen."

Nun neugierig geworden, da sein Krieger ihm wohl etwas mitzuteilen gedachte, beruhigte sich Schwarzes Hemd wieder etwas. „Erzähle!", forderte er Kleiner Wind ein wenig unsanft auf, endlich mit der Sprache herauszurücken.

„Es war vor vier Sommern. Überall, in allen Lagern, sprach man damals nur noch von ihnen. Du weißt, wer?"

„Den Geisterkriegern?" Schwarzes Hemd schien sofort zu verstehen.

Kleiner Wind nickte kaum merklich, als er fortfuhr: „Als die Geister-krieger die Herden der Pawnee und auch unsere Mustangs raubten, trieben sie die Tiere mit den Schlachtrufen der Flathead, Shoshonie und Sioux einfach davon. Alle waren verwirrt, und keiner unserer Krieger, ebenso wie die Männer der Pawnee, wusste damals so genau, was eigentlich geschehen war … Es war ein verwundeter Krieger - ich dachte jedenfalls, es sei einer meiner Brüder - der sich kurz nach dem Überfall schwer verletzt bis vor das Zelt unseres Heiligen Mannes schleppte. Bevor er taumelnd zusammenbrach, sprang er jedoch auf Präriesturm und eilte mit dem Schlachtruf der Sioux auf die nächtliche Prärie hinaus. Es war der Krieger, der neben seinem Häuptling den rot-weißen Pinto ritt."

Ernsten Blickes musterte Schwarzes Hemd seinen Krieger.

„Auch ich habe ihn erkannt", meldete sich unerwartet Many Scalps zu Wort, bevor Schwarzes Hemd etwas erwidern konnte.

Verblüfft wendete der Häuptling seinen Blick zu dem anderen Krieger, der ebenfalls ein Geheimnis mit sich herumzutragen schien.

„Als wir damals mit unseren wenigen Kriegern, die noch einen Mustang besaßen, die Diebe unserer Ponys verfolgten, glaubte ich,

9

Schwarzes Hemd sei uns auf seinem Präriesturm nachgeeilt. Als Schwarzes Hemd uns dann in eine andere Richtung fortschickte, glaubten alle Krieger, kein anderer als ihr Häuptling hätte das getan, da er wohl einen Plan hätte, wie er die Mustangs von den Feinden zurückholen könnte. Heute habe auch ich den Krieger von damals wiedererkannt. Er reitet einen rot-weißen Pinto."

Schwarzes Hemd hielt seinen Mustang an. „Auch dieser freche Hund wird sterben! Wir werden den Sioux nacheilen und auf den rechten Moment warten. Erst wenn unsere Ehre wiederhergestellt ist und die Sioux ihre Schuld bezahlt haben, kehren wir wieder heim."

Langsam wendete Schwarzes Hemd seinen Mustang und ritt, gefolgt von seinen beiden Kriegern, dem immer noch nachfolgenden Zug seiner eigenen Stammesangehörigen entgegen.

Um unbemerkter an die feindlichen Lakota heranzukommen, hatten sie beschlossen, ihre Mustangs bei ihren Leuten zurückzulassen. Die Ponca nahmen natürlich an, ihre drei Männer wollten ihnen nur den Rücken vor eventuellen Verfolgern frei halten. Niemand vermutete dahinter die düsteren Rachegedanken, von denen ihr Häuptling vorangetrieben wurde und der damit zugleich seine zwei besten Krieger in den eigenen hasserfüllten Abgrund mit hineinzog.

Zu Fuß und nur mit ihren Waffen beladen, erreichten sie schnell den Punkt, an dem sie ihren verhassten Feinden erst vor kurzem begegnet waren. Unsichtbar und lautlos, wie der erahnte Schatten in einer mondlosen Nacht, folgten sie der Gruppe der Brulé bis in die bereits angebrochene Dunkelheit hinein.

Als sich jedoch schon kurz nach Sonnenaufgang des darauf folgenden Tages der Zug der verfolgten Sioux wieder in Bewegung setzte, kamen Schwarzes Hemd und seine Begleiter aus dem Staunen nicht mehr heraus: Vor einem Tag noch besaßen die Sioux nur wenige Frauen und Alte, dafür aber mehr als siebzig Krieger.

Wo waren die vielen jungen Männer geblieben und wo kamen nun plötzlich all die Frauen her, fragten sich die drei wütenden und erstaunten Ponca.

„Wieder nur ein Trick, um uns zu narren, denn sie haben ihre Weiber in die Sachen ihrer Krieger gesteckt!", schimpfte Schwarzes Hemd voller Zorn.

„Sie waren uns unterlegen und wir hätten diese räudigen Hunde einfach auslöschen können!", tobte Kleiner Wind, der sich, genau wie Many Scalps, von den Sioux erneut hatte blenden lassen.

„Bald werde ich einen neuen Namen tragen!", prahlte lautstark Many Scalps. „Ihr sollt ihn aber jetzt schon hören: ´Zu Viele Skalps` wird man mich bald rufen, wenn wir mit unseren Kriegern erst einmal diese Sioux besucht haben."

„Nein, bald schon sind sie jenseits des White River, wir werden ihnen allein folgen müssen. Umso größer wird dann auch die Ehre sein, mit der man uns bei unserer Heimkehr empfangen wird", bemerkte Schwarzes Hemd, bevor er sich wieder anschickte, den Sioux mit seinen Kriegern weiter unerkannt nachzustellen.

Ohne Gefahr für ihr Volk überquerten indessen die Sioux an einer Furt den wild dahinströmenden White River und gelangten so unbeschadet an das nördliche und zugleich heimatliche Ufer des Flusses.

Ein freudiger Hoffnungsschimmer machte sich auf den zornigen Gesichtern der drei Ponca breit, als sie mit Genugtuung bemerkten, wie drei Krieger der Brulé zurückgeblieben waren, um ihrem Stamm als Nachhut zu dienen. Schwarzes Hemd konnte seine Freude kaum mehr unterdrücken, als er erkannte, dass einer der Krieger sogar den besagten rot-weißen Pinto ritt, dessen Besitzer die Krieger der Ponca so oft schon an der Nase herumgeführt hatte.

„Diese drei Sioux werden heute Nacht für ihre anderen Brüder den Pfad zu ihren Ahnen bereiten", frohlockte Kleiner Wind voreilig.

„So sei es, und ihre Klagelieder sollen niemals mehr verstummen!" Schwarzes Hemd pflichtete seinem Krieger mit freudiger Erregung bei und er schien ihm, zu dessen Erleichterung, nichts nachtragen zu wollen, da auch er, der Häuptling der White River Ponca, sich von den Sioux hatte täuschen lassen.

Welchen Zauber nur mochten ihre Feinde wohl besitzen, dass sie sich in der Kunst des Irreführens so gut verstanden, fragte sich Schwarzes Hemd immer und immer wieder. War es wirklich richtig, die Sioux zu verfolgen? Langsam begannen in ihm die ersten Zweifel aufzukeimen, und ungute Gedanken, dass ihre Feinde eventuell im Bund mit den bösen Geistern stehen könnten, schienen inzwischen mehr als nur eine Vermutung zu sein. Wie sonst nur war es möglich, sich immer wieder aufs Neue von ihnen zum Narren halten zu lassen? Doch er hatte gesprochen, und jegliche Form eines Rückzuges würde man ihm später nur als Schwäche ausgelegen wollen.

In aller Ruhe warteten daher die drei Ponca die sich nähernde Dämmerung ab, um dann im Schutze der Nacht unbemerkt die Fluten des White River zu durchqueren. Jetzt galt es für die Eindringlinge, noch mehr Vorsicht als zuvor an den Tag zu legen, denn hier an den nördlichen Ufern begannen die Jagdgründe der Brulé, welche die unumstrittenen Herrscher dieses Gebietes waren und die keinen Spaß verstanden, wenn ihnen ungebetene Gäste zu nahe kamen. Keiner ihrer eigenen Krieger würde ihnen hier zur Hilfe eilen können, wenn sie auf ihrem Rachefeldzug auch nur den kleinsten Fehler begingen.

Als die Ponca bereits im Begriff waren, sich wie Schlangen in der Dunkelheit an der gegenüberliegenden Uferböschung durch den Schlamm hinaufzuschlängeln, ließ sie ein kleiner, glühender Punkt in der Ferne sofort noch vorsichtiger werden. Dies musste mit sicherer Wahrscheinlichkeit das Lager der drei zurückgebliebenen Siouxkrieger sein. Offenbar fühlten sie sich in ihren eigenen Jagdgründen mit ihrer eigens für sie erschaffenen, zum Himmel schreienden Überheblichkeit so sicher, dass sie alle Vorsichtsmaßnahmen außer acht ließen.

Schnell näherte sich der Häuptling mit seinen zwei Kriegern dem vermeintlichen und immer näher kommenden Rastplatz ihrer Feinde. Das Feuer, welches die Sioux in ihrem Lager entfacht hatten, war bereits erloschen. Hatten sich die drei etwa schlafen gelegt?

„Diese Narren, jetzt werden sie sehen, was es heißt, Ponca zu beleidigen!" siegesgewiss und sich seiner Skalptrophäe bereits sicher, griff Many Scalps schon jetzt mit fast grimmiger Vorfreude nach seinem Messer, denn die Stelle des Lagers war auch nach Erlöschen des Feuers in der Dunkelheit leicht zu finden. Die Ponca brauchten nur dem noch vorhandenen Geruch des Lagerfeuers zu folgen, um es dann endlich von drei Seiten gleichzeitig angreifen zu können.

In sich hineingrinsend, umringten sie lautlos die Stelle, wo sich das Lager befinden musste, und sprangen gemeinsam aus dem Dickicht auf den etwas freier liegenden Lagerplatz. Aber statt sich der drei Lakotaskalpe zu bemächtigen, stieß Schwarzes Hemd wutentbrannt und mit einem lautlosen Schrei auf den Lippen sein Messer in den noch warmen Prärieboden. Schmerzlich mussten alle drei erkennen, dass das Lager der Sioux bereits wieder verlassen worden war. Wie sollten sie jetzt, in der mondlosen Finsternis, auch nur die geringste Spur ihrer Feinde wiederfinden, nachdem sie selbst beim Einkreisen des feindlichen Lagers dafür gesorgt hatten, alle noch vorhandenen Spuren zu zerstören? Nun mussten sie notgedrungen erst einmal die Morgendämmerung abwarten, erst dann würde es ihnen möglich sein, nach Zeichen und Hinweisen, die Aufschluss über den Verbleib der Sioux gaben, zu suchen.

Ihre Mühe und Geduld zahlte sich jedoch schnell aus und sollte belohnt werden. Bereits beim ersten Tageslicht fand Many Scalps die Fährte der sich weiter nach Norden bewegenden feindlichen Krieger, da sie sich deutlich genug von der etwas älteren Fährte ihrer vorausgegangenen Stammesbrüder abzeichnete. Ohne lange zu überlegen, folgten sie im Schutze des hohen Büffelgrases der Spur der Lakota. Hin und wieder lagen jetzt größere Fels- und Gesteinsbrocken auf der immer hügeliger werdenden, welligen Prärie. Alle natürlichen Deckungen ausnutzend, gelangten sie so bis an eine Gesteinsformation, die aus zwei fast identischen Felsen bestand, welche wie Zwillinge in die morgendliche und gerade zum Leben erwachende Prärie hineinragten.

Plötzlich und unerwartet tauchte vor ihnen der reiterlose rot-weiße Pinto ihres Feindes auf. Schwarzes Hemd versteckte sich sofort hinter einem größeren Felsen, während Kleiner Wind und Many Scalps in getrennten Richtungen die jeweilige angrenzende Umgebung nach den übrigen zwei Mustangs der Lakota absuchten. Ratlos kehrten sie jedoch eher, als von Schwarzes Hemd erwartet, zurück.

„Wir können die beiden anderen nirgends entdecken. Der Krieger, dem der Mustang gehört, scheint in der Tat allein zurückgeblieben zu sein", berichtete Kleiner Wind.

„Und ihr seid euch auch ganz sicher, dass dies nicht wieder eine ihrer Fallen ist, die uns diese Sioux stellen?", fragte ungläubig Schwarzes Hemd.

„Doch, er ist allein!", bestätigte Many Scalps nun auch die Aussage seines Gefährten.

„So sei er der Erste, der damit beginnen wird, unseren Durst nach Rache zu stillen!"

Schwarzes Hemd trat offen aus seiner Deckung heraus und legte mit ruhiger Hand einen Pfeil auf die Sehne seines Bogens. Mit einem dumpfen und reißenden Schlag drang das singende Geschoss in die

Brust des arglosen Lakota ein, der in sich gekehrt und gedankenverloren seine Feinde nicht im Geringsten bemerkt hatte. Schwarzes Hemd fühlte sich genau in dem Augenblick, als sein todbringender Pfeil in sein Opfer eindrang, so unsagbar wohl, und als er dann noch sah, wie der tödlich verwundete Siouxkrieger seinen verstörten Blick auf ihn richtete, hätte er vor Glück laut aufschreien können. Ohne einen Laut sackte dieser nur Momente später in sich zusammen und entschwand, durch die Felsen verdeckt, dem Gesichtskreis der sich nähernden Ponca.

Eine ganze Weile verging, und die Ponca wurden nun von keiner Eile mehr vorangetrieben, da sie doch wussten, dass ihnen ihr erstes Opfer nicht mehr zu entfliehen vermochte.

Doch was war das? Der Lakota richtete sich wieder auf!

Er stand tatsächlich wieder auf, was aber mit dieser Verwundung kaum möglich war, da der Pfeil ihn doch sicher mitten ins Herz getroffen haben musste. Mit einem kurzen und scharfen Ruck brach er den splitternden Schaft des tödlichen Geschosses ab und warf ihn den Ponca entgegen. „Was trödelt ihr wie alte Weiber? Habt ihr so viel Furcht vor einem sterbenden Lakota, dass ihr so lange wartet, bis er nicht mehr kämpfen kann?", rief er ihnen entgegen.

Sprachlos über den todesverachtenden Mut des Kriegers, vermochten sie nichts zu erwidern und versahen, aufgrund ihrer eigenen Scham und Hilflosigkeit, den Sioux nur mit ihrem spöttischen Gelächter.

Nun brach er endlich ein letztes Mal zusammen und entzog sich in seinem Todeskampf erneut den Blicken seiner Feinde.

Fast hatten die drei Ponca den Sioux erreicht, als eine unerwartete Wendung im Geschehen sie erneut innehalten ließ. Alle drei begriffen sofort und in derselben Sekunde, als sie das immer schwächer werdende Sterbelied des Lakota hörten, dass hier kein gewöhnlicher Krieger seine letzte Reise antreten würde. Von Furcht und blankem Entsetzen gepackt, lauschten sie dem Wind, der die letzten, in einer wohlklingenden Melodie eingewobenen Worte des sterbenden Kriegers zu dessen Schöpfer trug.

„Oh nein! Er war ein Wicasa Wakan!", gab Kleiner Wind mit zitternder Stimme von sich.

„Er muss im festen Bund mit seinen Geistern gestanden haben, denn nur so waren ihm all die Dinge möglich, die er getan hat. Was haben wir nur angerichtet?" Many Scalps schlotterte, als ihm bewusst wurde, welche neue Bürde sie sich soeben aufgeladen hatten.

Selbst dem hart gesottenen Schwarzes Hemd war augenblicklich unter seiner Kriegsbemalung die anwachsende Blässe anzusehen. Ihm war bange, als er daran dachte, welche unvorstellbaren Grausamkeiten ihnen der Geist des heimtückisch ermordeten Geheimnismannes zukünftig antun könnte. Aber es war geschehen und nicht mehr umzukehren. Vorsichtigen Schrittes näherten sie sich dem leblosen Körper des Wicasa Wakans .Ihnen wurde hundeübel, als sie ihm ins Antlitz blickten. „Seht nur", jammerte Kleiner Wind, „er lacht uns auch noch aus!"

Es stimmte. Der Wicasa Wakan war mit einem zufriedenen, ja, fast schon glücklichen Lächeln zu seinen Ahnen gegangen.

„Seine Sachen!" Erschrocken wich jetzt Many Scalps auch einen Schritt zurück und begann zu taumeln, als er dabei rücklings über einen größeren Stein stolperte. Auch die beiden anderen bemerkten nun, dass ein paar sehr persönliche Dinge des Lakota fehlten. Seine Coupfedern, die er soeben noch getragen hatte, waren spurlos verschwunden, und selbst sein Medizinbeutel, den jeder Mann immer bei sich zu tragen pflegte, fehlte. „Er hat diese Dinge gleich selbst mit auf seine Reise genommen", behauptete der völlig verstörte Many Scalps.

„Berührt ihn nicht mehr! Im Namen des Schöpfers, vollführt keine Coups!", versuchte Schwarzes Hemd, seine beiden Gefährten zu warnen, um die Sache nicht noch weiter zu verschlimmern.

Was hatten sie nur getan? Ihr Schicksal schien besiegelt. Der gebündelte Hass, der die drei Krieger in ihren Rachegefühlen vorangetrieben hatte, begann sich nun gegen sie selber zu wenden.

„Wir kehren sofort um, sofort! Vielleicht kennt Pferdebauch einen Zauber, der stark genug ist, um den Geist eines mächtigen Wicasa Wakans zu versöhnen!"

Die beiden Krieger nickten ihrem Häuptling hoffnungsvoll zu. Vielleicht hatte er ja recht, und Pferdebauch, der weiseste Geheimnismann aller Ponca, kannte einen Weg, den sicherlich nach unstillbarer Rache dürstenden Geist des getöteten Sioux zu versöhnen, denn nur wer so hinterrücks im Tode zu lächeln imstande war, musste, wenn er vor hatte, als Geist auf Erden zu wandeln, etwas sehr, sehr Furchtbares im Schilde führen.

Im eiligen Lauf verließen die drei Ponca den Ort ihrer ruhmlosen Tat, und keiner der drei Krieger besaß jetzt mehr den Mut, sich auch nur ein letztes Mal nach den beiden hinter ihnen immer kleiner werdenden Zwillingsfelsen umzusehen. Selbst an den Pinto des getöteten Wicasa Wakans traute sich niemand der Ponca auch nur mehr als zehn Schritte heran. Sicher würde er jeden, der es wagte, ihm zu nahe zu kommen, sofort niedertrampeln.

Zu allem Übel begann jetzt auch noch der Himmel, sich mit schweren, grauen Wolken immer weiter zu verdunkeln. Besorgt blickten alle drei nach oben.

„Seht, den Geistern bleibt nichts verborgen, sie haben wohl bemerkt, was geschehen ist."

„Du meinst wohl, was wir getan haben!", fügte Many Scalps der Bemerkung seines Häuptlings hinzu.

„Aber es war doch nur ein Versehen! Die Geister wissen sicher, dass wir keinen heiligen Mann töten wollten." Ängstlich schaute Kleiner Wind auf den immer dunkler werdenden Himmel. Die sich schnell ausbreitenden, schwarzen Gewitterwolken zogen in Windeseile auf direktem Wege in Richtung der Poncajagdgründe.

„Kleiner Wind sollte sein Schicksal wie ein Krieger annehmen und nicht wehklagen, wie die alten Weiber es tun!", schnarrte Schwarzes Hemd seinen Krieger an. „Daran hätten wir früher denken müssen!"

Mit wehleidigem Blick betrachtete Many Scalps die warnenden Vorzeichen am Himmel. „Schnell, lasst uns zusehen, dass wir das andere Ufer erreichen, bevor der Himmel endgültig einstürzt!"

Mitten, als die Ponca sich gerade in der Furt des White River befanden, begann Vater Himmel, wie die Sioux ihn nannten, seinen geballten Zorn mit all der ihm eigenen, verheerenden Wut zu entladen. Mit einem gewaltigen Wolkenbruch schleuderte nun Skan, der oberste Gott des Himmels, seine unendlichen Wassermassen in Form von übergroßen Hagelkörnern auf die Erde und die unglückseligen Ponca herab. In Sekundenschnelle stieg der Wasserspiegel des Flusses so gefährlich an, dass selbst die sonst gefahrlos zu passierende Furt des White River zu einem unüberwindlichen Hindernis zu werden drohte. Alle Geisterwesen der Lakota schienen sich vereint und nur das eine Ansinnen zu haben, alles Schlechte, zusammen mit den drei verzweifelten Ponca, vom Antlitz der Erde hinwegzufegen, und nur mit letzter vereinter

16

Kraft gelang es den drei Kriegern, den immer weiter ansteigenden, reißenden Fluten des White River zu entkommen.

Aber der Wolkenbruch hatte auch etwas Gutes. Vorläufig würde ihnen kein Krieger der Sioux nachstellen können, wenn er bei dem Versuch, den White River zu durchqueren, nicht sein Leben verlieren wollte. Entkräftet und vollkommen ausgezehrt, ließen sich die drei schlotternden und bis auf die Haut durchnässten Männer im peitschenden Regen an das schlammige, aber rettende südliche Ufer niederfallen. Zu der Erschöpfung, welche die drei nach der eiligen Flucht aus den Bruléjagdgründen verspürten, kam nun, da sie an der sicheren Uferseite waren, die blanke Verzweiflung über ihre Tat. Schwarzes Hemd wurde von marternden Selbstvorwürfen heimgesucht. Hätte er doch nur auf sein Gefühl vertraut, als in ihm bereits die ersten Zweifel wachgerufen wurden! Zutiefst bedauerte er, seinen Rache-gefühlen freien Lauf gelassen zu haben. Wie würde erst die Gruppe der Lakota reagieren, wenn sie feststellte, dass man ihren Wicasa Wakan getötet hatte?

Ganz sicher würden die Krieger kommen, und das schon sehr bald. Doch dieses Mal ohne Frauen und Kinder, und keine noch so reißenden Fluten des White River könnten sie dann aufhalten. Selbst diese kleine Unterabteilung der Brulé, mit ihren wenigen Kriegern, konnte noch verheerende Verwüstungen anrichten!

Man musste es nur verstehen, diese verrückten Sioux bis aufs Blut zu reizen, damit sie sich todesverachtend selbst auf einen weit über-legeneren Feind stürzten. Vielleicht war ja noch genügend Zeit, oder etwa doch nicht? Wie lange würde es noch dauern, bis die rach-süchtigen Brulé sich selbst und ihre Kriegsponys bemalten?

Schwarzes Hemd schien plötzlich den rettenden Gedanken zu haben. Schnell würden sie ihre eigene Jagdgruppe in das feste Dorf der Ponca zurückschicken. Alle umherziehenden Jägergruppen mussten sich sofort in ihren Dörfern einfinden. Dann würden die nach Blut dürstenden Sioux bereits nach ihrem ersten Angriff mit eingezogenen Schwänzen jaulend das Weite suchen.

Schwarzes Hemd freute sich. Es gab bei richtiger Vorbereitung also doch noch einen kleinen Hoffnungsschimmer. Jetzt musste er nur noch Pferdebauch dazu bringen, die Geister zu besänftigen, dann könnte vielleicht doch am Ende alles gut werden.

17

Nach diesen Gedankengängen erleichtert, sprang Schwarzes Hemd auf. „Kommt", rief er wesentlich besser gelaunt seinen beiden immer noch erschöpften und durchnässten Kriegern zu. „Wir haben noch einen sehr weiten Weg vor uns, wenn wir uns das Problem mit den Sioux endgültig vom Hals schaffen wollen!"

2.

Bedrohlich breitete sich ein schweres und tief hängendes Wolkenband am fast noch nächtlichen Himmel über dem schlafenden Zeltlager der Brulé aus. Trotz der Dunkelheit ließen sich an diesem Morgen bereits schon die ersten Silhouetten der friedlich grasenden Mustangs des Dorfes erahnen, welches gerade erst im Gebiet der Frühlingsjagdgründe errichtet worden war. Laut plätschernd zog sich der breite und zu dieser Jahreszeit immer noch recht wilde White River an diesem frühen Morgen dahin und entspannte mit seinem weithin hörbaren Wasserspiel nicht nur die wenigen aufmerksamen Krieger, die rings um das Dorf über den Schlaf ihrer Stammesangehörigen wachten.

Badger, der noch junge, aber durch seine vielen ruhmreichen Taten bereits schon zum Kriegshäuptling aufgestiegene Krieger, wälzte sich, von wirren Träumen gequält, unruhig auf seinem Lager hin und her. Mit einem unterdrückten Schrei des Entsetzens sprang er aus dem Schlaf gerissen und schweißgebadet von seinem Lager auf. Lange Haarsträhnen klebten feucht und ungeordnet in seiner Stirn.
Wiegendes Gras, die hübsche junge Frau an seiner Seite, eine gebürtige Shyela, war durch die Unruhe ihres Mannes ebenfalls erwacht. „Alles in Ordnung?", fragte sie, sich zärtlich an ihren Mann schmiegend.
„Ich habe geträumt - und es war ..." Er schüttelte den Kopf, unfähig weiterzusprechen.
„War es denn sehr schlimm?"
Es war nicht üblich, außer mit dem Wicasa Wakan, über besondere Träume und Visionen zu sprechen, aber Wiegendes Gras war für Badger mehr als nur eine Ehefrau. Er musste sich ihr einfach anvertrauen. „Es war Rabbit!"

Rabbit, sein Blutsbruder. Gemeinsam hatten sie mehr Gefahren und Feinden die Stirn geboten, als viele der alten und weisen Männer ihres Stammes es jemals vermocht hätten. Obwohl sie jeder eine eigene Familie besaßen, konnte nichts und niemand je die beiden Blutsbrüder voneinander trennen. Nur dieses eine Mal … Rabbit blieb mit zwei Kriegern als Nachhut zurück, da es kurz zuvor einen Zusammenstoß mit den verfeindeten Ponca gegeben hatte. Es kam zwar zu keinerlei Kampfhandlungen, aber die Krieger befürchteten, dass sie von den zahlenmäßig überlegenen Ponca angegriffen werden könnten, während sie ihre Frauen und Kinder bei sich hatten.

Vor einem Tag kamen Blutiger Flügel und Winterwind heim. Rabbit hatte sie vorausgeschickt und wollte bald schon selber zu seinen Zelten zurückkehren. Ungeduldig wurde er nicht nur von seiner Frau Rainfeather, seinem Sohn Feuer in seinen Augen und Badger zurückerwartet. Auch Büffelrücken hoffte auf Rabbits baldige Heimkehr, da dessen Ausbildung zum Wicasa Wakan vor fast sechs Monden abgeschlossen war und er unverzüglich sein Amt übernehmen sollte.

So viel Neues und Unbekanntes hatte Rabbit ihnen allen offenbart, und auch Badger hatte unendlich viel von ihm lernen dürfen, sodass er seinem Bruder in allem blind vertrauen und bedingungslos folgen würde. Begierig darauf, endlich wieder an seiner Seite Tatanka nachzujagen, denn bald schon begannen die alljährlichen Frühjahrsjagden, blickte er jeden Morgen der aufgehenden und immer mehr Wärme spendenden Sonne entgegen, als könne er so die Zeit bis zur näher rückenden Jagd verkürzen. Doch dieser wirre Traum, der ihm im Kopf herumspukte, stellte alles in Frage. Was hatte er zu bedeuten?

„Es war Rabbit?", fragte Wiegendes Gras noch einmal vorsichtig.

Badger nickte, so verstört hatte Wiegendes Gras ihren Mann, der immer alles unter Kontrolle hatte, noch nie gesehen. „Im Traum traf ich ihn", begann er zögernd, „in einem Tipi eines fremden Wicasa Wakans. Die Wände waren aus rot glühendem Nebel gemacht. Rabbit sah aus wie immer, hatte jedoch eine Wunde in der Brust. Ich selber war ein alter Krieger. Lange, weiße, dünne Strähnen hingen kraftlos von meinem Kopf herab und faltige Haut überzog meinen ganzen Körper. Ein Geheimnismann mit riesigen Adlerflügeln war auch noch dort. Und Rabbit … Rabbit bat mich als seinen Bruder, auf seine Familie zu achten … und - es macht mir Angst - ich solle Adlerschwinge nicht töten, da er ihn früh genug wiedersehen würde. - Es gibt nur einen Grund, den Mustang seines Bruders zu töten …"

„… damit er den Geisterpfad ins Land der vielen Zelte nicht selbst laufen muss?", unterbrach ihn Wiegendes Gras.

Bestürzt griff sich Badger einen kleinen Behälter mit Bärenfett und eilte zum Fluss. Bereits wenige Momente später kam er erfrischt, aber immer noch völlig verwirrt zurück, ordnete sein Haar und zog sein ledernes Kriegshemd über. Starr und ohne jegliche weitere Gefühlsregung verließ er das Tipi und eilte zum Zelt Büffelrückens. Büffelrücken, der alte Wicasa Wakan des Volkes im mittleren Alter, welcher seinen Sohn Rabbit zu seinem Nachfolger ausgebildet hatte, würde sicher wissen, was dieser Traum zu bedeuten hatte. Auch wenn es sich nicht ziemte, ohne Anmeldung und noch vor Tagesanbruch den weisen Mann aufzusuchen, er musste unbedingt mit Büffelrücken darüber sprechen.

Sofort, jetzt gleich, nicht erst nach Sonnenaufgang.

Vorsichtig klopfte Badger gegen die dicke, lederne Eingangsplane des verschlossenen Tipis. Bereits nach wenigen Atemzügen wurde die Plane beiseite geschlagen und Büffelrücken stand verwundert vor ihm.

„Büffelrücken möge mir verzeihen, aber ich komme in einer Sache, die keinen Aufschub duldet."

Der alte Mann nickte und winkte Badger einzutreten. Ausführlich berichtete Badger dem Wicasa Wakan von seinem Traum. Tiefe Sorgenfalten zogen sich über der Stirn des Geheimnismannes zusammen. Sein sonst so klarer und fester Blick machte, als Badger endete, auf diesen einen verzweifelten Eindruck. Er war blass geworden.

Regungslos, mit gesenkten Häuptern saßen sich beide an der noch nicht entfachten Feuerstelle gegenüber.

„Verzeih mir, aber ich musste sofort zu dir kommen", versuchte Badger, sich noch einmal zu entschuldigen.

„Es war gut so. Von dem Tag an, als du der Blutsbruder meines Sohnes wurdest, floss auch mein Blut durch deine Adern. Du wirst mir immer willkommen sein!"

„Ich danke dir. - Bitte sprich mit den Geistern und lass mich Rabbit mit einigen Kriegern entgegenreiten."

Büffelrücken blickte auf. War dieser Traum von Badger vielleicht nichts anderes als eine Vorwarnung? Ein kleiner Hoffnungsschimmer keimte auch in Badger auf, als sich das Antlitz des Wicasa Wakans etwas aufzuhellen begann.

Im selben Augenblick hörten sie ein bekanntes Hufgetrappel. Diesen tänzelnden Gang hatte nur ein Mustang bei den Lakota - Adlerschwinge! Beide standen, ohne auf weitere Etiketten zu achten, in Windeseile vor dem Tipi. Es war Adlerschwinge. Allein.

Schmerzverzerrt blickte Büffelrücken zu Badger, dessen Herz sich beim Anblick des reiterlosen Tieres zu einem steinernen Klumpen verkrampfte. Wiegendes Gras stand mit verweinten Augen vor ihrem Tipi. Auch sie hörte den Hufschlag von Adlerschwinge und spürte, dass der Traum von Badger mehr war als nur ein Fantasiegespinst.

Noch lag das Dorf bis auf wenige Ausnahmen im Schlaf. Würde es bis zum Sonnenaufgang weiterschlafen oder unter den Schlägen der Kriegstrommeln erwachen? Oder ließ sich sogar das ledige Tier ohne Rabbit irgendwie erklären?

Badger rannte urplötzlich in sein Zelt und kam sofort mit seinen Waffen wieder heraus. Auf dem Kopf trug er seine alte Dachsfellmütze. Einst warf er die verschmutzte und verschlissene Kappe nach einem Kampf mit den Pawnee achtlos fort. Rabbit hatte sie aufgehoben und sie von seiner Großmutter wieder herrichten lassen. Im tiefsten Winter, viel weiter nordwestlich in den Shoshoniebergen, als Badger entsetzlich fror, kramte Rabbit die Mütze hervor und gab sie ihm zurück. Dieser hatte seinem Bruder damals voller Freude zehn Büffel dafür versprochen. Rabbit hatte sie nie eingefordert. Wieso dachte er gerade jetzt daran?

Der große, unnahbare Badger, Kriegshäuptling der Sichangu, wie die Brulè sich selber nannten, war den Tränen nahe.

Er musste fort, sofort raus aus dem Dorf und nach seinem Blutsbruder suchen. „Adlerschwinge, du kennst den Weg, bring mich zu ihm!"

Nicht ohne Grund trug der prächtige Pinto seinen Namen. Wie auf Adlerflügeln schoss er in die offene Prärie hinaus.

Büffelrücken indessen befürchtete noch Schlimmeres, und so gab er Rotem Felsen, seinem ältesten Sohn und leiblichen Bruder Rabbits, Anweisungen, seine Männer zusammenzurufen. An der Spitze von zwanzig Kriegern stürmte Büffelrücken Badger schon wenig später hinterher.

Noch nie zuvor hatte Büffelrücken Angst verspürt um Leib und Leben, obwohl er doch wusste, dass Wakan Tanka ihn eines Tages zu sich rufen würde. Aber dass sein jüngster Sohn vor ihm die Reise antreten sollte, war unvorstellbar, und er war um nichts in der Welt bereit, ihn fortzulassen.

Badger flog auf Adlerschwinge wie ein Sturm über die Prärie seinen Stammesbrüdern voraus. Geradewegs hielt das Tier, ohne an Kraft zu verlieren, auf eine hügelige Erhebung, die von zwei Felsen gekrönt wurde, zu. Badger spürte, dass ihn das Tier bereits ans Ziel gebracht hatte, kaum dass die Entfernung zum Dorf erwähnenswert gewesen wäre.

Vorsichtig näherte er sich dem Hügel beim ersten Licht dieses Tages. Er sprang ab und gab Adlerschwinge frei. Langsam, jede Deckung durch kleine und größere Gesteinsbrocken ausnutzend, kroch und sprang er den ihm am nächsten gelegenen Felsen hinauf. Was er sah, beruhigte ihn wieder etwas, denn es war nichts zu entdecken. Mühsam streckte er sich aus dem Schutz der Felsen hervor, um auf das gegenüberliegende kleine Plateau zu spähen. Das Herz blieb ihm vor Schreck stehen, denn hinter einem kleineren Gesteinsbrocken ragte auf der anderen Seite leblos ein Arm hervor.

Adlerschwinge tänzelte aufgeregt am Fuße des Hügels herum, sodass Badger nur sehr langsam und unter größter Vorsicht zum anderen Felsen vordringen konnte. Vielleicht war er ja nicht allein hier und der Mustang wollte ihn mit seinem unruhigen Gehabe warnen.

Bestürzt sah er beim Näherkommen auf dem anderen Hügel einen reglosen Körper auf dem Rücken liegen. Er scheute sich davor, in dessen Antlitz zu blicken, aber es half alle Scheu nichts, er brauchte Gewissheit.

Langsam glitt sein Blick über den daliegenden Körper mit der vertrauten Kleidung. Wie in seinem Traum liefen ihm tiefrote, schon getrocknete Blutfäden von seiner Brust herab.

Badger stand, langsam wie in Zeitlupe, aus seiner geduckten Position auf und kniete sich neben den toten Körper hin. Behutsam nahm er den Kopf seines Blutsbruders und legte ihn sich in den Schoß. Er sah so friedlich aus, als ob er nur schlafen würde. Rabbit war wirklich ein großer Krieger gewesen, er war tatsächlich lächelnd zu Wakan Tanka gegangen, als dieser ihn gerufen hatte.

Badgers zugeschnürter Hals ließ ein Schlucken oder Luftholen kaum noch zu. Ein einziger Schrei des unsagbaren Schmerzes entglitt ihm und verhallte auf der endlosen Weite der Prärie. Mit aller Kraft drängte er seine Tränen zurück und versuchte, flach durch den offenen Mund zu atmen, damit ihm kein Schluchzen entglitt. Er wollte keine Schwäche zeigen. Wakan Tanka sah jetzt auf ihn herab, und auch der Geist seines Bruders sollte sich nicht für ihn schämen müssen, falls er noch in der Nähe verweilte.

Ganz behutsam spürte er plötzlich eine Hand auf seiner Schulter. Er drehte sich um. „Roter Felsen ..." Seine Stimme brach.

Büffelrücken war mit den Kriegern ebenfalls auf dem Hügel angekommen. Der Griff von Roter Felsen auf Badgers Schulter wurde zunehmend stärker. Auch er rang nach Kraft.

Büffelrücken kniete sich steif mit fahler Gesichtsfarbe am Kopfende seines Sohnes nieder. Seine geistesabwesenden Augen blickten regungslos und gedankenverloren in die Leere. Vor ihm liefen noch einmal die Bilder ab, als er mit seinem jüngsten Sohn nach dessen erster Visionssuche in die Einsamkeit ging, um seine verwirrte Seele zu heilen. Er sah ihn nach der siegreichen Heimkehr, als er sich mit einigen anderen jungen Kriegern den übermächtigen Pawnee in den Weg stellte, und auch, wie er als kleiner Knabe seinen ersten und einzigen Hasen fing. Büffelrücken lächelte, als er an Rabbits verstörten Blick dachte, als dieser erkannte, dass er, ohne es zu ahnen, seine eigene Mutter und Büffelrückens Frau nach vielen Jahren in die väterlichen Zelte heimführte.

Alles lief in Sekundenschnelle vor Büffelrückens geistigem Auge ab. Auch er, der alte Wicasa Wakan, musste kämpfen, um seine Beherrschung zu wahren.

Lange harrten sie an diesem Ort aus, bis das erste Wort wieder gesprochen werden konnte. Igelarsch trat mit grimmigem Blick an Büffelrücken und die anderen trauernden Krieger heran.

„Ponca!" Er hielt ihnen einen abgebrochenen Schaft mit den Farben der Ponca entgegen.

Büffelrücken wachte aus seinem in tiefen Gedanken versunkenen Schlaf auf. Er erhob sich und betrachtete eindringlich das Ende des Geschosses. Dann sah er auf seinen am Boden liegenden Sohn. Man hatte ihn nicht skalpiert.

Seine Feinde mussten große Achtung oder auch Angst, selbst noch im Tode, vor ihm gehabt haben. Sicher befürchteten sie, dass sein ruheloser Geist sie auf ewig verfolgen könnte. „Sucht alles in der Nähe ab!", trug Büffelrücken den Kriegern auf.

Niemandem war entgangen, dass einige sehr persönliche Dinge von Rabbit fehlten. Die Ponca, wenn sie Rabbits Skalp nicht wollten, hatten mit Sicherheit auch seinen Medizinbeutel, seine Pfeife und auch die Coupfedern nicht.

Vergeblich wurde hinter und unter jedem Stein und jedem Strauch gesucht. Die Krieger durchsuchten das gesamte Gelände im näheren Umkreis. Hatte der Geist von Rabbit diese Dinge auf seine Reise bereits mitgenommen?

„Vielleicht finden wir sie aber doch im Lager der Ponca", gestand Büffelrücken ein, sich in seiner ersten Annahme geirrt zu haben.

Der spezielle Kopfschmuck sagte viel und der Medizinbeutel eines Kriegers alles über seinen Träger aus.

Es war wie ein Fingerabdruck, genau wie die Pfeife einzigartig in ihrer Machart war. Es waren drei Teile, die es zu finden galt; fand man eines, so hatte man auch die anderen beiden gefunden.

Viele Winter später wurde immer noch gerätselt, wo die Dinge geblieben waren, denn auch in dem aus Rache heimgesuchten Lager der Ponca sollte man keinen Hinweis auf deren Verbleib finden.

Langsam bereitete man sich auf den Rückweg ins Lager vor. Die Krieger befestigten ein Travois an Adlerschwinge, auf das Rabbit, in Felle gehüllt, gelegt wurde. Zu Fuß wollte Badger das Tier am Zügel in Richtung ihres Lagers führen.

Nur schleppend kam der trauernde Zug vorwärts, da es niemand sehr eilig damit hatte, die bittere Botschaft in die Zelte zu tragen.

Als die Bewohner des Zeltdorfes auf den langen Zug der heimkehrenden Krieger aufmerksam wurden, versammelten sie sich schweigend am Rande des Lagers.

Jeder hatte von der am frühen Morgen ausrückenden Kriegerschar Notiz genommen und es hatten sich bereits die ersten Gerüchte unter ihnen breit gemacht. Zweiundzwanzig Männer sind seit dem Morgen unterwegs gewesen. Zweiundzwanzig kehrten auch wieder heim.

Wer lag also auf dem Travois, fragten sich die Menschen. Es fehlte nur einer, wenn nur nicht ausgerechnet dessen Mustang auch das Travois gezogen hätte.

Rainfeather stand mit dem kleinen Feuer in seinen Augen zwischen Wiegendes Gras und Wächst im Regen. Tanzender Kessel, die Mutter Büffelrückens und somit auch Großmutter von Rabbit, hielt sich noch bedeckt zurück und betete zu Wakan Tanka, um die nötige Stärke zu erlangen. Sie wusste, man würde ihr jetzt viel abverlangen und sie jetzt brauchen. Bereits aus der Ferne hatte sie den Mustang ihres Enkelsohnes erkannt. Mit schlürfenden Schritten ging sie langsam zu Rainfeather, der Frau ihres Enkelsohnes hinüber.

Rainfeather wurde unsicher. Seit dem Morgen verhielten sich alle Angehörigen sehr bedächtig und zurückhaltend. Selbst Wiegendes Gras, ihre beste Freundin, brachte kaum ein Wort hervor. Sie spürte, dass etwas Unheilvolles in der Luft lag. Langsam bahnte sie sich den Weg zur äußeren Reihe der Menschenmenge. Dicht gefolgt von Wiegendes Gras, Wächst im Regen und Tanzender Kessel, sah sie in die geschwärzten Gesichter der heimkehrenden Krieger. Trauer! Aber um wen?

Selbst unter der schwarzen Gesichtsbemalung erkannte sie das verzerrte Gesicht des zu Fuß gehenden Badger. - „Das Pony!", schoss es ihr ein. „Wieso führte er das Pony von …"

Von ohnmächtigem Schmerz ergriffen, stürzte sie sich schreiend auf das Travois. Sogleich waren Tanzender Kessel und die anderen Frauen zur Stelle. Rainfeather war nicht mehr ansprechbar.

Der kleine Feuer in seinen Augen freute sich, denn er hatte den Mustang seines Vaters erkannt. Unter all den aufgeregten, bunt gekleideten und heute gar nicht so lustigen und freundlichen Kriegern suchte er seinen Vater. Bestimmt war er endlich mit ihnen nach Hause gekommen, irgendwo musste er doch sein. Er sollte endlich kommen und Mama trösten, sie weinte, und dann könnte er ihn wieder auf seinem Bauch herumhopsen lassen. Der Gedanke auf die Hopser trieb Feuer in seinen Augen zur Eile an. Er zerrte an den Fransen der Leggins und an den ledernen Kleidblusen der Frauen. Er suchte schon so lange und viele Tage, aber nirgends war sein Vater zu finden.

Plötzlich stand er vor dem Travois. Wer schlief dort, fragte sich der Kleine. Schnell nahm Onkel Badger ihn auf die Arme, bevor er ein zweites Mal hinsehen konnte. Der immer zu Scherzen aufgelegte Onkel, der wie sein Vater mit ihm rumalberte, machte wie alle anderen einen traurigen Eindruck.

Tief vergrub der tapfere Krieger sein Gesicht in der zerzausten Mähne des Knaben. Langsam ging er nun auf Wiegendes Gras zu, die die völlig apathische Rainfeather in den Armen hielt. Tanzender Kessel war in sich zusammengesunken und lehnte sich weinend an Wächst im Regen. Badger nickte Roter Felsen zu und ging mit Feuer in seinen Augen fort zur Herde. Er nahm sich seinen Mustang, setzte den Kleinen vor sich auf das Tier und ritt mit ihm in die kommende Nacht hinaus. Er brauchte Luft zum Atmen, und am meisten brauchte er die Nähe des kleinen Feuer in seinen Augen. In ihm lebte sein Blutsbruder weiter. Er hatte Rabbit in seinem Traum ein Versprechen gegeben. Er würde dieses Versprechen halten!

Feuer in seinen Augen war wieder rundum zufrieden und hatte keine Ahnung, wie es möglich war, dass sein Onkel ihn bis in die Nacht hinein mit auf seinem Mustang reiten ließ. Doch das gleichmäßige Wippen auf dem Rücken des Tieres wiegte ihn in den Schlaf. Schwer fiel sein Kopf nach hinten gegen den Bauch Badgers, und seine Haare begannen, den Häuptling zu kitzeln, sodass dieser sogar etwas schmunzeln konnte, als Feuer in seinen Augen mit geöffnetem Mund ein wenig zu schnarchen begann.

Vor Sonnenaufgang kehrte Badger jedoch wieder ins Dorf zurück. Den Knaben behutsam auf seinen Armen tragend, betrat er schweren Herzens das Tipi von Rabbit. Es brannte immer noch ein kleines Feuer in der Mitte des Tipis, und es schmerzte ihn beim Eintreten, als ob jemand einen Dolch in seinem Magen herumdrehen würde.

Unter einem großen Büffelfell hielt Wiegendes Gras Rainfeather immer noch wie ein kleines Kind in den Armen. Sie waren eingeschlafen - und das war auch gut so.

Ausgezehrt legte Badger sich auf das Fell neben den schlafenden Knaben und blickte durch die geöffnete Rauchklappe des Tipis in den Himmel hinein. Er konnte jetzt nicht allein sein, denn ein verworrener Gedanke jagte den anderen und ließ wirre, bunte Bilder vor seinem geistigen Auge hin und her flackern. Am kommenden Morgen würde er alle Krieger ihres Akicita-Bundes zusammenrufen und sie zur Ehrung von Rabbit zu einer feierlichen Totenzeremonie einladen, und später dann würde er mit ihnen gemeinsam den Tod seines Blutsbruders auf fürchterlichste Weise rächen wollen. Mindestens ein Skalp ihrer Feinde musste genommen werden, so schrieb es das Gesetz vor, doch war sich Badger bereits darüber im Klaren, dass ihm das nicht genügen würde. Der Skalp, das entsprechende Symbol für die Seele, das Nagi, seines Bruders, sollte hundertfach genommen werden, wenn es nach Badger gegangen wäre.

Doch dann wurde ihm bewusst, dass es noch etwas Weiteres, sehr Wichtiges zu tun galt. Rainfeather und Feuer in seinen Augen waren jetzt ohne Beschützer und Ernährer, und Badger wusste, dass vor dem nächsten Winter Rabbits zweiter Sohn geboren werden würde. Sein Blutsbruder hatte ihm in einem Traum sogar schon dessen Namen mitgeteilt. Ohne Frage liebte er Feuer in seinen Augen wie einen eigenen Sohn, und auch Rainfeather, sie aber nur wie eine Schwester. Wenn er von dem Rachefeldzug gegen die Ponca heimkehrte, würde es eine feierliche Hunka-Zeremonie geben. Ja, dachte er bei sich selbst, das war ein wohltuender Gedanke, die beiden zu adoptieren. So konnte Badger ganz offiziell und schicklich für sie sorgen und sein Versprechen dennoch einlösen. Würde er Rainfeather als seine zweite Frau in sein Tipi aufnehmen, hätte er sicher immer das Gefühl, seinen Bruder zu betrügen, und außerdem liebte er Wiegendes Gras, wie man eine Frau nur lieben konnte, und wollte auch keine zweite.

Endlich, nach unsagbar langen Überlegungen, sollte auch Badger den notwendigen Schlaf finden dürfen …

Wie es Badger geplant hatte, traf er am anderen Tag alle Vorbereitungen für das Wacekiyapi, die Totenzeremonie für ein führendes Mitglied seines Akicitas und jungen Wicasa Wakans zugleich. Er ließ ein spezielles Tipi errichten und den Körper Rabbits für die Bestattung vorbereiten, indem man diesem seine beste Kleidung anzog und sein Gesicht rot anmalte. Badger selbst ersetzte die verschwundenen Adlerfedern durch seine eigenen und richtete sie entsprechend her. Er fühlte sich etwas freier an diesem Tag als noch am Abend zuvor, und es tat ihm unendlich gut, etwas für Rabbit tun zu können. Es war merkwürdig, immer öfter, fast schon ständig, war ihm so, als spüre er die Gegenwart von Rabbits Nagi, sodass er sich laufend umsehen musste, vereint mit der verborgenen Hoffnung, der Geist Rabbits könne wieder Gestalt annehmen.

Wächst im Regen brachte unter Tränen fein gearbeitete Geistermokassins mit perlenbesetzten Sohlen, die Rabbit das Wandern auf dem Geisterpfad erleichtern sollten, und von seinem Vater erhielt er einen neuen Medizinbeutel und andere neue persönliche Dinge, die man nicht mehr bei ihm gefunden hatte, welche ihn aber unbedingt begleiten mussten. Nur Badger allein wusste, was noch fehlte, und gab so dem neuen Medizinbeutel seines Bruders noch eine kleine Haarsträhne von Feuer in seinen Augen hinzu.

Nun war es soweit.

Man hüllte Rabbit in eine Robe, über die man zum Abschluss noch ein gegerbtes Fell legte, und damit das Bündel zusammengehalten wurde, wurde es sorgfältig mit ledernen Riemen verschnürt.

Vor dem Zeremonientipi wartete bereits Badger auf seine treuen Gefährten. Rabbits leiblicher Bruder, Roter Felsen, sowie die Krieger Igelarsch, Winterwind und Horse Tail erschienen pünktlich zur festgesetzten Zeit und folgten ihm nun in das Innere, wo Büffelrücken, Rainfeather, Tanzender Kessel, Wächst im Regen und Wiegendes Gras bereits Platz genommen hatten.

Nahe dem Eingang befand sich ein zusammengebundenes Gestell. Hierauf hatten die engsten Angehörigen des verstorbenen jungen Wicasa Wakans verschiedene Kleidungsstücke, Roben und andere Dinge bereitgelegt, die sie zu seinen Ehren opfern würden.

Im Tipi hingegen begann man nun, unter Ausschluss der Öffentlichkeit, mit der eigentlichen Trauerfeier.

Badger erhob sich fast ein wenig zaghaft, ging daraufhin zu jedem der männlichen Teilnehmer der Zeremonie und stach jedem drei dünne, angespitzte, fingerlange Holzspäne durch seinen Oberschenkel, seine Knie und seine Wade sowie zwei weitere Pflöcke durch den Bizeps und den Unterarm.

Niemand der Anwesenden ließ sich anmerken, nicht einmal durch einen einzigen Wimpernschlag, was gerade mit ihm geschehen war. Als beträfe all das jemand völlig anderen, erduldeten sie ohne den geringsten Laut diese Prozedur.

Als Badger das Ritual vollzogen hatte, erhob sich Roter Felsen und erwiderte den Dienst an ihm, der allerdings die Anzahl der Späne bei sich selbst erhöhen ließ. Daraufhin schnitten sich die Männer zum Zeichen der Trauer und zu Ehren Rabbits ihre Zöpfe ab.

Schweigend saßen sie jetzt alle im Kreis und warteten geduldig auf die weiblichen Verwandten Rabbits, die nun an der Reihe waren und ebenfalls keinerlei Gefühlsregung zeigten. Doch benutzten sie keine Holzspäne, sondern vollführten mit dem Messer drei Schnitte in ihre Schenkel und unter den Knien und schnitten sich, wie ihre männlichen Verwandten, ebenfalls die Haare ab.

Nachdem sich alle ihre Wunden zugefügt hatten, begaben sie sich wieder vor das Tipi.

Auf Anweisung von Büffelrücken hatten zwei junge Krieger inzwischen alle Mustangs von Rabbit und viele andere geschenkte Tiere im Vorfeld vor dem Tipi zusammengetrieben. Büffelrücken trat zuerst an Badger heran und dann an die anderen Mitglieder seines Bundes und berührte einen jeden voller Dankbarkeit für die soeben im Tipi erwiesene Ehre an seinem Kopf.

Alle Akicitamitglieder nahmen nun vor dem Gestell mit den Kleidungsstücken Platz. Der Ausrufer des Dorfes verkündete, dass Büffelrücken, um seinen Sohn zu ehren und dessen Tod zu rächen, Mustangs verschenken wolle und dass er mit den ehrenvollsten und tapfersten Kriegern beginnen werde. Als er die Mustangs verteilt hatte, wurden die bereitgelegten Kleidungsstücke und Decken verschenkt.

Nun rief Büffelrücken den alten Vier Krähenhufe, einen weißhaarigen, armen, alten Krieger, dem das Glück nicht immer hold war, zu sich an die Seite. Dieser erhielt die ehrenvolle Aufgabe, die Pflöcke aus den Wunden der Trauernden herauszuziehen. Als er damit fertig war und alle Späne auf einem Haufen lagen, erhielt auch er ein gutes Pony aus dem ehemaligen Besitz des getöteten Geheimnismannes.

Im Anschluss daran begaben sich jetzt die engsten Angehörigen wieder in das speziell hergerichtete Tipi. Roter Felsen bat Badger nun um das Messer, welches zuvor benutzt wurde, um sich die Wunden zuzufügen, nahm es und gab es an Igelarsch weiter. Jetzt zog Roter Felsen seine Haut am linken Unterarm zusammen und bat Igelarsch, sie durchzustechen, der es daraufhin seinem Akicita-Bruder gleichtat. Das Messer machte so die Runde, bis es wieder bei Roter Felsen anlangte. Während sich die Männer dieser weiteren schmerzhaften Prüfung unterzogen, um gemeinsam ihren Schmerz zu teilen, sangen sie das Lied ihres Bundes, welches selbst durch die dicken Planen ihres Tipis weit in das schweigende Dorf hallte.

Ein üppiges Festmahl beendete die Feierlichkeiten im Tipi und man ging nun zur eigentlichen Bestattung über. Auf einem Travois geleitete man Rabbit zum vorgesehenen Bestattungsplatz. Man hatte keinen Hügel, wie üblich, sondern die weite, endlose Ebene für die sterblichen Überreste des jungen Wicasa Wakans gewählt.

Hier war er immer am liebsten gewesen, wo der Wind, der Regen, die Sonne und selbst der eisige Frost ihm stets mit Liebe und Zuneigung begegneten. Genau dort hatte man ein Holzgerüst errichtet, von dem man die Rinde abgeschält hatte und auf dem bereits schwarze Bänder aufgemalt waren, ein für alle sichtbares Zeichen, dass der Tote während seines Lebens viele Coups gelandet hatte. Nachdem das Bündel mit der sterblichen Hülle Rabbits auf dem Gestell festgeschnürt war, wurde am Kopfende eine Stange befestigt, an der alle seine Waffen und Schilde gehängt wurden.

Wie Badger es in seinem Traum versprochen hatte, tötete er Adlerschwinge nicht. Niemand zweifelte an Badgers Worten, auch nicht, als Adlerschwinge wieder in seinen Besitz übergegangen war, da er den Anweisungen von Rabbits Geist unbedingt Folge zu leisten hatte. Stattdessen opferte er seinen geliebten und mit roten Flecken bemalten Präriesturm. „Mein treuer vierbeiniger Bruder, verzeihe mir. Sei nicht traurig. Freue dich, denn noch heute wirst du meinem Bruder Rabbit auf dem Geisterpfad nachfolgen und mit ihm gemeinsam im Land der vielen Zelte mit unseren Ahnen den Büffel jagen."

Schnell und sicher drang der Pfeil in das Herz seines eigenen Tieres ein und beschied ihm so ein kurzes und schmerzloses Ende. Dann schnitt er den Schwanz des Tieres ab und behielt ihn vorerst noch bei sich.

Flink wurde nun von den Frauen ein neues Tipi mit unbemalten, nackten Lederplanen um das Gestell herum errichtet und mit starken Pflöcken wurden anschließend die schweren Planen am Boden befestigt. Zum Abschluss wurden die Rauchklappen fest verschlossen, die Tür vernäht und, zum Zeichen der Unberührtheit, der abgeschnittene Schwanz des Mustangs an der obersten Zeltstange befestigt. Bis die Naturkräfte es nach ihrem eigenen Willen zerstören würden, würde das Geisterzelt, das Tiokete, ungestört und für alle weithin sichtbar, stehen bleiben.

Alle Angehörigen blieben noch bis zum Einbruch der Dunkelheit beim Geisterzelt schweigend stehen und hingen ein jeder auf seine Weise ihrer Trauer nach. Doch als Letzter, einsam und verlassen, blieb Badger zurück.

„Ich wünsche dir eine gute Reise, mein Bruder, gehe ohne Sorge zu unseren Ahnen. Ich werde deine Söhne als die meinen aufziehen. Viele Ehrenfedern werden ihre Häupter schmücken, welche ihre Feinde nur bei dem bloßen Anblick unserer Söhne erzittern lassen. Das gelobe ich dir mit meinem Blut!" Badger zog seinen Dolch und schnitt sich quer über seinen einzig bisher noch unversehrten rechten Unterarm. Tiefrote Tropfen seines Blutes tränkten den Boden an der Begräbnisstelle und besiegelten Badgers Gelöbnis. Von nun an durfte er, wenn er über seinen Bruder sprach, nie mehr dessen Namen in Worte fassen. Es war unhöflich gegenüber dem Verstorbenen und konnte seinen Frieden in der Geisterwelt stören.

Als Badger mit schweren Schritten das Geisterzelt verließ, fühlte er sich dennoch ein wenig befreiter von seinem Schmerz, aber die innere Leere, die er verspürte, würde wohl noch recht lange nicht vergehen, da er schon jetzt Rabbits ihn ständig begleitenden Fußtritte vermisste. Die Stille, da er nur die Geräusche seiner eigenen Tritte vernahm, begann ihm fast schon in seinen Ohren wehzutun. Das war auch gut so, denn das würde ihn in der nächsten Zeit stets daran erinnern, was zu tun er bereit war, wenn er seinen Pfad der Rache beschritt. Kein Ponca würde es jemals wieder wagen, auch nur den Namen der Lakota zu denken! Dafür würden er und seine Brüder reichlich Sorge tragen.

3.

Kleiner Wind, Schwarzes Hemd und Many Scalps hatten sich sehr beeilt, um die versprengte Jagdgruppe ihrer Stammesabteilung umgehend zu erreichen. Niemand der Ponca konnte sich jedoch sonderlich für das vorschnelle Handeln und die wohl zu erwartenden Folgen ihres Verhaltens begeistern. Allen war klar, die Sioux würden kommen, mit all ihrer Wut und ihrem zügellosen Zorn, denn auf ihre Rache würden sie nicht verzichten wollen, eher würde der Frost im Winter ausbleiben.

Eilig brach die empörte Jagdgemeinschaft, bevor sie auch nur einen einzigen Büffel erlegen konnten, ihre Zelte ab und machte sich schleunigst auf den Weg in ihr Dorf, um ihren Feinden nicht unvorbereitet begegnen zu müssen.

„Ihr aber", hielt Pferdebauch, der Geheimnismann der Ponca, die drei Unglücklichen auf, „ihr werdet unverzüglich in all die anderen Dörfer reiten und unsere Brüder warnen! Erzählt ihnen alles, was vorgefallen ist, denn niemand unserer Brüder sollte ahnungslos in den Tod getrieben werden. Dann erst kommt heim, und wir werden sehen, ob wir eine Medizin finden, die noch weit Schlimmeres zu verhindern imstande ist!"

Schwarzes Hemd nickte ohne Widerspruch zum Zeichen seines Einverständnisses dem Geheimnismann mit demütigem Blick zu. Sofort war ihm beim Augenwink, den ihm dieser zukommen ließ, klar, dass seine Tage als Kriegshäuptling der Vergangenheit angehören sollten. Niemals wieder würde ihm einer seiner Krieger folgen wollen, nicht einmal mehr hinaus auf die Maisfelder. Bedrückt sah er Kleiner Wind und Many Scalps an, die seine Gedanken zu erraten schienen.

Weit lagen ihre Siedlungen nicht auseinander, und innerhalb weniger Tage befanden sich die drei niedergeschlagenen Ponca schon wieder auf dem Heimweg. Nirgends hatte man ihnen das Gefühl gegeben, jemals wieder sonderlich willkommen zu sein.

„Es war überall das Gleiche", bemerkte Kleiner Wind, als sie noch einmal eine kurze Rast einlegten. „Als wir in die Dörfer kamen, wurden wir wie immer freundlich und mit allen Ehren begrüßt."

„Ja", bestätigte Many Scalps die gerade ausgesprochenen Gedanken, die alle drei zu quälen schienen, „und als wir sie wieder verließen, da hätten sie uns bald mit den Hunden aus den Dörfern gejagt!" Betrübt betrachtete er den finsteren Himmel. Immer noch hing ein tiefes und düsteres Wolkenband wie angewachsen über den Jagdgründen der Ponca.

„Es ist verrückt", bemerkte Kleiner Wind, der ebenfalls wieder besorgt zum Himmel blickte, denn schon seit vielen Tagen machte der Sonnenbote an den nördlichen Ufern des White River halt. Auf dem Gebiet der Sichangu schien der Sommer mit all seiner Schönheit Einzug gehalten zu haben, aber auf der südlichen Seite, an der die Jagdgründe der Ponca fast schon begannen, breitete sich nur ein großes und schweres graues

Tuch der Trauer, in welches düstere Vorahnungen mit eingewoben waren, über das gesamte Land aus. Oft schon hatten die Ponca in ihren Jagdgründen eine Wetterscheide beobachten können, doch zum ersten Mal spürten alle drei den bedrückenden Beigeschmack des nicht enden wollenden Wetterphänomens.

Schwarzes Hemd saß mit gesenktem Haupt neben seinen beiden Gefährten. „Ich hoffe, dass alles gut wird und unsere Brüder und Schwestern uns eines Tages wieder verzeihen werden."

Keiner der beiden Männer konnte hierauf etwas erwidern, denn im Bruchteil einer Sekunde wurden sie alle fast gleichzeitig an den Armen brutal nach hinten gerissen. Schwarzes Hemd wollte sofort wieder aufspringen, aber zwei feindliche Krieger pressten seine Arme fest an den Boden, und ein dritter drückte ihm seine Knie unbarmherzig auf den Brustkorb, dass ihm fast sein Brustbein zu brechen drohte.

Kleiner Wind, genau wie Many Scalps, erging es nicht viel besser. Als dieser verzweifelt versuchte, aus der lähmenden Umklammerung zu entkommen, schickte ihn jedoch der Schlag einer feindlichen Kriegskeule bereits ins Land des Vergessens.

Wenige Augenblicke später lagen dann alle drei gefesselt und sicher wie Fleischvorräte für den Winter verschnürt, im hohen Büffelgras beieinander.

Schwarzes Hemd hatte die Angreifer sofort als diejenigen Lakota wiedererkannt, denen sie vor wenigen Tagen noch selber in unguter Absicht nachgejagt waren. Finstere Mienen unter den noch furchteinflößenderen Kriegsbemalungen ließen ihm keine Zeit mehr für Hoffnungen.

Ängstlich wanderten die Augen vom Kleinen Wind hektisch von einem Lakota zum anderen. Erbarmungslos wurde sein Blick von eiskalten und leblosen Augen, verbunden mit einem gehässigen, fast abstoßenden Grinsen erwidert.

Ein erneuter Schreck durchfuhr Schwarzes Hemd, als er den rot-weißen Pinto des getöteten Wicasa Wakans erblickte. Er trug wieder einen Reiter mit dem für die Sioux so stoischen Gesichtsausdruck auf seinem Rücken. Hoch zu Ross blickte der Reiter nun voll vernichtender Verachtung auf die am Boden liegenden und fest verschnürten Ponca. Schwarzes Hemd suchte immer wieder verzweifelt in den Augen wenigstens bei einem der Krieger die Spur einer winzigen mensch-

33

lichen Regung, aber nur kalt und tot ruhten die Augenpaare der Lakota auf ihren Opfern.

„So sieht man sich also wieder, Ponca, ihr dummen Bauern hättet besser auf euren Feldern bleiben sollen!"

Schwarzes Hemd hätte nicht erwartet, dass diese grausamen Wesen auch eine menschliche Stimme hatten, mochte sie auch noch so hart und abweisend klingen. Irgendwie beruhigte sie ihn dennoch, und er war wieder in der Lage, klarere Gedanken zu fassen. „Ja, Sioux, so sieht man sich wieder", antwortete der Häuptling der Ponca mit fester Stimme und einem künstlich aufgelegten Lächeln.

„Ihr wisst, warum wir hier sind?", fragte ihn der Sioux.

„Wir wissen es!"

„Nun gut, dann lasst uns auf die Jagd gehen!"

Schwarzes Hemd hatte erwartet, dass man sie in dem Lager der Sichangu wie Krieger zu Tode martern würde. Aber auf die Jagd? Was bedeutete das?

Stöhnend kam Many Scalps gerade wieder zu sich, als weitere Krieger in Kriegsbemalung zu ihren bereits wartenden Gefährten stießen. Diese brachten nun die Mustangs ihrer Stammesbrüder mit.

Schwarzes Hemd wurde unsicher.

Er hatte unter der Bemalung und an der Stimme den Kriegshäuptling, der sich Badger nannte, wiedererkannt. Er musste herausfinden, was sie nun mit ihnen vorhatten. „Habt ihr räudigen Hunde Angst, ihr könntet es nicht ertragen, wenn ihr mit ansehen müsst, wie es wahre Krieger verstehen zu sterben? Eure Weiber sind doch nicht dabei, dass sie euch hier auslachen könnten!"

Schwarzes Hemd forderte die Lakota heraus, doch Badger beugte sich nur zu ihm herab und grinste ihn breit und fies an.

„Müssen die tapferen Ponca den verweichlichten Sioux erst beibringen, wie man einen Krieger richtig tötet?"

Der Häuptling der Sioux sprang, nun wütend sein Messer ziehend, von seinem Mustang herab und zerrte Schwarzes Hemd, ihm das Messer an seine Kehle haltend, auf die Füße. „Sieh her, Ponca, denn das wird das Letzte sein, was du sehen wirst!"

Badger deutete mit dem ausgestreckten Arm nach Westen. In der Ferne konnte man aber nur mit größter Mühe eine kleine Staubwolke am wabernden Horizont erkennen.

Schwarzes Hemd verhöhnte den Sioux weiter. „Ah, jetzt verstehe ich, bevor wir sterben, sollen wir den dummen Schlangen also zeigen, wie man einen Büffel jagt, damit ihr nicht mit knurrenden Bäuchen eure Weiber im Winter verschreckt!" Schwarzes Hemd lachte die Sioux aus, und auch Many Scalps und selbst Kleiner Wind schienen in diesem Moment zu begreifen, dass sie es ihrer eigenen Ehre einfach schuldig waren, wie Krieger ihrem Schöpfer gegenüberzutreten. Hoffnung auf Rettung gab es ohnehin nicht mehr, also taten sie genau das, was ihre Feinde, die Sioux, wenn sie sich in der Gewalt der Ponca befanden, auch taten: den Feind bis aufs Blut zu reizen und ihn herauszufordern, keine Angst zu zeigen und ihn stattdessen zu verspotten, und alle Qualen, so schmerzhaft sie auch immer sein mochten, tapfer und ohne Wehklagen zu ertragen.

Ein auffallend großer und breitschultriger Mann, Schwarzes Hemd schätzte ihn im mittleren Mannesalter, trat ebenfalls herbei. „Ihr habt nicht nur unseren jungen Wicasa Wakan getötet", sprach er in ruhigem und ausgeglichenem, eher menschlichem Tonfall. „Ihr habt einen Bruder, einen Sohn, einen Ehemann und Vater getötet. Seid ihr wirklich so dumm und glaubt ihr tatsächlich, wir erweisen euch die Ehre, als Krieger zu sterben? Ich, der letzte Wicasa Wakan unsers Stammes, sage euch nur dieses: Nicht einmal die Coyoten werden sich an euren Überresten vergreifen können! Wir werden selbst eure zermalmten Gebeine vom Antlitz unserer Mutter Erde tilgen lassen!"

Die drei Ponca sperrten vor Schreck fast gleichzeitig ihre Münder auf, da sie sich in diesem Moment darüber bewusst wurden, dass sich die Sioux etwas ganz Besonderes für sie ausgedacht haben mussten.

„Büffelrücken hat recht gesprochen! Die Ponca werden nicht ehrenhaft wie Krieger sterben dürfen!"

Badger wandte sich von den Ponca ab und gab seinen Männern ein Zeichen. Unbarmherzig wurden den drei Ponca die Handgelenke mit neuen Fesseln regelrecht abgeschnürt. Mit Wasser getränkte lederne Riemen sollten die Qual ihrer Feinde noch verstärken. Kein einziger Tropfen Blut würde weder in diesem noch im nächsten Leben mehr durch ihre Adern rinnen, hatten sich die Riemen erst einmal beim Trocknen zusammengezogen. Von jedem ihrer eingeschnürten Handgelenke hing jetzt zusätzlich ein langes Stück Seil aus geflochtenem Pferdehaar herab.

Schwarzes Hemd und seine beiden Krieger verstanden nicht, was die Sioux vorhatten. Seine Hände, wie auch die seiner Krieger, begannen sofort, steif zu werden. Ohne noch ein Gefühl in ihnen zu spüren, standen die Finger ihrer Hände leblos wie die vertrockneten Äste eines alten Baumes ab, so, als ob sie gar nicht mehr ihnen selbst gehören würden. Mit Herzklopfen sah Schwarzes Hemd, wie das Blut aus seinen Händen gewichen war und sie eine fast weiße Farbe angenommen hatten. Dennoch verzog niemand der Ponca eine Miene, als sich ihnen unmittelbar im Anschluss daran, sechs Krieger zu Pferde näherten. Genau wie der Mann in den mittleren Jahren, der sich nur als der letzte Wicasa Wakan zu erkennen gegeben hatte, und auch Badger, trugen die anderen vier Krieger ebenfalls ihre Haare für einen Lakota ungewöhnlich kurz. Noch sehr frische, jedoch schon verkrustete Wunden bedeckten ihre Arme und Beine. Alle sechs Männer trugen die Zeichen und Wundmale ihres Stammes, wenn sie um einen ihrer engsten Angehörigen trauerten. Den Ponca wurde schlagartig klar, was das zu bedeuten hatte: Die engsten Vertrauten des von ihnen getöteten Wicasa Wakans hatten vor, sie zu Tode zu hetzen.

„Ich hoffe, eure altersschwachen und klapprigen Mustangs sind auch ausgeruht und fallen nicht gleich um, wenn wir sie hinter uns herziehen müssen!" Many Scalps hatte nach dem vorherigen Schreck seine ganze Fassung zurückerlangt und verhöhnte, da ihr Schicksal doch nicht mehr umzukehren war, nun ebenfalls seine Feinde.

Die Sioux hielten in ihrer Vorbereitung inne und starrten die Ponca angespannt an. Knapp zwei Sekunden später platzte aus allen Kriegern fast gleichzeitig das Gelächter heraus.

„Ihr seid wahrhaft nur hinterhältige und Dreck fressende Bauern und habt in der Tat keine Ahnung, was?" Mit diesen Worten führte ein Krieger Many Scalps zwischen die ersten zwei Reiter, die jeder ein Seilende mit dem gebundenen Handgelenk des Ponca am anderen Ende erhielten. Igelarsch und Winterwind sahen einander an. Sie würden keine Gnade und Nachsicht zeigen, wenn sie den heimtückischen Mord an Rabbit rächen würden. Hartherzig und ohne jegliches Mitgefühl für ihr Opfer zogen sie die Lassoenden straff. Langsam, im Schritttempo, führten sie so Many Scalps mit sich fort.

Als Zweiter kam Kleiner Wind an die Reihe. Ihm fiel es von allen drei Ponca am schwersten, seine Furcht zu verbergen. Nach außen hin aber tapfer, ertrug auch er sein Schicksal wie ein Krieger, als Roter Felsen und Horse Tail, mit ihm in der Mitte, ihren beiden Stammesbrüdern folgten. Hätten die Sioux ihn mit dem stramm gezogenen Seil nicht mit sich geführt, hätten seine Knie sicher nachgegeben und er wäre zweifelsohne in sich zusammengebrochen.

Nun kam Schwarzes Hemd an die Reihe. Badger und der ältere Geheimnismann, Büffelrücken, nahmen mit einem abscheulich sadistischen Grinsen ebenfalls jeder ihr Ende des Lassos in Empfang. Langsam folgten sie den vorausreitenden Kriegern, um sich auf der weiten Ebene richtig zu formieren.

In leichtem Trab ging es nun vorwärts. Die drei Reitergruppen mit je einem Ponca in der Mitte ritten hintereinander in einer Reihe und wurden zu beiden Seiten von den anderen Kriegern flankiert.

„Ist das alles? Wir sollen also mit euch nur spazieren gehen? Schneller können eure alten und müden Ponys nicht mehr laufen?", brüllte Schwarzes Hemd, der vor sich seine beiden Gefährten sah, die ebenfalls ihrem sicheren Tod entgegenliefen.

„Bleib ruhig Schwarzes Fell", verhöhnte Badger den schon seit einiger Zeit hörbar nach Luft japsenden Poncahäuptling. Schon seit mehreren Stunden bewegten sie sich nun in westlicher Richtung der immer größer werdenden Staubwolke entgegen.

Schwarzes Hemd wunderte sich. Wieso zogen die Sioux das Tempo nicht an? Wenn sie diese Geschwindigkeit beibehielten, selbst wenn ihnen das Atmen bereits schwer fiel, würden sie dennoch mehrere Stunden so weiter laufen können, bevor sie ernsthaft in Bedrängnis geraten würden. Die Sioux mussten das doch auch wissen. Stattdessen wurden sie eher langsamer. Wie zuvor, bewegten sie sich bald nur noch im Schritttempo.

Am Geräusch tausender stampfender Büffelhufe und dem gleichmäßigen Schnauben ihrer Nüstern erkannten sie, dass sie ihr Ziel offenbar erreicht hatten.

Nur hin und wieder ließ ein kräftiges Schnauben den gleichmäßig dahinfließenden Rhythmus der wandernden Büffelherde unterbrechen. Ohne weitere Worte zu verlieren, näherten sich die drei Reitergruppen den gewaltigen Tieren mit ihren gefährlich scharfen und spitzen Hörnern. Seitwärts glitten sie, ohne ein Geräusch zu verursachen, in das wogende braune Meer aus wippenden Büffelnacken ein, um schon bald im aufgewirbelten Staub der Prärie den doch ein wenig besorgten Blicken ihrer wartenden Gefährten zu entschwinden.

Immer weiter entfernten sich nun die sechs Reiter vom äußeren Rand in das Zentrum der Büffelherde hinein, und auch wenn ihr Vorhaben äußerst riskant war, so wollte doch keiner der sechs Lakotareiter auf seine ganz persönliche Rache verzichten. Während sie ganz sachte und ohne unnötige und hastige Bewegungen immer tiefer in die Herde eindrangen, gaben sie den drei Ponca immer mehr Seil nach.

„Befreit euch, und ihr seid frei! Die Geister allein werden euer Schicksal entscheiden!", zischte Büffelrücken den Ponca zu.

Alle sechs Krieger der Sioux ließen das mit einer kleinen Schlinge versehene Ende ihres Seils vorsichtig über die Hörner einiger alter Büffelkühe gleiten, da diese nicht wie die Bullen auf Anhieb sofort durchdrehen würden, wenn ihnen etwas merkwürdig vorkam.

Schwarzes Hemd erhaschte jetzt kaum noch einen Blick auf seine zwei Krieger. Bäche von Angstschweiß traten ihm auf die Stirn, als er sah, wie die sechs Lakota ihre Mustangs geschickt zwischen den Büffeln hindurchmanövrierten und sich aus dem gefährlichen Bereich der Büffelhörner und Hufen zurückzogen. Jetzt war jeder auf sich allein gestellt. Doch wenn nur einer der Ponca einen Fehler machte, bezahlten ihn alle mit dem Leben!

Vor sich erkannte Schwarzes Hemd endlich wieder Many Scalps, der sich gerade bemühte, das eine Lassoende von einem Horn einer eher träge wirkenden Büffelkuh abzustreifen. Da er seine Hände nicht mehr gebrauchen konnte, versuchte er verzweifelt, so behutsam es in seiner Lage vermochte, das betreffende Ende mit dem Handrücken anzuheben. Nicht umsonst wurden ihnen die Hände abgeschnürt, denn mit steifen Fingern waren sie auch nicht mehr in der Lage, die Knoten ihrer Handfesseln zu lösen. Egal, was auch immer nun geschehen würde: Wenn sie der Tod noch nicht ereilen sollte, ihre Hände hatten die drei Krieger nach ihrem letzten Abenteuer auf jeden Fall schon jetzt sicherlich verloren! Kleiner Wind erging es nicht viel besser. Gerade als er ebenfalls im Begriff war, nahe genug an die rechts neben ihm angebundene Büffelkuh heranzukommen, schwenkte die linke Kuh etwas aus und zog ihn wieder zurück. Er wusste ganz genau, dass er das Seil nicht zu stramm halten durfte, um die Kuh nicht in Panik zu versetzen. Mehr konnte Schwarzes Hemd nicht von Kleiner Wind erkennen, da ihm der monströse, braune Nacken eines steinalten Bullen die Sicht versperrte, viele lose Fellfetzen hingen ungeordnet von seinem mehr als mannshohen und mit Lehm verkrusteten Rücken herab. Staub legte sich zu allem Übel immer schwerer auf seine Atemwege und drang tief bis in die Lungen ein, und er musste alle Kraft aufbieten, um nicht seinem Hustenreiz nachzugeben. Mühsam kämpfte Schwarzes Hemd bei jedem Atemzug gegen das entsetzliche Kratzen in seinem Hals an.

Die Büffel, die bisher keine Bedrohung in den mitwandernden Ponca sahen, störten sich auch weiterhin nicht an den drei verzweifelten Kriegern. Solange sie niemand in Panik versetzte, gedachten sie auch fortan, keine sonderliche Notiz von ihren zweibeinigen Begleitern zu nehmen. Endlich war es Schwarzes Hemd gelungen, in Reichweite an eine seiner Kühe heranzukommen, als er von hinten einen dumpfen Stoß bekam, der ihn fast zu Fall gebracht hätte.

Kurz drehte er sich um und sah in zwei funkelnde, schwarze Augenpaare. Mit Todesangst hörte er, wie ein junger Bulle ihn schnaufend aufforderte, endlich den Weg freizugeben. Nur zu deutlich spürte er dessen prustenden und heißen Atem in seinem eigenen Nacken, während er krampfhaft versuchte, das eine Ende des Seils in Schwingung zu versetzen, in der Hoffnung, es würde sich vom Horn des Büffels lösen lassen.

Die alte Kuh schien sich nun doch etwas in ihrer Ruhe gestört zu fühlen, und Schwarzes Hemd betete, dass sie nicht in zügelloser Panik davoneilen würde.

Jetzt nahm sie das lästige Anhängsel voll wahr und schüttelte wütend ihren gewaltigen, zotteligen Kopf. Schwarzes Hemd wäre fast ein Freudenschrei entwichen, als er sah, wie die Kuh die störende Lassoschlinge einfach von ihrem Horn abschüttelte. Während er immer im Tempo der Büffel weiterlief, versuchte er eilig, das nun lose schleifende Ende des Lassos heranzuziehen, doch im selben Moment spürte er einen heftigen Widerstand, der ihn zurückzerrte und zu Boden warf.

Geistesgegenwärtig versuchte er, sofort wieder auf die Beine zu kommen, aber ein alter, müde gewordener Bulle stand mit einer seiner vorderen Hufe auf der Schlinge, als ob er sagen wollte: „So, mein Freund, bis hierhin und nicht weiter!"

Mit um Hilfe bittenden Blicken starrte Schwarzes Hemd in die Augen des uralten Büffels, der ihn aber mit seinem rechten verdrehten Horn und der daran abgebrochenen Spitze nur blöde anglotzte. Das andere Ende des Seiles straffte sich indessen durch die mit der Herde weiterziehende Büffelkuh immer mehr und ließ sein abgeschnürtes Handgelenk unter dem gewaltigen Zug der Kuh immer stärker schmerzen. Auch sie begann jetzt, fast schon wütend an ihrem Ende zu zerren und würde ihm sicher ohne Probleme das Handgelenk jeden Moment einfach vom Arm abreißen.

Um das Maß allen möglichen Unglücks nun zum Ende noch so richtig voll zu machen, rückte von hinten her erneut der junge Bulle nach und versuchte, Schwarzes Hemd mit wackelndem Kopf weiter voranzuschieben. Mit einem stechenden Schmerz in der Seite spürte Schwarzes Hemd, wie der junge Bulle ihm sein kurzes, aber spitzes Horn von unten her unter die Rippen schob. Vor Schmerz wie von Sinnen, riss er sich dennoch zusammen, da er mit einem Schmerzensschrei nicht eine wilde Flucht der Büffel auslösen wollte, denn dann wäre es auch um seine zwei Gefährten geschehen. Doch immer wieder setzte das junge Tier nach und bohrte ihm sein Horn tief und tiefer in den Leib hinein. Schwarzes Hemd wollte in Panik nach vorn ausweichen, kam aber nicht los von seinen Fesseln. Wie ein Felsblock stand der alte Bulle immer noch auf dem am Boden liegenden Seilende und verschwendete nun nicht einmal mehr einen Blick auf Schwarzes Hemd.

Als hinter ihm der junge Bulle versuchte, sein Horn zu befreien, warf er den Krieger ohne größere Anstrengung mit einem kurzen Ruck einfach über seinen Kopf hinfort, der daraufhin sein lose baumelndes Handgelenk und einen Teil seines Arms am Seilende von der wütenden Kuh einfach zurückließ. Ein weithin gellender Schmerzenslaut hallte über die Köpfe der erstarrenden Büffel hinweg, und dann noch ein zweiter. Schwarzes Hemd wusste, bevor er in den Staub fiel, dass dies die Schreie von Kleiner Wind waren. Ihm war es also ähnlich ergangen und ebenfalls nicht gelungen, sich zu befreien.

Eine volle Sekunde noch blieb die Herde nach dem letzten Schrei wie angewurzelt stehen, und Schwarzes Hemd hatte die Möglichkeit, auf dem Rücken liegend und durch den Staub hindurch, ein letztes Mal über sich den Himmel zu sehen, während sich der Schmerz seiner abgerissenen Hand in sein Bewusstsein drängte.

Aus sicherer Entfernung sahen die Sichangu mit Genugtuung, wie die riesige Büffelherde wie auf Kommando in wilder Flucht der untergehenden Sonne entgegenraste.

Es vergingen nun viele Momente des Stillschweigens, ehe die Lakota langsam in den immer noch rot flimmernden Staub der Abendsonne hineinritten. Die Büffel waren fort, aber eine breite ausgetretene Fährte, die sie hinterlassen hatten, würde noch lange auf ihre Wanderung wie auch auf ihre panikartige Flucht hinweisen. Befriedigt fanden sie, wie Büffelrücken es den Ponca versprochen hatte, nichts, woran sich selbst die Kojoten hätten vergreifen können. Einzig ein winziges Zeichen, was am Rande der Fährte auf Many Scalps hindeutete, sagte ihnen, dass sich dieser Krieger zwar befreit, es aber trotzdem nicht geschafft hatte, rechtzeitig den Hufen der Büffel zu entkommen.

Die sechs Krieger, welches Band auch immer sie mit dem getöteten Rabbit verbunden hatte, hatten ihre persönliche Rache erhalten. Nun war es an der Zeit, und die Rache aller anderen Sichangu würde bald über die Ponca hereinbrechen.

Am darauf folgenden Tag hatte sich die schwere und bedrohlich wirkende Bewölkung noch immer nicht verzogen und nur der schmale, leuchtende Grad jenseits des White River kündete von der Existenz der Sonne. Doch aus dem Lande der Ponca schien die Sonne auf ewig verbannt worden zu sein. Gnadenlos stand die Gewitterfront über ihnen und wartete nur auf den rechten Moment, um mit all ihren vernichtenden Wassermassen erneut auf die Erde niederzugehen und den Stamm der Ponca einfach vom Angesicht der Plains fortzuwaschen.

Mit aller nur erdenklichen Vorsicht näherten sich auf ihren zum Kampf geschmückten Ponys dreißig Lakota in Furcht einflößender Kriegsbemalung, ebenfalls bereit, das feste Dorf ihrer Feinde dem Erdboden gleichzumachen. Vor so unendlich langer Zeit war einst auch Rabbit hier gewesen und hatte Mustangs für seinen Bruder erbeutet, mit denen dann Badger den Brautpreis für Wiegendes Gras bezahlen konnte.

Wie damals breiteten sich die bestellten Felder in der Ebene weit vor ihnen aus. Inmitten der noch hellgrünen Maisfelder lag die Ansiedlung, die aus vielen mittelgroßen Erdhütten bestand. Wie vor vielen Sommern, standen auch jetzt ein paar vereinzelte Zelte einiger Jäger im fest angelegten Dorf. Nur wenige der Bewohner waren noch zu sehen.

Auch außerhalb konnten die Lakota keine frischen Spuren der Jäger oder Bauern dieses Lagers mehr finden.

Büffelrücken sah ernsten Blickes die neben sich reitenden Roter Felsen und Badger an. „Sie wissen, dass wir kommen!"

„Doch das wird ihnen auch nicht mehr helfen", erwiderte Roter Felsen, der angewidert auf das vor ihnen liegende Lager der Bauern sah. „Jeder von uns kann es mit Leichtigkeit mit zehn von diesen Ponca aufnehmen!"

Büffelrücken runzelte seine Stirn und schaute etwas verschmitzt auf seinen ältesten Sohn.

„Na gut", gab dieser darauf wenig später zu, „dann aber zumindest mit fünf!"

Büffelrücken konnte nicht anders, als lächelnd seinen Kopf zu schütteln.

In breiter Formation bauten sich unterdessen die leblos gewordenen Krieger auf einer nahen Anhöhe des Dorfes mit den unbeirrbaren Blicken von Männern auf, die bereit waren, alles zu geben. Selbst aus den Mustangs der Krieger schien alles Leben gewichen zu sein, als sie, genau wie ihre Herren, vollkommen regungslos mit hoch gebundenen Schweifen auf das vor ihnen liegende Lager blickten. Trotz der immer weiter anwachsenden inneren Anspannung warteten die bis an die Zähne bewaffneten Lakota geduldig auf das Angriffssignal ihres Häuptlings, denn sie alle waren nur zu einem Zweck hierher gekommen und ganz bestimmt wollten sie nicht den Ponca bei der Ernte auf deren Feldern zur Hand gehen.

Das knapp eine halbe Meile vor ihnen liegende Dorf der Ponca geriet langsam in Aufruhr, da man die Lakota endlich bemerkt hatte, und obwohl sie den jeden Moment angreifenden Feinden zahlenmäßig überlegen waren, rechneten viele der Dorfbewohner mit dem Allerschlimmsten. Ihre Krieger verstanden es natürlich auch zu kämpfen, aber in erster Linie folgten sie nur ihrer Bestimmung und führten ein Leben als Bauern und Jäger. Diese Lakota jedoch taten von ihrem vierten Lebensjahr an nichts anderes, als sich den lieben langen Tag zu prügeln und sich Gedanken zu machen, wie man am schnellsten möglichst viele Feinde erschlägt. Sie waren die Elitearmee der Plains, und das machte sie stets, auch in noch so geringer Anzahl, zu ernst zu nehmenden Gegnern.

Wie in einem Ameisenhaufen begannen die Bewohner jetzt, wild und scheinbar unkoordiniert in der Ansiedlung durcheinanderzulaufen und sich auf den bevorstehenden Angriff der feindlichen Krieger vorzubereiten, den sie um nichts auf der Welt zu verhindern in der Lage waren. Wie eine todbringende Lawine würde die angreifende Woge der Sioux immer wieder durch das Dorf reiten, bis ihr Blut- und Rachedurst endlich gestillt wäre.

Mit ängstlichen Blicken nahmen die Männer der Ponca ihre Verteidigungsstellungen ein und starrten gebannt auf den Hügel mit der breiten Linie der kampfbereiten Lakota. Doch ein im Dorf plötzlich aufkommender, kräftiger und böiger Wind sollte sich wenige Momente später zu einem richtigen Sturm entwickeln, der selbst die Ponca in ihren Verstecken von den Füßen zu werfen vermochte.

Badger hob gerade in diesem Augenblick seine Lanze, um den Angriff auf die Ponca beginnen zu lassen.

„Warte!", schrie Büffelrücken in den immer stärker werdenden Sturm hinein.

„Seht doch, dort! Die graue Sturmschlange!" Aufgeregt deuteten fast alle Krieger gleichzeitig in Richtung des Poncadorfes. Kaum ein paar Pfeilschusslängen hinter dem Lager war ein größerer, grauer Luftwirbel entstanden, der sich ständig weiter vergrößerte, um, in seinem wilden Kriegstanz herumwirbelnd, an den äußeren Rändern der Maisfelder mit seinem verheerenden Werk zu beginnen.

Der anfänglich graue Luftwirbel begann nun, unter ohrenbetäubendem Getose immer gewaltiger zu werden, bis er zu einem richtigen Tornado herangewachsen war. Wie ein großes, tödliches Pendel tanzte er über die Felder der Ponca und riss auf seinem Weg fast alle der jungen, grünen Pflanzen mit sich.

Immer kürzer und bedrohlicher wurde der Abstand des Tornados zu der Siedlung. Menschen rannten in wilder Panik nach allen Seiten davon. Doch wohin? Von hinten näherte sich der Tornado und vor ihnen lauerten zähnefletschend die Sioux. Dazu brachen jetzt die Wolken schlagartig über ihnen auf und Skan schleuderte faustgroße Hagelkörner wie Geschosse auf die Erde und ihre Bewohner herab und ließ viele von ihnen schwer getroffen zusammenbrechen.

Wie angewurzelt betrachtete Pferdebauch die breite Reihe der kampfbereiten Sioux. Statuen gleich, saßen sie regungslos auf ihren Kriegsponys und trotzten gemeinsam den Naturgewalten. Teilnahmslos wie Geister blickten sie auf die sterbenden Ponca in ihrer Not herab, während lediglich ihre Coupfedern in den Schöpfen und Mähnen ihrer Mustangs und die Verzierungen ihrer Lanzen und Schilde aufgeregt im Sturm flatterten und der Tornado mit voller Wucht ins Dorf der Ponca einschlug. Alles riss die mächtige Sturmschlange mit einem Ruck mit sich fort. Die Dächer der Erdhütten wurden wie welkes Laub im Mond der fallenden Blätter einfach fortgetragen. Menschen wie auch deren Zelte wurden von der Schlange aufgesogen und verschwanden vor den Augen ihrer hilflos zuschauenden Angehörigen. Durch die zuvor ausgerissenen und mit sich getragenen jungen Maispflanzen hatte die Luftsäule mittlerweile einen bedrohlich schmutzigen und olivgrün leuchtenden Schein angenommen.

Niemand der Ponca achtete mehr auf die feindlichen Krieger der Lakota, als sie, um ihr blankes Leben rennend, direkt auf diese zuhielten.

Büffelrücken hielt Badger und seine Männer davon ab, auf die Ponca loszustürmen. „Zurück! Wir dürfen uns nicht in einen Krieg der Naturgeister einmischen!"

Doch so plötzlich, wie das Unwetter hereinbrach, hörte es auch wieder auf. Die Wolken rissen auf und vereinzelte Strahlen der Sonne drangen bereits hindurch. Die wenigen überlebenden Ponca, die in ihrer verzweifelten Flucht auf die Anhöhe mit den Sioux zugerannt waren, machten schnell kehrt und rannten in ihr Dorf zurück. Doch viele von ihnen blieben einfach mitten im Lauf stehen, da es nichts mehr gab, wohin sie sich nun noch hätten wenden können.

Sprachlos standen die Lakota auf der Anhöhe, von der aus sie vor kurzem erst den Angriff ausführen wollten. Doch wen oder was sollten sie jetzt noch bekämpfen?

„Die Rache ist nun nicht mehr an uns!", sprach Büffelrücken zu den versteinerten Kriegern, die fassungslos auf die Reste des zerstörten Lagers blickten. Ein heilloses Durcheinander aus Resten von zerrissenen ledernen Zeltbahnen, abgeknickten Holzpfählen, Ästen und Bäumen war nun dort, wo einst das Dorf der Ponca stand. Über allem lagen ausgerissene und zerfetzte Maispflanzen. Es war eine Katastrophe, denn in diesem Herbst würde es für die Hand voll Überlebender keine Ernte mehr geben.

Aufgeregt und unter Tränen riefen die Menschen nach ihren vermissten Angehörigen. Gegen einen so mächtigen Feind, der sogar die Naturgeister für sich kämpfen ließ, hatte man keine Chance, und niemand der Ponca beachtete mehr die Siouxkrieger, die gerade in langer Reihe in den Ort der Zerstörung einritten, wo einst ihr Dorf stand. Kleine Kinder schrien, selbst größere weinten und riefen verzweifelt nach ihren Müttern, die sie in diesem Leben nicht mehr wiedersehen sollten. Männer suchten ihre Frauen unter den Trümmern ihrer Behausungen. Nicht nur viele alte, auch jüngere Ponca, die nicht rechtzeitig entfliehen konnten, lagen mit zerschmettertem Körper, sterbend oder auch schon tot, weit verstreut auf den kläglichen Überresten ihrer Felder herum. Bestürzt über die angerichtete Verwüstung, waren selbst die Sioux nicht in der Lage, etwas zu sagen.

Ein älterer Mann, der ihnen humpelnd mit gebrochenem Bein, von seiner Frau gestützt, entgegenkam, stellte sich den Sichangu mit wild zerzausten Haaren in den Weg. „Man nennt mich Pferdebauch, ich bin der Geheimnismann der Ponca. Wenn ihr eure Rache wollt, dann nehmt sie euch jetzt!"

Büffelrücken stieg von seinem Mustang. „Man nennt mich Büffelrücken, ich bin wieder Wicasa Wakan der Lakota! Wir hatten unsere Rache, und auch Wakan Tanka hat seine Rache genommen. Es soll genug sein!"

Pferdebauch nickte.

„Nur eines noch: Wir suchen einige sehr persönliche Dinge unseres jungen Wicasa Wakans - meines Sohnes. Gebt sie uns heraus!"

Pferdebauch sah betrübt zu Boden.

„Ihr werdet sie nicht finden, denn auch die drei Krieger, welche das alles hier durch ihre Taten heraufbeschworen haben, konnten sie bei deinem Sohn nicht finden. –

Sie handelten ohne das Wissen ihres Volkes und sind immer noch nicht heimgekehrt."

„Pferdebauch spricht die Wahrheit - auch wir fanden diese Dinge weder bei Schwarzes Hemd noch bei seinen zwei Kriegern!", erwiderte Büffelrücken.

Pferdebauch zuckte innerlich zusammen. „Ich verstehe", sagte er und blickte mit feuchten Augen in die Runde und auf die Reste seines Volkes. Jetzt lernte auch er den Schmerz kennen, den ein Vater verspürt, wenn er seinen Sohn verliert. Many Scalps, der älteste Sohn Pferdebauchs, würde nun also ebenfalls nicht mehr zu den Seinen zurückkehren können.

Büffelrücken blickte sich um und sah auf Badger, der den Blick seines Vaters verstand, und auf seinen kurzen Wink hin warfen die Krieger ihre Decken und Felle und sogar zwei frisch erlegte Antilopen von ihren Packpferden ab. Büffelrücken nickte dem Geheimnismann der Ponca zum Abschied zu, und gefolgt von Badger und seinen Kriegern, ritt er ihren eigenen heimatlichen Zelten entgegen.

Lange waren die Sioux schon dem Blickfeld von Pferdebauch entschwunden, doch noch immer starrte er in die Richtung, in der sie fortgeritten waren, so, als könne er durch den Hügel hindurch ihren Heimweg beobachten.

Er verstand die Welt nicht mehr. Seine Feinde waren ihm so unendlich fremd und so unberechenbar in ihrem Handeln. Immer taten sie genau das, was man nicht von ihnen erwartete. Es waren die ungewöhnlichsten Menschen, die er kannte - es waren Lakota.

4.

Noch recht lange, nachdem die Männer der Sichangu von ihrem Rachefeldzug gegen die Ponca heimkehrten, sprach man hinter vorgehaltener Hand von dessen ungewöhnlichen Hergang. Wie ein immer wieder neu entfachtes Präriefeuer eilte die Kunde der vergangenen Ereignisse über die Plains, und selbst weit entfernt, in den Lagern ihrer Feinde, sprach man nur im Flüsterton von diesen Dingen, bei denen selbst die Naturgeister ihre Rache gefordert hatten.

Doch die unendliche Leere in den Zelten der Lakota, die sich durch den Verlust ihres jungen Wicasa Wakans aufgetan hatte, blieb nach wie vor erhalten und würde sich, wenn überhaupt, nur sehr schwer wieder füllen lassen.

Badger hatte Rainfeather und Feuer in seinen Augen, wie er es versprochen hatte, zu sich ins Tipi genommen und die beiden adoptiert. Doch die tragischen Ereignisse hatten ihre deutlichen Spuren hinterlassen, und vor allem die sonst immer so fröhliche Rainfeather war nun mit silbrigweißen Strähnchen bereits vom Alter gezeichnet. Das unbeschwerte und glückliche Leuchten ihrer Augen war matt und trübe geworden. Selbst der kleine Feuer in seinen Augen vermochte es kaum, seiner Mutter ein Lächeln zu entlocken, denn zu tief saß der Schmerz, da ihr ein großes Stück ihres Herzens herausgerissen wurde. Erst als die anfänglich noch schwachen Bewegungen in ihrem Körper zunahmen und das Strampeln ihres ungeborenen Kindes immer stärker wurde, kehrte ein kleiner Funke des Lebens langsam zu ihr zurück. Aber das ungezwungene und glückliche Lachen, in ihrer trotzdem so bescheidenen Art, würde niemand je wieder hören dürfen. Nicht nur Wiegendes Gras machte sich große Sorgen um ihre Schwägerin. Fast wie ein Geist lebte Rainfeather, scheinbar nur noch, um ihrem zweiten Kind das Leben zu schenken, unter den Ihren.

Nun, gegen Ende des Mondes der fallenden Blätter, befanden sich die Büffelrücken vom Stamm der Sichangu bereits wieder im Schutze ihrer Paha Sapa. Die Herbstjagden waren erfolgreich gewesen und man konnte mit den angelegten Wintervorräten sorglos der kommenden frostigen Jahreszeit entgegenblicken.
Immer, wenn er es einrichten konnte, streifte der nun oft schwermütige Badger mit Feuer in seinen Augen durch die dichten Wälder ihrer geliebten Schwarzen Berge. So auch an diesem Tag. Schon seit den frühen Morgenstunden lag nach Badgers Empfinden bereits der Geruch von Schnee in der Luft, und so entfernten sie sich auch nicht allzu weit von ihrem geschützt liegendem Winterlager. Aber immer noch weit genug, um so eine Rechtfertigung zu finden, auch hin und wieder eine Rast einzulegen und sich dann in aller Ruhe eine Pfeife zu entzünden, bevor man sich wieder auf den Rückweg machen musste.
Liebevoll sah Badger auf seinen Adoptivsohn, der in der frostigen Luft mit dem leuchtend bunt gefärbten raschelnden Laub des Bergahorns spielte. Immer wieder ließ sich Feuer in seinen Augen in die Mengen des farbenprächtigen Herbstlaubes fallen, welches mit seinen warmen Gelb-, Rot- und angenehmen Brauntönen eine beruhigende Wirkung auf Badger hatte. Vergnügt warf der Kleine wieder und wieder seine zusammengekratzten Haufen des Herbstlaubes hoch in die Luft und freute sich königlich, wenn die Blätter, anders als das gleichmäßige

Fallen von Schneeflocken, in ihren unregelmäßigen Bahnen wieder zu Boden segelten.

„Feuer in seinen Augen sieht jetzt bereits seinen vierten Winter, und bald schon wird er seinen kleinen Bruder treffen und ihn beschützen können."

„Vater, woher weißt du, dass ich keine kleine Schwester bekomme?"

„Der Mann, der mein Bruder und der vor mir dein Vater war, sprach in meinen Träumen zu mir. Daher."

„Und wann kommt mein kleiner Bruder zu uns?"

Badger blickte zum schweren, grauen Himmel, der ein Abbild seines Gemütszustandes zu sein schien. „Vielleicht noch heute, vor dem ersten Schnee, so wurde es mir gesagt. Na, komm, mein Sohn, beeilen wir uns!"

Schnell setzte er den Jungen vor sich auf Adlerschwinge. Auf keinen Fall wollte er die Ankunft des zweiten Sohnes seines Blutsbruders verpassen. Er bezweifelte nicht, dass das Kind tatsächlich vor dem ersten Schnee das Licht der Welt erblicken sollte. Rabbit hatte ihm schließlich in seinem Traum nicht nur den Zeitpunkt der Geburt, sondern auch schon den Namen des Kindes offenbart.

Langsam näherten sie sich der großen, talähnlichen Lichtung, die sie bereits auf dem Hinweg passiert hatten, als ihnen fern am gegenüberliegenden Talende ein bekannter Reiter auffiel. Auf halbem Wege kam ihnen Büffelrücken freudig entgegen, der Badger und seinen Enkelsohn mit der Nachricht, dass Rainfeather in den Wehen läge, zu den Zelten holen wollte. Badger lag also richtig in seiner Vermutung. „Noch vor dem ersten Schnee", hatte er die Worte seines Bruders noch immer in den Ohren.

Fast an der gleichen Stelle wie vor vier Wintern, stand wieder das Geburtstipi, in dem die Frauen ihrem jüngsten Stammesmitglied auf die Welt zu kommen halfen. Neugierig, getarnt unter den verschiedensten Vorwänden, schlichen immer wieder einzelne Dorfbewohner in der Nähe des Tipis herum. So, wie es immer war, nahm jeder Einzelne Anteil, wenn durch eine glückliche Geburt dem Stamm ein neues Kind geschenkt wurde.

Unbeeindruckt von der in der Luft liegenden Freude seiner Stammesbrüder, saß Badger eher wehmütig in angemessener Nähe des Tipis, um auf die Geburt des, nunmehr seines, Kindes zu warten. So unendlich lange schien es her zu sein, als er mit Rabbit gemeinsam auf die Geburt von Feuer in seinen Augen wartete. Damals war er noch der Onkel gewesen, der dem Kleinen eher ungewollt seinen Namen gegeben hatte. Nun war er dessen Vater und würde es auch von dem zweiten Sohn seines Bruders werden. Badger wurde das Herz immer schwerer, und je mehr er versuchte, nicht an Rabbit denken zu müssen, umso intensiver wurde der Schmerz, der seine Traurigkeit nährte.

Seine engsten Freunde schienen sehr deutlich zu spüren, was in ihm vorging. Winterwind und Igelarsch kamen vorsichtigen Schrittes herbei und setzen sich schweigend an seine Seite. Kaum dass sie Platz genommen hatten, erschien auch Horse Tail und begann mit einfachen und alltäglichen Belanglosigkeiten ein Gespräch. Auch sie vermissten Rabbit, der nun schon vor vielen Monden seine letzte Reise angetreten hatte. Ein jeder wusste, dass es das Kind ihres jungen Wicasa Wakans und Badgers zugleich war, das von allen so sehnsüchtig erwartet wurde.

Etwas Kaltes und Nasses traf Badger an der Nasenspitze. Und noch einmal. Mit zu Falten zusammengezogener Stirn blickte er fast ein wenig geistesabwesend zu Vater Himmel.

„Oh ha, es beginnt das erste Mal in diesem Winter zu schneien!"

Die Krieger sahen sich fast erschrocken um. Hinter ihnen standen Büffelrücken und Roter Felsen. Auch sie warteten. Kaum einen Atemzug später blickten alle wie auf Zuruf in Richtung des Tipis. Das laute und kräftige Geschrei, das nur der Kehle eines Jungen entstammen konnte, nahm die ganze Aufmerksamkeit der Männer gefangen. Wie gebannt starrten sie auf die verdeckte Tipiöffnung, durch die, wie schon einmal vor vier Wintern, jeden Moment Wächst im Regen mit dem Nachwuchs Rainfeathers und Rabbits erwartet wurde.

Das kräftige Geschrei wurde nun etwas ruhiger, und die sonst so eiskalten und berechnenden Krieger begannen schon, vor Aufregung herumzualbern. Endlich wurde dann die Plane beiseite geschlagen und Wächst im Regen trat mit einem winzigen Fellbündel auf den Armen ins Freie. Sofort wurde sie von den neugierigen Männern umringt, so, als ob jeder Einzelne von ihnen der Vater des Kleinen sei. Anders, als es bei Feuer in seinen Augen war, hatte der Säugling seine Augen bereits weit geöffnet und sah die Krieger glucksend an. Seine beiden Händchen kämpften sich tapfer unter dem weichen Fell hervor und griffen immer wieder ins Leere. Badger wie auch Roter Felsen hielten ihm jeweils einen Finger hin, an denen er sich sofort festhielt. Nur mit viel Fantasie konnte man ein paar Ähnlichkeiten zu Feuer in seinen Augen erkennen. Er hatte ein ganz anderes Aussehen und glich eher seinem leiblichen Vater. Eine längere schwarze Mähne, als sie damals sein Bruder hatte, zierte das niedliche und offene Gesicht und er besaß schon einen auffallend festeren Griff.

„Der Name des Jungen soll ´Feste Hand` sein", begann Badger. „Es ist der Traumname, den der Mann ihm gab, der vor mir sein Vater war!"

Die Krieger, und vor allem Büffelrücken, kannten die tiefere Bedeutung, die ein solcher Name mit sich brachte. Dieser Knabe würde den Namen sein Leben lang tragen dürfen, und selbst wenn er einen weiteren durch eine besondere Vision annehmen würde, so bliebe dieser immer lebendig, und es war ihm somit vorherbestimmt, eines Tages in einem besonderen Verhältnis zum Schöpfer allen Lebens zu stehen.

Büffelrücken trampelte inzwischen wie ein ungeduldiges Kind auf der Stelle, bis er endlich den Mut aufbrachte und recht zaghaft darum bat, den Jungen ebenfalls einmal halten zu dürfen. Der klare Blick des Neugeborenen hielt dem innigen und tiefen Blick des alternden Geheimnismannes stand. Wenn Badger es nicht besser gewusst hätte, hätte er schwören können, kleine Tränen des Glücks in den Augen des Wicasa Wakans zu entdecken. Niemandem entging, wie die Haltung von Büffelrücken sich umgehend straffte, nachdem er Feste Hand seinem Vater nur sehr ungern zurückgab.

Nun hielt Badger den Jungen wieder auf seinen Armen, und ihm war fast so, als könne er die Gedankenspiele hören, die Feste Hand und Büffelrücken sich einander zuwarfen. Langsam kniete er sich nieder, damit auch Feuer in seinen Augen seinen kleinen Bruder begrüßen konnte.

Nun erst begann Badger zu verstehen.

Es war kein gewöhnlicher, sondern ein ganz besonderer Tag für die Sichangu: Heute wurde ihm nicht nur sein Adoptivsohn geboren. Heute hatte der zukünftige Wicasa Wakan ihres Stammes das Licht der Welt erblickt!

Auch die anderen Krieger schienen instinktiv zu spüren, dass dieser kleine Knabe von einer außergewöhnlichen Aura umgeben war. Jeder der Männer würde von nun an für das Wohlergehen dieses Kindes mit seinem Leben einstehen, ohne dass er darüber große Worte verlieren würde. Wie es bei den Sioux seit vielen Generationen üblich war, war jede Frau und jeder Mann für jedes Kind nicht nur Onkel und Tante, sondern viel, viel mehr.

Wächst im Regen suchte vergebens den Blickkontakt mit den innerlich aufgewühlten Männern. Auch sie war stolz und glücklich über ihren zweiten Enkel, doch etwas schien ihre Freude zu trüben.

Endlich sahen Badger und Büffelrücken fast gemeinsam zu ihr hinüber.

„Wie geht es Rainfeather?", fragten beide gleichzeitig.

Die Augen von Wächst im Regen füllten sich mit dicken Tränen.

Erschrocken versuchten jetzt auch die anderen Krieger, in dem Schluchzen von Wächst im Regen eine Antwort zu finden.

„Sie hörte die Stimme des Mannes, der unser junger Wicasa Wakan war", begann sie. „Sie sagte, sie habe ihn schon so oft gesehen, wie er am Anfang des Pfades auf sie warten würde, und es wäre an der Zeit, wieder bei ihm zu sein. - Sie nahm Feste Hand in die Arme, dann schlief sie einfach ein! - Ich sagte ihr noch, dass die Zeit dafür noch nicht gekommen sei, aber ich kann nicht einmal sagen, ob sie mich noch hörte."

„Wird sie wieder erwachen?"

Badgers kurze Freude wurde nun von neu geborener Verzweiflung heruntergewürgt.

Wächst im Regen schüttelte den Kopf. „Ich weiß es nicht!"

Geistesabwesend wich Badger entsetzt einige Schritte zurück. Nachdenklich starrte er durch seine Freunde hindurch, als ob er dahinter die Antwort auf seine Frage entdecken könnte.

Bis auf Büffelrücken, der sich sogleich um Rainfeather zu kümmern gedachte, zogen sich die anderen Männer stillschweigend in ihre Tipis zurück, denn sie spürten, dass er allein sein wollte.

Über der frohen Kunde von der Geburt von Feste Hand, die im Anschluss durch das Dorf eilte, schwebte vorerst noch der Schatten der ungewissen Zukunft seiner Mutter.

Badger war der Kriegshäuptling seines Stammes, und er hatte auch nie die so engen Verbindungen zur Geisterwelt besessen, wie es nur ein sehr weiser Wicasa Wakan haben konnte, doch kam ihm da trotzdem ein Gedanke. Er war bereit, um Rainfeathers willen, ein strenges Tabu zu brechen.

Kurz entschlossen verabschiedete er sich schweren Herzens mit einer liebevollen Umarmung von Wiegendes Gras und Feuer in seinen Augen. Eilig suchte er außer seiner warmen Winterbekleidung ein paar weitere notwendige Dinge wie seine Waffen zusammen, um wenig später auf Adlerschwinge, und nur von zwei reiterlosen Ponys begleitet, auf die winterliche Prärie hinauszueilen.

Aus den Augenwinkeln heraus sah Büffelrücken Badger auf seinem Mustang davonstürmen. Er ahnte, dass er die nächsten Tage viel für Badger beten musste, da er ihm den Erfolg von Herzen wünschte. Er lächelte still in sich hinein, als er ihn entschwinden sah, denn er wäre wohl kein guter Geheimnismann gewesen, wenn er nicht ahnen würde, was der Häuptling vorhatte. Doch das war eine Sache, die nur die Geister und - ja, und auch Rabbit etwas angingen. Jeder Krieger musste schließlich wissen, was er tat.

Der erste Schneefall am Abend der Geburt von Feste Hand war nur ein kurzer Willkommensgruß des Nordriesen an alle Geschöpfe der Plains gewesen. Am Tage darauf schmolz die dünne Schneedecke bereits wieder unter den ersten Strahlen der Sonne dahin und ermöglichte Badger auf seinen Mustangs ein zügiges Vorankommen in Richtung ihrer Frühlingsjagdgründe.

Nicht die Angst vor einer Begegnung mit fremden Kriegern ließ ihn, anders als vor vielen Monden, weitab von den Jagdgründen der Ponca die nördlichere Route einschlagen.

So, wie Badger es am Geisterzelt seines Bruders gelobte, würden die Ponca sicher schon beim Gedanken an die Sioux und ihre übermächtigen Verbündeten erzittern, denn sie hatten bereits den Zorn der Naturgeister erfahren müssen. Aber allein, ohne Frauen und Kinder, war er einfach schneller auf diesem Wege. Er brauchte sich so auch nicht ständig nach geeigneten Lagerplätzen mit frischem Wasser umzusehen, denn er hatte Angst um Rainfeather und dass ihm die Zeit einfach davonlaufen könnte.

Bereits am dritten Tag nach seinem Aufbruch erreichte er den verlassenen Lagerplatz seines Volkes. Vorsichtig spähte er umher, um ganz sicher zu sein, dass keine fremden Menschen in der Nähe waren. Langsam und mit Herzklopfen näherte er sich dem in einiger Entfernung stehenden Geisterzelt. Bereits von Weitem gut sichtbar, hob sich das unberührte Tipi von der platten Ebene ab, während die natur-belassenen, hellen Zeltplanen feurig rot in der untergehenden Abend-sonne zu glühen begannen. Neben dem Geisterzelt, welches immer noch unberührt dastand, errichtete er kurzerhand sein eigenes provisorisches Lager. Sogleich entzündete er ein kleines Feuer, auf dem er sich nicht nur seine Nahrung zubereiten, sondern das ihn in der kommenden Nacht auch wärmen würde.

Schnell brach die Dunkelheit über ihn herein und das Flackern des Feuers verbreitete mit seinen Licht- und Schattenspielen einen ge-spenstischen Schein auf den Planen des Geistertipis. Es war tabu, den Namen eines verstorbenen Verwandten auszusprechen, geschweige denn, ihn anzurufen.

Niemand hatte das Recht, den Frieden im Land der vielen Zelte zu stören und die Geister der Gegangenen zu erzürnen. Badger hoffte in-ständig, dass die Seele seines Blutsbruders ihm verzeihen möge, denn er handelte schließlich nicht aus niederen Motiven.

Es wurde trotz des Feuers bereits sehr kühl, aber unter seiner dicken Bisonrobe war es dennoch gemütlich und warm.

Nachdenklich stopfte Badger sich seine kleine Pfeife und entzündete sie mit einem glimmenden Span des Lagerfeuers.

Die Glut der Pfeife war lange schon erloschen, als er ein letztes Mal tief Luft holte, um das zu tun, weshalb er gekommen war. Mit kraftvoller Stimme rief er in einem Gebet Wakan Tanka an, ihm bei der Suche nach der Seele seines Bruders behilflich zu sein.

Mehrere Male wiederholte er sein Gebet, bevor ihm der Name seines toten Blutsbruders, anfänglich noch sehr zaghaft, über die Lippen kommen sollte.

„Rabbit, mein Bruder, verzeihe mir, dass ich deinen Frieden störe! Es ist dein Bruder Badger, der dich ruft! Unsere Söhne brauchen ihre Mutter! Bitte hilf ihnen!" Immer wieder wiederholte er das Gebet an Wakan Tanka und den Hilfeschrei an seinen Bruder, der ihm hoffent-lich im Land der vielen Zelte Gehör schenken würde.

Die Zeit rann dahin, und im Laufe seines verzweifelten Gebetes ver-änderte sich zusehends sein fast schon heiserer Tonfall. Immer mehr und kaum merklich glitten seine Gebete in einen Gesang über. Sein dampfender und sogleich gefrierender Atem trug seine Lieder ge-meinsam mit den winzigen Rauchschwaden und Funken des kleinen

Lagerfeuers hinauf in den nächtlichen Sternenhimmel. Hier würden sie sich, so hoffte Badger, mit dem Atem des großen Weltgeistes vereinen und bis zu Rabbit vordringen können.

5.

Unendlich weit fort, in einer Zeit, die viele Generationen von Badger und seinem Stamm entfernt liegt, wohnen auf einer Reservation der Sichangu die letzten Urenkel der einst so stolzen und tapferen Krieger vom Stamm der Büffelrücken. Das Leben hat für die Ahnen der Lakota viele andere Formen und Farben angenommen. Wo einst die ledernen Tipis den unerbittlichen Stürmen auf den Prärien trotzten, stehen jetzt einfache Bungalows mit Wellblechdächern, deren klappernde Türen und Fensterläden kaum einem winzigen Windhauch zu widerstehen vermögen. Längst verschwunden sind die, im Vergleich zu Autospuren, zarten Furchen der Travois, die einst über die weiten, grasbewachsenen Ebenen dahinglitten.

Die anpassungsfähigen und ausdauernden Mustangs wurden von gummibereiften Pferdestärken mit wohlklingenden Namen wie „Dodge", „Chevrolet" oder „Ford" abgelöst. Nur wenige Angehörige im Reservat können sich noch glücklich schätzen, ein Pony ihr Eigen zu nennen.

Die riesigen Bisonherden sind lange schon vom Antlitz der Erde verschwunden, und meist begründet sich der einzige Jagderfolg nur noch auf die staatlichen Unterstützungen, die im unangemessenen Ausgleich für den größten ungesühnten Landraub der Weltgeschichte gezahlt werden, oder auch nicht.

Die Kinder der Lakota kennen Elch, Wapiti und Rotluchs nur aus den von Wasicun gemachten Büchern oder aus Zoos, deren Eintrittspreise meist so hoch sind, dass ein Besuch weit über die Verhältnisse einer armen indianischen Familie hinausgeht.

Doch seit ein paar Tagen liegt ein vollkommen neues Klima in der Luft. Auf den mit Sicherheit wahrscheinlich ungewöhnlichsten Besuch, den die Sichangu jemals auf ihrer Reservation hatten, folgten einschneidende Veränderungen. Den Lakota selbst erschien ihr Leben nach wie vor unverändert, nur für die beiden Besucher, Felix und

54

Catherine, zwei junge Deutsche, waren diese sonderbaren Veränderungen rings umher wahrnehmbar.

Auf fast schon abenteuerliche Weise hatten sie sich mit den Sioux angefreundet und anders, als geplant, ihren Urlaub auf einer Reservation verbracht. Es ging sogar soweit, dass man Felix einlud, an einer Inipizeremonie teilzunehmen. Den körperlichen Belastungen im Schwitzzelt nicht gewachsen, fiel Felix in einen komaähnlichen Schlaf, um erst nach zwei Tagen das Bewusstsein wiederzuerlangen.

Völlig verstört wachte Felix, seelisch um Jahre gealtert, wieder auf. Er war nicht mehr der Gleiche wie vor der Zeremonie. Nur sehr langsam öffnete er sich wieder Catherine und seinen Freunden. In den zwei Tagen seiner Bewusstlosigkeit durchlebte Felix einen absolut wahnwitzigen Traum, der ihn in eine andere Welt verschlagen hatte und ihn ein anderes, ja, vielleicht sogar ein früheres Leben durchlaufen ließ. In seiner noch frischen Erinnerung an seine Vision, wie es der Wicasa Wakan Feuermond nennt, hat er das Empfinden, nicht mehr in diese Welt zu gehören. Er zerbricht, genau wie viele der Lakota, unter dem Druck der Zivilisation und beschließt, dem, was für ihn mehr als nur ein Traum war und ihn innerlich zu zerreißen droht, auf den Grund zu gehen.

An einem weit entfernten Ort, der nur ihm aus seinem Traum bekannt ist, findet er die Beweise, die alle Zweifel zerstreuen. Er, den man jetzt wieder „Felix" nennt, war schon einmal hier! Vor sehr, sehr langer Zeit wurde er von seinen Stammesbrüdern der Sichangu „Rabbit" gerufen. Selbst seine Frau, Catherine, spielt immer und überall eine Rolle in dem mysteriösen Spiel zwischen anderen Leben in anderen Welten.

Nichts, woran Felix glaubte oder wovon er überzeugt war, scheint noch von Wert zu sein. Der Himmel seines gesamten Weltbildes, so, wie er es zu kennen gedachte, ist eingestürzt.

Es gibt kaum eine Nacht seit jenen Ereignissen, in der er nicht von wirren und bizarren Träumen heimgesucht wird. Am Tage darauf braucht Felix dann immer wieder Stunden, um sich neu zu orientieren.

Feuermond, der alte Wicasa Wakan der Sichangu, versucht, den verborgenen Schmerz, der in der zwiespältigen Seele von Felix und Rabbit zugleich wohnte, zu lindern. Es vergeht nun kaum ein Moment, in dem er Felix aus den Augen lässt. Ständig wachen seine Adleraugen über ihn und Catherine. Er weiß und spürt es ganz genau - die Sache ist noch nicht zu Ende …

„Können wir reden?" Kaum merklich hatte sich Feuermond Martin Holy Eagle genähert, der gedankenverloren am Rande des Pferdecorrals auf einem Grashalm herumkaute.

„Klar doch!", antwortete Martin, der Felix in der zurückliegenden Zeit ein guter Freund geworden war, seit sie sich vor fast zwei Monaten auf dem Highway kennen gelernt hatten.

„Wir müssen Felix dazu bringen, noch einmal ins Schwitzzelt zu gehen", fuhr der Wicasa Wakan fort.

„Was?" Martin sprang erregt auf. „Nein! Nie im Leben wird er noch einmal ein Inipi über sich ergehen lassen! Wer weiß, wohin er dann reisen wird, wenn seine Seele wieder davon fliegt!" Mit flatternden Handbewegungen blickte Martin, nicht ganz glücklich bei diesem Gedanken, mit angespanntem Blick zum Himmel, als ob er dort etwas suchen würde.

Unbeeindruckt von Martins Bedenken, fuhr Feuermond fort: „Das ist noch nicht alles. Nachdem er aus dem Schwitzzelt gekommen ist, wird er dann drei weitere Tage und Nächte seine Seele und sein Fleisch reinigen müssen. Dann - und nur dann! - kann sein Nagi vielleicht wieder zur Ruhe kommen!"

Besorgt blickte Martin Feuermond von der Seite an. „Was für ein bullshit, aber vielleicht hast du sogar recht. Bald schon wird er uns mit Catherine wieder verlassen müssen und in seine Heimat zurückkehren. So aber können wir ihn unmöglich ziehen lassen. - Okay, ich rede mit ihm, bevor … "

„Bevor er wahnsinnig wird, wolltest du sagen?"

Martin nickte, immer noch hatte er Zweifel, ob das der einzige Weg war, der sich ihnen auftat.

Wie jeden Abend saßen Martin, seine Frau Mary, Catherine und Felix auf der kleinen Terrasse vor Martins Bungalow. Einst war es so, dass Martin alte Geschichten von seinem Volke zum Besten gab. Aber seit ein paar Tagen lauschten alle gespannt den Abenteuergeschichten, die Felix, woher auch immer, zu berichten wusste und die bisher nur Feuermond von ihm erfahren durfte. Oft, und ohne dass es Felix bewusst wurde, geschah es, dass er dabei plötzlich in den alten Lakotadialekt verfiel. Selbst Martin und Mary hatten Schwierigkeiten, alles zu verstehen.

Die Augen von Felix nahmen dann immer einen wirren und fiebrigen Glanz an, und er wurde Catherine so unsagbar fremd, dass sie fast Angst in seiner Nähe bekam.

„Da, jetzt! Du tust es schon wieder!", unterbrach ihn Martin betroffen.

Felix zuckte erschrocken zusammen. „Tut mir leid!" sagte er und senkte fast verschüchtert den Kopf. Man hatte es ihm schon mehr als einmal zu verstehen gegeben, aber er konnte einfach nichts dagegen tun, wenn es über ihn kam. Mit seiner rechten Hand griff er zaghaft nach seinem Medizinbeutel, den er vor sehr langer Zeit einmal versteckt und den er nun wiedergefunden hatte.

Und das bald zweihundert Jahre später!

Langsam erhob er sich und zündete seine kleine, alte Pfeife an, eine Angewohnheit, die er auch in diesem Leben nicht mehr abzulegen gedachte. Steif blickte er durch das in der untergehenden Sonne glühende Tipi Feuermonds hindurch. Im Moment, als er die Erkenntnis von seinem früheren Leben erlangte, wurde er von einem unsagbarem Glücksgefühl übermannt. Aber je länger nun dieser Augenblick zurücklag, machte sich nur noch unendliche Trauer in ihm breit.

Er vermisste das andere Leben und war gefangen in der Zeit. Wohin gehörte er wirklich? Nur auf dem Rücken von Adlerschwinge, dem wilden Zuchthengst Martins, konnte er seine Trauer und sein Heimweh verdrängen. Wenn ihm dann der Nordwind durch sein gerade einmal schulterlanges, dunkles Haar wehte und er sich fast schon heimlich, ohne dass er die Blicke seiner Freunde vermutete, seine alten Coupfedern ins Haar band - nur dann konnte er alles vergessen.

Wenn er und der Mustang, dessen Hufe kaum den Boden berührten, eins wurden und sie gemeinsam über die Steppe dahinflogen, nur dann war er glücklich, denn dann war er wieder Rabbit, und sei es auch nur für einen kurzen, flüchtigen, gestohlenen Augenblick.

„He! He, aufwachen!" Erschrocken fuhr Felix herum. Sein wehmütiges Lächeln traf auf den gutmütigen Blick von Martin.

„Felix, Feuermond meinte ich solle mit dir reden. Geht das in Ordnung?"

„Spuck schon aus!"

Martin erhob sich und legte Felix behutsam wie einem alten Schulkumpel den Arm um die Schulter, während er ihn mit langsamen Schritten von der Terrasse und den Frauen fortführte. „Ich denke, wir wissen alle, dass mit dir im Moment etwas nicht stimmt?"

Da Martin weder ein Ja noch ein Nein als Antwort vernahm, fuhr er fort: „Feuermond meint, er könne dir unter Umständen helfen, dass du dich zumindest wieder etwas besser fühlst."

Felix blieb stehen. „Wie denn?" Er lachte mit einem fast schon irren Unterton in seiner Stimme. „Will er mich zurückschicken? - Vergiss es! Wie soll ich das jemals wieder aus meinem Schädel herausbekommen?" Er schüttelte verneinend seinen Kopf.

„Das brauchst du doch gar nicht. Du musst nur lernen die Dinge zu verstehen und in die richtige Reihenfolge zu bringen, und dann kannst du sie auch sicher akzeptieren, ohne dass es dich zerreißt."

Felix schüttelte erneut den Kopf.

„Wie soll das wohl gehen?"

„Feuermond sagt, es wäre gut für dich, noch einmal ins Schwitzzelt zu gehen und anschließend drei Tage und Nächte dein Fleisch und deinen Geist zu reinigen. Dann würdest du alles verstehen und viel klarer sehen und mit dem, was du erlebt hast, auch umgehen können!"

„Noch einmal ins Schwitzzelt? Und was ist, wenn ich wieder woanders aufwache? Was ist, wenn es mir dort besser gefällt als hier und ich gar nicht mehr zurückkehren will?"

„Wenn es dich glücklich macht …", Martin zuckte mit den Achseln, „dann bleibe dort - wenn du es vermagst. Und wenn du schlau bist", Martin sah sich um, ob ihn auch niemand beobachtete, „dann denke an das hier!"

Endlich verstehend, blickte Felix auf zwei winzige tätowierte Striche unter Martins Haaransatz. „Hihankara, die Eulenmacherin! Du glaubst also auch dran?"

„Was hast du zu verlieren? Und wenn es stimmt? Vielleicht bist du deshalb wieder hier gelandet!"

Nachdenklich sah Felix Martin an. „Aber was wird dann aus Catherine?"

Martin ging darauf gar nicht ein, sondern erwiderte: „Darf ich dich nun auch etwas fragen?"

Felix nickte.

„Kannst du mir sagen, was aus Rainfeather wurde, nachdem du dort gegangen bist?"

Felix kräuselte seine Stirn. „Ich weiß es nicht, aber ich denke immer noch, es war sicher Catherine - auch wenn es sich verrückt anhört. Aber sieh her!" Felix hielt Martin die alte Pfeife und seinen Medizinbeutel entgegen. „Ich glaube inzwischen, dass zwischen Himmel und Erde absolut nichts mehr unmöglich ist. - Bisher habe ich zu Catherine davon nichts gesagt, aber hier drinnen im Medizinbeutel sind auch Haare meines Sohnes!"

Martin wich sichtlich erschrocken zurück.

„Keine Angst, sie beißen nicht. Komm und sieh her!" Vorsichtig öffnete Felix einen kleinen Spalt in seinem Beutel, sodass Martin die kleine Haarsträhne erkennen konnte. „Verfluchter Mist! Mein Bengel fehlt mir so sehr!"

„Dann wirst du es also tun?", stammelte Martin, der gebannt auf die kleine Haarsträhne stierte.

„Was soll ich tun?"

„Na, gehst du nun mit Feuermond in die Schwitzhütte?"

„Mhm, okay, du kannst Feuermond ausrichten, ich komme. Vielleicht geht es mir ja wirklich hinterher wieder besser."

Erleichtert ging Martin mit Felix zum Haus zurück.

Pünktlich beim ersten Sonnenstrahl des darauf folgenden Tages trat Feuermond in Martins Haus ein. Sein fragender Blick ruhte geduldig auf Felix, der inzwischen schon fast bedauerte, zugesagt zu haben. Aber selbst Catherine schien den Entschluss ihres Mannes zu begrüßen. Mit dem Schwitzzelt hatte dieser ganze Spuk angefangen, vielleicht ließ er sich damit ja auch wieder beenden. Schlimmer konnte es wohl kaum werden! Sie wollte nur ihren Mann zurück, so, wie sie ihn kannte.

Aber selbst Feuermond bezweifelte, dass Felix jemals wieder der Alte werden könnte, selbst wenn seine verwirrte Seele auf normalen Bahnen ihren Weg wiederfand.

Wie vor gar nicht allzu langer Zeit, saßen sich Felix und Feuermond erneut im Schwitzzelt gegenüber. Martin saß wieder nahe dem Eingang, und Rodney Looking Owl stand wieder als helfende Hand, da er nun bald schon selber ein Wicasa Wakan sein würde, dem Alten zur Seite.

Die Zaubergesänge Feuermonds und auch die glühend heißen Dampf-
schwaden, die sich immer wieder über Felix ergossen, schienen ihre
Wirkung zu verfehlen. Selbst der starke und beißende Rauch der
Zeremonienpfeife, die zwischen den einzelnen Abschnitten die Runde
machte, verursachte bei Felix nicht, wie beim ersten Mal, die erwartete
Übelkeit.

Aufrecht und auch ein wenig stolz verließ Felix dieses Mal auf seinen
eigenen zwei Füßen das Schwitzzelt, um schon wenig später mit
Feuermond wieder in dessen Tipi Platz zu nehmen.

Lange Zeit saßen sich die beiden schweigsam gegenüber, bevor Feuermond endlich zu sprechen begann. Tief holte er Luft, und seine zu-
sammengezogene Stirn verriet Felix, dass er ihm etwas mitzuteilen
gedachte, was ihm aber nicht sonderlich leicht fiel. „Du hast mir alles
über deine Vision berichtet und ich bin dir für dein Vertrauen sehr
dankbar. Nun, ich denke, ich sollte auch dir etwas berichten. - Vor sehr
langer Zeit, als ich noch ein kleiner Knabe war, nannten mich meine
Eltern nicht Feuermond. Oh nein, diesen Namen erhielt ich erst von
meinem Schutzgeist, als ich ein Wicasa Wakan der Lakota wurde."

Feuermond deutete etwas zögerlich auf ein aufgehängtes altes, ledernes
Schild, auf dem symbolisch ein fleckiger Hase abgebildet war. Die
anfängliche beinahe schon Teilnahmslosigkeit von Felix kehrte sich
sogleich ins Gegenteil um. Gierig starrte er dem alten Mann nun auf die
Lippen, in der Hoffnung, dieser würde sogleich weitersprechen. Feuermond entging nicht die Wirkung seiner Worte und legte deshalb noch
eine Minute des Schweigens ein.

„Mein Großvater lebte zur der Zeit, als uns die Paha Sapa noch gehörten, die weißen Soldaten aber schon in unser Land gekommen
waren, um sie uns zu stehlen. Er wurde ´Lone Rabbit` genannt. Er war
ein wirklich schlauer Mann!" Feuermond begann ein wenig zu kichern.
„Eines Tages überkam ihn ein wirklich sonderbarer Gedanke, und er
kam auf die dumme Idee, das ´Dampfende Ross` zu bekämpfen. Alle
seine Verwandten dachten, er sei verrückt geworden, doch er fing damit
an, den ´Eisernen Pfad`, auf dem so viele der Goldsucher ins Land
kamen, einfach aufzureißen. Er war auch einer der ersten Krieger,
denen es gelang, das ´Dampfross` tatsächlich zu bezwingen, sodass es
schnaufend und stampfend auf der Seite liegen bleiben musste. Er
wurde in den Reihen der Wolkenschilder, die sich in der ganz alten Zeit

auch ´Büffelrücken` nannten, ein berühmter Mann, und sein Vater, der mein Urgroßvater war, war einer unserer Geheimnismänner und sehr stolz auf seinen Sohn. -

Der Vater von Lone Rabbit wurde ´Wolkenschild` gerufen. Sein früherer Name, bis er ein Krieger und Wicasa Wakan wurde, war ´Der mit dem festen Griff` oder kurz ´Feste Hand`. Ich denke, das solltest du unbedingt wissen."

Felix erblasste und seine Augen schienen fast aus ihren Höhlen zu treten. Mit offenem Mund durchbohrte sein Blick den alten Mann. Der in der nun eingetretenen Stille laut rasende Herzschlag von Felix machte jedoch keinen Eindruck auf den Wicasa Wakan, da er unbeirrt fortzufahren gedachte.

„Feste Hand hatte einen kaum älteren Bruder, er hieß Feuer in seinen Augen. Auch Feuer in seinen Augen hatte gesunden Töchtern und Knaben das Leben geschenkt. Sie und wir alle sind die Nachfahren vom Gefleckten Hasen, genauso wie Martin der Ururenkel von Badger ist."

Behutsam legte Feuermond seine Hand auf die von Felix, der sprachlos und wie versteinert dasaß, und nur das leichte Zittern, welches inzwischen von seinem ganzen Körper Besitz ergriffen hatte, ließ auf vorhandenes Leben schließen, während er die Zusammenhänge, die ihn und Feuermond verbanden, zu begreifen schien.

„Erst jetzt konnte ich mit dir darüber reden. Du verstehst es, ich verstehe es - aber niemand außer uns wird es jemals begreifen. Wir beide sind auf so abnorme Weise verwandt …

Wie soll man jemandem erklären können, dass ich in der Lage bin, meinem jüngeren Ururgroßvater gegenüberzusitzen? - Du solltest nicht an der Frage zerbrechen, ob du nun ein roter oder ein weißer Mann bist! Dein Herz und deine Seele sind die eines Lakota, nur das ist wichtig und das begreife, sonst wird sich dein Geist in den Winden verlieren!"

Nachdenklich betrachtete Felix das Lederschild mit dem Symbol ihres gemeinsamen Schutzgeistes.

Der alte Wicasa Wakan musste es sicherlich versteckt gehalten haben, da er es nun erst zu Gesicht bekommen durfte.

Immer deutlicher traten die verwaschenen Konturen der Vergangenheit und der Gegenwart zutage. Es war unmöglich, sie zu trennen, und er begriff, dass er nur, wenn er beide Geschicke miteinander verband und akzeptierte, bei klarem Verstand bleiben könne.

Bis in die späte Nacht hinein redeten die beiden noch miteinander und Felix blieb bis zum darauf folgenden Morgen im Tipi Feuermonds.

Bereits beim ersten Sonnenstrahl, der durch die geöffnete Rauchklappe in Feuermonds Tipi drang, geleiteten der Wicasa Wakan und Rodney Looking Owl den immer noch nicht müden Felix hinaus in die Einsamkeit. Auf einem Hügel, an einem vorbestimmten Platz, unweit des nach seinem ersten Besuch erheblich kleiner gewordenen Kinderfriedhofes, hielt Feuermond an.

Er breitete seine alte Büffelfelldecke aus und formte aus Salbeizweigen einen schützenden Kreis um die Decke herum.

Aus einem mitgeführten ledernen Tragebehälter, der mit seinen Perlenstickereien schon über einhundert Winter gesehen hatte, holte Rodney einen ebenfalls auf altertümliche Weise hergestellten Lendenschurz mit dazugehörigem Gürtel heraus. Feuermond wies Felix daraufhin an, sich umzuziehen. Als er damit fertig war, legte er seine alten Coupfedern an und nahm seinen Medizinbeutel und die alte Pfeife wieder an sich.

Feuermond war äußerst zufrieden mit sich selbst, als er sein fertiges Werk betrachtete. Er war davon überzeugt, dass den Geistern der Anblick von Felix gefallen und sie sich ihm wohlwollend offenbaren würden. Bevor sich Feuermond nun zum Gehen umwandte, übergab er Felix noch einen kleinen Beutel mit Tabak. „In drei Tagen, wenn die Sonne aufgeht, kehre heim!" Ohne weiteren Gruß verließ er Felix, der auf der Büffeldecke Platz genommen hatte und in die gerade am Horizont erschienene Sonne hineinblickte.

In einiger Entfernung blieb Rodney stehen und sah sich noch ein letztes Mal verwundert nach Felix um. „Er sieht tatsächlich aus wie einer von uns."

„Er war nie etwas anderes", gab Feuermond lächelnd zurück. „Sein Schicksal, und somit auch das von Catherine, so scheint mir, ist es, so oft zurückkehren zu müssen, bis alle unerledigten Dinge getan sind, welchen Ursprung diese Dinge auch immer haben mögen. Dann, so denke ich, werden sie alsbald zu unseren Ahnen gerufen werden. Doch das, Looking Owl, dürfen beide niemals erfahren!"

„Großvater, du meinst also?" Rodney schien zu begreifen, was bisher nur Feuermond zu sehen schien.

„Oh ja, das meine ich, und ich hoffe, Felix versteht das Mysterium des Lebens, bevor es ihn innerlich zerreißt. Wakan Tanka ist groß, sehr groß, und eines Tages, wenn die Zeit für dich gekommen ist, mein Amt zu übernehmen, dann wirst auch du verstehen, ohne zu sehen. Dann wird es an dir sein, dass ihre Geschichte, welche zugleich auch die unsere ist, niemals vergessen wird!"

Hier, außerhalb des Gesichtskreises von Felix, wies er Rodney Looking Owl mit einem Fingerzeig an, Wache zu halten. Genau wie Martin, dessen Bruder Alfred und noch ein weiterer Mann in gebührendem Abstand über Felix wachen würden, während er mit den Geistern sprach. Aus dieser Welt würde ihm in den nächsten drei Tagen und Nächten jedenfalls keine Gefahr noch irgendein anderes Unheil drohen. Felix hingegen war nun endlich allein mit sich und seinen Erinnerungen.

Die schon recht kräftigen und wärmenden Strahlen der Sonne taten ihm ungemein wohl und er konnte ausgiebig sein Umfeld studieren. In der Ferne sah er deutlich den schmalen, dunklen Streifen, welcher durch das kleine Wäldchen entstand, in dessen Schutz sich die letzte Ruhestätte der Siouxkinder verbarg. Gelblichgrüne Halme bedeckten die gewellten kleinen Täler, die sich vor seinem Blick auftaten. Gesprenkelt mit den Farbtupfern der wilden Wiesenblumen, zog sich die Natur bis zum fernen Horizont dahin. Das beruhigende Summen von Insekten und das melodische Zwitschern der Vögel ließ ihn sich innerlich vollkommen entspannen. Nun hatte er die Zeit, die er dringend brauchte, um seine Gedanken zu ordnen und seinen Geist zu öffnen. Zeit, um mit sich und seinem Schöpfer wieder ins Reine zu kommen und Antworten zu finden auf Fragen, die er nicht einmal selber kannte. Er fragte sich, wie er es schon einmal vor sehr, sehr langer Zeit getan hatte, wie es wohl werden würde, drei Tage und Nächte nichts zu essen oder zu trinken. Er war ungeübt darin und es würde eine völlig neue Erfahrung für ihn werden, und so glitt er langsam in seinen Erinnerungen immer weiter zurück. Es war ihm, als sei er erst gestern als Rabbit im Lager der Sichangu aufgewacht. Er lächelte und musste an Tanzender Kessel, seine Großmutter, denken, wie ihre breiten Hüften wie ein alter Kochkessel über der Feuerstelle hin und her schwankten - und an ihre liebevollen, tiefbraunen, fast schwarzen Augen. Oft hatte er, seit er zurück war, schon von ihr geträumt, und es war fast immer derselbe Traum. Jedes Mal sah er sich selbst, wie er vor ihr in einem Tipieingang stand und ihr, die von zwei fremden jungen

Männern gestützt wurde, die Hände reichte, um ihr aufzuhelfen. - Doch wer waren diese beiden jungen Krieger an ihrer Seite?

Und da war auch sie wieder, Rainfeather, die seiner Catherine so verteufelt ähnlich war. Nur ihr Haar hatte nicht die kastanienbraune Farbe wie Catherines nur halb so langes Haar. - Sein Sohn ... Immer, wenn er an Feuer in seinen Augen dachte, musste er unwillkürlich nach seinem Medizinbeutel greifen, in dem sich die kleine Haarsträhne und letzte greifbare Verbindung zu seinem Sohn verbarg. Ständig hatte er Angst, er könnte sie verlieren.

Er sah Büffelrücken, seinen Vater, vor seinem geistigen Auge auftauchen. So sehr er auch in sich ging, er vermochte keinen vergleichbaren Menschen in seinen Erinnerungen zu finden. Selbst noch in seinen Träumen schien ihn Büffelrücken zu verfolgen. Jedes Mal, wenn er von seinem Vater träumte, dann träumte er, wie von seiner Großmutter, immer denselben Traum. Er war wieder ein kleiner Junge und Büffelrücken hingegen um Jahre gealtert. Und wieder, wie schon einmal, lehrte ihn sein Vater alle Dinge, die ein Wicasa Wakan wusste und weiterzugeben hatte.

Und Badger - er hatte sein Versprechen sicher gehalten, dachte Felix bei sich, denn sonst hätten seine Söhne nicht ihrerseits ebenso tapfere Söhne in die Welt setzen können.

Jetzt erst vor kurzem durfte er es erfahren. Lone Rabbit - er hatte von diesem sagenumwobenen Akicita-Anführer der Wolkenschilder gehört, dem es als einem der ersten Lakota gelang, eine Eisenbahn zum Entgleisen zu bringen. Wahnsinn, schoss es ihm durch den Kopf, Lone Rabbit, genauso wie all die anderen Söhne und Töchter der Ahnen, sollten seine Enkelkinder sein?

Nur die Frage, welche das Schicksal Rainfeathers betraf, konnte auch Feuermond nicht beantworten. Um dieses Thema hüllten sich dichte Nebelschwaden des Vergessens, und es gab niemanden, den er danach hätte fragen können.

Zwei Tage hatte er nach seinem ersten Besuch im Schwitzzelt wie ein Toter durchgeschlafen, doch seine Erinnerungen umfassten hingegen mehrere Jahre. Zum ersten Mal, seit er wieder aufgewacht war, war er richtig für sich allein. Er genoss die Einsamkeit und ließ alle erlebten Ereignisse Revue passieren. Immer und immer wieder und jedes Mal drang er tiefer in sein Unterbewusstsein vor.

Die Zeit verging wie im Fluge und die glutrote untergehende Sonne räumte den Himmel bereits für den noch blassen Mond frei. Leichter Hunger machte sich als leises Knurren in seinem Magen bemerkbar und ließ ihn aus seinen Überlegungen erwachen. Doch die erfrischende Brise, welche die Nacht mit sich brachte, ließ Felix sogar seinen Durst, den er zu verspüren begann, vergessen, und so stopfte er sich seine alte Pfeife, mit dem Tabak Feuermonds.

Es war bereits tief in der Nacht, aber Felix war mit seinen Gedankengängen noch nicht am Ende angelangt.

Halb schlafend und halb wachend zugleich, döste er unter der Büffelfelldecke vor sich hin, bis ihn die ersten wärmenden Strahlen der Sonne wieder richtig wach werden ließen. Der zweite Tag war angebrochen, und Felix begann, den Durst schon stärker zu verspüren als den Hunger. Als sich gegen Mittag die Sonne hinter grauen Wolken zu verbergen begann, nickte er den Schatten spendenden Wolken dankbar zu.

Noch immer bohrte er in seinen Erinnerungen, bis er, wie schon einige Male zuvor, an die Stelle gelangte, an der ihn ein Pfeil der Ponca in eine andere Welt schickte. Wieder riss ihn kurz zuvor der Schrei des Habichts aus seinen Träumen, doch dieses Mal schrie er erneut über ihm, und Felix freute sich, als er sah, wie der Vogel hoch oben unbeschwert seine Kreise zog. Immer wieder versuchte Felix, tiefer und weiter in seinen Erinnerungen vorzudringen, bis er, so hoffte er, endlich in das rote Tipi vom Adlermann kam. Doch es wollte ihm nicht gelingen. Er konnte sich einfach nicht mehr konzentrieren, als er an dem entscheidenden Punkt ankam.

Was geschah danach? Wo war er nur die Zeit über geblieben, die zwischen den beiden Welten mehrere Generationen auseinanderlag? Doch die Antwort blieb ihm verwährt, so sehr er sich auch bemühte, seine Gedanken in die richtige Bahn zu lenken.

Langsam wurde ihm übel, und er fragte sich, ob es vom Durst oder vom Hunger kam, den er nicht mehr verspürte. Sein Mund begann immer mehr auszutrocknen und seine Zunge wollte ihm wieder und wieder am Gaumen festkleben. Alsbald begannen nun auch in seinen Schläfen viele kleine und ganz gehässige Zwerge mit ihren winzigen Hämmerchen auf ihn einzuhacken.

Erleichtert sah er die Sonne am zweiten Tage untergehen, und als die kühlere Nachtluft ihn umgab, begann er sich wieder etwas besser zu fühlen. Die kleinen Zwerge in seinen Schläfen schienen auch schon schlafen gegangen zu sein und Felix konnte sich wieder etwas entspannen. Noch einen Tag und eine Nacht musste er durchhalten, dann hätte er es geschafft.

Aber was würde geschehen, wenn die Geister ihm einen Streich spielen wollten und sie sich ihm nicht zeigten und ihm nicht einmal ein Zeichen geben wollten? Felix wurde unruhig bei dem Gedanken und Angstschweiß rann ihm brennend in seine Augen. Er wusste, er würde keinen Tag länger hier ausharren können. Drei Tage und Nächte - das war schon das Höchste der Gefühle, was er auszuhalten imstande war, und er hatte, nicht zu vergessen, den Rückweg noch vor sich. - Trotz seiner immer noch vorhandenen Übelkeit entzündete er wieder gedankenverloren seine Pfeife.

Am nächsten Morgen konnte er selber nicht mehr sagen, ob er sie beiseite gelegt hatte oder ob sie ihm entfallen war. Er hatte wohl ein wenig geschlafen, denn er fühlte sich jetzt wieder etwas kräftiger. Nun war er sich sicher, dass er auch den dritten Tag überstehen konnte.

In der Mittagshitze begannen die kleinen Zwerge in seinen Schläfen wieder mit ihrer Arbeit, und er begann, die Intervalle zu zählen, mit denen sie auf seine Schläfen einhämmerten.

Aber noch bevor die Sonne an Kraft zu verlieren schien, tauschten die garstigen und fiesen Zwerge ihre kleinen Hämmerchen gegen brutale Presslufthämmer aus, und er wartete auf den Moment, an dem sein Kopf endlich auseinanderbrechen würde. Seine ausgetrockneten Lippen brannten fürchterlich und waren bereits aufgesprungen, und zu allem Übel machte ihm seine angeschwollene Zunge das Schlucken unmöglich. Er grinste in sich hinein. Wieso sollte er überhaupt noch schlucken? Was für ein Blödsinn!

Die Spucke war ihm doch schon am Tage zuvor ausgegangen. Vor seinen fiebrig brennenden Augen begannen kleine schwarze Flecken hin und her zu tanzen, und Felix fing an, wie im Halbschlaf vor sich hinzudämmern.

Er versuchte zu denken, aber die Schmerzen in seinem Kopf ließen ihm keine Zeit zum Überlegen. Wie in Trance nahm er nur noch am Rande wahr, wie die Sonne am dritten Tage verschwand. Der Mond hielt sich meist hinter dicken Wolken verborgen und ließ die Nacht schwärzer erscheinen als die anderen Nächte zuvor. Wilde zusammenhanglose

Fantasien und Fieberträume geisterten Felix durch den Kopf. Er vermochte nicht mehr zu sagen, ob er schon schlief oder noch wach war. Einzig die kühle Nachtluft vermochte es, seinem gepeinigten Körper etwas Linderung zu verschaffen.

Der Mond brach endlich wieder durch die Wolken hindurch und lenkte die Aufmerksamkeit von Felix auf ein seltsames Gebilde, welches einem silbernen nächtlichen Regenbogen glich. Sofort war er wieder hellwach und betrachtete den vom Mondlicht beleuchteten, breiten Bogen, der im Himmel zwischen den Wolken zu verschwinden schien. Ungläubig rieb er seine stark brennenden Augen, aber der schimmernde Himmelsbogen war immer noch da. Irgendwo, weit hinten im nächtlichen Dunkel verschwundenen Horizont, berührte er die Erde. Das blendende und silbrig strahlende Leuchten, welches von dem Himmelsbogen ausging, schien an Intensität ständig zuzunehmen.

Felix war verwirrt. Er war sich sicher, nicht zu schlafen und wach zu sein, aber der nächtliche Bogen ließ ihn zweifeln. Ein sonderbarer, sich bewegender, dunkler Punkt verlieh dem im kalten Licht erstrahlenden Himmelsbogen ein seltsames Leben. Immer weiter bewegte er sich auf das die Erde berührende Ende zu. Was war das?

Felix erhob sich, um auf seinen schon ziemlich wackeligen Beinen besser sehen zu können, sank aber erschöpft wieder auf seine Knie hinunter.

Der dunkle Punkt hatte indessen den Boden erreicht. Schnell wurde er größer und größer, als er sich vom leuchtenden Hintergrund des Bogens abhob und auf Felix zu bewegte. Jetzt wurde es Felix unheimlich und am liebsten wäre er fortgelaufen, aber er durfte diesen Ort vor Tagesanbruch nicht verlassen. Fast schon ängstlich sah er sich vorsichtig um. Beruhigt stellte er aber fest, dass der schützende Salbeikreis um ihn herum nach wie vor geschlossen und unbeschädigt war.

Der sich nähernde Punkt verschmolz nun mit der Nacht und schien sich wieder aufgelöst zu haben, als plötzlich ein seltsam hell tönendes, fast metallisch klirrendes Hufgetrappel Felix` angespannte Sinne zu zerreißen drohte.

Er musste grinsen, da es ihn an das lustige Klingen der winzigen Glöckchen am Rentierschlitten von Santa Claus erinnerte, welches er von den Weihnachtsfilmen seiner Kindheit her kannte. Immer näher und deutlicher hörbar, schien es direkt auf ihn zuzukommen. Und wie aus dem Nichts bäumte sich unvermutet ein wilder, wiehernder, schwarz- weiß gefleckter Mustang vor Felix auf. Erschrocken schreckte Felix zusammen und stolperte rücklings auf die Bisondecke zurück, als dieser vor ihm sein bedrohliches Gebiss entblößte.

Auf dem Rücken liegend, sah Felix, wie der Mustang aufgeregt mit dem rechten Vorderhuf im hohen Gras herumscharrte. Er traute sich kaum, genauer hinzusehen, geschweige denn, sich zu bewegen, da er nicht wusste, was das Tier vorhatte.

Der Mustang senkte seinen gewaltigen Kopf und kam langsam und sehr vorsichtig näher.

Nun betrat er etwas zögerlich das Innere des Salbeikreises. Die schwarz-weiße Zeichnung erinnerte Felix irgendwie an den Pinto seines Blutsbruders.

Langsam erhob sich Felix und betrachtete das Tier nun eindringlicher. Er war verblüfft. Wenn er nicht gewusst hätte, wann und wo er sich befand, hätte er schwören können, dass es sich um Präriesturm, den Pinto Badgers, handelte. Zeitgleich fielen ihm aber die sonderbaren Begebenheiten mit Adlerschwinge wieder ein.

Vorsichtig berührte er das Tier an seiner Stirn. Es wich nicht zurück, sondern kam sogar noch etwas näher. Was sollte er tun? Am liebsten wäre er auf den Pinto gestiegen, um mit ihm über den silbernen Himmelsbogen zu reiten. Durfte er das tun?

Viel länger konnte Felix aber nicht darüber nachdenken, denn wie von Zauberhand geführt, saß er mit einem Mal auf dem Rücken des Mustangs, der sich daraufhin sofort wieder in Bewegung setzte. Felix suchte nach den Zügeln, konnte sie aber nirgends finden, und so hatte er keine andere Wahl, als sich, wie er es bei Adlerschwinge so oft getan hatte, an seiner Mähne festzuhalten. Als das Tier in Richtung des Himmelsbogens eilte, versuchte Felix, es mit dem gewohnten Schenkeldruck zu lenken. Doch darauf reagierte das Tier ebenso wenig wie auf seine Zurufe.

Der leuchtende Bogen kam nun immer näher, und bevor Felix überlegen konnte, ob er womöglich abspringen sollte, befand sich der Pinto bereits mitten auf diesem. Der Bogen, auf welchem er sich unaufhaltsam weiter nach oben bewegte, glich jetzt mehr einem silbrigen, dichten Nebel, dessen winzige Wassertropfen aus kleinen, glänzenden Sternchen zu bestehen schienen. Zaghaft schaute Felix nach unten, konnte aber nichts weiter als die schwarze, endlose Nacht unter sich entdecken.

Jetzt wusste er, dass er wohl träumen musste, denn als er sah, wie beim Auftreten winzige, silberne Funken aus den Hufen des Mustangs hervorschossen, war es ihm sofort klar.

Unermüdlich eilte der Pinto den silbernen Bogen immer weiter hinauf. Endlich hatte er den höchsten Punkt auf ihm erreicht, doch nun jagte er das hinter Wolken verborgene, abwärts führende Ende wieder hinab, um dann plötzlich seitwärts auszubrechen und anzuhalten. Felix verstand nicht.

Was sollte er hier?

Aus der dichten, nebeligen Wolkenwand drang sein alter indianischer Name zu ihm hindurch. „Rabbit! Ich bin hier!"

Felix sah in die Richtung, aus der er die Stimme vernommen hatte. Allmählich konnte er auch schon mehr als nur die schattenhaften Umrisse einer wunderschönen, zierlichen Frau erkennen. „Catherine?"

„Kass-reen?" Wie bei einem Déjà-vu stand Rainfeather mit seitlich geneigtem Kopf, wie einst im feindlichen Lager der Crow, vor ihm. Dieses Mal wartete sie aber nicht, sondern fiel ihrem Rabbit gleich um den Hals. Sie weinte vor Freude und brachte lange keinen weiteren Ton heraus. „Ich habe dich so oft in meinen Träumen gesucht, nun endlich habe ich dich wiedergefunden", schluchzte sie.

Felix hielt sie fest in seinen Armen und war sich seiner Gefühle nicht so ganz sicher. Für ihn bestand nun kein Zweifel mehr, dass in seiner Catherine das Nagi von Rainfeather wohnen musste. Aber was tat sie hier? „Wie kommst du hierher und was ist aus unserem Sohn geworden?", stammelte er.

„Du meinst wohl - unseren Söhnen!" Sie strahlte. „Feste Hand ist als ein starkes und gesundes Kind zur Welt gekommen und wird von Badger und Wiegendes Gras genauso behütet werden wie Feuer in seinen Augen."

Felix verstand sofort, was Rainfeather ihm damit sagen wollte. „Das kannst du nicht tun - jetzt noch nicht!", sprach Felix behutsam auf sie ein. „Eines Tages werden wir im Land der vielen Zelte wieder zusammen sein, doch bis dahin sei unseren Söhnen eine gute Mutter, hörst du? Du musst zurück! - Ich werde auf dich warten, bis Wakan Tanka dich, wenn die Zeit dafür gekommen ist, zu mir schickt! Erst dann!"

69

Felix hielt Rainfeather noch immer in seinen Armen. Das Schluchzen hatte aufgehört und sie sahen einander in die Augen. „Du trägst dein Haar jetzt anders!", bemerkte sie fast beiläufig mit einem leicht spöttischen Unterton in ihrer Stimme.

„Bis du wieder bei mir bist, ist es sicherlich nachgewachsen."

Rainfeather lächelte jetzt sogar. „Du fehlst mir so sehr!"

„Auch du fehlst mir, meine Söhne fehlen mir und alle unsere Verwandten. Aber auch ich habe zu warten, bis ich euch wiedersehen darf."

„Wie ist es dort, wo du jetzt bist?", wollte sie wissen.

„Es ist viel schöner, als unsere Alten es uns lehrten, aber wenn du erst wieder bei mir bist, dann wird es selbst dort keine Regenwolken mehr geben. - Und jetzt geh bitte, unsere Söhne brauchen dich!"

Noch einmal nahm Rainfeather ihren Mann in die Arme, bevor sie sich zum Gehen umwandte. Ein letztes Mal durfte Felix den bekannten und wohligen Duft von Wiesenkräutern wahrnehmen, der vom Haar seiner Frau ausging, bevor sie sich trennten. Noch lange blickte er Rainfeather hinterher. Auch wenn er sie in dem dichten Meer aus Wolken nicht mehr zu sehen vermochte, so wollte er doch dieses Bild fest in sich aufnehmen.

Nach einer ganzen Weile bestieg er erneut Präriesturm, in der Annahme, dass der ihn jetzt sicher wieder zurückbringen würde. Stattdessen schlug er abermals einen Haken und eilte den nebeligen Pfad in gleicher Richtung eine geraume Weile weiter hinab.

Allmählich begann der Mustang, seine Geschwindigkeit zu verringern, und sie hatten schon fast die Prärie am anderen Ende des Bogens erreicht. Felix war erleichtert, als er wieder den festen Boden unter den Hufen des Pintos spürte. Noch hatte er keine Ahnung, wo er sich befand, aber das Tier schien genau zu wissen, wo es hin musste.

In der Ferne zeichnete sich ein orange flackernder Schein ab, welcher sich beim weiteren Näherkommen als loderndes Lagerfeuer entpuppte. Ein großes, ungeschmücktes Tipi stand dicht neben dem flackernden Feuer, und Felix vermochte nun auch eine unter einer dicken Bisonrobe sitzende Gestalt ganz in der Nähe zu erkennen.

Als der Mustang das kleine Lager erreicht hatte, hielt er an. Langsam hob das am Feuer sitzende Wesen seinen Kopf. Felix traute seinen

Augen kaum, und auch sein Gegenüber war nicht in der Lage, etwas zu sagen.

Felix sprang von dem Mustang herunter, woraufhin sich der andere Mann erhob und vorsichtig näher kam. Auge in Auge standen sich nun beide schweigend gegenüber. Ein dicker Kloß saß Felix im Hals, welcher ihm das Sprechen nicht gestattete.

Der andere Mann legte Felix seine Hand auf die Schulter. „Mein Bruder möge mir verzeihen, dass ich ihn gerufen habe, aber nur Rabbit vermag uns zu helfen."

„Es gibt nichts zu verzeihen. Ich bin froh, dass mich mein Bruder Badger gerufen hat. Auch er hat mir gefehlt."

Eine Mischung aus Erleichterung und Dankbarkeit spiegelte sich im Blick von Badger wieder. „Setzen wir uns einen Augenblick?", schlug er vor.

Schnell berichtete Badger dem Geist seines Bruders von der Geburt seines zweiten Sohnes, Feste Hand, und auch von dem so fragwürdigen Zustand Rainfeathers. „Wird Rabbit versuchen, sie zu finden und zurückzuschicken?", endete er wenig später.

„Sie ist bereits wieder auf dem Weg zu unseren Söhnen!"

Voller Hoffnung strahlte Badger seinen Blutsbruder an. „Du hast dich verändert."

Felix nickte. „Weiß Badger noch, was ich ihm alles erzählte?"

„Ich habe nichts vergessen!"

„Ich bin noch nicht ins Land der vielen Zelte gegangen. Ich musste zuvor dorthin zurück, von wo ich einst zu euch gekommen bin."

Erstaunt sah Badger zu Rabbit hinüber. „Dann ist das nicht der Geister-pfad?" Fragend deutete er auf den silbernen Himmelsbogen und anschließend auf Präriesturm, der Rabbit über den Pfad getragen hatte.

Was sollte Felix ihm jetzt sagen? „Doch, er ist es, aber ich habe wohl eine Abzweigung verpasst."

Mit der Antwort vorerst zufriedengestellt, atmete Badger hörbar mit einem Lächeln wieder aus. „Sehen wir uns dort wieder?"

„Das werden wir mit Sicherheit, ganz bestimmt!" Felix lächelte ihm vertrauensvoll zu, und auch Badger schien jetzt zu spüren, dass es ein Wiedersehen im Land der vielen Zelte geben würde.

„Wird Badger bis dahin weiter auf meine Familie achten?"

„Rabbit kann ohne Sorge zurückkehren!"

„Gib auch auf dich selber acht! In meinen Träumen und Gedanken werde ich immer bei Badger sein!"

Felix zog seinen Bruder zu sich heran und nahm ihn kurz in die Arme. Erstaunt blickte dieser ihn nur an, während Felix sich wieder auf Präriesturm schwang.

„Hab keine Angst, Badger, aber dort, wo wir uns wiedertreffen werden, ist alles viel einfacher!"

Badger lachte und winkte Felix ein letztes Mal freundlich zu. „Bis wir uns wiedersehen!" ...

Ein grelles und warmes Leuchten in seinem Gesicht ließ Felix am anderen Morgen rechtzeitig wieder erwachen. Er blickte sich benommen um, befand sich aber nach wie vor auf der zerwühlten Büffelfelldecke, an dem Platz, den Feuermond ihm vor drei Tagen zugewiesen hatte. Sein Verstand arbeitete, allerdings nur sehr träge. Kopfschmerzen und unbeschreiblicher Durst quälten ihn erbarmungslos. Er versuchte, sich zu erheben, da er in das Tipi von Feuermond zurückzukehren hatte, doch sein ausgemergelter Körper reagierte kaum noch auf die Befehle seines Geistes.

Langsam kehrten nun die ersten Bruchstücke aus seinen Erinnerungen an die vergangene Nacht zu ihm zurück. Er bemühte sich krampfhaft, alle Teile des nächtlichen Puzzles zusammenzufügen, und starrte ungläubig mit geröteten Augen in die verschwommene Ferne, zu der Stelle, an der sich der silberne Geisterpfad befunden hatte. Seine Fantasie hatte sich mit ihm und seinem innigsten Wunsch, noch einmal zurückzukehren, offenbar einen bösen Scherz erlaubt. Feuermond, so sagte er sich, würde gewiss diesen sonderbaren Traum zu deuten wissen, als sein Blick, ohne es zu wollen, auf eine platte und aufgerissene Stelle im Prärieboden fiel. Mehr im Unterbewusstsein ließ er sich vorn über auf seine Knie fallen.

Vorsichtig befühlte er die ausgetretenen Grassoden und malte mit dem Zeigefinger die tiefen und deutlichen Hufabdrucke im Boden nach. Je mehr er sich zu konzentrieren versuchte, desto deutlicher konnte er die klare Fährte, die zweimal zu seinem Lager hin- und wieder fortführte, erkennen.

Schweiß trat Felix aus allen Poren. Spielten ihm seine Sinne erneut einen Streich? War er, getrieben vom Wasserverlust, kurz davor, auch noch sein letztes bisschen Verstand zu verlieren? Er musste unbedingt fort, zurück zu Feuermond, bevor er nicht mehr allein in der Lage war, den rechten Weg zurückzufinden!

Mehr stolpernd und torkelnd als tatsächlich gehend, setzte er seinen kraftlosen Körper in Bewegung.

Seine Beine versuchten ihm zu gehorchen, obwohl sie gar nicht ihm selber zu gehören schienen. Irgendwie schafften sie es aber dann doch, ihn vorwärts zu tragen. Immer wieder drängten sich die seltsamen Hufabdrucke in sein Bewusstsein zurück. Er versuchte, nicht daran zu denken, aber es gelang ihm nicht. Wilde Fantasien, in denen er als Rabbit durch feindliche Lager stürmte, und Bilder von Badger und Rainfeather begannen gemeinsam mit tanzenden, schwarzen Flecken in seinem Kopf herumzuspuken. Jegliches Zeitgefühl ging ihm verloren, und er war nicht mehr in der Verfassung zu sagen, wie viel der Wegstrecke er bereits zurückgelegt hatte.

Ein dumpfer, harter Schlag gegen seine Stirn, gefolgt von einem grellen Blitz, ließ ihn erwachen und wieder klarere Bilder erkennen, nachdem die Staubwolke verschwunden war, die er bei seinem Sturz aufgewirbelt hatte. Etwas Warmes und Klebriges rann ihm von seiner Stirn bis in die Augen herunter und wollte ihm die Sicht versperren. Auf allen Vieren liegend, versuchte er verzweifelt, sich das Blut mit seinen beim Sturz aufgerissenen Fingern aus den Augen zu wischen.

Als es ihm halbwegs gelang, wieder etwas zu erkennen, sah er ganz in der Nähe endlich ein Tipi stehen. Noch einmal schaute er hin, bevor er nur unter letzter körperlicher Anstrengung wieder auf die Füße kam. Er hatte es an dem großen, brennenden Mond erkannt. Es war kein Trugbild, dieses Mal nicht! Nur noch wenige Schritte trennten ihn vom Eingang des Tipis, dann durfte er endlich ausruhen.

Felix bemerkte nicht, dass sich einige Bewohner der Reservation eingefunden hatten, um ihn zu begrüßen. Er sah auch nicht, wie sich Catherine, erschrocken über seinen zerschundenen Anblick, die Hände vors Gesicht hielt. Und er sah auch nicht mehr Feuermond, der aufrecht mit frohem und zufriedenem Blick dem Heimgekehrten das Tipi offen hielt, in dass er, ohne es noch zu bemerken, hineinstürzte, um endlich auszuruhen.

6.

Die Morgensonne hatte gerade den oberen Rand des in der Nähe stehenden Wäldchens erreicht, als Badger liebevoll von seinem Mustang geweckt wurde. Vorsichtig gab dieser ihm einen Stubser nach dem anderen, bis er endlich seine Augen öffnete. Das Lagerfeuer war lange schon heruntergebrannt und hatte nur einen kleinen Haufen kaum noch Wärme spendender Asche zurückgelassen. Badger strafte sich selber, dass er so unachtsam gewesen war, sich einem so tiefen und festen Schlaf hinzugeben. Aber er musste sich auch eingestehen, sich seit Langem nicht mehr so erholt und ausgeruht gefühlt zu haben wie an diesem Morgen. Überhaupt fühlte er sich freier, denn je. Die Geister hatten ein Einsehen gehabt und er durfte seinem Bruder noch einmal begegnen. Er musste sogar ein wenig grinsen, als er an Rabbit dachte, der seine Haare jetzt auf unmögliche Art trug, aber es schien ihm gut zu gehen dort, wo er jetzt war. Und er wusste es jetzt - eines Tages würden sie wieder gemeinsam Tatanka im Land der vielen Zelte jagen, und bis dahin würde ihn der Geist seines Bruders immer und auf allen Wegen begleiten.

Badger erhob sich und sprach sein Morgengebet in Richtung der aufgehenden Sonne. Im Anschluss nahm er sogar ein ausgiebiges Mahl zu sich, denn ab sofort brauchte ihn keine Eile mehr zu plagen und seine innerliche Unruhe war gemeinsam mit der vergangenen Nacht entschwunden. Alles würde nun gut werden, und wenn er die Zelte jenseits der schützenden Paha Sapa erreichen würde, wäre sicher auch schon der Geist Rainfeathers zu ihren, und jetzt doch auch seinen, Söhnen zurückgekehrt.

So, wie es Badger vermutet hatte, geschah es auch, und schon aus der Ferne konnte er sehen, wie Rainfeather gemeinsam mit Wiegendes Gras vor dem Tipi saß und bereits wieder bei den täglichen Arbeiten mithalf. An einem Weidengerüst vor dem Tipi hing der Tragekorb mit dem kleinen Feste Hand.

Badgers engste Freunde unter den Kriegern hatten ihn bereits von Weitem bemerkt und kamen ihm aufgeregt auf halben Wege entgegen, da sie keine Ahnung hatten, wo sich ihr junger Häuptling in den letzten Tagen herumgetrieben hatte. Einzig Büffelrücken, der kurz nach Badgers Aufbruch nicht nur die Veränderung in dem Gesicht der schlafenden Rainfeather bemerkte, wusste, wo er gewesen war. Er hielt sich jedoch bedeckt zurück und erhaschte im Vorbeigehen Badgers verstohlenen Blick, der dem Augenkontakt des weisen Mannes aber nicht auswich, sondern aufrecht, mit einem zufriedenen, fast schon grinsenden Gesichtsausdruck standhielt.

Nun wurde auch Feuer in seinen Augen auf seinen Adoptivvater aufmerksam und kam ihm, gefolgt von seiner gleichaltrigen Knabenschar, entgegengestürmt. Das Leben in den Zelten der Sichangu würde nun endlich wieder an Normalität gewinnen, und auch Rainfeather, die nie über ihren seltsamen Traum sprechen würde, würde hoffentlich ihr Lachen wiederfinden.

Es vergingen wie im Fluge viele glückliche Jahre, und auch hier auf den Plains kannte man die Bedeutung der Worte, dass genügend Zeit alle Wunden zu heilen vermochte.

Badger, Wiegendes Gras und auch Rainfeather sahen voller Stolz ihre drei Söhne und ihre kleine Tochter, die ungestüme Lacht wie kleines Wasser, aufwachsen. Auch in Badgers Lenden war die Kraft seines kleinen, unbezwingbaren Kriegers sofort nach seiner sonderbaren Reise zurückgekehrt.

Lacht wie kleines Wasser, das erste eigene Kind von Badger und Wiegendes Gras, erblickte fast auf den Tag genau das Licht der Welt wie ihr um ein Jahr älterer Bruder Feste Hand. Und auch Adlerstimme, der Jüngste, der schon seinen fünften Sommer sah, machte Badger alle Ehre. Das krächzend laute, beinahe schon schmerzende, ohrenbetäubende Geschrei, welches er verursachte, als er bei seiner Geburt den Leib von Wiegendes Gras verließ, erübrigte jede weitere Diskussion über seinen zukünftigen Namen. Mit einem herzhaften Lachen auf den Lippen waren alle Lakota der gleichen Meinung, dass dies der einzige Name sei, den dieser wilde Knabe nur tragen konnte. Von vornherein stand fest, dass kein Krieger, wenn Adlerstimme erst einmal ein Mann war, seine Stimme selbst unter den Kriegsrufen ihrer Feinde überhören würde.

Feuer in seinen Augen war indes fast schon ein junger Krieger und durfte als „Wasserträger" bereits zweimal die Männer auf ihren Raubzügen begleiten, während sie ihrem Drang nach Ruhm und Ehre freien Raum ließen.

Immer, wenn Badger die Möglichkeit hatte, beobachtete er aus dem Verborgenen alle seine Kinder. Am meisten jedoch faszinierte ihn das Verhalten eines ganz besonderen kleinen Knaben. Groß war er gewachsen für sein Alter, und niemand konnte die Herkunft von Feste Hand aufgrund der auffallenden Ähnlichkeit mit seinem leiblichen Vater verleugnen. Ganz anders als seine gleichaltrigen Spielgefährten, blieb er oft für sich allein und hing, in sich gekehrt, verträumt, mit einem zarten Lächeln, seinen Gedanken nach. Häufig saß er einfach nur in respektvoller Entfernung und sah seinen Gefährten beim Herumtollen zu. Nicht gerade schweigsam oder ängstlich, eher innerlich gefestigt und ausgeglichen, ähnelte sein Wesen nicht mehr dem eines zehnjährigen Knaben, sondern vielmehr schon dem eines bedächtigen jungen Mannes. Schon bei seiner Geburt hatte Büffelrücken erkannt, dass dieser Junge einmal das Amt des Wicasa Wakans bekleiden würde, hatte aber bisher noch nicht mit dem Knaben selbst darüber gesprochen oder Andeutungen in diese Richtung gemacht. Das ganze Wesen des Jungen bestätigte dem alternden Geheimnismann immer wieder aufs Neue, in seiner damaligen Feststellung richtig gelegen zu haben.

Büffelrücken, der seine schwarze Haarpracht nach zehn vergangenen Sommern gegen eine silberne eingetauscht hatte, beobachtete den Knaben oft aus dem Verborgenen. Schon sehr bald würde er sicher ein Zeichen erhalten und mit Badger reden müssen und seinen Enkelsohn, als Schüler, zu sich ins Tipi holen. Feste Hand hatte noch keine Ahnung von alldem. Nur allzu sehr wunderte er sich oft über sich selbst. Statt mit den anderen Jungen seines Stammes zu spielen und herumzutollen, durchforschte er viel lieber die Natur und ging allein auf die Prärie. Oftmals befürchtete er, dass etwas mit ihm nicht stimmen könnte, und trug bereits die tiefe verborgene Angst in sich, ein „Winkte" zu werden. Doch was genau es war, das ihn so anders machte, konnte er nicht in Worte fassen, denn selbst in Adlerstimme schien jetzt schon mehr Tatendrang zu stecken, als in ihm, und Lacht wie kleines Wasser half mit ihren neun Wintern schon regelmäßig bei der Frauenarbeit mit, aber dazu fehlte ihm erst recht die Lust. Immer wieder freute sich Feste Hand, wenn sein ältester Bruder, Feuer in seinen Augen, ihn einlud, ihn auf einem seiner Jagdausflüge begleiten zu dürfen. Hierfür konnte er sich begeistern. Aber nicht ohne Grund nahm ihn Feuer in seinen

Augen so gern mit. Sein kleiner Bruder schien ein übernatürliches Gespür für die Tiere der Wildnis zu besitzen, und der Jagderfolg blieb niemals aus, wenn er Feste Hand bei sich hatte. Außerdem, Feuer in seinen Augen mochte die Schweigsamkeit seines Bruders, der ihm noch nie mit sinnlosem Geplapper auf die Nerven gegangen war. So kam es, dass die beiden Brüder trotz ihres nicht unerheblichen Altersunterschiedes immer enger zusammenwuchsen.

Wieder einmal waren sie seit dem frühen Morgen unterwegs und durchstreiften auf der Suche nach Wild die Wälder unweit ihres diesjährigen Sommerlagers. Schon seit mehreren Stunden lagen sie, regungslos hinter Büschen versteckt, an einem Wildwechsel auf der Lauer, wo nur wenige Schritte vor ihnen in einer Senke ein entfernter Ausläufer des White River fröhlich dahinplätscherte. Feste Hand hatte seine Augen vollkommen geschlossen und verließ sich für den Moment nur noch auf sein scharfes Gehör. Das Rauschen der Blätter, mit denen der Sommerwind so zärtlich zu spielen pflegte, und der Gesang der Vögel waren alles, was er zum „Sehen" brauchte.
Feuer in seinen Augen verließ sich hingegen lieber ein wenig mehr auf seine optischen Wahrnehmungen. Es fehlte ihm nicht am nötigen Geschick, aber die jahrelange Erfahrung, die er noch benötigte, um auch auf den Wind hören zu können, ließ sich nicht über Nacht erlernen. Er liebte seinen kleineren Bruder nicht nur, sondern bewunderte ihn aufrichtigen Herzens. Regungslos lag dieser eng an den Waldboden gepresst, als könne er hören, was sich die Würmer tief unten im Erdreich für abenteuerliche Geschichten erzählen. Feuer in seinen Augen lächelte beim Anblick von Feste Hand und er ließ seinen Blick über den vor ihnen verlaufenden, kleinen, klaren Bach schweifen. Die glitzernden Licht- und Schattenspiele der Sonnenstrahlen, wenn sie durch die im Wind wehenden Zweige auf die kleinen Wellen des Gewässers trafen, nahmen ihn ganz gefangen. Die vielen kleinen, rundgeschliffenen Kiesel am Grunde des Baches schienen sich sogar zu bewegen, wenn sie von den Sonnenstrahlen getroffen wurden.
„Still!", hauchte ihn Feste Hand plötzlich an.
„Aber ich habe doch gar nichts gesagt!", flüsterte Feuer in seinen Augen leicht empört zurück.

„Dann denk leiser!" Wütend sah ihn Feste Hand nur kurz an. „Da kommt irgendetwas Großes, irgendetwas sehr Großes!"

Feuer in seinen Augen verstand nicht, woher so plötzlich und unerwartet etwas kommen sollte, als ihn wenig später jedoch laut knackende Äste im Unterholz unerwartet zusammenfahren ließen und sich die vorherige Warnung seines Bruders als richtig erweisen sollte. Schräg vor ihnen begannen nun die Büsche ein wenig zu wackeln und weitere Äste einige Momente später brutal zu zerbrechen.

„Mato!", zischte Feste Hand seinem Bruder zu.

Feuer in seinen Augen bemühte sich und konnte endlich einen schwarzen Schatten erkennen, der sich gewaltsam seinen Weg durch das Unterholz bahnte. Unwillkürlich verfestigte sich der Griff um den Schaft seines Speeres. Sein Puls begann schneller zu schlagen und er wäre am liebsten vorsichtig in die entgegengesetzte Richtung zurückgekrochen. Sein Bruder schien seine Gedanken zu erraten, was ihm die sachte Berührung seiner Hand und ein kaum wahrnehmbares Kopfschütteln verriet.

Jetzt brach der Bär endlich durch die letzten Büsche des Unterholzes und tapste unbeirrt weiter in Richtung des Bachlaufes vorwärts. Es war zum Glück kein alter, zäher Grizzly, aber ein junger und schon ausgewachsener Schwarzbär konnte selbst alten, erfahrenen Kriegern gefährlich werden.

Der Bär hielt plötzlich inne und steckte seine Schnauze zum Wittern eine Weile in den Wind, den er im Rücken hatte, bevor er sie ins Wasser tauchte und genüsslich zu saufen begann.

„Den holen wir uns!", gab Feste Hand mit Zeichensprache zu verstehen.

„Witkovin, Verrückter!", war die stille Antwort, die er zu hören bekam. Feste Hand deutete auf den Speer von Feuer in seinen Augen und griff selber nach dem langen Dolch, den er von seinem Vater bekommen hatte. Bevor ihn aber sein älterer Bruder festhalten konnte, war er auch schon verschwunden.

Feuer in seinen Augen schlug vor Aufregung das Herz bis zum Hals, und er wurde sogleich von aufsteigender Wut befallen, als er sah, wie sein Bruder sich, ebenfalls brummend wie ein alter Bär, auf allen Vieren dem Wasserlauf näherte.

Feste Hand gab sich nicht einmal die Mühe aufzublicken, als er sich dem Schwarzbären an der Wasserstelle bedrohlich näherte.

Der Bär schaute verdutzt zu dem seltsamen Artgenossen hinüber und ließ ein warnendes Knurren vernehmen. Unbeeindruckt trottete der Fremde jedoch weiter auf ihn und seine Wasserstelle zu, bis sie nur noch durch den Lauf des Baches voneinander getrennt waren. Der Schwarzbär war derart von diesem fremden Wesen abgelenkt, dass er nicht bemerkte, wie sich Feuer in seinen Augen langsam Meter für Meter, auf dem Bauch kriechend, ebenfalls an ihn heranschob.

Jetzt wurde es dem Bären wohl doch zu viel und er stellte sich drohend vor dem Fremden auf seine Hinterbeine und zeigte abschreckend, verbunden mit einem lauten Fauchen, sein Furcht einflößendes Gebiss.

Daraufhin erhob sich nun auch Feste Hand und fing an, wütend mit den Armen zu rudern und das arme Tier gleichfalls gefährlich anzubrüllen.

So etwas hatte der Bär in seinem bisherigen Leben noch nicht kennen gelernt! Nicht wissend, was er tun sollte, brüllte er vorsichtshalber noch einmal lautstark zurück.

Nun brüllte auch noch jemand von der anderen Seite, was dem Bären endgültig zu viel wurde und ihn veranlasste, lieber an einen ehrenvollen Rückzug zu denken. Aber als er sich auf seinen Hintertatzen zur Seite drehen wollte, stand dicht vor ihm ein weiteres von diesen merkwürdigen Wesen.

Feuer in seinen Augen stieß mit aller Kraft der Verzweiflung, die ein vierzehnjähriger Knabe aufzubringen vermochte, zu. Vor Schmerz jetzt wesentlich lauter brüllend als zuvor, ließ sich das Tier wieder auf seine vorderen Tatzen fallen. Der lange, in der Brust steckende Schaft des Speeres brach splitternd unter dem Gewicht des sich niederlassenden Bären ab und rammte sich so noch viel tiefer in sein Herz hinein. Erneut brüllte der Bär auf und machte Anstalten, sich mit letzter Anstrengung wutentbrannt auf Feuer in seinen Augen zu stürzen. Schnell eilte Feste Hand mit einem Sprung herbei und warf seinem Bruder geschwind seinen langen Dolch zu.

Doch Feuer in seinen Augen hatte den Stoß mit seinem Speer richtig platzieren können. Bevor er den Dolch seines Bruders einsetzen musste, brach das Tier in seinem Todeskampf letztmalig zuckend zusammen.

Steif und vor Erregung immer noch am ganzen Körper zitternd, stand Feuer in seinen Augen vor dem verendeten Tier. Feste Hand hingegen stieß einen weithin schallenden Freudenschrei aus und begann, herzhaft über das blass gewordene Gesicht seines Bruders zu lachen.

Endlich löste sich nach überstandener Gefahr auch bei diesem die Anspannung. „Was hast du dir bloß dabei gedacht? Wir hätten sterben können!", schrie er seinen kleinen Bruder an.

„Aber jetzt doch noch nicht! Erst, wenn die Zeit dafür gekommen ist!", krähte Feste Hand vergnügt zurück. Nur sehr selten kam es vor, nur in ganz besonderen Momenten, dass Feuer in seinen Augen seinen jüngeren Bruder so ausgelassen herumtollen sah, weshalb auch er nun einfach mitgrinsen musste. „Kannst du dir vorstellen, was unser Vater dazu sagen wird?"

„Er wird sicher vor Stolz zerplatzen!"

„Da sei dir mal nicht so sicher!", versuchte Feuer in seinen Augen die fröhliche Stimmung seines kleinen Bruders ein wenig zu dämpfen. Doch bevor sie als ruhmreiche Jäger heimkehren konnten, mussten sie sich nun zuerst damit anschicken, das Tier aufzubrechen, vergaßen aber nicht, den Geist des Bären um Vergebung zu bitten und ihm zu danken, dass er sich von zwei Knaben hatte jagen lassen.

In jedem Bären wohnte auch der Geist eines Kriegers, und es war wichtig, ihn nicht zu erzürnen.

Das eigentliche Problem aber lag noch vor ihnen. „Wie sollen wir den Bären als Ganzes in unser Lager bringen?", fragte sich nun der ratlose Feuer in seinen Augen. „Er ist sicher schwerer als ein Mustang!"

„Dann hol du unsere Ponys, ich überleg mir bis dahin etwas!"

„Na gut!", lachte Feuer in seinen Augen den jüngeren Bruder nicht verstehend an, doch als er wenig später bereits mit den Mustangs zurückkehrte, hatte Feste Hand inzwischen damit begonnen, aus besonders langen Kiefernstämmen eine Art Travois zu bauen.

„Ach so", spottete Feuer in seinen Augen, „der Bär legt sich da sicher von selber rauf!"

„Manchmal habe ich das Gefühl, dass nicht ich der kleine Bruder von uns beiden bin", gab Feste Hand zurück. Gemeinsam bauten sie das Travois direkt neben dem Bären auf, bevor dieser es am, im Alter gutmütig gewordenen, Adlerschwinge befestigte. „So, nun halte den Mustang fest! Dann sieh her und lerne!"

Feuer in seinen Augen traute weder seinen Ohren noch wenig später seinen Augen. Feste Hand hatte Stricke über ein paar dicke Äste geworfen. Ein Ende band er an den Mustang seines Bruders, das andere an eine der Vordertatzen des Bären. Als er den Mustang behutsam fortführte, hing der Bär bereits fast bis zur Hälfte in der Luft. Dann wiederholte er den Vorgang mit einer der Hintertatzen und schließlich so lange, bis der Bär genau mittig auf dem Travois lag. Stolz blickte Feste Hand seinen großen Bruder an. „Wollen wir nun heim zu unseren Zelten und unseren Ruhm ernten?"

Feuer in seinen Augen schüttelte noch immer verwundert mit dem Kopf. „Wenn mein kleiner Bruder möchte, dann darf er mich immer und zu jeder Zeit auf der Jagd begleiten! Ich werde Großmutter bitten, uns aus den Zähnen und Krallen zwei Halsketten zu machen."

„Aber du hast ihn doch allein getötet!", berichtigte ihn Feste Hand.

„Oh nein, das vermochten wir nur zusammen!"

Es dauerte recht lange, bis sie sich in dem unwegsamen Gelände des dichten Unterholzes ihren Weg zur offenen Prärie hinaus gebahnt hatten.

Die Sonne hatte schon seit Stunden ihren Zenit verlassen, und die beiden Brüder mussten sich sputen, wollten sie noch vor der Dämmerung ihr Lager erreichen.

Abwechselnd zogen ihre Mustangs nun die schwere Last auf dem Travois, während die Knaben im Laufschritt nebenher rannten.

Endlich sollten sich dann am flimmernden Horizont die kegelförmigen Behausungen ihrer Familien abheben und die ohnehin schon aufgeregten Herzen der jungen Lakota noch kräftiger schlagen lassen.

Schritt um Schritt, je dichter sie ihren Tipis kamen, desto mehr schwoll auch die Brust der jungen und tapferen Bärenjäger an.

Die Hunde des Dorfes nahmen schon von weitem ihre Witterung auf und liefen ihnen, gefolgt von einer Schar neugieriger Knaben, entgegen. Wütend begann die Meute, den leblos auf dem Travois liegenden Bären anzukläffen.

„Mato! Mato!", tönte es aufgeregt aus den vielen kleinen Kehlen. Am lautesten aber vernahmen sie den Ruf von Adlerstimme, der allen Dorfbewohnern kreischend verkündete, dass seine älteren Brüder ihren ersten Bären erlegt hatten.

Durch sein Gekreische mehr als neugierig geworden, ließen sich auch die ersten Erwachsenen am Dorfrand blicken. Unter ihnen auch Rainfeather, ihre Mutter.

In ihrem nach außen hin überaus stolzen Blick, mit dem sie ihre Söhne bedachte, erkannte Feuer in seinen Augen im Vorbeieilen einen versteckten Vorwurf, der nur ihm persönlich galt. „Es war ganz allein seine Idee!", krähte er seiner Mutter schnell und sichtlich belustigt zu. Das Donnerwetter würde sowieso noch früh genug über sie hereinbrechen, also warum sollte man sich schon jetzt die gute Laune verderben lassen und nicht bis zu diesem Zeitpunkt den Ruhm in vollen Zügen genießen?

Er sah nicht mehr, wie sie hinter ihm lachte und sich zugleich ihre Augen mit Tränen füllten. Wie hätte es auch anders sein sollen? Feste Hand hatte die Idee zur Bärenjagd gehabt. Nicht nur, dass er seinem Vater bis auf das kleinste Haar ähnlich sah, nein, nicht genug, er war mit seinen zehn Jahren fast schon genauso verrückt, wie dieser es einst gewesen war.

Von einer Traube aus Dorfbewohnern begleitet, hielten die beiden Bärenjäger nun erhobenen Hauptes direkt auf das Zentrum ihres Lagers zu. Ihr Ziel waren die beiden größten Tipis des Dorfes, die dem Wicasa Wakan Büffelrücken und Badger, ihrem Vater und Kriegshäuptling des Stammes, gehörten.

Um ein kleines Feuer herum, welches fast mittig zwischen den beiden großen Tipis brannte, saßen ihr Vater und ihr Großvater, mit einigen anderen angesehenen Kriegern und plauderten angeregt über die unergründlichen Wege, die Wakan Tanka seinen Kindern vorherbestimmt hatte. Beim Anblick der aufgeregten Menschenmenge und ihrer Sprösslinge ebbte jedoch das Gespräch sofort ab. Ihrem Onkel Roter Felsen, dem seit mehreren Wintern das Amt des Friedenshäuptlings übertragen worden war, fiel beim Anblick des Bären sogar seine Pfeife aus dem Mund. Mit weit aufgerissenen Augen musterten die Männer die Knaben und den Bären abwechselnd.

Badger war ihr Vater, es war nun an ihm, als Erster etwas zu ihnen zu sagen, doch in seiner vorübergehenden Sprachlosigkeit erhob er sich einfach nur von seinem Platz und zog seine Stirn kraus. Einzig seine glücklich glitzernden Augen verrieten Feste Hand, dass das Donnerwetter wohl unter Umständen ausbleiben könnte.

Büffelrücken kam Badger nun zur Hilfe und trat mit durchaus ernster Miene an seine Enkelsöhne heran. „Ihr habt den Bären erlegt?", fragte er mit tief finsterem Grollen in seiner Stimme.

„Ja, Großvater, das haben wir!" Im Nu war die erste Euphorie der beiden Knaben verflogen.

„Ihr habt den Geist des getöteten Bären versöhnt?"

„Ja, Großvater, auch das haben wir getan!"

„Nun gut, tapfere Bärenjäger. Was soll nun mit dem Bären geschehen?" Beide Knaben sahen sich übereinstimmend an, ohne dass sie sich vorher abgesprochen hatten. „Das Fell soll Tanzender Kessel bekommen!", verkündete Feuer in seinen Augen. „Es wird sie in den vielen kalten Winternächten, die noch für sie kommen werden, herrlich wärmen können. Sein Fleisch wird aufgeteilt. Seine Zähne und Krallen möchten wir für uns."

„Ihr habt eine gute Wahl getroffen", gab Büffelrücken nach wie vor mit strenger Miene zu verstehen.

Tanzender Kessel, ihre Urgroßmutter, sah schon ihren achtzigsten Sommer. Die Geburt ihrer Urenkel hatte das kleine, verblassende Lebenslicht, das nach dem Tod ihres Enkels Rabbit zu verlöschen drohte, neu entfacht, gaben sie ihrem Dasein doch wieder einen Sinn. Bewundernde Ausrufe und Blicke begegneten ihr von den übrigen Frauen, als diese vernahmen, welches Geschenk sie von ihren Urenkeln erhalten sollte. Trotz ihrer vielen altersbedingten Falten im Gesicht, zeichneten sich beim zurückhaltenden Lächeln kleine, niedliche Grübchen auf ihren Wangen ab.

Kam es ihren Freundinnen nur so vor oder war Tanzender Kessel wirklich gewachsen? Mit strahlenden Augen blickte sie auf die anderen Frauen von ganz weit oben herunter. Worte brauchte sie nicht zu sagen, denn jeder konnte ihre Gedanken erraten. „Da, seht her! Das sind meine Urenkel, die Söhne von Rabbit! Ich bin Tanzender Kessel, seine Großmutter und die Mutter des Wicasa Wakans!"

„Kommt!", forderte Badger, der seine Sprache endlich wiedergefunden hatte, seine Söhne auf, ihm in sein Tipi zu folgen.

Also doch ein Donnerwetter, befürchtete Feuer in seinen Augen, der seinem Vater mit Feste Hand gehorsam in das Tipi folgte.

„Das habt ihr gut gemacht", bemerkte Badger, nachdem sie Platz genommen hatten. „Aber ihr sollt eines wissen: Hätte ich geahnt, was ihr vorhattet, hätte ich es euch verboten!" Badgers sanfte Stimme, mit der er seine Söhne ins Gebet nahm, wurde nun erregter. „Vor langer Zeit gab ich meinem Bruder, eurem leiblichen Vater, das Versprechen, auf euch zu achten! Eines Tages werde ich ihn im Land der vielen Zelte wiedertreffen. Wie hätte ich ihm wohl erklären sollen, dass ihr aufgrund eurer ersten Bärenjagd vor mir dort angekommen seid?"

Betrübt sahen die beiden Jungen zu Boden. Feste Hand blickte aber gleich wieder auf. „Vater, es war meine Schuld. Ich habe Feuer in seinen Augen dazu getrieben, er hatte gar keine andere Wahl!"

Badgers ernster Blick traf nun ihn allein. „Nichts anderes hatte ich von dir erwartet. Sieh in das spiegelnde Wasser des White River, dann siehst du deinen Vater! Du bist ihm so ähnlich. Deshalb, so lange wie du noch kein Krieger bist, wirst du keine Bären mehr jagen!"

„Ich verspreche es!"

Feuer in seinen Augen sah beschämt zu seinem Vater auf, doch Badgers nun wieder wohlwollend gewordener Blick sagte ihm, dass die Sache damit auch schon ausgestanden war.

„So, und nun kommt, meine Söhne, das Dorf will sicherlich seine jüngsten Bärenjäger feiern!"

Noch am selben Abend wurde von den Kriegern zu Ehren des Bärengeistes der Bärentanz veranstaltet.

Auch Feste Hand hatte die Pflicht, daran teilzunehmen, denn er hatte einen nicht unerheblichen Anteil an der erfolgreichen Jagd beigetragen. Mit Genugtuung verfolgten seine Angehörigen, wie er es vermochte, in der tänzerischen Darstellung die Bärenjagd noch einmal zu neuem Leben zu erwecken. Es regnete vom gesamten Stamm ehrliche Anerkennung für die beiden Bärenjäger, auch wenn es recht ungewöhnlich war, dass ein zehnjähriger Knabe bei diesem, nur den Kriegern vorbehaltenen, Tanz mitzuwirken hatte. Aber genauso ungewöhnlich war auch die Tatsache, dass ein Junge in seinem Alter bereits seinen ersten Bären zur Strecke gebracht hatte.

Lange noch saßen die Menschen an diesem Abend zusammen, und jeder der Dorfbewohner erhielt, wie versprochen, seinen Anteil vom Fleisch des Bären, das brutzelnd über einem großen Feuer in der Mitte des Dorfplatzes gegart wurde. Laut zischend tropfte das Fett des köstlich duftenden Fleisches in die Flammen und verbreitete seinen Wohlgeruch im gesamten Lager.

In den Reihen des Akicitabundes, der Präriedachse, munkelte man an diesem Abend bereits schon von der baldigen Aufnahme eines neuen, noch sehr jungen Kriegers in ihrer Vereinigung. Badger war es gar nicht recht, als ihm die Gerüchte zu Ohren kamen, konnte sich aber gegen den Lauf der Natur nicht auflehnen. Sein Sohn war genauso alt wie vor langer Zeit Blauer Berg, der ihn und Rabbit einmal begleitet hatte und der während ihres Raubzuges dann schneller zum Krieger wurde, als man es für ihn vorgesehen hatte. Er war stolz auf Feuer in seinen Augen, dass gerade der Akicitabund der Präriedachse jetzt schon an ihn dachte. Natürlich würde er einmal ein großer Krieger in ihren Reihen werden, aber nicht schon jetzt, meldete sich die innere und ehrlich besorgte Stimme des fürsorglichen Vaters. Nicht schon heute!

Feste Hand war nun nirgends mehr zu entdecken, und auch Büffelrücken schien wie vom Erdboden verschwunden. Jedoch die dünnen, kleinen Rauchsäulen, die aus dem geöffneten Rauchabzug des Tipis drangen, ließen erahnen, wo sich die beiden gerade befanden. Der Häuptling wusste bereits beim Anblick des verschlossenen Tipieinganges, was der Wicasa Wakan mit Feste Hand zu besprechen hatte.

Mit seinen besten Kriegern saß Badger zur selben Zeit in der vordersten Reihe, herum um das große Lagerfeuer auf dem Dorfplatz. Dahinter saßen die weniger erfolgreichen Krieger, jeder seinem Status entsprechend, den er für sich beanspruchen durfte. In den hinteren Reihen kamen die Alten, die Frauen und die Kinder. Eines wurde Badger in diesem Augenblick unmissverständlich klar: Alle seine Söhne würden niemals in der zweiten Reihe sitzen! Sie alle hatten das Herz am rechten Fleck, und er war überglücklich über das gestiegene Ansehen, welches seine Söhne seiner Familie nun verschafft hatten, zeugte es doch ganz klar von einer beispielhaften, hervorragenden Erziehung. Aber diese Gedanken musste er vor seinen Söhnen verborgen halten, denn wer weiß, was sie sonst als Nächstes auszuhecken gedachten!

7.

„Ich beobachte dich schon sehr lange, und oftmals ertappe ich mich dabei, in dir nicht mehr den Knaben, der meinen Enkel ist, sondern den Mann zu sehen, der einst vor langer Zeit mein eigener Sohn war. In deiner Brust schlägt das tapfere Herz der Sioux. Dein Verständnis für die Geschöpfe des Großen Geistes und dein Umgang mit den Naturgeistern sind sicher zuweilen für deine Spielgefährten sehr beängstigend. Oft sehe ich dich einfach nur dasitzen und nachdenken, und dann wieder bist du traurig, weil du vielleicht auch denkst, dass etwas mit dir nicht stimmt."

Büffelrücken machte eine kurze Pause, bevor er weitersprach: „Schon bei deiner Geburt erkannte ich das Besondere in deinen Augen. In ihnen konnte ich bereits damals, wie auch heute, deine Zukunft sehen. Heute nun hast du als Knabe von zehn Wintern an deinem ersten Bärentanz teilgenommen, obwohl dies nur Krieger zu tun pflegen, und ich weiß, dass dies das ersehnte Zeichen für mich war. Nun ist Tag der gekommen, an dem du das Zelt deiner Eltern verlassen und dein Lager in meinem Tipi aufschlagen wirst."

Feste Hand erkannte sofort die Bedeutung der vernommenen Worte. Sein Herz schlug heftig trommelnd bis in seine Schläfen hinein. Ein Traum wurde wahr, da sich jeder Knabe im Geheimen wünschte, vom Wicasa Wakan als Schüler ausgewählt zu werden, um so im Laufe seines Lebens zum angesehensten und ehrenhaftesten Mann des Stammes aufzusteigen. Aber nur sehr wenige unter den Jungen ließen erahnen, dass in ihnen die besondere Fähigkeit stecken könnte, wie zum Beispiel mit den Geistern zu reden.

„Bin ich deswegen so anders, Großvater?"

„Nein, du bist nicht anders! Du bist auserwählt! - Und nun geh und hole deine Sachen."

Die Kunde vom neuen Schüler des Wicasa Wakans eilte am Tage darauf wie ein Lauffeuer durch das Dorf. Rainfeather und Wiegendes Gras konnten sich der bewundernden und anerkennenden Blicke der anderen Frauen nicht erwehren und sahen, wenn es ihnen möglich war, voller Stolz im Vorbeigehen unauffällig durch den geöffneten Tipieingang des Schamanen, der mit seinem Enkel tiefsinnige Gespräche führte.

Wächst im Regen war so glücklich über den neuen Zuwachs in ihrem Tipi, als hätte sie ein eigenes Kind bekommen. Sie liebte alle ihre Enkelkinder gleichermaßen, aber allein durch das Aussehen von Feste Hand hatte sie schon bei seiner Geburt ein unsichtbares und extra starkes Band zu ihm zu knüpfen vermocht.

Großmutter Tanzender Kessel saß in ihrer erhabenen Erscheinung gern etwas abseits und hatte so auch oft die Gelegenheit, die angeregten Gespräche, die ihr Sohn mit seinem Enkel führte, im Tipi zu beobachten. Hören konnte sie nichts, denn da es sich nicht gehörte, hatte sie ihre Ohren verschlossen.

Oft vergingen so viele Stunden, wenn Lehrer und Schüler plaudernd beisammen saßen oder einfach nur das beruhigende Knistern des Feuers im Inneren ihres Tipis genossen.

Feuer in seinen Augen freute sich ehrlichen Herzens für seinen kleinen Bruder, vermisste aber dessen so angenehme Gesellschaft auf den nun einsam gewordenen Jagdausflügen umso mehr.

Immer öfter unternahmen Büffelrücken und Feste Hand nun längere Ausritte. Auch er, der alternde Wicasa Wakan, spürte die besondere Feinfühligkeit, die Feste Hand beim Umgang mit den Tieren und der Natur an den Tag legte, spürte aber ebenso den Schmerz seines ältesten Enkels, der seinen um Jahre jüngeren Bruder so sehr zu vermissen schien; sicher kam es auch ein wenig daher, dass diesem ohne seinen Bruder das Jagdglück nicht mehr ganz so hold war.

Ganz beiläufig, mehr wie aus einem Zufall heraus, sprach der Wicasa Wakan seinen ältesten Enkel im Vorbeigehen eines Morgens an: „Ach, Feuer in seinen Augen, morgen früh brechen wir auf, dein Bruder und ich. Falls du nichts Besseres vorhast, dann frage auch gleich deinen Vater, ob ihr uns begleiten wollt!", drehte sich wieder um und ließ den jungen Mann mit offenem Mund stehen, der sich aber sogleich mit einem Grinsen umwandte und zu Badger eilte.

Seit Büffelrücken die Geschichte der Bärenjagd gehört hatte, hatte er überlegt, wie er dem älteren der beiden Brüder eine kleine Lektion in Aufmerksamkeit erteilen könnte, ohne dessen Trotz hervorzurufen. Nun glaubte er, den richtigen Einfall zu haben.

Schon beim ersten Sonnenstrahl des darauf folgenden Tages brachen Büffelrücken und Feste Hand mit ihren Mustangs und den Packtieren, gefolgt von Badger und Feuer in seinen Augen, zu ihrem geplanten Ausflug auf.

„Nun", sprach der alte Geheimnismann während ihres bereits länger andauernden Rittes auf die offene Prärie hinaus, „werdet ihr lernen, dass selbst ein Wicasa Wakan auch einmal Hilfe braucht! Eines Tages, wenn ich bei den Ahnen bin, wird auch Feste Hand Hilfe nötig haben. Es ist eine vertrauliche Angelegenheit, deshalb solltet ihr zu niemandem darüber auch nicht einmal ein Wort verlieren!"

Badger und seine Söhne begannen, einander neugierig gewordene Blicke zuzuwerfen, doch hatten sie keine Ahnung, welches Geheimnis Büffelrücken bereit war, zu lüften.

Gegen Mittag des gleichen Tages hielt der Wicasa Wakan seinen Mustang an und machte es sich auf einer Anhöhe im weichen Gras der Prärie bequem. „Nun kommt, setzt euch zu mir!", forderte er die drei Wartenden am Fuße des Hügels auf, ihm zu folgen. Auf dem Bauch liegend, übersahen sie von hier aus rings um sich her das gesamte Land.

„Nun, was denkt ihr, wo und wann werden wir die Büffel auf unserer nächsten Jagd wohl antreffen? Oder anders gefragt, wo werde ich unsere Krieger hinschicken?"

„Das weißt nur du allein im Voraus! Du bist doch der Geheimnismann!", antwortete Feuer in seinen Augen.

„Und was meinst du?", wollte Büffelrücken von Badger wissen.

„Wenn du meinst, dass es Zeit ist, dann lässt du uns wie immer den Büffeltanz aufführen, und bisher hat es auch immer geholfen! Und kurz darauf kamen dann die Büffel!"

„Und, Feste Hand, was denkst du?"

„Ich denke, dass du auf etwas Bestimmtes hinausmöchtest, dass mehr hinter all dem stecken muss!"

„Nun gut! - Seht ihr dort hinten den sich vom übrigen Präriegras abhebenden, frischen, breiten und saftig grünen Streifen?"

Alle sahen ihn. Natürlich, denn sie waren doch nicht blind!

„Dort werden die Büffel laufen, in etwa acht bis zehn Sonnen, wenn das neue Grün hoch genug steht!" Büffelrücken, sich auf dem Rücken ausstreckend, lächelte vergnügt und ließ seine Gefährten ihre Gedankengänge in aller Ruhe zu Ende bringen.

„Großvater, du meinst, dort, wo wir geübt haben, ein Präriefeuer mit einem Gegenfeuer zu bekämpfen, werden bald schon die Büffel auftauchen?" Feste Hand schien auf dem richtigen Weg zu sein.

„Natürlich!" Jetzt schien auch Badger die tatsächlichen Zusammenhänge zu begreifen. „Genauso, wie wir lieber zarte Lendenstücke braten, mögen auch unsere Büffel viel lieber das frische, saftige Gras, welches nur nach einem Regen wächst! Es kann aber nur nach einem vorher da gewesenen Präriebrand und dem Regen so herrlich grün und saftig werden, dass die Büffel dafür sogar bereit sind, von ihrer eigentlichen Route abzuweichen!"

„Man braucht also nur …", Feuer in seinen Augen brachte alle Gedanken zusammen, „… zu warten, um nach einem Brand, ob nun von allein oder gelegt, wenn es dann geregnet hat, die Sonnen zu zählen, wenn man vorher weiß, wie lange das Gras zum Wachsen braucht!"
Schweigend ritten die drei während ihres Heimweges neben Büffelrücken her. Immer dachten alle, es sei irgendein großer, geheimnisvoller Zauber oder eine Art von übersinnlicher Wahrnehmung, wie nur ein Wicasa Wakan sie besitzen konnte, wenn er vorher wusste, wohin und wann er seine Männer zur Jagd schicken musste. Stattdessen beruhte all das Wissen nur auf einer präzise einstudierten Naturkenntnis. Überwältigt von ihrem eigenen Unwissen, würden sie künftig wesentlich sorgsamer auf die Stimmen und Zeichen der Natur achten wollen, falls diese bereit waren, sich ihnen zu offenbaren.
Büffelrücken war zufrieden mit sich in seiner Funktion als Lehrmeister, hatte er ihnen doch mehr beigebracht, als erhofft. Niemand, speziell Feuer in seinen Augen, würde sich künftig nur noch auf das, was er sah, verlassen wollen. Denn eines Tages würde er mit Gewissheit der Nachfolger Badgers werden, und es konnte nicht sein, dass er einen Bären erst dann bemerkt, wenn er dessen stinkenden Atem im eigenen Nacken spüren würde!

Die Lehrzeit für Feste Hand raste wie im Fluge dahin, und es sollten zwei Sommer vergehen, bis Büffelrücken ihre Schritte, fast genau auf den zweiten Jahrestag der inzwischen fast schon zur Legende gewordenen Bärenjagd, in ein Gebiet lenkte, welches er schon seit sehr langer Zeit kannte.
Alte, schmerzende Erinnerungen kamen dem Wicasa Wakan hoch. Noch einmal sah er seine eigenen beiden Söhne, und vor allem den kleinen Rabbit, im Kindesalter seinen Hasen jagen.
„Du bist ohne Frage der Sohn deines Vaters, du lernst ebenso schnell wie er, aber bist du auch genauso geschickt und flink zugleich?"
Feste Hand verstand nicht, was sein Großvater ihm damit sagen wollte, und schaute ihn nur fragend an.
„Siehst du dort die Präriehasen in der Sonne dösen? Geh und fange einen mit bloßen Händen!", forderte der Wicasa Wakan den Jungen schmunzelnd auf.

Feste Hand sah Büffelrücken eine Weile prüfend an. Bevor er sich auf den Weg machte, legte er seine Kette mit den Zeichen seines Sieges über seinen ersten Bären behutsam beiseite, denn kein unnötiges Geräusch sollte seine Pläne durchkreuzen. Langsam näherte er sich den Hasen, die, bereits misstrauisch geworden, mit steifen Löffeln nach ihm äugten. Im selben Moment, als die Hasen ihn bemerkten, setzte sich Feste Hand ins Gras und begann, gelangweilt auf einem Grashalm zu kauen.

Die Zeit verstrich, bis die Hasen sich von Feste Hand abwendeten und wieder ihrer Beschäftigung nachgingen. Langsam und in gebückter Haltung setzte dieser sich daraufhin wieder in Bewegung. Stück um Stück kam er der Gruppe von Hasen immer näher, bis er erneut eine Pause einlegte und wieder Unmengen von Grashalmen kaute. Die Hasen sahen von neuem zu ihm auf. Das Ganze wiederholte sich mehrere Male.

Eine Gefahr schien von dem seltsamen Wesen wohl nicht auszugehen. Wer Gras futterte, der mochte bestimmt keine Hasenkeulen, und nach einigen Stunden saß Feste Hand schon fast mitten unter ihnen.

Büffelrücken lag staunend in ausreichender Entfernung im hohen Gras und beobachtete geduldig seinen Enkelsohn.

Der Junge verhielt sich ganz anders, als er es erwartet hatte, und Büffelrücken musste sich eingestehen, dass der Knabe ihm soeben eine Lektion erteilt hatte.

Der Wicasa Wakan glaubte zu träumen, denn sein Schüler brauchte nur noch seine Hand auszustrecken und eines der Tiere zu packen. Aber Feste Hand tat wieder etwas völlig anderes. Langsam erhob er sich und hielt gemächlichen Schrittes auf Büffelrücken zu. Unbeeindruckt von Feste Hand, hoppelten die Vierbeiner weiterhin entspannt durch das hohe Gras.

Jetzt erhob sich auch der Wicasa Wakan. „Du hast keinen von ihnen gefangen?"

„Ich hätte es tun können. Reicht dir die Gewissheit nicht aus, dass ich es könnte, wenn ich es wollte?"

Die Mundwinkel des älteren Mannes verrieten ein Lächeln und er zog den Knaben zu sich heran und nahm ihn in den Arm. „Du hast recht getan, denn sie haben dir vertraut!"

Feste Hand lächelte. „Du bist nicht enttäuscht?"

„Oh nein, denn heute habe ich etwas gelernt! Und deshalb, ab morgen, da du nun beinahe schon allein in der Lage wärst, sogar Kranke zu behandeln, und dich mit den Kräutern fast besser auskennst, als ich es tue, werden wir eintauchen in eine bisher für dich noch tiefe und verborgene Welt. Du wirst beginnen, beschwörende Formeln und Tänze zu lernen, mit denen du als Mann großer Geheimnisse in der Lage bist, die Geschicke mit Hilfe der Geister zu lenken.

Feste Hand verstand, dass er eine weitere Stufe auf dem Weg, ein Wicasa Wakan zu werden, erklimmen würde. Noch nie hatte er jedoch die eine Frage gestellt, die er sich so sehr wünschte, beantwortet zu bekommen. Während sie ihrem Lager zustrebten, fasste er sich ein Herz. „Wie lange dauert die Ausbildung, bis ich ein richtiger Wicasa Wakan bin?“

Sein Großvater hielt kurz an und begann zu lächeln, so lange schon hatte er auf die Frage seines Enkels gewartet. „Wie lange? Immer! Sie ist nie zu Ende!“

Es begann bereits zu dämmern, als die beiden die Gegend erreichten, in der ihre heimatlichen Zelte standen. Laute Gesprächsfetzen und seltsame, kurze Donnerschläge empfingen sie bereits aus der Ferne, eine ungewöhnliche Unruhe und Hektik ging von ihrem Lager aus. Ein zu großes und viel zu hell scheinendes Feuer beleuchtete weit mehr als nur die Mitte des Dorfplatzes, und bis in den letzten Winkel hinein schoben sich die Licht- und Schattenspiele der Flammen, sodass der laue Abendwind die Funken des gefährlich lodernden Feuers bis weit hinauf zu Vater Himmel trug. Männer und Jünglinge ihres Stammes gaben komische, fast schon groteske Tänze zum Besten, die Büffelrücken und sein Enkelsohn noch nie zuvor gesehen hatten.

Büffelrücken und Feste Hand hielten verwundert beim Anblick eines neuen und sehr ungewöhnlichen Tipis ihre Mustangs an. Es hatte nicht die übliche Form eines Kegels oder einer Kuppel, sondern sah aus wie ein lang gezogenes Dreieck. Schon wieder schlug ihnen ein Donnern aus Richtung des Lagers entgegen und fünf wankende Krieger schwenkten laut grölend lange Feuerstöcke über ihren Köpfen.

Vor dem besagten seltsamen Tipi befand sich ein weiteres Gebilde. Zwischen vier im Rechteck aufgestellten, langen Pfählen hatten die Besitzer ein großes, viereckiges Tuch aufgehängt. Unter diesem so entstandenen Dach standen zwei fremden Gestalten, die angeregt mit den Dorfbewohnern gestikulierten. Im Hintergrund lagen Berge von kleinen und größeren Kisten, bündelweise Decken, kupferne Töpfe und Pfannen, zahllose Säcke und - ein Haufen Felle. Vier seltsame und struppig graue Mustangs - viel zu klein, aber dafür mit viel zu langen Ohren - schienen über all die Dinge und ihre Besitzer zu wachen. Eines der komischen Mustangs gab seine großen, gelben Zähne frei und ließ dabei ungewöhnliche Laute aus seiner Kehle kommen. Fast hörte es sich an, als sei dies der Schlachtruf von alten und heiseren Kriegern.

Niemand der Dorfbewohner schien den heimkehrenden Wicasa Wakan und dessen Schüler bisher zu bemerken. Viele der jüngeren und auch älteren Krieger verhielten sich nach wie vor recht eigenartig. Sie tanzten auf der Stelle, zankten sich oder urinierten ungeniert in der Gegend herum. Andere hatten sich untergehakt und torkelten zwischen den Tipis umher. Ein älterer Krieger namens Krähenflügel schnarchte, auf dem Rücken liegend, vor seinem Tipi. Sein rechter Zopf ruhte in einer breiten und bereits schon verkrusteten Lache aus Erbrochenem. Nur wenige der Frauen und keines der Kinder waren noch zu sehen, und einzig Badger, Winterwind und Igelarsch betrachteten mit ihren Waffen im Anschlag, in gebührendem Abstand und auf ihren Mustangs sitzend, das Geschehen. Mit ernster Miene traf der Blick Büffelrückens den von Feste Hand. „Da sind sie also!"

Und so, als ob Feste Hand bereits wüsste, was sich vor ihnen im Lager abspielte, antwortete er nur: „Ich weiß!"

Sie wurden entdeckt. Badger kam ihnen mit seinen beiden Kriegern entgegengeritten. Er sah betrübt aus. „Ich wusste, was kommen würde, konnte aber nichts dagegen machen. Das Gesetz der Gastfreundschaft verbot mir, die Wasicun einfach wieder fortzujagen!"

Winterwind nickte beipflichtend. „Unsere Krieger haben Felle getauscht und von dem Mini-Wakan getrunken." Winterwind sah Hilfe suchend zu Igelarsch.

„Es stimmt: Das, wovor uns vor vielen Sommern der Mann warnte, der unser junger Wicasa Wakan und dein Sohn war, ist eingetreten. Das Geheimniswasser macht unsere Krieger zu hilflosen Narren!"

Büffelrücken betrachtete die Vorgänge im Dorf nun etwas eingehender. „Es wäre nicht klug, jetzt einzugreifen, unsere Krieger sind nicht mehr sie selbst. - Wie viele unserer Männer haben vom Mini-Wakan getrunken?"

„Büffelrücken sollte besser fragen, wer nicht davon getrunken hat!",
antwortete Badger, der auf die gegenüberliegende Seite des Lagers
deutete. In einiger Entfernung erahnte Büffelrücken die vagen Umrisse
seines ältesten Sohnes Roter Felsen, der gemeinsam mit Blutiger Flügel
und Horse Tail von dort aus das Lager überwachte.
Die Augen von Feste Hand huschten hin und her, sie schienen etwas zu
suchen.
„Feuer in seinen Augen ist mit ein paar Freunden bei der Ponyherde!",
kam ihm Badger zu Hilfe.
Erleichtert blickte Feste Hand seinen Vater an. Wenigstens würde ihrer
Familie die nachfolgende Schande erspart bleiben!
Gemeinsam ritten die fünf sogleich ins Dorf hinunter, um vor dem seltsamen Tipi mit dem flatternden Regendach stehen zu bleiben. Eine fast
zahnlose und glatzköpfige Gestalt mit säuerlichem und entsetzlich
stinkendem Atem grölte ihnen mit glasigen Augen entgegen. Der Gefährte des Händlers winkte dem Wicasa Wakan zu, nun ebenfalls
herbeizukommen.
 Es waren die ungepflegtesten Männer in den schlecht gegerbtesten
ledernen Hosen und fleckigsten ledernen Jacken, die Büffelrücken je
zuvor gesehen hatte. Zu ihrem ohnehin schon abstoßenden Aussehen
gesellte sich noch ein kurzes, struppiges Fell, das sie mitten im Gesicht
trugen, und zweifelsfrei waren diese Wasicun ohne jegliches Ehrgefühl.
Um dem Ganzen noch die Krone aufzusetzen, bemerkte Büffelrücken
einen im Hintergrund sitzenden - ja, was oder wer war das, fragte er
sich immer und immer wieder.
Selbst Feste Hand konnte den Blick nicht von diesem Wesen lassen. Es
war halb Mensch und halb Büffel.
Es sah zwar aus wie ein Mensch, aber sein geschorenes Fell gab den
Blick auf seine tiefbraune Haut frei. Lediglich auf dem Kopf trug dieses
Wesen noch sein Sommerfell. Nicht verstehend, starrte Feste Hand auf
den ungewöhnlichen Schmuck dieses zweibeinigen Büffels. Dicke und
sicherlich viel zu unbequeme Metallarmbänder zierten seine Handgelenke, die untereinander mit ebenso starken, aber viel kleineren
Ringen verbunden waren. Feste Hand lächelte. „Sieh nur, Großvater,
der zweibeinige Büffel ist sicher der Häuptling dieser Wasicun, er muss
entweder sehr stolz oder sehr dumm sein, wenn er sich solch einen unsinnigen Schmuck umhängt!"

Eine kaum wahrnehmbare Berührung an der Schulter ließ Feste Hand sich umdrehen. „Sieh genauer hin!", forderte sein Vater ihn kaum hörbar auf.

Der Knabe fragte nicht weshalb, wie es andere Jungen sicher getan hätten, sondern begann, nach Dingen zu suchen, die ihm bisher verborgen geblieben waren. Die stolze Haltung des zweibeinigen Büffels war ihm sofort bei seiner Ankunft aufgefallen, auch der traurige Ausdruck in seinen Augen. Doch den hatte er sicher nur, weil die Geschäfte nicht ganz so verliefen, wie er es gern gehabt hätte. Feste Hand begann, sich zu freuen. „Jetzt weiß ich es, Vater! Er ist so traurig, weil er seinen Beinschmuck verloren hat! Dort, siehst du die alten Abdrücke an seinen Fußgelenken?"

„Nein, mein Sohn - er gehört ihnen!"

Mit offenem Mund sah Feste Hand durch den ersten schwarzen Mann hindurch, den er in seinem Leben zu Gesicht bekam. „Er gehört ihnen", hatte sein Vater gesagt. Was bedeutete das? War es möglich, dass ein Wesen einem anderen gehören konnte?

Nachdenklich blieb Feste Hand etwas abseits der Männer stehen, während Büffelrücken sich schweigend auf die beiden Händler zu bewegte, die ihm bereits einen Becher mit dem sagenumwobenem Mini-Wakan entgegenhielten. Feste Hand erschrak, als Büffelrücken sich den Becher an Mund führte, aber nur, um an ihm zu riechen und ihn dann mit einem platschenden Geräusch schwungvoll in den Staub zu gießen.

„Du heidnischer, räudiger Wilder, spinnst du total? Den Verlust wirst du uns bezahlen!" Der glatzköpfige Händler tobte vor Wut, und auch sein Gefährte schien sich ziemlich sicher zu sein, dass die uneingeschränkte Narrenfreiheit im Dorf der Sioux keine Grenzen kennen würde.

Büffelrücken hatte an der Art und Weise des Gefühlsausbruches vermutet, dass der fremde Mann ihm sicher nicht noch einen zweiten Becher anbieten würde, aber niemand hatte mit Badger gerechnet. Im Bruchteil einer Sekunde stand er schon vor dem ersten der fluchenden Männer und hielt ihm mit fremden Worten sein Messer an die Kehle. Beide Händler waren sofort wieder nüchtern. Auch wenn sie französisch sprachen und das englische Wort zu sprechen nicht gewohnt waren, verstanden hatten sie es, denn es büßte nichts von seiner

Wirkung ein. Ganz ruhig, als ob nichts weiter vorgefallen wäre, wandte sich Badger freundlich von den beiden ab und ging wieder zu Büffelrücken hinüber.

„Du sprichst ihre Sprache?", fragte dieser sichtlich erstaunt.

„Etwas! Dein Sohn hat es mich gelehrt - an den langen Abenden während unserer Reise." Badger grinste den Wicasa Wakan breit an.

Büffelrücken lächelte zurück. „Es war gut, dich zu unserem Kriegshäuptling zu machen! Aber sage mir, was hatten die Worte zu bedeuten?"

Badger überlegte kurz. „Es war nur ein winziges Missverständnis, aber ich sagte ihnen trotzdem, dass sie *nur* im Dorf zu Gast seien und nicht auf der Prärie! - Ich glaube, sie haben es verstanden!"

Eingeschüchtert begannen die beiden Händler, miteinander zu tuscheln. Sichtlich aufgeregt riefen sie ihrem Anführer, dem zweibeinigen Büffel, einige laute Worte zu. Beiden war soeben klar geworden, dass sie an diesem Abend keine lohnenden Geschäfte mehr abschließen würden und es besser wäre, es am nächsten Tag erneut zu versuchen. Noch einmal brüllten sie ihrem Anführer etwas zu. Hätte es Feste Hand nicht besser gewusst, dann hätte er schwören können, dass sie ihren Häuptling beschimpften.

„Nein!" Feste Hand schrie es heraus, als er sah, wie der zweibeinige Büffel von einem kräftigen Fußtritt getroffen wurde und hart zu Boden stürzte. Sogleich kam der andere Händler seinem Kumpanen zur Hilfe und begann, mit einer Pferdepeitsche, ähnlich wie sie die Lakota bei Pferderennen benutzten, auf den immer noch am Boden liegenden schwarzen Mann einzuschlagen. Mit weit aufgerissenen Augen starrte Feste Hand fassungslos auf das Geschehen. Ja, es schien dem Büffelmann sogar zu gefallen, denn sogleich begann er, die Sachen seiner Männer schneller zusammenzupacken.

„Vater, zu welchem Stamm gehören sie?", aber eine Antwort bekam der Junge vorerst nicht, denn sein Vater rief plötzlich wieder diese fremden Laute, woraufhin der Händler mit der Peitsche sofort von dem Büffelmann abließ.

„Zu welchem Stamm?", griff Badger die Frage seines Sohnes auf und stand noch eine Weile achselzuckend vor ihm, bis ihm die belustigende Erleuchtung überkam. „Stinktiere, ganz offensichtlich zweibeinige Stinktiere!"

Die beiden Händler winkten zum Gruß kurz ab und zogen sich daraufhin eilig in ihr eigenes Zelt zurück.

Endlich kehrte die erhoffte Ruhe im Dorf ein, und unter den wachsamen Augen der wenigen nüchternen Krieger schliefen alle übrigen Männer ihren Rausch aus. In allen Ecken des Lagers begann es sehr bald erbärmlich nach Fusel, Urin und Erbrochenem zu stinken, sodass einem auch ohne Feuerwasser schlecht werden musste.

Lange nach Einbruch der Nacht, Feste Hand konnte, so aufgewühlt wie er noch war, einfach keinen Schlaf finden, trieb ihn die innerliche Unruhe noch einmal aus dem Tipi hinaus. Vorsichtig, auf Zehenspitzen, näherte er sich dem seltsam ausschauenden Tipi der ungewöhnlichen Besucher. Schnarchende Laute in allen Tonlagen schlugen ihm beim Näherkommen selbst durch die dicken Zeltbahnen entgegen. Die Neugierde trieb Feste Hand immer weiter vorwärts, da er unbedingt mehr über diese neuen und sonderbaren Wesen zu erfahren wünschte. Diese Wasicun mochte er von Anfang an nicht, aber der zweibeinige Büffelmann - der interessierte ihn brennend. Vielleicht war er ja sogar ein Wesen aus der Geisterwelt? Meinte sein Vater vielleicht das damit, als er näher hinsehen sollte? Ob er sogar eine Sprache hatte, nicht alle Geister konnten sprechen, oder ob er nur grunzen konnte, so wie er es vor Freude tat, als er mit der Peitsche ermuntert wurde? So viele Fragen, die es zu beantworten galt.

Feste Hand war inzwischen hellwach. Langsam kroch er jetzt, auf dem Bauch liegend, immer näher an das Tipi der Fremden heran. Er zuckte unwillkürlich ein wenig zusammen, als er etwas metallisches klirren hörte, auf das sogleich ein kurzes, leises Stöhnen folgte. Unter dem Vorzelt konnte der Junge im fahlen Licht des Mondes nun sogar recht deutlich eine zusammengekauerte, dunkle Gestalt liegen sehen. Das musste der Büffelmann sein, denn sein selbst in der Nacht reflektierender Schmuck verriet ihn erneut. Feste Hand wartete. Langsam und gleichmäßig drangen die Atemzüge des fremden Wesens zu ihm herüber. Es lebte also doch und konnte somit kein Geisterwesen sein. Vorsichtig kroch Feste Hand immer näher an den Büffelmann heran. Erneut hielt er inne, da sich dieser schon wieder unruhig herumwarf. Was klirrte denn dort unten, wunderte sich der Knabe. Er sah jetzt genauer hin und kam aus dem Staunen nicht mehr heraus. Das Wesen hatte sich sogar zur Nacht seinen Beinschmuck angelegt.

Kein lebendiges Wesen konnte so eitel sein! War es dann womöglich doch ein Geist?

Feste Hand erschrak. Der Büffelmann setzte sich urplötzlich auf und sah offen und ohne Scheu zu ihm herüber. Er sagte etwas, aber Feste Hand konnte es nicht verstehen. Immer wieder wiederholte er die gleichen Laute. Endlich, nachdem er auch die Gebärdensprache mit zu Hilfe nahm und auf seinen Mund deutete, verstand Feste Hand. Freudig erregt, rannte der Junge augenblicklich los, um sogleich mit Wasser und etwas Nahrung zu dem Wesen zurückzukehren. Vorsichtig hielt er ihm die Blase mit dem frischen Wasser hin, die ihm der Büffelmann sofort mit ungewohnten Lauten abnahm. Dankbar nickte er Feste Hand zu, nachdem er seinen größten Durst gelöscht hatte. Das Weiße in den Augen des Wesens leuchtete ihm entgegen, und da Feste Hand nicht zu sagen vermochte, ob es nur Durst oder auch Hunger hatte, hielt er ihm jetzt die mitgebrachte Nahrung hin.

Der Büffelmann erstarrte beim Anblick dessen, was ihm Feste Hand hinhielt, und so dauerte es fast eine kleine Ewigkeit, bis er nach dem griff, was er essen sollte.

Er hielt es mit beiden Händen hoch, wobei sein Schmuck erneut klirrte und klapperte. Dann explodierte das Wesen in einem regelrechten Lachkrampf. Er schüttelte sich so sehr vor Lachen, dass selbst Feste Hand von der Fröhlichkeit des Wesens mit angesteckt wurde. Mit Freudentränen in den Augen schüttelte er verneinend den Kopf, nachdem er sich endlich wieder beruhigt hatte. Trotz des lauten Gelächters schien niemand im Dorf daran Anstoß genommen zu haben, und Feste Hand nahm dem Büffelmann das frische, saftig grüne Präriegras wieder ab, welches er mit seinen beiden Händen immer noch umklammert hielt.

Feste Hand begann, sich zu schämen. Wie nur konnte er so dumm gewesen sein? Sofort sprang er erneut auf und kam binnen weniger Augenblicke mit übrig gebliebenen gebratenen Fleischstücken vom vergangenen Abend zurück. Gierig griff der Büffelmann nach der Nahrung. Immer wieder, während er schmatzend das Mahl vertilgte, blickte er mit seinen leuchtenden Augen voller Dankbarkeit zu dem Jungen hinüber. Nichts ließ er übrig, und erst als alles verputzt war, blickte er auf und ließ sich zufrieden hintenüberfallen. Ein zufriedenes Schnaufen sagte Feste Hand, dass er recht getan hatte.

Stumm saß der Junge noch immer neben dem Wesen. Viele, viel zu viele Fragen brannten ihm unter den Nägeln, aber wie sollte er sich verständlich machen? Behutsam rückte Feste Hand näher heran. Als der Mann dies bemerkte, setzte er sich ebenfalls wieder auf und hielt dem Jungen freundschaftlich seine Hand hin. Vorsichtig erwiderte der Knabe den Griff der starken, schwarzen Hand. Feste Hand staunte. Sie fühlte sich warm und menschlich an. Langsam streckte er seine andere Hand aus und berührte das Wesen zaghaft am Kopf. Wie ein Blitzschlag traf ihn die ernüchternde Erkenntnis: Dies war kein fleischfressender Halbbüffel, er hatte hier einen lebendigen Menschen vor sich! Aber wieso nur saß er als Anführer vor dem Tipi und gab sich mit diesen Wasicun ab? Darüber musste er unbedingt am kommenden Morgen mit seinem Großvater sprechen!

Büffelrücken und Badger beschlossen notwendigerweise am nächsten Tag, einen neuen Lagerplatz ganz in der Nähe aufzusuchen, einen, an dem man wieder frei atmen konnte, da der Gestank, der sich immer weiter ausbreitete, langsam unerträglich wurde. Büffelrücken schien mittlerweile wieder etwas erleichtert zu sein, denn es kam in der vergangenen Nacht zu keinerlei unliebsamen Zwischenfällen unter den Kriegern, alle hatten sprichwörtlich bis zur Besinnungslosigkeit ihre guten Felle versoffen. Einige der Frauen hatten sich Kochgerätschaften und Baumwolldecken eingetauscht, und Tanzender Kessel hatte sich sogar eine neue Suppenkelle für ein paar von diesen überflüssigen, gelben, glänzenden Steinchen ergaunert, die sie sich von den Kindern erbeten hatte. Diese Wasicun, lachte sie, die waren ja so was von dumm! Immer, wenn sie in ihren Paha Sapa waren, fanden die Kinder laufend beim Spielen in den vielen kleinen Flüssen und Quellen diese glitzernden, gelben Steine. Sie waren gerade mal gut genug für die Kleinen zum Spielen, wozu auch sollten sie sonst wohl taugen? Man konnte sie nicht kochen, man konnte sie nicht braten, und überhaupt erfüllten sie keinen sinnvollen Zweck.
Noch recht wackelig kam ein Krieger nach dem anderen langsam wieder zu sich. Verschämt blickten sie sich einander an. Einige waren von oben bis unten verschmutzt, andere waren mehr Grün- als Rothäute, wieder andere hörte man am Rande des Lagers herzzerreißend würgen, wie sie aus ihren leeren Mägen auch noch das letzte bisschen

Luft herauspumpten. Verstohlen bewegten sich die angeschlagenen Krieger schweigend und, wenn es ihnen möglich war, lautlos zwischen den Zelten hindurch und erfrischten sich in den kühlenden Wogen des Flusses. Sonderbar, fast jeder von ihnen hatte an diesem Morgen neue Kleidung an. Kopfschmerzen, Bauchschmerzen und unsagbare Übelkeit - wieso nur hatten sie nicht auf die wenigen Krieger gehört, die ihnen davon abraten wollten? Das also war das große und flüssige Geheimnis des weißen Mannes, vor dem sie Badger bewahren wollte. In Zukunft würden sie bestimmt auch in Friedenszeiten auf ihren Kriegshäuptling hören wollen!

Die beiden weißen Händler hingegen schienen im Umgang mit dem Geheimniswasser besser geübt zu sein. Gut gelaunt und mit einem überaus freundlicheren Umgangston als am Vorabend, begrüßten sie Badger wie einen alten Kumpel und schenkten ihm sogar einen zweischneidigen Dolch mit einer Metallklinge. Badger durchschaute, in sich hineingrinsend, das Spiel der weißen Händler, die ihn versöhnlich stimmen wollten, nahm das Geschenk großzügigerweise entgegen und gab es sogleich an Büffelrücken weiter, der neben ihm stand. Mit einem strahlenden Sonnenschein im Blick blieb er so lange vor dem Händler stehen, bis auch er wenige Momente später ein neues Messer in den Händen hielt. „Waste!" - „Es ist gut!", bedankte sich Badger und verließ die zeternden Händler, die ungewollt an diesem Morgen und zum ersten Mal in ihrem Leben anderen Geschenke gemacht hatten, mit seinem alten und gewohnt fiesen Grinsen. Mit Genugtuung sah er, wie die Händler missmutig ihre Maultiere beluden, um noch vor Mittag das Lager der Sichangu zu verlassen.

Während die drei Fremden nun mit ungewöhnlicher Eile ihre Sachen packten und im Begriff waren, dem Dorf der Lakota den Rücken zuzukehren, trafen sich die verstohlenen Blicke von Feste Hand und Wicasa Tatanka, Büffelmann, wie er den Fremden getauft hatte. Es machte ihn traurig, denn sehr gern hätte er mehr über den so sonderbaren, schwarzen Mann erfahren. Freundlich sah er aus, jetzt, da das Tageslicht ihn traf, und gar nicht mehr so finster. Und da er ja ein Mensch war, was Feste Hand in der vergangenen Nacht ganz allein herausgefunden hatte, konnte er jetzt sogar Vermutungen über sein ungefähres Alter anstellen. Feste Hand schätzte, dass Büffelmann höchstens zwei oder drei Sommer älter war als Feuer in seinen Augen.

Weniger zufrieden stimmte hingegen Badger der Anblick seiner sonst so stolzen Krieger, die nicht nur bei den Vorbereitungen, sondern auch während des Umzuges zu ihrem neuen Lagerplatz, bis auf wenige Ausnahmen, mit hängenden Köpfen auf ihren Mustangs saßen. Mit wehleidigen Gesichtszügen warfen sie sich unterwegs mehr Blicke als Kommandos zu.

Kurioserweise war am darauf folgenden Abend, als der neue Lagerplatz erreicht war, keiner der Krieger mehr zu sehen. Noch bevor es dunkel wurde, vernahm man aus fast jedem der Tipis das gleichmäßige Sägen von Holzfällern. - Niemand der Sichangu würde jemals ein Wort über ihre erste Begegnung mit den Wasicun und ihrem Büffelmann verlieren, aber trotzdem würden die Krieger immer mit Scham an ihre erste Begegnung mit dem Feuerwasser zurück denken müssen!

Mehr als dreimal sollte die Sonne des Morgens aufgehen, ehe alle jungen und älteren Männer, die von dem Mini-Wakan probierten, wieder ungezwungen und aufrechten Blickes durch das Lager streiften. Fast jedem der betreffenden Krieger, der ausziehen konnte, war dieser Tage das Jagdglück ungewöhnlich hold, und er versuchte, durch das Beisteuern seiner Jagdbeute zum Allgemeinwohl, auf diese Weise zu zeigen, dass er auch noch zu anderen Taten fähig sei.

Nur einigen der Männer schien der „Kater" immer noch in den Knochen zu stecken. Kaum dass sie ihre Tipis verließen, um sich zu erleich-tern, da lagen sie auch schon wieder auf den Fellen. Schweißgebadet und mit fiebrigem Glanz in den Augen, wurden sie mit ihren seltsamen „Fuselflecken" im Gesicht von ihren Stammesmitgliedern obendrein noch ausgelacht.

Ein eigenartiger und unbekannter Ausschlag siedelte sich wenig später dort an, wo zuvor nur die leichten Flecken waren. Als dann aber zu allem Übel ihre Familien ebenfalls anfingen, nicht mehr aus ihren Tipis zu kommen, gab es die ersten unruhigen Bemerkungen seitens der übrigen Dorfbewohner.

Niemandem war entgangen, wie besorgt Büffelrücken wurde, als er bemerkte, dass sich das Unwohlsein unter seinen Leuten immer weiter auszubreiten schien. Badger, Roter Felsen und Büffelrücken waren noch unentschlossen, was zu tun sei. Gemeinsam mit einigen weiteren angesehenen und älteren Kriegern beratschlagten sie, ob man unter Umständen sogar den Lagerplatz noch einmal verlegen sollte.

„Der Platz ist von bösen Geistern verflucht, die der weiße Mann uns schickte!", betonte Winterwind.

Igelarsch pflichtete seinem besten Freund bei. „Winterwind hat Recht. Seit wir hier sind, liegen schon fünfzehn unserer Krieger mit ihren Familien auf den Fellen!"

„Es stimmt", bestätigte nun auch Roter Felsen. „Das Mini-Wakan hat unsere Krieger vergiftet, und es breitet sich nun schon über ihre Familien aus wie ein Präriefeuer!"

Besorgten Blickes erhob sich Büffelrücken. „Badger, du, Roter Felsen, und ihr, meine Brüder, sitzt nicht ohne Grund im Beratungszelt. Jeder von euch hat sich seinen Platz in unserer Mitte verdient! Jeder von euch sollte in sich gehen und nachdenken! Was hat der Mann, der mein Sohn war, zu euch gesagt? Wovor hat er seine Brüder immer und immer wieder gewarnt? Waren all seine Worte nur wie Regentropfen, die beim ersten Strahl der Sonne verbrennen oder an euch herabrollen, um in der Erde zu versickern?" Büffelrücken schüttelte kurz seinen Kopf und verließ ohne weiteren Gruß das Beratungszelt, um nach den kranken Familien zu sehen.

Nachdenklich, mit gesenkten Häuptern blieben die Häuptlinge und weisen Krieger zurück. Was hatte ihnen Rabbit einst, vor mehr als zehn Sommern gesagt? Wovor hatte er sie warnen wollen?

Badger erhob sich bedächtig und begann, sehr langsam und ruhig zu sprechen: „ Büffelrücken hat Recht. Die letzten guten Sommer und Winter haben uns blind und faul gemacht. Unsere Ohren waren verschlossen und hörten nicht die Warnungen, die der Wind uns zurief, als er uns zu sagen versuchte: Der weiße Mann wird kommen - die Wasicun sind nahe! Nichts kann sie aufhalten!"

Den letzten Satz flüsterte er beinahe. „Haben wir schon vergessen, was vor zwei Sommern in den Zelten unserer Verwandten im Lager von Iron Shell vor sich ging? Der weiße Mann kam - und mit ihm kam die seltsame Fleckenkrankheit. Der weiße Mann war lange schon wieder fort, da erst ging auch die Krankheit - und mit ihr gingen viele gute Krieger, Frauen und Kinder! Selbst der Mann, der in die Zukunft sehen konnte und der mein Bruder war, sagte mir immer, dass die Wasicun wie eine Flut über uns hereinbrechen würden und nicht aufgehalten werden könnten. Diese hier waren nur ihre Vorboten!" Immer heftiger und lauter wurde nun die Rede Badgers, als er fortfuhr: „Man könnte vielleicht ein paar Sommer und Winter mehr oder weniger für das Volk herausschinden, aber letzten Endes wird es doch unterliegen. Viele schlimme Dinge, die passieren werden, lassen sich vermindern, aber nicht vermeiden." Wie vom Fieber gepackt, schrie Badger wütend die unmissverständlichen Worte heraus, in denen jeder Krieger, auch der, der sich nur in der Nähe des Beratungstipis befand, ganz klar die unüberwindbare Kluft zwischen zwei verschiedenen Rassen heraushörte. „Der weiße Mann kämpft nicht, um Ehre und Ruhm zu erlangen", brüllte er. „Er kämpft mit Lüge, Verrat und Betrug - und er kämpft mit einer fremden Waffe, seinen Krankheiten, die in schönen Decken und anderen uns nützlich erscheinenden Dingen verborgen sind, gegen die roten Männer." Der Kriegshäuptling der Sichangu vom Stamme der Lakota verstand es geschickt, seine Zuhörer zu begeistern. Vollkommen verwandelt, sprach er plötzlich seelenruhig weiter. Das gesamte Dorf hielt augenblicklich inne, um nun auch die leisen Worte des Häuptlings zu vernehmen. „Nehmt keine Geschenke! Kämpft Brüder! Kämpft, solange ihr noch stark seid und in eurer Brust das Herz der Sioux schlägt, und sei es nur, um das Ende so weit wie möglich aufzuschieben! - Das waren *seine* Worte, die Worte meines Bruders, unseres jungen Wicasa Wakans, den die Naturgeister rächten! Ich wünschte, er wäre heute hier!" Badger senkte seinen Blick und setzte sich wieder zurück an das Ratsfeuer.

„Er ist heute hier!" Büffelrücken lächelte Badger dankbar zu. Keiner hatte bemerkt, dass er bereits nach den ersten Worten Badgers wieder eingetreten war. „Er sprach aus dir. Wir alle haben seine Worte vernommen!"

Noch bis zum nächsten Morgen gingen die angeregten Diskussionen im Beratungszelt weiter. Wenige Momente später, nach dem Ende der Beratung, stand bereits das gesamte Lager zum Abmarsch bereit. Die ungewöhnlich vielen Travois mit den kranken Angehörigen mussten jedem Betrachter sofort ins Auge fallen. Aber mehr noch als das - inmitten des alten Dorfplatzes türmte sich ein unregelmäßiger Haufen aus Decken und anderen Tauschwaren. Bevor sich die Spitze der abmarschbereiten Lakota in Bewegung setzen sollte, brannte der Haufen lichterloh. Warnend stieg der schwarze, beißende Rauch für alle in die Höhe, die ihn sehen und verstehen wollten.

Der Zustand der erkrankten Freunde und Verwandten verschlechterte sich von Stunde zu Stunde, und als dann noch von erneuten Krankheitsfällen die Rede war, wurde beschlossen, das Lager, sobald als möglich, an einem geeigneten Platz wieder aufzuschlagen. Alle Betroffenen wurden nun zunehmend von heftigen Fieberkrämpfen und Schweißausbrüchen, die sich mit Schüttelfrösten ablösten, heimgesucht. Fast niemand von ihnen war mehr ansprechbar, da sich ihr Geist auf einer fremden und allen unbekannten Reise zu befinden schien, und die wenigen noch gesunden Dorfbewohner kamen mit der Pflege der geistlosen Körper kaum noch hinterher.

Eilig stellte man das Dorf im Schutze eines hohen Felsplateaus auf, welches von mehreren Baumgruppen umsäumt wurde. Eine kleine, zarte Quelle plätscherte lustig an den abgeschliffenen Felswänden hinunter und würde das Volk mit Trinkwasser versorgen. Zwei Kreise von Tipis wurden errichtet. Im inneren Ring, der fast doppelt so viele Tipis zählte wie der äußere, wurden die Tipis der Familien errichtet, die von der fremden Krankheit heimgesucht wurden. Im äußeren Ring wurden die Tipis der gesunden Familien aufgestellt.

Büffelrücken und auch Badger wussten mehr, als dass sie es ahnten, dass es ein schwerwiegender Fehler für die viel zu wenigen gesunden Familien sein konnte, ihre Behausungen in so dichter Nähe zu den Tipis der kranken Dorfbewohnern aufzustellen. Sie wussten, dass sich die Krankheit wie ein unsichtbares, immer größer werdendes Tuch, gleich dem Morgennebel, auszubreiten vermochte. Aber lieber würden sie alle zusammen untergehen, als ihre Verwandten einem ungewissen Schicksal und damit dem sicheren Tod preiszugeben …

8.

Das war er, der Anfang allen Übels. Damit begann er, der unbekannte, fremde Weg. Drei Löwen, drei ganze Löwenfelle, verlangte Zabulu, der Vater von Mintoa, für die Hand seiner Tochter, und es war eine schwierige, fast unlösbare Aufgabe für einen jungen Mann, diese im Alleingang zu bewältigen. Aber er war schließlich Karuna, der Sohn des Häuptlings vom Clan des gefleckten Jägers.

Schon als Kinder waren er und Mintoa einander versprochen worden, so hatten es die Alten, die ständig auf die Stimmen der Savannengeister hörten, beschlossen. Dennoch legte aus Gründen, die nichts mit dem Willen der Alten und der Geister zu tun hatten, der gefürchtete Schamane aus dem Clan des weißen Elefanten ihm diese schwere Prüfung auf. Alle wussten es, dass er Mintoa im Grunde nur für sich selber haben wollte, doch keiner wagte, etwas zu sagen. Zu viele Krieger schon, die den Mut aufbrachten, sich gegen den Schamanen auch in anderen Angelegenheiten aufzulehnen, waren von der Jagd nicht mehr heimgekehrt. Er brauchte sein Opfer nur anzuschauen, das allein genügte, und es erblickte am darauf folgenden Morgen nicht mehr das Licht der Sonne. Die Blicke der Dorfbewohner verrieten es: Der weiße Elefant war ein böser Mann, der nie das Amt des Schamanen hätte ausüben dürfen!

Mit Tränen in den Augen hatte Mintoa ihren Karuna vor mehr als zwanzig Tagen, allein und nur mit seinem Speer und seinem Messer bewaffnet, nach Osten, ins Land der Löwen, ziehen sehen.

Karuna war sehr zufrieden mit sich, und mit erhobenem Haupt würde er schon bald dem Schamanen die Felle vor die Füße werfen können. Er ahnte es von Anfang an, dass nicht Zabulu, sein zukünftiger Schwiegervater, sondern nur der Schamane hinter dieser unannehmbaren Bedingung stehen konnte. Jedoch allein der unbezwingbare Ehrgeiz und Stolz, die einem jungen Krieger von achtzehn Jahren innewohnen, ließen ihn, ohne zu zögern, die Herausforderung annehmen. Deshalb wohl willigte er ein, denn Angst vor dem weißen Elefanten kannte er nicht, sei es aus Dummheit oder weil er es sich leisten konnte - das hatte für Karuna keine Bedeutung. Er war zu siegestrunken, und so stolperte er, ohne es vorher geahnt zu haben, in das Netz - des Zufalls? -, welches aus Fäden gesponnen war, die ihn fernab der Heimat neu binden sollten …

Immer noch hört er des Nachts die verzweifelten und markerschütternden Schreie auf dem großen Kanu, welches ihn über das wilde Wasser trug. Diese unendlichen, nie aufhörenden Schreie. Unter sich, über sich und neben sich aneinandergeschmiedete, in Stahl gekettete menschliche Schicksale, um gemeinsam einer ungewissen Zukunft oder ihrem Untergang entgegenzureisen. Zu Dutzenden lag er hier mit so vielen anderen auf dem Zwischendeck des Sklavenschiffes vereint, und erst hier im Elend und in der Hoffnungslosigkeit waren die alten Stammesfehden vergessen. Zum ersten Mal waren sich die Angehörigen der bis aufs Blut verfeindeten Stämme einig, dass es einen weitaus größeren Gegner gab, als nur den Nachbarstamm, der den Kriegern die Jagdbeute streitig machte. Und immer wieder diese Schreie - die Mannschaft des großen Kanus schien offensichtlich ihren Spaß an einer neuen Lieblingsbeschäftigung gefunden zu haben.

Nahrungsmittel und Wasser waren auf der weiten und nicht enden wollenden Reise knapp bemessen. Täglich wurden unter ihren Opfern viele der Schwachen noch schwächer und die Kranken noch kranker. Man hatte aber genau darum eine neue und interessante tägliche Abwechslung in den tristen Alltag der Mannschaft bringen können. Blanke Angst stand den schwarzen Männern, Frauen und Kindern jedes Mal ins Gesicht geschrieben, wenn eine der kleinen, vergitterten Luken in der Decke quietschend geöffnet wurde und das eindringende Sonnenlicht lange Streifen durch ihr dunstiges Gefängnis zog. Und wieder stiegen bewaffnete Männer die Treppe hinab, um sich neue Spielgefährten zu suchen. Nie kehrte einer der Spieler zurück. Was mochte da vor sich gehen, fragten sich seit Tagen die zusammen-gepferchten Menschen.

Aufrecht folgte Karuna als ausgewählter dritter Spieler seinen beiden vor Entkräftung schon torkelnden Leidensgenossen die schmale Treppe hinauf ans Tageslicht. Es war herrlich, dem stickigen und nach Schweiß und Exkrementen stinkenden Bauch des großen hölzernen Kanus zu entkommen. Hier draußen konnte er sogar das Salz auf den Lippen schmecken, welches die raue Seeluft mit sich trug. Langsam gewöhnten sich auch seine Augen an die blendende Helligkeit.

Was hatte das zu bedeuten?

Hatten die fremden, hellhäutigen Männer endlich ein Erbarmen und ließen sie wieder frei, überlegte Karuna, nachdem ihm als Letzten die Ketten abgenommen wurden.

Aber der Hoffnungsschimmer zerplatzte wie die Schaumblasen des Wassers, welches das Heck des Kanus nach sich zog. Erneut erhielten sie Fesseln, dieses Mal jedoch aus hartem und scharfem Schiffstau. Alle drei Gefangen wurden nun an ihren Fesseln, die sie um den Oberkörper trugen, zum Heck des Schiffes gezerrt.

„Nun, meine Herren, macht eure Wetten", ertönte es in für Karuna fremder Sprache. Fremde Laute umgaben die drei verunsicherten schwarzen Männer. Allein die angsterfüllten, verzweifelten Blicke der drei Gefangenen, welche sich in ihrem verbundenen Schicksal trafen, zeugten von einem letzten verbliebenen Lebensfunken, der die Hoffnung auf eine Wendung des Unvermeidlichen nährte.

Alle Augenpaare der Schiffsbesatzung ruhten hingegen kalt und unbarmherzig auf ihren drei Opfern. Das also sollten sie sein, dachte Karuna, das waren also die Menschen, die sich zivilisiert, Christen und die wahren gottesfürchtigen Geschöpfe nannten. Karuna fing an, leise über sich selber zu lachen. Wie konnte er nur so dumm gewesen sein, von Menschen Gnade zu erhoffen, die nicht einmal halt davor machten, den Sohn ihres eigenen Gottes ans Kreuz zu nageln? Oftmals hatten die Alten seines Stammes gerätselt, welch seltsame Ideologie diese nicht zu verstehenden, hellhäutigen Wesen vorantrieb.

„Dein dämliches Grinsen wird dir gleich vergehen, du schwarze Sau!", hörte er in holländischer Sprache mit einem fast zeitgleichen Klatschen der „Neunschwänzigen" auf seinem Rücken.

Auch wenn Karuna kein Wort verstand, so ahnte er doch, dass es sich hier nur um eine Einladung in den Schlund der schwarzen Höhle handeln konnte.

Jemand aus der Mannschaft schien etwas einzusammeln. Mit einem abgewetzten, alten Strohhut machte er die Runde - aber wozu?

„Du Idiot!", hallte es aus einer der hinteren Ecken des Achterdecks. Ein großer, breitschultriger, mit blauer Farbe bemalter Mann stampfte auf die drei Schwarzen los und blieb kopfschüttelnd vor Karuna stehen. Stolz erwiderte dieser den Blick des Seemanns, der ihn schräg von der Seite von oben bis unten musterte. „Wieder nach unten mit ihm! Der ist noch zu kräftig und könnte es womöglich schaffen!"

Augenblicklich wurden Karuna, wenn auch widerwillig, die schweren Taue abgenommen und er erhielt seine metallischen Fesseln zurück.

Die Mannschaft hatte in ihrem Wetteifer inzwischen ihre Beschäftigung wieder aufgenommen. Aus den Augenwinkeln heraus nahm Karuna wahr, wie seine beiden gebundenen Gefährten am Heck über Bord geworfen wurden. Schon war er im Begriff, die beiden zu beneiden, die, im Gegensatz zu ihm, eine Abkühlung im frischen Nass des Atlantiks erhielten. Sie durften der glühenden und schwülen Hitze ihres Gefängnisses entkommen. Sofort kam ihm in den Sinn, dass die Schreie, die man unter Deck immer wieder hörte, dann wohl doch eher Freudenschreie sein müssten. Aber wo brachte man sie im Anschluss hin? Ließ man die geschwächten Leidensgenossen etwa doch wieder frei?

Mit einem ärgerlichen und fast schon trotzigen Gefühl in seinem Inneren betrat er bereits die erste der hinabführenden Stufen zu seinem stinkenden Gefängnis. Hätte er sich doch bloß nicht so stolz und aufrecht vor dem breiten Mann aufgebaut, sagte er zu sich selbst. Ihre alten Peiniger banden ihnen sogar noch Taue um, damit sie während des Bades nicht ertranken! Er hatte sich geirrt, alle hatten sich geirrt, stellte er erleichtert fest. Der Tod musste wohl noch warten. Das war also des Rätsels Lösung für die Schreie.

Er lächelte, als er daran dachte, welche furchtbaren Grausamkeiten sich die unter Deck Gebliebenen bereits ausgemalt hatten. Neidisch blickte er noch ein letztes Mal auf die beiden im Wasser badenden Gefährten.

Doch schon schien irgendetwas Neues die Aufmerksamkeit der Sklavenhändler voll in Anspruch zu nehmen, sodass man Karuna bereits wieder vergessen hatte.

Als er sich so für einen Moment unbeobachtet fühlte, stieg er schnell die eine Stufe wieder hinauf, um besser über den schmalen Rand der Reling sehen zu können. - Was war das?

Pfeilschnell wie viele scharfe Messer durchschnitten große, graue Dreiecke, an bedrohlichen, schwarzen Schatten hängend, die Wellen des Atlantiks.

Immer näher kamen sie seinen Gefährten, die aufgeregt mit den Armen ruderten, um ihren Verfolgern zu entkommen.

Das Mark in seinem Rücken gefror Karuna, als er den ersten und alles durchdringenden Schrei vernahm. Da, noch einer. Starr vor Schreck, fiel er sofort ernüchtert mehr die Treppe hinunter, als dass er sie hinabstieg. Mit steifen Bewegungen und weit aufgerissenen Augen kroch er wie in Trance im Dunkeln des Schiffsinneren an seine alte Lagerstatt zurück.

Er selbst zog, ohne darüber nachzudenken, das lose Ende seiner Fußkette durch die große, angerostete Öse, die ihn an einen dicken Balken fesseln sollte.

„Was geht da oben vor sich?", fragten ihn voller Neugierde aufgeregt die vielen Menschen. „Was war das?" Sie schüttelten den geistesabwesenden jungen Mann. „Was machen die da oben mit uns?"
Er jedoch reagierte nicht. Er konnte nicht sprechen.
Was sollte er ihnen sagen? Sollte er ihrem ungewissen Schicksal noch die krönende Würze verpassen und ihnen zu verstehen geben, dass sie allesamt als Fischfutter enden würden? …

Ein lautes Knallen mit einem zeitgleich verbundenen, schneidend brennenden Schmerz auf seinem vernarbten Rücken ließ Karuna erwachen. „Aufstehen, du schwarzer Bastard von einem Nigger!"
Sein Mund lächelte freundlich, aber seine Augen versprühten vernichtende Funken des Hasses auf die beiden weißen Händler, welche sich gerade in ihrer selbstgefälligen Art, von ihren eigenen Alkoholausdünstungen umgeben, aufzurappeln begannen.
Lange gehörte er ihnen noch nicht, aber schon lange genug, um zu verstehen. Er war schwarz, insofern gab er ihnen Recht. Aber er war kein Bastard. Er, Karuna, war der Sohn eines Häuptlings vom Stamme der Mondläufer aus dem Clan des gefleckten Jägers, und in seiner Heimat würden diese weißen Männer sofort für ihre Beleidigungen ihr erbärmliches Leben verlieren! Hier jedoch musste er warten, warten auf den rechten Moment.
Er hatte nichts mehr zu verlieren. Nur sein Stolz und sein Glaube an einen tieferen verborgenen Sinn für alle vergangenen Geschehnisse hielten ihn noch aufrecht.
Aber eines stand für ihn fest: Bevor er diese Welt verließ, würde er die beiden Händler in den Schlund der schwarzen Höhle schicken!
Mit Abscheu hörte er, wie sich die beiden unterhielten.
„Was meinst du, wie viele von diesen dreckigen, roten Schweinen werden dieses Mal dran glauben müssen?"
„Keine Ahnung, Pierre, aber ich hoffe, es sind mehr als im letzten Sommer!"
„Nigger! Belad die Mulis, aber pass auf, dass die verdammten Kisten mit den Decken nicht aufgehen!", wurde Karuna erneut angeschrien.
Nachdenklich über die sonderbare Fracht in den Kisten, belud er sogleich die Packtiere. Endlich begriff er in allen Einzelheiten die Zusammenhänge und sah augenblicklich das Bild von Feste Hand vor sich

auftauchen, da ihm dieser Indianerjunge aus dem letzten Lager einfach nicht mehr aus dem Kopf ging. Auch er sollte also sterben? Bisher hatten die Menschen, die eigentlich nicht viel anders lebten als sein Volk, ihn herablassend behandelt. Sie verstanden es nicht, dass ein Mann es vorzog, diesen Weißen zu dienen, anstatt bis in den Tod um seine Freiheit zu kämpfen, so viel hatte er mitbekommen. Ob es die Arikara, die Osagen oder selbst die Omaha waren, bei denen die Händler ihre pockenverseuchten Waren zurückließen. Ausgerechnet bei den Sioux, die von allen am meisten gehasst und gefürchtet wurden, fand er die erste menschliche Wärme und Zuneigung. Immer noch lief Karuna ein ungewöhnlich heißkalter Schauer über den Rücken, als er an die wohltuende Berührung des Knaben dachte, wie dieser ganz vorsichtig sein schwarzes, lockiges Haar befühlte. Irgendetwas Seltsames ging von diesem fremden Kind aus. Es brachte ihm, dem nicht beachtenswerten Menschen, sogar etwas zu essen. Karuna lächelte, verborgen vor den Blicken von Pierre und Armande, in sich hinein. Gras sollte er fressen, bevor ihm dann richtige Nahrung angeboten wurde. Nie würde er den fremden und exotischen Geschmack der Fleischstücken vergessen, die ihm der Junge im Anschluss reichte. Wofür nur mochte ihn dieser Knabe gehalten haben, als er ihm das Gras hinhielt? Einen Augenblick zu lange hielt er träumend inne, als er sich den entsetzten Blick des Knaben in sein Gedächtnis zurückrief, als dieser seinen Irrtum zu bemerken schien.

Doch seine Gedanken schufen nur die Silhouette des erstaunten Knaben, denn der Riemen der Peitsche, welcher sich soeben brennend seinen Weg tief durch seine Haut brannte, ließ das vollständige Bild des Jungen nicht mehr erscheinen.

Karuna zuckte in sich zusammen. Am liebsten wäre er sofort herumgefahren und hätte seine zwei Peiniger giftig angefunkelt, bevor er sich auf sie stürzte. Sein Stolz befahl es zwar, aber irgendetwas sagte ihm, dass die Zeit mit ihm war. Je länger er bei den Händlern war und nicht gegen sein Schicksal aufbegehrte, desto sicherer schienen sich die beiden zu fühlen. Am Anfang noch hatten sie ihn nicht nur mit der Peitsche, sondern auch mit vorgehaltener Pistole angetrieben. Immer hielt einer der beiden Männer Wache, wenn sie, wie so oft, des Nachts unterwegs waren und ein Lager aufschlagen mussten. Jetzt kam es immer häufiger vor, dass sich beide der Trunksucht hingaben und

Karuna, wenn auch angekettet, so dennoch sich selbst überließen. Leider waren sie nie so nachlässig, die Kette lang genug zu lassen. Noch hatte er es nicht vermocht, sich den beiden im Schlafe zu nähern, doch sein Tag würde kommen, das wusste er. Aber dann - er wurde traurig - dann wäre es für den einzigen Menschen, der seit seiner Ankunft vor achtzehn Mondläufen nett zu ihm war, bereits zu spät. Er wusste nicht warum, aber dieser kleine Indianerjunge, den er auf etwa zehn oder elf Jahre schätzte, hatte es ihm angetan. Er musste eine Möglichkeit finden, ihn und seine Leute vor den vergifteten Dingen der Händler zu warnen. Jeden Tag, seit sie wieder unterwegs waren, prägte sich Karuna nicht nur den Weg, den Lauf der Sonne oder örtliche Gegebenheiten ein. Immer in Voraussicht auf das Unbekannte, was vor ihm lag, konnte es sehr wichtig sein, den Weg zurück zu finden. Er war ein Krieger der Mondläufer! Nie würde er die Orientierung verlieren, wie diese weißen Idioten, die nicht einmal in der Lage waren, Wasser zu finden. Ständig hielten sie sich eine Art kleine Dose mit gläsernem Deckel vor die Nase, in der sich lustig ein kleiner Pfeil hin und her drehte. Dann liefen sie, mit Zuversicht in den Augen, wie ein paar alte Wasserbüffel zur Tränke, immer weiter vorwärts. Egal, wie sich die Dinge auch entwickelten, hierin konnte der Schlüssel liegen. Er brauchte sie gar nicht zu töten, er brauchte ihnen nur die kleine Dose zu nehmen, und sie würden sich hoffnungslos in der Grassteppe verirren und vor Durst verrecken. Aber es musste bald sein, wenn er Erfolg haben wollte.

Irgendetwas schien die unerwartete Aufmerksamkeit von Pierre und Armande auf sich gelenkt zu haben. Leise tuschelnd, blickten beide in südliche Richtung, aus der sich ihnen zielstrebig ein größerer berittener Trupp näherte. Pierre nahm sogleich seine lange Flinte zur Hand, wurde jedoch mit einem leichten Kopfschütteln von Armande abgehalten, sich zu bedrohlich zu gebärden. „Lass es, bis wir auch nur einmal nachgeladen haben, sind wir tot!"

Karuna musste grinsen, nie hätte er geglaubt, dass er jemals mit diesen Männern einer Meinung sein konnte. Er hörte, wie Armande erleichtert aufatmete, nachdem dieser bemerkt hatte, dass die sich schnell nähernden indianischen Reiter keine Kriegsbemalung trugen. Sogleich trat Armande den fremden Indianern lächelnd und mit erhobener rechter Hand entgegen. „Ich grüße euch, meine tapferen roten Brüder! Kommt und setzt euch zu uns, wir haben viele Geschenke für euch!" Der vordere der Reiter verzog keine Miene, und nur seine ebenfalls erhobene rechte Hand verriet den Händlern, dass ihnen vorerst wohl keine Gefahr zu drohen schien. „Adlerherz grüßt die weißen Männer, die sich offenbar verirrt haben!" Einige der nachfolgenden Indianer lächelten spöttisch.

„Oh nein, keineswegs, Häuptling", antwortete jetzt Pierre, der aus seiner Deckung hervorkam. „Wir sind gekommen, um euch Geschenke zu bringen und mit euch Handel zu treiben. - Ich freue mich, dass Adlerherz die Sprache des weißen Mannes spricht. Das erleichtert vieles."

„So, meinst du?"

Karuna beobachtete den vorderen Reiter sehr genau. Er war ganz offensichtlich nicht nur ein recht hochgewachsener, sondern auch ein sehr stolzer Mann und ließ schon bei einem flüchtigen Blick die Ausstrahlung eines Anführers erkennen. Trotz des an den Seiten geschorenen Schädels, auf dem am Scheitel nur eine Art Bürstenschnitt verblieben war, welcher dann jedoch am Ende in einer Skalplocke endete und an dem mehrere Federn baumelten, sah er sehr edel aus, fand Karuna. Sicher hatte dieser Adlerherz viele Freunde, denn hinter der kriegerischen Fassade sahen seine Augen warm und gütig aus. - Im ersten Erscheinungsbild ähnelten sich seine Krieger alle in ihrem Äußeren, da auch sie die gleiche Haartracht wie ihr Häuptling zu tragen pflegten. Sie mussten einem sehr mächtigen und stolzen Volk angehören.

Vielleicht waren sie, so wie die Mondläufer in seiner Heimat, hier sogar die uneingeschränkten Herrscher auf der Grassteppe.

Die erste Unruhe hatte sich gelegt und die Anspannung löste sich von den Gesichtern der Krieger.

Fast schon ungezwungen stiegen einige bereits von ihren Ponys und plauderten miteinander.

„Kommt her!", forderte Armande kurz entschlossen die Männer auf, sich ihnen zu nähern.

Die Neugierde siegte über das Misstrauen, denn welche Gefahr konnte den Skedee, den Wölfen der Prärie, wie sich dieser Pawneestamm selber nannte, auch durch die französischen Händler erwachsen?

„Hier und hier, das ist für euch, und das hier!" Armande verteilte groß-
zügig billige, kleine Kämme, Bürsten und winzige Säckchen mit Perlen
an die nun überglücklich aussehenden Krieger.

„Wenn ihr ein paar Felle bei euch habt, die ihr, rein zufällig natürlich,
nicht mehr braucht, dann haben wir auch noch so etwas für euch!" In
beiden Händen hielt Pierre seinen roten Brüdern zwei hölzerne Fässchen mit dem sagenumwobenen Feuerwasser entgegen.

Sofort packte Adlerherz zu und nahm einen tiefen Schluck aus einem
der kleinen Fässer.

Ein lauter Grunzer entglitt ihm, als er das Fass, laut schmatzend mit
weit aufgerissenen Augen, wieder absetzte.

„Ah, ich sehe schon, dass du ein großer und tapferer Krieger bist! Ja, ja,
nur richtige und gute Männer vermögen das Feuerwasser zu vertragen!", tönte Pierre mit einem gespielten Lachen in seiner Stimme
und reichte den Whisky von einem zum anderen.

Armande holte noch ein drittes Fässchen mit Brandy hervor, welches er
herumzureichen begann. „Oh ja, das ist nichts für Schwächlinge und
Weiber, nicht wahr? Genießt es, Freunde, es ist genug für alle da!
Kommt her und zeigt, dass ihr die stärksten Krieger der Prärie seid und
nicht solche Jammerlappen wie diese verweichlichten Sioux!"

Das Zauberwort war gesprochen worden: „Sioux" - das brachte sofort
die fröhliche Stimmung unter den Kriegern zum Erliegen.

Ernsten Blickes trat Adlerherz vor Pierre. „Was ist mit diesen Sioux-
hunden?"

„Weißt du, großer Häuptling, wir sind Händler und niemandes Feind,
wir lieben alle unsere roten Brüder, und darum …"

„Ganz genau, und darum", schnitt ihm Armande das Wort ab, „und
darum spendier ich den tapfern Kriegern der Pawnee noch ein viertes
Fässchen von dem edlen Feuerwasser, weil sie die einzigen Krieger
unter Gottes Himmel sind, die es vertragen! Zum Wohl, meine
Herren!"

Im Nu brach ein weithin schallendes Freudengeheul unter den schon
angeschlagenen Pawnee aus, denen, wie allen anderen Kriegern auch,
der Umgang mit dem billigen, aber dafür hochprozentigen Fusel noch
recht fremd war.

„Trinkt in Ruhe aus, meine Brüder, dann können wir mit dem Tauschhandel beginnen!", lachte Armande heuchlerisch in die Menge der fast schon völlig besoffenen Pawnee hinein.

Am Ende lagen, wie immer, viele fein und säuberlich gegerbte Felle und Decken auf dem einen Haufen, und auf einem zweiten würde, wenn sie nicht auf der Prärie verstreut herumlägen, ein Berg aus leeren Brandy- und Whiskyfässchen liegen.

Einige der Pawneekrieger schliefen bereits neben ihren Mustangs ihren Rausch aus, während andere sich, sinnlos durch die Gegend torkelnd, albernen Wettspielen hingaben.

„Na denn, meine Brüder", wandte sich Armande an Adlerherz, „leider müssen sich unsere Wege jetzt wieder trennen, wir haben noch einen recht weiten und beschwerlichen Weg vor uns. Wir hoffen aber, dass wir dich und deine tapferen Krieger bald einmal wiedersehen werden. Bis dahin wissen wir an allen Feuern zu berichten, wie gut es deine Krieger verstehen, mit dem Feuerwasser umzugehen!"

Adlerherz nickte Armande nur mit glasigen Augen zu. Er war zwar noch in der Lage zu stehen, aber das Sprechen in der fremden Sprache hätte ihm wahrlich recht viel Mühe abverlangt.

„Ach, eines noch! Hol eine Kiste mit den Decken vom Muli her! Na los!", forderte Armande Karuna unverzüglich auf zu gehorchen.

Widerwillig tat Karuna, wie ihm geheißen wurde.

„Hierin sind schöne, warme Decken, sie werden eure Weiber und Kinder in der kühlen Jahreszeit wärmen, wenn ihr auf der Jagd seid."

„Mhm!" Adlerherz bückte sich, um den Inhalt der Kiste in Augenschein zu nehmen.

„Nein, nein! Das ist ein heiliges Abschiedsgeschenk von uns, welches ihr erst in euren Tipis öffnen dürft! So ist es bei uns Sitte."

Adlerherz lächelte zwar dämlich aussehend, aber verzückt über die Großzügigkeit seiner neuen Freunde. „Du und deine Brüder, ihr werdet immer ein warmes Lager in dem Dorf der Pawnee vorfinden!"

Man winkte sich zum Abschied noch kurz einmal zu, da trieben die Händler Karuna auch schon zur übertriebenen Eile an und setzten sich auch sogleich mit den Mulis in Bewegung.

Von einer inneren Stimme gelenkt, fühlte sich Karuna plötzlich zum Handeln gezwungen.

„Vergiftet! Decken sind vergiftet!", schrie er laut.

Sogleich sausten unzählige, wütende Hiebe der langen Peitsche auf ihn herab. „Halt´s Maul, du dreckiger Nigger! Halt dein gottverdammtes, dreckiges Maul, oder willst du, dass wir alle draufgehen?"

Karuna zählte die Hiebe nicht mehr, die er erhielt, und er begann, sie auch nicht mehr zu spüren. Er spürte nur noch die Genugtuung, das Richtige getan zu haben. So oft schon hatten Pierre und Armand ihre gefährliche Ware an den Mann gebracht, aber erst seit sie bei den Sioux waren, hatte er so richtig begriffen, was es mit den so genannten Abschiedsgeschenken immer auf sich hatte.

Man ließ endlich von ihm ab. Augenblicklich begann er nun, den brennenden Schmerz auf seinem Rücken zu spüren, und er fühlte, wie das Blut aus den gerade frisch verheilten Wunden erneut an seinem Rücken hinablief. Vorsichtig, fast ein wenig schüchtern, blickte er auf. Adlerherz und einer seiner Krieger hielten Pierre tatsächlich davon ab, weiter auf sein Opfer einzuprügeln. Armande wurde ebenfalls von einem wankenden Krieger mehr oder weniger in Schach gehalten. Eines wussten die beiden Händler jedoch ganz genau: Mochten die Rothäute auch noch so besoffen sein - wenn sie ahnten, dass man sie übers Ohr zu hauen versuchte, und sie bekamen Wind davon, dann war man unwiderruflich verloren!

„Was ist vergiftet?", wandte sich Adlerherz nun ganz ruhig an Karuna. „Die Decken in der Kiste. In ihnen wohnt der Geist des Todes, der jeden trifft, der sie berührt. Bei den Sioux haben sie auch welche gelassen."

Alle übrigen Krieger der Pawnee waren von dem Tumult erwacht oder in ihrem Rausch zumindest aufmerksam geworden. Niemand lachte mehr oder alberte torkelnd herum.

Die Wirkung des Alkohols war noch nicht verflogen, aber die Aussage des schwarzen Mannes ließ wenigstens die Gedanken der Krieger zum Teil erwachen.

„Macht es auf, euer heiliges Abschiedsgeschenk! Wenn es nichts zu fürchten gibt, dann macht es auf und legt euch die Decken selber um!", schrie Karuna mit schmerzverzerrtem Gesicht die beiden Händler an.

Fast geistesabwesend starrte Adlerherz durch Karuna hindurch. „Ich verstehe es nicht, wie können die Decken vergiftet sein?" Adlerherz musterte die beiden Händler. „Ein dummer Scherz, oder?" Verständnislos blickte er von einem zum anderen.

Pierre und Armande standen bleich zwischen den Pawnee, nicht in der Lage, vorerst auch nur ein gescheites Wort hervorzubringen. „Ja, ja, ein dummer Scherz! Der Nigger ist krank", stammelte Pierre endlich bei dem Versuch, seine Fassung wieder zurückzugewinnen.

Armande versuchte, locker und ungezwungen auszusehen, aber jeder Pawnee, so angeschlagen er auch sein mochte, erkannte das tiefe Unbehagen in seiner Stimme. „Der Schwarze ist vom Großen Geist besessen! Er verträgt kein Feuerwasser, und nun - na ja, er ist eben kein so tapferer Mann wie Adlerherz!"

„Hat der schwarze Mann etwa in den vergifteten Decken gelegen?"

„Ähm, ja, so könnte man es auch sagen", lachte Pierre gekünstelt.

„Genau, er ist nur zu schwach. So, und jetzt müssen wir aber wirklich aufbrechen!"

Armande wollte sich abwenden, aber das klare und laute „Halt!" von Adlerherz ließ ihn dann doch stehen bleiben. „Sprich, schwarzer Mann, was hat es mit den Decken in der Kiste auf sich?"

„Kein Wort, Nigger!", brüllte ihn Pierre erneut an.

„Schweig!", fuhr Adlerherz dazwischen, und ein kurzer, aber kräftiger Schlag mit der kleinen Pferdepeitsche, die bisher nutzlos an dessen Handgelenk herumbaumelte, begann endlich, Sinn zu machen. Winzige, in der Sonne glitzernde Perlen von Angstschweiß traten Pierre auf die Stirn, als er mit seiner Hand vorsichtig den tiefroten, schmerzenden Striemen auf seiner rechten Gesichtshälfte befingerte. So also fühlte es sich an.

„Wenn ich rede, kann ich dann mit euch - und brauche ich dann nicht mehr mit Pierre und Armande zu gehen?"

„Schwarzer Mann, wenn deine Worte wahr sind, wirst du gehen können, wohin du willst, aber deine beiden Brüder werden nirgendwo mehr hingehen", antwortete Adlerherz. Es schien fast so, als ob er die Wirkung des Alkohols hinuntergekämpft hätte. Klar und deutlich kamen ihm in ruhigem und ausgeglichenem Tonfall die Worte über die Lippen.

Es fiel Karuna schwer zu antworten. „In den Decken wohnt der unsichtbare Tod, die Krankheit des weißen Mannes, die alle dahinrafft, egal, welche Farbe ihre Haut hat! Pierre und Armande", Karuna sah mit einem bitteren Lächeln zu den beiden Händlern hinüber, „sie lieben weder ihre roten noch ihre schwarzen Brüder. Sie lieben nur sich selbst, alles andere hassen sie."

Langes Schweigen machte sich breit, und nur der Wind und das vereinzelte Wiehern eines der Ponys waren noch zu hören. Kein Pawnee schnarchte mehr oder war fähig, ein Wort von sich zu geben. Nicht verstehende, fragende Blicke waren das Einzige, was sich die Krieger zuwarfen. War es möglich, dass jemand einen anderen Menschen, den er gar nicht kannte, so sehr hassen konnte?

„Nun gut!", unterbrach Adlerherz die anhaltende Stille. „Ihr beide geht und legt euch in eure eigenen Decken! - Wir werden warten, was geschieht, dann werden wir sehen!"

Pierre und Armande standen mit steif durchgedrückten Knien vor Adlerherz. „Nein, bitte nicht, alles, nur das nicht!", rief Pierre verzweifelt.

„Es ist wahr, was der Nigger sagt", gab jetzt auch Armande kleinlaut zu verstehen.

Pierre sah Adlerherz direkt in die Augen. „Bitte glaube uns, es tut uns aufrichtig leid, aber der Genuss des Feuerwassers hatte unsere Sinne benebelt! - Wir hatten es ehrlich vergessen!"

„Genauso wie ihr es bei den Sioux vergessen habt? Oder bei den Arikara? Oder bei den Omah …"

Adlerherz fiel Karuna ins Wort. „Sagtest du bei den Arikara?"

Karuna nickte nur.

„Die Arikara sind unsere Verwandten, sie sind unsere Brüder! Im letzten Sommer sind viele von ihnen gestorben, und niemand wusste, woher der böse Geist kam oder wohin er dann gegangen ist! - Was sollen wir jetzt tun, schwarzer Mann?"

In den Augen von Adlerherz spiegelte sich kindliche Verzweiflung wieder. Er verstand das alles nicht.

Offenbar zum ersten Mal in seinem Leben war der junge Anführer der Pawnee völlig hilflos.

„Als Erstes verbrennt alles, was den Händlern gehört - vor allem die Decken!"

Adlerherz legte Karuna die Hand auf die Schulter. „Schwarzer Mann, du bist frei, und nun geh, wohin du magst, deine weißen Brüder aber wirst du niemals wiedersehen!" Adlerherz war wieder völlig entspannt, aber ein gewisser Schmerz in seiner Stimme und sein nach Fusel stinkender Atem waren geblieben.

„Die weißen Händler sind nicht meine Brüder!"

„Gut, dann bleibe!"

Wenige Augenblicke später stieg abermals eine von dickem, schwarzem Qualm geschwängerte, riesige Rauchsäule in den Himmel, während, mit ledernen Riemen verschnürt und zusammengekauert, Pierre und Armande ihre Waren und selbst das von ihnen so sehr geliebte Feuerwasser in den verzehrenden Flammen entschwinden sahen.

„Feuerwasser - es brennt nicht nur in der Kehle!" Adlerherz sah Karuna bei seiner Feststellung freundlich von der Seite an.

„Was habt ihr mit den beiden Händlern vor?" wollte Karuna wissen.

„Wir? Gar nichts! Wir bringen sie nach Norden zu unseren Brüdern, den Arikara, die sollen entscheiden! Vielleicht schneiden sie ihnen bei lebendigem Leib ihre Herzen aus der Brust. Aber nur vielleicht, und auch nur, wenn sie ganz großes Glück haben!"

Bei den letzten Worten zog Karuna sichtlich erschüttert seine Augenbrauen hoch. „Dann aber müssen wir doch durch das Gebiet der Sioux?", fragte er vorsichtig.

„Warum, fürchtest du dich etwa vor ihnen?"

„Oh nein, aber es ist jemand dort, der es wert wäre, vor der Krankheit gewarnt zu werden. Das heißt, wenn überhaupt noch jemand dort ist, der noch nicht von ihr befallen wurde."

Adlerherz zog grienend seine Stirn kraus. „So einen wertvollen Sioux gibt es?"

„Es wäre eine gute Gelegenheit, mit diesen Hunden einmal abzurechnen", mischte sich ein anderer Pawnee in Caddo in das Gespräch mit ein. Karuna und Adlerherz blickten den Mann fragend an, wenn auch aus verschiedenen Beweggründen.

„Sieh doch", versuchte der Krieger, seinen Häuptling zu überzeugen, „wenn wirklich schon mehrere Krieger erkrankt oder halb tot in den Fellen liegen, können wir ohne große Mühe den Rest von ihnen auslöschen!"

Adlerherz starrte ungläubig auf Gelber Huf, der einer seiner besten Männer war. Meinte er das wirklich im Ernst?

Karuna sprang entsetzt auf, nachdem Adlerherz ihm die Worte von Gelber Huf übersetzt hatte.

„So sehr hasst ihr die Sioux?"
„So sehr!"
„Alle?"
„Alle!"

9.

Büffelrücken war verzweifelt und wirkte gebrochen. Die seltsame Krankheit hatte bereits ganze Familien dahingerafft. Er hatte entsetzliche Angst um sein dahinschmelzendes Volk. Täglich ertönten neue Klagelieder, und die Zahl der bewohnten Tipis begann empfindlich zu schrumpfen. Die Lücken der ehemaligen Standorte der Tipis im inneren Lagerkreis wurden rasch größer und das anfängliche Bild mit den wenigen Tipis des äußeren Lagerkreises hatte sich verändert. Nun standen lediglich noch zwölf Behausungen in dem inneren Ring, die von den elf Tipis der bisher nicht betroffenen Familien umringt wurden. Viele der erkrankten Stammesmitglieder lagen vor den Tipis auf ihren Schlafgestellen. Die wenigen noch gesunden Krieger, die Badger geblieben waren, hielten fast pausenlos Wache oder partroulierten im umliegenden Gelände und versuchten mit allen Mitteln, Nahrung zu beschaffen. Sämtliche Vorräte hatten sie auf Anraten Büffelrückens zurücklassen müssen, da auch in ihnen der böse Geist der Krankheit wohnen konnte.
Badger war verzweifelt. Seine Streitmacht war, selbst wenn er die kranken Männer hinzuzählte, um mehr als die Hälfte geschrumpft. Ratlosigkeit. Jedes Stammesmitglied hatte mehr als einen lieben Verwandten zu betrauern. Viele, viel zu viele Bestattungsgestelle standen am Rand des benachbarten Wäldchens. Was sollte er tun, fragte sich Badger, wenn sie selbst von einer kleinen Gruppe feindlicher Nachbarn überfallen wurden? Allein schon ein Krieger mehr oder weniger konnte unter Umständen für den Ausgang eines Scharmützels entscheidend sein! Nun aber verfügte er über gerade einmal zwölf kampffähige Männer, seinen ältesten Adoptivsohn eingeschlossen. Feuer in seinen

Augen begleitete die noch gesunden Knaben und Mädchen des Dorfes, die ununterbrochen damit beschäftigt waren, zu jagen und Schlingen auszulegen, um Kleintiere zu erbeuten oder mit ihren kleinen, selbst gebauten Angeln Fische zu fangen. Einzig Tanzender Kessel schien unverwundbar. Tag und Nacht war sie mit Wächst im Regen und Rainfeather zugange, um frisch gesammelte Kräuter in Heiltränke zu verwandeln. - Bis zu diesem denkwürdigen Morgen. Rainfeathers fiebriger Glanz in den Augen ließ Tanzender Kessel innerlich fast zusammenbrechen. Unzählige, kleine Schweißperlen standen der Frau ihres Enkelsohnes auf der Stirn. Auch sie wurde also von dem bösen Geist der fremden Krankheit befallen.

Büffelrücken wurde gerufen und sah besorgt nach seiner Schwiegertochter. Er nahm sie mit verzerrtem Gesichtsausdruck liebevoll in den Arm, da es das Einzige war, was zu tun er imstande war. Bisher blieben alle Familien verschont, die den Kontakt zu den weißen Händlern ablehnten und es vorgezogen hatten, sich stattdessen bedeckt zurückzuhalten.

Tanzender Kessel dachte an die glitzernden, gelben Steine. War sie womöglich Schuld am Schicksal Rainfeathers? War das die Strafe, dass sie mit den kleinen, gelben Kieseln versucht hatte, die weißen Händler zu betrügen? Nur wegen einer albernen, neuen Suppenkelle, die sie schon längst nicht mehr hatte?

Schnell schüttelte sie den bösen Gedanken von sich ab und widmete sich wieder ihrer Enkelin.

Auch kein Krieger, der dem Mini-Wakan widerstanden hatte, erkrankte. Aber jetzt traf es Rainfeather, das durfte einfach nicht sein!

Feste Hand erfuhr, als er von einer erfolgreichen Jagd heimkehrte, umgehend, dass seine Mutter ebenfalls betroffen war. Schnell warf er die erbeuteten Rebhühner zu Boden und eilte mit starkem Herzklopfen zu ihr ins Tipi. „Mutter!" Besorgt kniete er sich neben ihrem Lager hin.

Doch Rainfeather wollte keine Zeit verlieren. „Mein Sohn, würdest du mir einen großen Gefallen tun?"

„Natürlich, jeden!"

„Dann geh bitte fort von mir, bevor der böse Geist auch dich erreicht!"
Stumm und mit einem entschlossenen Kopfschütteln verneinte der Junge die Aufforderung seiner Mutter, welche keine Widerrede duldete.

„Das dachte ich mir." Behutsam strich sie ihrem jüngsten Sohn liebevoll durch sein langes, schwarzes Haar. „Ach, du bist deinem Vater so ähnlich ... - Würdest du dann aber für mich auf einen Hügel gehen, um für mich und unser Volk zu beten?"

„Das will ich tun!" Vorsichtig, fast zaghaft, als könne er seiner Mutter wehtun, gab er ihr zum Abschied einen Kuss auf die Stirn, bevor er bedrückt das Tipi verließ.

„Nimm Adlerschwinge!" Feste Hand sah sich um. Badger, sein Adoptivvater kam soeben zurück und hielt ihm mit einem gequälten Lächeln die Zügel des Mustangs entgegen. Auch er war froh, den Jungen außerhalb des Dorfes zu wissen, und sei es auch nur für wenige Stunden.

Feste Hand erschrak. Was las er da in Badgers Augen? Diesen Blick der Ohnmacht hatte er noch nie bei ihm gesehen! Immer biss er sich durch alle Schwierigkeiten hindurch und wusste immer einen Rat. Doch nun stand in seinen trüben Augen alles andere als der Geist des bissigen und giftigen Dachses. „Vater, es wird alles gut werden, du wirst sehen!" Aus einer inneren Eingebung heraus, auch wenn ihn alle sehen konnten, umarmte der Junge seinen Vater, bevor er ohne weitere Worte den im Alter milde gewordenen Adlerschwinge bestieg, der trotz seines sanften Gemütes jedoch nichts von seiner körperlichen Vitalität eingebüßt hatte. Feste Hand sah nicht mehr, wie ihm Badger mit Tränen in den Augen nachblickte.

Langsam und im Schritttempo näherte sich der Knabe seinem Ziel, einer größeren Erhebung, zu deren Füßen an der östlichen Seite mehrere Wasserlöcher von kleinen Weidenbüschen und anderem Gesträuch umgeben waren. Weithin reichte der Blick von dieser Erhebung. In der Ferne erahnte man noch das hinter einer Baumgruppe und einer Felswand geschützte Lager seines Volkes. Dort standen auch sie, die unsagbar vielen Bestattungsgestelle, größere und auch viele kleinere.

Er wurde traurig. Nie hatte er richtig enge Freundschaften zu seinen Altersgenossen gepflegt. Da aber Kleiner Wolf, Spricht im Schlaf und selbst der fette und dazu noch hässliche Büffelkalb für immer gegangen waren, schmerzte es Feste Hand. Er vermisste sie, und er hatte es auch erst zu spät gemerkt, dass er sie viel zu sehr gemocht hatte. Er war tief betroffen und auch enttäuscht über sich selbst.

Er hätte es besser wissen müssen, und jetzt? Jetzt hatte er schreckliche Gewissensbisse, denn oft hatte er Büffelkalb einfach nur so und ohne Grund von oben herab behandelt, oder er hatte ihn mit einer zweideutigen Bemerkung einfach stehen lassen. Der begegnete ihm dann immer nur mit einem traurigen Blick und ließ dennoch nie ein böses Wort verlauten. Es tat ihm leid, und jetzt hielt er Büffelkalbs kleines Wurfbeil in der Hand.

Rehkitz, die etwas dickliche Mutter von Büffelkalb, gab es ihm, kurz bevor auch sie dieses schreckliche Schicksal ereilen sollte. „Er wollte, dass du es als Andenken bekommst. Büffelkalb hat dich immer sehr gemocht!", hatte sie gesagt. Es hatte ihn wie ein Faustschlag in den leeren Magen getroffen.

Bedrückt saß er nun hier oben auf dem Hügel und war fast den Tränen nahe, als er an Büffelkalb denken musste. Und vor kurzem erkrankte auch noch seine eigene Mutter! Gedankenverloren betrachtete er das kleine Wurfbeil von Büffelkalb. Komisch, seit Büffelkalb gegangen war, trug er dieses Ding immer bei sich. Feste Hand lächelte schmerzhaft. Er hatte wirklich wie ein kleines Kalb ausgesehen, ein kleines, viel zu fettes Kalb …

Etwas Warmes und Feuchtes rann kitzelnd an seinen Wangen herunter. Tief, sehr tief atmete Feste Hand mehrere Male durch und versuchte, alle störenden Gedanken zu verscheuchen, um endlich das zu tun, weshalb er hierher gekommen war. Er betete, sprach zu Wakan Tanka und bat ihn, seine Mutter und alle anderen kranken Stammesmitglieder zu verschonen. Immer wieder sprach er sein Gebet, bis ihn ein seltsames Brummen - oder war es mehr ein Stöhnen? - aufmerken ließ. Erneut brummte es. Fast so hörte es sich an, als sei es ein … - ein Büffel? „Nahrung!", schoss es ihm in den Kopf.

Sorgfältig betrachtete Feste Hand seine Umgebung. Adlerschwinge stand entspannt in einiger Entfernung und zupfte sorglos ein paar saftige Grashalme aus. Schon wieder war da dieses Geräusch, was sich anhörte, als sei es das gequälte Brüllen eines alten und an Verstopfung leidenden Büffels.

Vorsichtig stieg Feste Hand, um besser sehen zu können, den Hügel hinab und näherte sich zugleich dem undeutlichen und kläglichen Grunzen am Fuße des Hügels. Doch was er sah, ließ ihn für einen kurzen Moment in ein wahrhaftes Staunen versinken: Ein fast bis zu seinem Bauch in einem kleinen, aber offenbar gefährlich tiefen Schlammloch versunkener, alter Büffelbulle versuchte verzweifelt, sich zu befreien.

Wie vom Wahnsinn befallen, wackelte er ruckartig mit seinem mächtigen Schädel hin und her und ließ vor Anstrengung immer wieder dieses herzerweichende Grunzen hören.

Langsam ging Feste Hand auf den alten Bullen zu. Auf den Jungen inzwischen aufmerksam geworden, hielt der Büffel inne und sah ihm direkt in die Augen. Feste Hand sah in dem tödlichen Schicksal, in welches sich der Bulle nicht ergeben wollte, nicht das Tier, sondern vielmehr einen älteren, tapferen Krieger, der bis zum letzten Moment aufrecht zu kämpfen gedachte. Genau wie sein Volk es tat.

Er sah ihm erneut direkt in die Augen, fast bis in seine Seele hinein. Es waren schöne Augen, in denen er die blanke Todesangst sehen konnte. Feste Hand lächelte. Sie waren fast so schön wie die seiner Urgroßmutter, nur viel, viel größer. Die Augenlider und die langen, schwarzen Wimpern des Büffels zitterten vor Erregung, und fast kam es Feste Hand so vor, als ob er winzige Tränen der Trauer und Verzweiflung in seinen Augen sehen konnte.

Mitleid siegte über dem dringenden Bedürfnis, Nahrung für seine Leute zu beschaffen. „Ruhig, Tatanka, ganz ruhig!" Behutsam näherte der Knabe sich nun dem gefangenen Tier von der Seite, um das Schlammloch zu untersuchen. Warmer, fast schon heißer Atem traf aus den Nüstern des Bullen direkt in seinem Nacken, als er neben dem Tier am Rand des Schlammloches niederkniete. Der Büffel hatte seinen Kopf zur Seite gedreht. Ob er verstand, dass man ihm helfen wollte?

Aufregung überkam jetzt auch Feste Hand. Was würde sein, wenn sich das Tier plötzlich selber befreien würde? Der Büffel war sicher einer dieser alten und gefährlichen Einzelgänger. Bestimmt würde er seine ganze Wut über sein Missgeschick an Feste Hand auslassen, käme er erst einmal frei. - Was sollte er tun? Sollte er vielleicht sogar einen der Krieger holen? Das Fleisch des Büffels, war es auch noch so zäh, konnte dennoch viele Mäuler stopfen. Aber würde ihm dieses Fleisch schmecken? Müsste ihm nicht bei jedem Bissen, der ihm sowieso im Hals stecken bleiben würde, dieser verzweifelte Blick des alten Bullen vor Augen stehen? Was würde sein Großvater tun?

Nur wenige Zentimeter trennten sein Gesicht noch von dem des Büffels. „Oh, Tatanka, was wirst du nur machen, wenn ich dir helfe?" Vorsichtig, seinem Herzen und nicht der Vernunft folgend, streckte der Junge seine Hand nach dem gewaltigen und zotteligen Kopf des Tieres aus. Ein leichtes, elektrisiertes Zusammenzucken durchfuhr den Büffel bei der Berührung durch den Jungen. Fast hatte Feste Hand den Eindruck, als würde sich das Tier beruhigen, vielleicht sogar verstehen? Wieso fiel ihm eigentlich erst jetzt das merkwürdig geformte Horn an der ihm bisher abgewandten Seite des Büffels auf? Anders, als es üblich war, wies das rechte Horn eine Verdrehung nach außen auf. Oftmals musste er damit schon angeeckt sein, denn die Spitze war ein gutes Stück abgenutzt oder vielleicht sogar abgebrochen. Doch darüber brauchte Feste Hand sich keine Gedanken zu machen, da es unwichtig war, und so wandte er sich stattdessen wieder dem Schlammloch zu. Erstaunt stellte er fest, dass sich der Schlamm nur an der Oberfläche befand und der Rest vielmehr aus trübem, verschmutztem Wasser bestand als aus zähem, unnachgiebigem Schlamm. Was mochte dieses kräftige Tier nur in dem Loch festhalten?

Der Junge beugte sich tief und tiefer in das graue Schlammloch hinein. So sehr er sich auch anstrengte, seine Arme reichten nicht bis auf den Grund. Vorsichtig fuhr er mit der Hand an dem linken Hinterlauf des Büffels hinab, bis er auf etwas sehr Hartes stieß. „Eine Wurzel! Du steckst also in einer Wurzel fest!"

Feste Hand überlegte. Was sollte er machen, um dem Tier zu helfen? Er konnte unmöglich in das Loch steigen. Wenn der Büffel erneut in Panik geraten würde, wäre es im Nu um ihn geschehen!

Der Junge schüttelte den Kopf. „Ich muss verrückt sein! Wenn du mich nicht zertrampelst, machst du mich platt, wenn du wieder frei bist. - Ich muss sicher total verrückt sein!", wiederholte Feste Hand. „Oh nein, oh nein - ich bin nicht verrückt, oder?" Noch einmal sah er dem Bullen in dessen wunderschönen, schwarzen Augen mit den langen, gebogenen, schwarzen Wimpern, an denen sich nun seltsamerweise keine Träne mehr befand.

Kurz entschlossen entledigte sich der Knabe seiner Kleidung und stieg, ohne weiter zu zögern, in das schlammige Loch. Er musste seinen Kopf sogar untertauchen, um an den eingeklemmten Huf des Bullen zu gelangen. Das Tier hielt still und strampelte nicht, wie es Feste Hand eigentlich erwartet hatte, sofort los. Prustend kam der Junge wieder an die Oberfläche. Der Huf des Tieres steckte in einer gebogenen, sich kreuzenden Wurzelgabel. Je mehr der Büffel versuchte, seinen Hinterlauf zu befreien, desto stärker hielt ihn die Wurzel wie eine sich zuziehende Schlinge fest.

Erneut tauchte der Junge unter. Dieses Mal jedoch hatte er sein neues, kleines Wurfbeil bei sich. Immer wieder schlug er mit der Schneide der Waffe auf den dünneren der beiden Wurzelarme ein. Immer wieder zerrte er am Bein des Tieres. Und immer wieder musste er zwischendurch nach Luft schnappen. Endlich wurde die Wurzel an der bearbeiteten Stelle nach einigen Anläufen dünner, und nur noch ein, zwei beschwerliche Hiebe, dann würde sie brechen. Ein letzter, anstrengender Ruck am Gehölz - und der Fuß des Bullen war frei. Der Büffel stieß sich sofort ein-, zweimal kräftig vom Boden ab und gelangte fast zeitgleich mit Feste Hand aus dem Loch hinaus. Sogleich stürmte der Bulle davon, warf sich wenige Meter entfernt vom Schlammloch auf den Rücken und schubberte sich, genüsslich dabei grunzend, seinen Buckel.

Erschöpft am Boden sitzend, betrachtete der Junge das mächtige Tier, wie es sich auf den Bauch rollte, schüttelte und dann erneut seinen Rücken im Staub wälzte. Erst jetzt bemerkte Feste Hand einen pochenden, brennenden Schmerz in seiner linken Hand. Er sah hinunter. Über seinem Daumen hatte er sich bei den Schlägen auf die Wurzel eine stark blutende, wenn auch zum Glück nicht allzu tiefe Wunde zugefügt. Er selber hatte es in seinem Eifer gar nicht mitbekommen, dass er dabei abgerutscht war.

Eine feuchtheiße Brise blies ihm urplötzlich und unerwartet von der Seite ins Gesicht. Der Schreck durchfuhr ihn wie ein Blitzschlag mit einem Schauer, der ihm über den Rücken lief und ihn sofort seinen Schmerz vergessen ließ. Er wusste, was das bedeutete, und ärgerte sich über seine eigene Unachtsamkeit, den Bullen auch nur für einen Augenblick aus den Augen gelassen zu haben. Er wagte sich nicht einmal aufzusehen. Erneut prustete ihn der alte Büffel an. Die noch feuchten und vom Schlamm verklebten Haare des Knaben wehten im kräftigen Atem des gewaltigen Tieres. Vorsichtig tastete er mit seinem nach unten geneigten Blick den für ihn sichtbaren Teil des Bullen ab. An dessen Hinterlauf erkannte er, dass er sich ebenfalls verletzt hatte.

Nicht bedrohlich war die Verletzung des Tieres, aber auch sie blutete noch etwas unter der frischen und fast schon getrockneten Staubkruste. - Wie sollte er hier jemals wieder herauskommen? Jeden Moment konnte sich der Koloss auf ihn stürzen, um ihn zu zermalmen. Feste Hand wartete. Sekunden wurden zur Ewigkeit, doch nichts geschah. Langsam hob Feste Hand seinen Kopf und begann leise, sein letztes Lied zu singen. Fast behutsam stupste ihn dabei der Bulle mit seiner breiten und feuchten Nase an. Und noch einmal. Mit rasendem Herzschlag sah er dem Büffel in die Augen. Das würde ganz gewiss das Letzte sein, was er in seinem Leben zu sehen bekäme. Aber er wollte aufrecht von dieser Welt gehen, auch wenn er erst ein Knabe war. Er war schließlich immer noch ein Lakota! Langsam erhob sich Feste Hand und stand nun fast Auge in Auge vor dem alten Bullen.

Da geschah das Unerwartete. Das Tier machte einen kleinen Schritt auf den Knaben zu und begann wie ein Hund, die verletzte Hand des Jungen abzulecken. Wie mit einem Donnerschlag wechselte im selben Augenblick die todeserwartende Verkrampftheit des Jungen in ein unsagbares Glücksgefühl. Die Seele des Knaben schrie auf vor Freude, da er verstanden hatte. Der alte Büffelbulle wollte ihn gar nicht zerstampfen. Im Gegenteil! Zaghaft berührte er das Tier an der Stirn. Dort, wo die Seele eines jeden Lebewesens wohnen sollte, streichelte er diesem wilden, alten Einzelgänger sein krauses und staubiges Fell.

Erneut fiel sein Blick auf die Wunde am hinteren Lauf des Tieres und wieder auf seine Hand. Er stutzte. Sie sahen gleich aus. Wie ein fallender Schleier überkam ihn die Erkenntnis: Während er, um ihn zu befreien, immer wieder am Lauf des Bullen gezerrt hatte, hatte er mit nur einem versehentlichen Hieb sich und dem Tier zugleich die Wunde beigebracht. „Bei Wakan Tanka, du kannst mir gar nichts tun! So wie ich dir auch nichts tun könnte!" Offen und ohne Scheu sah er dem Bullen, der den Blick des Knaben fast zu erwidern schien, erneut in die Augen. Feste Hand war sichtlich erregt und durcheinander, als er in Gedanken der ganzen Sache einen Sinn zu geben versuchte. Ungewollt wurde er, nur durch den Willen Wakan Tankas, zum Blutsbruder eines alten und, wie Feste Hand für sich beschloss, sicherlich sehr weisen Büffelbullen. Er, der kleine, zerbrechliche Mensch, wurde zum Bruder des mächtigsten Tieres der Plains! - Ein tiefes Gefühl der innerlichen Ruhe und Erhabenheit überkam den Knaben bei seinen Gedankengängen, und er begann, sich von einem Moment zum nächsten allen Schwierigkeiten gewachsen und nicht mehr so klein und unbedeutend zu fühlen, da der Geist Tatankas ihn nun immer und überallhin begleiten würde. Er strahlte vor Glück, als er sich wenig später wie bei einem guten, alten Freund an die mächtigen Schultern des zufrieden grunzenden Bullen lehnte. „Das wird dein und mein tief verborgenes Geheimnis bleiben. - Tatanka, mein großer Bruder!"

Feste Hand wusste, dass sich die Wege des Bullen und die seinen nun wieder trennen mussten. Noch am Morgen hätte er nie für möglich gehalten, was ihm heute tatsächlich widerfahren war. Doch jetzt schmerzte ihn der Abschied von seinem neuen Bruder, der ganz gemächlich der untergehenden Abendsonne entgegentrottete. Eines Tages, so hoffte er, würde er ihn wiedersehen, auch wenn er ahnte, dass dies nur ein Wunsch bleiben würde.

Seine Mutter und seine Leute …, fiel es ihm wieder ein, und er musste erneut an die vielen kranken, auf den Fellen liegenden Stammesmitglieder denken und somit auch wieder an Büffelkalb, der mit seinem Geschenk auf seltsame Weise Feste Hand und einen alten Büffel zu Blutsbrüdern gemacht hatte. Aber noch hatte er keine Lust, nach Hause zu reiten, und ließ sich wieder auf dem Hügel nieder. Er musste nachdenken, und er tat es noch, als die Sonne am nächsten Morgen im Osten bereits wieder aufging. Dieses sonderbare Erlebnis, von dem ihm nur die verkrustete Wunde an seiner linken Hand als Beweis blieb, nicht geträumt zu haben. - Doch sollte seine Aufmerksamkeit aufgrund von kaum wahrnehmbaren Bewegungen am fernen südöstlichen Horizont erneut gefangen genommen werden.

Was war das? Wie eine winzige Schlange glitt ein kaum zu erkennender, schwarzer Streifen direkt auf ihn zu. Eine Herde Büffel vielleicht, freute sich Feste Hand. Oder? - Aber noch etwas anderes konnte auch aus dieser Richtung kommen. „Pawnee!"

Feste Hand sprang auf. Was sollte er tun? Zum Dorf reiten und seine Leute warnen! Aber was würde das nützen? Gar nichts! Vor Erschöpfung und Müdigkeit würden die wenigen Krieger der Sichangu kaum einen Gegner zurückdrängen können und sofort geschlagen werden. - Am Abend zuvor noch fühlte er sich so stark und unbesiegbar, und jetzt konnte er keinen klaren Gedanken zustande bringen.

„Ablenken! Fortlocken!", platzte es aus ihm heraus. „Tatanka, mein großer und starker Bruder, wo bist du?" Mehr zu sich selbst rief er diese Worte, als dass er erwarten konnte, dass sie überhaupt von irgendeinem Wesen gehört würden. Suchend schweifte sein Blick in die Ferne.

„Wir haben dich schon überall gesucht!" Feste Hand fuhr herum. Feuer in seinen Augen stand mit drei Knaben hinter ihm. Er war so sehr angespannt gewesen, dass er seinen Bruder und dessen Begleitung gar nicht hatte kommen hören.

„Komm mit uns, kleiner Bruder! Winterwind und Igelarsch haben ganz in der Nähe eine Herde Büffel entdeckt. Wir wollen sie begleiten und versuchen, ein paar junge Büffelkühe zu schießen."

Schweigend sah Feste Hand seinen Bruder nur an und deutete mit ausgestrecktem Arm in südöstlicher Richtung.

„Was ist das?"

„Du solltest lieber fragen: Wer ist das? Es sind ganz bestimmt nicht eure Büffel!"

Steif sahen die Jungen in die von Feste Hand angegebene Richtung. Feuer in seinen Augen gewann schnell seine, nach außen hin nur gespielte, ruhige Ausstrahlung zurück. „Wir können nicht fliehen, selbst wenn wir es wollten. Wir können unmöglich unsere Kranken zurücklassen!"

Mit einem Mal hellte sich der Blick von Feste Hand unerwartet auf. „Das brauchen wir vielleicht auch gar nicht. Wo, sagtest du, sind die Büffel?"

„Sie weiden ganz in der Nähe. Wieso fragst du jetzt noch danach? Wir müssen schnell ins Dorf und unsere Leute warnen!" Feuer in seinen Augen setzte sich in Bewegung und sprang, gefolgt von seinen Begleitern, blitzschnell auf seinen Mustang.

„Halt!"

Erstaunt sahen die Jungen von ihren Tieren auf Feste Hand hinab.

„Dafür ist keine Zeit mehr! Seid ihr Lakota oder alte Weiber, die sich heulend in ihren Tipis unter die Decken verkriechen?"

„Was?" Mit offenem Mund und aufgerissenen Augen sah Feuer in seinen Augen seinen jüngeren Bruder entgeistert an.

„Kommt und lasst uns die Büffel suchen, und hört auf, so dumm herumzuglotzen!" Feste Hand rannte auf Adlerschwinge zu, der ihm

127

schon auf halbem Wege freudig entgegenkam. „Na los, kommt schon! Es ist so einfach!" forderte er sie lachend auf, ihm zu gehorchen …

Die lange Reihe der zwei Dutzend Pawneekrieger hatte keine Eile auf der Reise zu ihren Arikarabrüdern. Adlerherz, der Häuptling und Anführer, war in angeregte Gespräche mit seinem neuen Begleiter vertieft, dem er interessiert zuhörte.

Aber jedem Betrachter fielen auch zwei überhaupt nicht in das Bild passende Gestalten auf, mit ihren auf den Rücken gebundenen Händen ritten sie in der Mitte der langen Reihe der wieder bedrohlich nüchtern aussehenden Krieger. Sie hatten ihren Rausch ausgeschlafen, und jeder der Pawnee wusste nun, was es mit diesen beiden Weißen auf sich hatte. Gern hätten sie sie auf der Stelle erschlagen oder dem Morgenstern geopfert, aber dies gebührte allein dem ehrwürdigen Geheimnismann der Arikara.

Noch nie zuvor hatte Adlerherz einen schwarzen Mann getroffen und gesprochen. Seit einigen Sommern hatte sein Volk zwar schon Kontakt zu den neuen, hellen Menschen mit der seltsamen nasalen Sprache, aber beide, Adlerherz wie auch Karuna, hassten das Französische, und beide brauchten in ihrem gebrochenen französischen Dialekt oftmals lange, um sich zu verständigen. Adlerherz, im Inneren ein friedliebender Mann, hoffte inständig, dass der schwarze Mann bei den Pawnee bleiben würde, denn tapfere Krieger konnte man nie genug haben, und gerade in der Vergangenheit hatten die Pawnee im Kampf gegen ihre alten Erzfeinde viele Federn lassen müssen.

Immer, wenn sich Pierre und Armande nicht beobachtet fühlten, gaben sie ihre Künste im englisch angehauchten Grenzerdialekt zum Besten, um nicht von Adlerherz und seinen Kriegern verstanden zu werden. Doch der abgebremste Schlag mit der Kriegskeule eines der Krieger ließ es jedes Mal nur bei einem Versuch bleiben.

„Nun sind wir auf dem Gebiet der Sioux!", erklärte Adlerherz seinem neuen Gefährten.

„Ich weiß! Ihr Lager muss ganz in der Nähe sein. Wollt ihr sie immer noch überfallen? Sicher sind kaum welche von ihnen übrig. Die Pocken machen keinen Unterschied zwischen den Rassen!"

Adlerherz holte tief Luft und schnaufte.

„Büffel! Büffel!", schrie mit einem Mal einer seiner Krieger auf. Adlerherz drehte sich um. Gelber Huf kam aufgeregt und, obwohl er geritten war, völlig außer Atem auf seinem Falben angeprescht. „Von vorn und von Westen her kommen sie! Viele, viele Büffel in großem, weitem Bogen. Schnell, wir müssen fort von hier!"
Schon war bei allen das bekannte, leichte Zittern unter den Füßen zu spüren. Wie ein kleines, immer stärker werdendes Erdbeben, was sich näherte, wurde das Grollen immer intensiver und ließ die Waffen und Federn der Krieger bereits vibrieren und die Mustangs aufgeregt auf der Stelle tanzen. Wenig später vernahm man bereits das typische Donnergrollen, welches eine durchgehende Büffelherde verursachte.
„Weg! Los! Reitet!" Adlerherz trieb seine Krieger zur Eile an, die sich in wilder Flucht in alle Richtungen verstreuten. Noch einmal sah der Häuptling sich um und erkannte vor einer großen, grauen, staubigen Woge schon die vordere Reihe der in rasender Flucht auf ihn zukommenden Büffel.
Karuna lachte fast ein wenig vergnügt in sich hinein, denn er kannte so etwas sehr genau. In seiner Heimat konnten die Büffel - die Gnus, wie seine Leute sie nannten - genauso wild und ungestüm sein, und ihm begann die gefährliche Jagd auf dem Mustang einen Riesenspaß zu machen. Er schrie vor Freude auf, denn er hatte seit langem zum ersten Mal wieder das Gefühl, richtig frei zu sein! Und was ihm vor allem durch den Kopf ging: Sie entfernten sich nun unaufhörlich weiter vom Lager seines kleinen Freundes, an den er immer wieder denken musste. Wie mochte es ihm wohl gehen? Der Gedanke, dass Adlerherz, der gutmütige und liebenswerte Kriegshäuptling der Pawnee, und dieser Junge wirklich Feinde sein sollten, hatte ihn traurig gemacht.
Vorbei ging die wilde Jagd nun an Pierre und Armande, die mit verzweifelten, ja, fast schon grotesk aussehenden Gebärden und ihren auf den Rücken gebundenen Händen versuchten, ihre Mulis zur Eile anzutreiben. Es kam Karuna fast so vor, als ob sie gar nicht reiten, sondern eher stehen würden. Bisher hatte er selber immer nur hin und wieder auf einem dieser langohrigen Gesellen sitzen dürfen, aber jetzt saß er seit zwei Tagen auf einem richtigen Mustang. Er war es nicht gewohnt, aber er schmiegte sich trotzdem eng an den Hals des Tieres an und ließ ihm freien Lauf.

Adlerherz, der ganz in der Nähe von Karuna blieb, ließ ihn nicht aus den Augen, da er befürchtete, ihm könne etwas geschehen. Wundern musste er sich über den schwarzen Mann, der, anders als seine weißen Brüder, fast mit dem Mustang verschmolz. Er und der Mustang waren nicht zwei, sondern eher wie ein Wesen - füreinander geschaffen. „Ich schenke ihn dir!", brüllte Adlerherz in das Getöse aus über tausend donnernden und Staub aufwirbelnden Hufen hinein.

„Ich danke dir, Häuptling!", schrie Karuna zurück. Sicher hatte Adlerherz keine Ahnung von dem, was in ihm vorging, oder vielmehr in seinem Hinterteil, denn seit dem Vortag tat es ihm entsetzlich weh, und bei jedem Auf und Ab des Mustangs spürte Karuna deutlich, dass er mehr als nur zwei Knochen in seinem wunden Himtern haben musste. Aber das war ihm in diesem Moment jedenfalls egal, da er keine Zeit hatte, sich darüber größere Gedanken zu machen, denn schon waren sie umringt und inmitten großer und bedrohlich auf und ab wirbelnder Büffelnacken. Von unzähligen Hufen aufgewirbelter, schwerer Staub legte sich auf die Atemwege der Pawnee, von denen jetzt jeder auf sich allein gestellt war und sich krampfhaft bemühte, den Rand der Herde zu erreichen. Mehr instinktiv als antrainiert, versuchte auch der Mustang unter Karuna, dem gefährlichen Gewimmel zu entkommen, und drängte, gefolgt von Adlerherz, immer weiter zur östlichen Flanke der Herde hinüber.

So schnell, wie die durchgehende Herde über sie hereinbrach, so schnell war sie plötzlich auch wieder verschwunden. Letzte, vereinzelt dahinstürmende, kleinere Gruppen von Büffeln und einige Nachzügler verschwanden in der großen, grauen und langsam lichter werdenden Wolke. Das Donnern wurde zunehmend leiser wie auch das Vibrieren auf dem Boden der Prärie. Es war vorbei!

„Was für ein Spaß!" Karuna lachte Adlerherz begeistert an.

„Schwarzer Mann, du siehst nicht nur anders aus!", lachte Adlerherz zurück. Der Schreck saß dem Häuptling noch in den Gliedern, aber er ließ sich trotzdem von Karunas kindlichem Übermut anstecken. „Na komm, wir müssen unsere Krieger suchen und die beiden Händler, falls wir sie finden."

Adlerherz blickte auf den breiten Pfad aufgerissenen Präriebodens. Die ersten seiner Krieger kamen ihnen bereits entgegengeritten, von oben bis unten verschmutzt und mit feinem Staub bedeckt, der in alle

Körperöffnungen zu dringen vermochte, auch in jene, wo es empfindlich scheuert. Dennoch formierten sich langsam die versprengten Krieger aufs Neue zu der stetig anwachsenden Gruppe. Langsamen Schrittes ritten alle Männer in der Mitte des breiten Büffelweges, fächerartig aufgeteilt, in entgegengesetzter Richtung von der davoneilenden Herde.

Es galt zuerst, eine Spur der beiden Händler zu finden. Dann würde man sehen, was als Nächstes zu tun sei.

Immerzu tauchten jetzt von hinten, von der Seite oder auch von vorn Krieger auf, um sich ihrer Gruppe wieder anzuschließen. Langsam wurde Adlerherz wieder ruhiger, denn fast alle seiner Krieger, bis auf Gelber Huf, Gebrochener Halm und Wolfsrachen, waren inzwischen zurückgekehrt. Auch sie konnten sich sicher retten, so nahm Adlerherz an, und er vermutete, sie hinter der nächsten Bodenwelle zu treffen …

„Das war ein gelungener Streich!", frohlockte Winterwind, der mit keuchendem Atem zu den ebenfalls staubbedeckten Knaben herüberkam, die hingegen mit Igelarsch schon auf ihn gewartet hatten.

„Wahrlich, Feste Hand, du bist deines Vaters Sohn!", erhob auch Igelarsch jetzt das Wort und legte seine Hand dankbar auf dessen Schulter. Der Junge nickte bescheiden zurück. Sein Plan war aufgegangen. In wilder Flucht hatten sie die Büffelherde in großem Bogen auf die sich nähernden Pawnee zugetrieben und sogar noch einige Tiere erlegen können. Sicher war ihren Feinden der Gedanke auf einen Überfall auf das angeschlagene Lager der Sichangu vorläufig vergangen.

„Nun kommt!", forderte Winterwind seine jungen Helden auf, ihm und Igelarsch nach Hause zu folgen. „Wir haben unseren Leuten viel zu erzählen!", lachte er ihnen zu.

Begierig, ihr Abenteuer an den heimatlichen Zelten bei frisch gebratenen Rippenstücken preiszugeben, folgten Feuer in seinen Augen und die übrigen Knaben geschwind der Aufforderung des älteren Kriegers.

„Reitet bitte schon vor!"

Alle sahen auf Feste Hand. „Du kommst nicht mit?"

„Ich möchte noch etwas bleiben, ich komme später nach!"

„Komme nicht zu spät, kleiner Bruder! Ganz bestimmt bekommst du heute deine erste Coupfeder!"

„Ich? Wieso?"

„Du hast den Feind als Erster von uns ausgemacht, schon vergessen?"
Mit einem Lächeln winkte Feuer in seinen Augen seinem jüngeren
Bruder zum Abschied noch einmal zu, da er den beiden Kriegern und
den Knaben erst später folgen würde.

Endlich war Feste Hand wieder mit sich allein. Niemand sollte ihn
stören, wenn er sich in seinen Gedankengängen verlor und mit seinem
Schöpfer sprechen wollte. Er hatte ihm zu danken, und das musste
sofort getan werden, nicht erst wenn er womöglich als Held gefeiert
würde, denn danach war ihm absolut nicht zumute! Weit im Süden
konnte er noch vage den breiten, schmutzig grauen Streifen am
Horizont beobachten, hinter dem die Büffel verschwanden, und mit
ihnen waren auch die Pawnee hinfortgejagt worden. Und noch etwas
wurde vertrieben, wenn auch nur vorübergehend: Es war der Hunger in
den Zelten.

Die Anspannung begann sich allmählich von Feste Hand zu lösen, als
ihm so richtig bewusst wurde, dass er den rettenden Einfall mit den
Büffeln gehabt hatte. Er schüttelte den Kopf und kicherte leise in sich
hinein. „Oh Mann, wie schnell die Pawnee doch laufen können, wenn
sie einen Büffel sehen! Kaum zu glauben!" Feste Hand war glücklich.
Nur seine Mutter musste wieder gesund werden, dann würde sich alles
Weitere finden.

Dreimal kurz hintereinander zischte es unregelmäßig um Feste Hand
herum, und mit einem reißenden Geräusch sah er aus den Augenwinkeln, wie drei Pfeile um ihn herum in den Boden getrieben wurden.
Er fuhr hoch. Die Farbe am Schaft der Geschosse war ihm bekannt.

„Nicht alle Pawnee laufen, wenn sie einen Büffel sehen! Bete zum
Morgenstern, du Wicht, dass du nichts damit zu tun hattest!", schrie ihn
Gelber Huf an.

10.

Ungeduldig warteten die Bewohner im Lager Büffelrücken auf die
Heimkehr von Feste Hand, der heute nicht seine erste Heldentat vollbracht hatte. Doch dieses Mal handelte er nicht mehr wie ein Knabe,

sondern wie ein richtiger Krieger, und das ließ vor allem die Brust Badgers und Büffelrückens vor Stolz anschwellen.

Badger hatte es sehr eilig damit, eine Coupfeder, die erste, für seinen Sohn vorzubereiten. Eilig löste er von einer großen, schwarzen Rabenfeder die Fahne ab, bis nur noch die Spitze übrig blieb, denn dies war von nun an das für alle sichtbare Zeichen, dass sein Sohn als erster die Gruppe der zahlenmäßig überlegenen Feinde erfolgreich ausgekundschaftet hatte.

Doch über all der Freude, einer sehr bedrohlichen Situation entkommen zu sein, lag dennoch der bittere Hauch des Todes. Bedrückt sah nicht nur der Häuptling stets und ständig nach Rainfeather, das Fieber schien ihr mit jedem weiteren Atemzug das Leben langsam auszusaugen. Immer wieder legte ihr Tanzender Kessel frische Umschläge auf, aber alle Bemühungen schienen vergebens, da sie immer schwächer wurde.

Büffelrücken und Badger saßen gemeinsam mit Winterwind in dessen Tipi. Alle verbliebenen Krieger hatten in Erwägung gezogen, dass es eine gute Idee wäre, einen großen Sonnentanz abzuhalten, um die Hilfe des Übernatürlichen für ihre kranken Stammesangehörigen zu erbitten. Keiner der Männer würde sich dieser Selbstopferung, in der Gemeinschaft seiner Gefährten, entziehen wollen.

„Doch was geschieht, wenn niemand mehr in der Lage ist, unser Volk zu verteidigen?" Büffelrücken wirkte hilflos. Nur zu gut wussten alle aus der Erfahrung, dass ein Krieger nach diesem Ritual nicht sofort auf seinen Mustang springen konnte, um nach Blut dürstende Feinde abzuwehren. „Ich werde allein tanzen!" Büffelrücken sah Badger an. „Du bist nicht nur einer, sondern du bist unser bester Krieger und unser Kriegshäuptling, ich halte das für keine gute Idee."

„Selbst der beste Krieger kann nicht allein gegen alle Pawnee gleichzeitig kämpfen, auch nicht, wenn er ein Lakota ist! Ich werde tanzen!" Badger erhob sich und ließ Büffelrücken und Winterwind zurück, da er von einer inneren Unruhe getrieben wurde. Die Sonne war schon im Begriff, hinter dem fernen Horizont zu verschwinden, und Feste Hand war noch immer nicht heimgekehrt. Die Brust seines Sohnes musste doch vor Stolz zerplatzen, und sicher war er begierig darauf, die ihm zustehende Ehrung zu empfangen! Badger schmunzelte. Nein, so war Feste Hand nicht. Selbst als er mit Feuer in seinen Augen seinen ersten

Bären erlegte, kam er zwar glücklich, aber völlig entspannt ins Dorf gelaufen. Er hatte noch nie Wert auf diese Dinge gelegt.

Es reichte ihm immer, dass alle es wussten - wozu mussten sie es dann noch sehen?

Ziellos schlenderte Badger durch sein Dorf, wobei ihn der Anblick seiner Angehörigen fast verzweifeln ließ. Über und über waren sie mit roten Flecken und Pusteln bedeckt. Sie litten Höllenqualen, und das Fieber entzog ihnen, genau wie Rainfeather, die Lebenskraft. Und er, der es vielleicht vermochte, sollte nicht helfen dürfen? Morgen, so beschloss er, würde er Büffelrücken nicht bitten, sondern auffordern, mit den Vorbereitungen für das Sonnenopfer zu beginnen. Büffelrücken hatte recht gesprochen, es durften unmöglich alle Krieger ihr Fleisch und ihr Blut opfern. Aber würde sein Opfer ausreichen, um das Leben eines ganzen Stammes zu retten? Er musste etwas tun, sagte er sich, und so gelobte er Wakan Tanka beim Anblick der untergehenden Sonne, die Qualen des Sonnentanzes zum Wohle seines Volkes in einer Härte zu erdulden, wie es sie vorher noch nicht gegeben hatte.

Nicht ganz zufällig kam Feuer in seinen Augen mit seinem jüngeren Bruder Adlerstimme vorbei. „Er ist immer noch nicht zurückgekehrt!"

Badger verstand die Sorge seiner beiden Söhne. Obwohl Feste Hand sehr oft und lange Zeit in der Wildnis blieb, um mit sich und seinen Gedanken allein zu sein - irgendetwas, auch wenn er nicht zu sagen vermochte, was es war, beunruhigte den Häuptling. „Nun gut, dann reitet los und holt ihn nach Hause!", lächelte er bereitwillig, damit sein Einverständnis gebend, den kleinen Adlerstimme mitzunehmen.

Wenige Momente später sah man die beiden Brüder in der noch flimmernden Abendluft davonreiten.

Entgegen seinen anfänglichen Bedenken, begann Büffelrücken mit den mehrere Tage andauernden Vorbereitungen und der Herrichtung des Tanzplatzes. Eine große, kreisförmige Laube würde man auf vier Pfählen errichten und das Ganze dann mit Zweigen von Laubbäumen abdecken.

Östlich davon errichtete man dann das spezielle neue Tipi, aus neuen und unbenutzten Materialien. Hier würde der Häuptling seine letzten Anweisungen erhalten. Und um alles herum würde das Zeltlager wie ein einzelner zeremonieller Kreis zu errichten sein.

Dann galt es noch, eine mit roter Farbe gekennzeichnete, gegabelte Pappel, von der man zuvor bis unter die Gabelung die Rinde zu entfernen hatte, inmitten der Sonnentanzlaube aufzustellen. Und Salbei, überall würde Salbei ausgelegt werden, so, wie es schon ihre Ahnen getan hatten. –

Doch bis zum eigentlichen Höhepunkt, der das Sonnenopfer darstellte, würden noch zwölf Tage der Vorbereitung vergehen, und viel konnte in zwölf Tagen geschehen!

Unruhig lag Badger des Nachts neben Wiegendes Gras und wälzte sich, ohne Schlaf zu finden, auf seinem Lager umher, denn noch immer waren seine Söhne nicht heimgekehrt. Etwas musste sie aufgehalten haben. Als sie auch am nächsten Morgen noch nicht zurückgekehrt waren, machte er sich, begleitet von Igelarsch und Winterwind, auf die Suche nach ihnen. Schnell hatten die Männer die Stelle erreicht, an der sie sich am Vortage von Feste Hand getrennt hatten. In der Ferne sahen sie, wie Feuer in seinen Augen und Adlerstimme ihre Mustangs, den Boden absuchend, hinter sich herführten.

„Habt ihr ihn etwa nicht gefunden?", fragte Badger besorgt, als er mit seinen Kriegern die Knaben erreicht hatte.

Feuer in seinen Augen schüttelte betroffen den Kopf. „So viele versprengte Fährten von Büffeln und Pawneemustangs, man kann kaum etwas erkennen. Von dort, wo wir unseren Bruder verließen, führen mehrere Spuren direkt in dieses Gewimmel hinein."

„Sie werden ihn mit sich genommen haben!" Igelarsch sprach die Befürchtungen seiner Gefährten aus.

„Sie werden ihm nichts antun, sonst hätten sie es gleich getan und wir hätten ihn hier gefunden", versuchte Winterwind, seinen Häuptling zu beruhigen.

Badgers Herz verkrampfte sich. „Und wir können ihnen nicht einmal folgen! Wir sind jetzt schon viel zu wenige, um alle unsere Leute zu versorgen, geschweige denn zu beschützen!" Gern wäre Badger ihnen sofort mit einigen Männern hinterhergeeilt, aber er hatte ein Gelübde abgelegt. In wenigen Tagen würde er der Sonne sein Fleisch und sein Blut opfern.

Wenn er dieses Gelübde nicht erfüllte, konnte das ein noch größeres Unheil nach sich ziehen.

„Vater, ich werde ihnen folgen!", bot sich Feuer in seinen Augen an.

„Nein, mein Sohn, das ist eine Angelegenheit, die eines erfahrenen Kriegers bedarf." Mit fragendem, fast bettelndem Blick sah er zu Igelarsch.

„Bis wir uns wiedersehen!" Igelarsch lächelte gutmütig, wendete sofort seinen Mustang und eilte der kaum zu entschlüsselnden Fährte der Pawnee hinterher.

Die Tage vergingen, und seit der vergangenen Nacht blieb nun auch ein weiteres Schlafgestell im Tipi Badgers unbenutzt. Die Klagelieder seiner Angehörigen mischten sich mit dem Heulen des Windes, welcher sich in den Ästen und Gestellen der fertiggestellten Sonnentanzhütte brach, um sich mit den Stimmen ihrer Ahnen zu vereinen.

Badger aber schien endgültig am Boden zerstört und saß neben dem in sich zusammengesunkenen Feuer in seinen Augen vor dem Bestattungsgestell von dessen Mutter. Mehrere Bündel mit gesprenkelten Adlerfedern schmückten das Gestell, auf dem Rainfeather nun in Frieden ruhen durfte.

Badger drückte seine Hand fest auf die Schulter seines Adoptivsohnes. „Sie ist jetzt im Land der vielen Zelte. Freu dich für sie, denn nun ist sie bei deinem Vater, meinem Bruder!" Sein verschleierter Blick richtete sich zum Himmel. „Irgendwo von dort oben sehen beide jetzt auf uns herab. Nun komm, mein Sohn!" Um sich nicht seinen Gefühlen hinzugeben, zog Badger den jungen Mann mit sich fort. Auch wenn er ein Häuptling der Lakota war, so war er vor allem und in erster Linie ein Mensch, der wie alle anderen Geschöpfe des großen Geistes gewisse Grenzen in seinen Gefühlen hatte. Das Maß des Ertragbaren war erreicht, und er musste seinen Kopf frei bekommen und Kraft schöpfen, denn in vier Tagen würde er eine äußerst schwere Prüfung zu bestehen haben.

Büffelrücken hatte sich mit Badger zurückgezogen. „Ich bin mir nicht mehr so sicher, ob das immer noch ein guter Gedanke ist. Ein Sonnentanz ist etwas Heiliges und sollte nicht von tiefer Trauer begleitet werden!"

„Wenn aber das Sonnenopfer das Einzige ist, was die Trauer vertreibt? Aus wie vielen Tipis wollen wir noch Klagelieder vernehmen?"

„Nun gut", willigte Büffelrücken schweren Herzens ein, „da es dein fester Wille zu sein scheint, werde ich mich nicht länger dagegen verwehren!"

Es war der letzte Morgen vor dem eigentlichen Ereignis. Büffelrücken hatte so sehr gehofft, dass Igelarsch mit seinem Enkelsohn rechtzeitig heimkehren würde, doch es sollte nur ein Wunschtraum des Wicasa Wakans bleiben. Badger hingegen vertraute indessen voll auf Igelarsch, denn er musste sich für seine bevorstehende Prüfung öffnen können und durfte nur klare und reine Gedanken haben für das, was nun vor ihm lag.

Es dämmerte bereits. Der Wicasa Wakan und Badger bestiegen, wie jeden Morgen während der Vorbereitungsphase, einen nahe gelegenen Hügel, um die Sonne zu begrüßen. Sie beteten für einen schönen Tag und flehten Vater Himmel an, dem Tänzer und dem Geheimnismann Kraft zu geben und Weisheit zu schenken.

Es war soweit. Die Sonne ging auf. Mit rot eingefärbten Händen und Füßen und breiten blauen Streifen auf seinem Oberkörper, dem Symbol des Himmels, betrat Badger den Tanzplatz. Büffelrücken trat hinzu und befestigte innerhalb des Tanzkreises das Zeichen von Badgers Schutzgeist. Bis auf einem langen, roten Rock, Arm- und Knöchelbänder aus Kaninchenfell sowie einem Fellhalsband mit einem symbolischen Sonnenblumenmedaillon, war er nackt. Auf dem Kopf trug er lediglich einen Kranz aus Salbeizweigen, und einen Salbeizweig hielt er in seiner rechten Hand.

Alle Stammesangehörigen, die dazu noch in der Lage waren, hatten sich eingefunden. Diejenigen unter ihnen, denen es zustand, nahmen an der Schattenseite des Tanzkreises Platz. Niemand wollte den Häuptling in den kommenden qualvollen Stunden allein lassen.

Badger ruhte vorerst noch auf einem weichen Lager aus Salbeizweigen, während Büffelrücken die Pfeife entzündete, die im Anschluss die Runde machen sollte. Im Hintergrund hatte ein Helfer auf einem Altar getrockneten Büffelmist zum Brennen gebracht, und mit der Zugabe von Süßgras wurde so der nötige reinigende Rauch erzeugt. Als die Pfeife unter den Anwesenden die Runde gemacht hatte, erhielt Badger einen blauen Weidenreifen, Symbol für den Himmel und Sinnbild für die vier Himmelsrichtungen, sowie eine in Stachelschweinborsten gewickelte Adlerknochenpfeife, die an der Spitze mit einer weißen Adlerdaune verziert war.

Die Vorbereitungen waren beendet und Badger konnte dem Kommenden gefasst ins Auge blicken. Tänzer machten jetzt die Runde, die mit Rasseln und Flöten ihre gesungenen Gebete unterstützten.

Endlich trat Büffelrücken an Badger heran und beendete so das zermürbende Warten des Häuptlings, da der große Moment herangerückt war. Gekonnt hob der Wicasa Wakan die Haut über der Brust von Badger an und vollführte je zwei parallele Schnitte mit seinem Messer, über je einer Brust. „Tiefer!", forderte Badger den Wicasa Wakan leise zischend auf, nur nicht zimperlich zu sein.

Büffelrücken verstand, aber es würde unmöglich für Badger sein, sich selber wieder zu befreien.

Der Geheimnismann fuhr fort und durchstach nun die Zwischenräume der Schnitte und schob Holzscheite zwischen den jeweiligen Doppelschnitten hindurch. Lediglich die vielen kleinen Schweißperlen auf Badgers Stirn ließen erkennen, dass er noch unter den Lebenden weilte. Ein leichtes, kaum wahrnehmbares und mehr fragendes Nicken des Wicasa Wakans, ob noch alles in Ordnung sei, und ein bejahender Wimpernschlag Badgers reichten für die wortlose Verständigung der beiden Hauptakteure aus. Jetzt verband Büffelrücken die Enden der Späne mit ledernen Ösen, an denen Seile aus Bisonhaar befestigt wurden, um sie im Anschluss am Sonnentanzpfahl anzubringen.

Es war vollbracht! Ohne die geringste Gefühlsregung hatte Badger diese Tortur über sich ergehen lassen und stand jetzt mit blutenden Wunden in der Mitte der Sonnentanzhütte. Nun setzten heftiges Trommeln und Flötenspiel ein, während Badger, an den Seilen hängend, zu tanzen begann. Während die Lieder und Gesänge wechselten, warf sich Badger, seinen Schmerz durch die kleine Adlerpfeife blasend, zum Ende eines jeden Liedes immer wieder mehrere Male in die Seile, um sich und sein Volk symbolisch von den Fesseln zu befreien, die der böse Geist der Krankheit ihnen angelegt hatte. Doch noch war es nicht an der Zeit, das Leiden zu beenden. Am Ende eines jeden Liedes legte man immer eine kurze Pause ein, damit sich der Häuptling wieder etwas erholen konnte, bevor ihn von neuem die Trommeln, Flöten und Rasseln vorantreiben sollten.

Mitten im Tanz wurde plötzlich eine Pause eingelegt, denn am Rande des Platzes schien sich etwas Ungewöhnliches abzuspielen. Badger blickte zur Seite.

Was war das?

Neben ihm griffen unvermutet die letzten jüngeren und auch schon älteren Knaben des Dorfes in das Geschehen mit ein. Gefrorener Reif, der jüngere Sohn Winterwinds, lächelte ihm kurz von der Seite zu. Er und all die anderen trugen die Zeichen der Sonnentänzer. Selbst der kleine Adlerstimme ließ sich Pflöcke durch seinen Rücken und die Oberschenkel treiben, an denen er mehrere Bisonschädel im Tanzkreis hinter sich her ziehen würde. Keiner der Knaben und jungen Männer, die selbst noch keine Krieger waren, verzog eine Miene, als ihnen die schmerzenden Wunden beigebracht wurden.

Die Trommeln fingen erneut an, ihren monoton stampfenden Rhythmus zu schlagen und gaben das Zeichen für die Sonnentänzer, mit der Selbstmarterung zu beginnen.

Selbst die Kranken, die sich kaum noch auf den Beinen halten konnten, wurden von der in der Luft liegenden Leidenschaft ergriffen. Gestützt, auf wackeligen Knien kriechend oder getragen von ihren noch lebenden Angehörigen, hatten alle nach wenigen Momenten den Tanzplatz erreicht.

„Oyate wica´ni ktelo! Oyate wica´ni ktelo!" - „Das Volk soll leben", riefen die Kranken mit letzter, ihnen noch verbliebener Kraft, denn es gehörte sich einfach nicht zu sterben, wenn selbst die kleinen Knaben ihres Dorfes bereit waren, ihr Fleisch für sie zu opfern.

Büffelrücken sah verzerrt in die Runde. Was für ein Volk! Alle kranken Stammesmitglieder waren erschienen.

Dies musste einfach ein gutes Zeichen sein! Dankbar sah er auf zu Vater Himmel.

Tief ergriffen blickten die Väter auf ihre Sprösslinge, und so manch einer unter ihnen musste sich schmerzend auf die Lippen beißen, um stark zu bleiben, da ihre Söhne für sie tanzten, wo sie selber es nicht konnten.

Doch dauerte es nicht mehr lange, bis auch der letzte Vater sich nicht mehr zu schämen brauchte, seine Gefühle offen zu zeigen, da alle mit ansahen, wie ihre Söhne tapfer und unter unsagbaren Schmerzen ihr Blut vergossen.

Jetzt würde Wakan Tanka ein Einsehen haben und den bösen Geist der Krankheit wenn nötig selbst vertreiben. Ein Volk, das solche Erben hatte, durfte nicht untergehen!

Im äußeren Ring des Sonnentanzkreises tanzten nun alle gesunden Dorfbewohner, auf der Stelle tretend, mit. Immer heftiger spielte die Musik der Flöten und Rasseln mit dem weithin dröhnenden Klang der Trommeln, während die Sonne als glutroter Ball am Horizont zu verschwinden drohte.

Einer nach dem anderen durfte sich nun in die Bisonseile werfen, um sich und sein Volk zu befreien. Mit einer Gänsehaut auf dem Rücken hörten die Dorfbewohner, wie sich nacheinander die Tänzer, ohne einen Laut von sich zu geben, die Pflöcke aus ihrem Fleisch rissen. Sogleich kümmerten sich die Angehörigen liebevoll um die zusammenbrechenden Sonnentänzer.

Nur Badger tanzte noch, allein, wild und ohne an Ausdauer zu verlieren. Immer wieder warf er sich in die Seile, welche aber immer noch standhielten. Büffelrücken hatte es kommen sehen - zu tief saßen die Pflöcke in Badgers Brust, als dass er sich allein hätte befreien können! Badger wollte es so haben. Warum nur, fragte sich Büffelrücken immer wieder.

Endlich brach auch Badger entkräftet zusammen, hatte aber immer noch die Pflöcke in seiner Brust. Der Wicasa Wakan trat herbei. „Ich löse deine Fesseln, es ist keine Schande, wenn ich sie dir abnehme!"

„Nein!", keuchte Badger. „Holt … holt meinen Mustang!"

Büffelrücken zögerte einen Moment. „Tut, was er gesagt hat!"

Im Nu war Winterwind mit dem Mustang seines Häuptlings zurück.

„Nun binde mich an ihm fest, dann treibt ihn an!", forderte er röchelnd den Wicasa Wakan auf zu gehorchen.

Der folgte den Wünschen Badgers, und mit einem Klaps auf sein Hinterteil jagte er den Mustang davon. Das Seil straffte sich binnen einer Sekunde, und mit einem scharfen Ruck und einem markerschütternden, reißenden Geräusch riss der davoneilende Mustang Badger von den Füßen. Dessen Fleisch hatten nachgegeben – endlich! Regungslos blieb er wie tot im niedergetretenen Präriegras liegen.

Gerade als Büffelrücken sich zu ihm hinunterbeugen wollte, stand er jedoch mit einem gequälten Lächeln von selbst wieder auf. Er taumelte.

„Wir sind frei, niemand wird mehr sterben!", hauchte er mit brechender

Stimme, bevor er blutüberströmt, mit seinen großen, klaffenden Wunden in der Brust das Bewusstsein verlor …

11.

Karuna traute kaum seinen Augen, als er die drei noch fehlenden Krieger in Begleitung eines ihm nicht allzu fremden Knaben zu der nun wieder vollzähligen Gruppe der Pawnee stoßen sah.

„Er hat sicher etwas mit den Büffeln zu tun gehabt!", berichtete Gelber Huf seinem Häuptling.

„Ist das wahr?" Adlerherz sah den Lakota prüfend an. Nicht nur ihm, auch seinen Kriegern fiel die auffällige Halskette mit den scharfen Waffen des Bären auf. Wer war dieser Junge? Die Männer warfen einander fragende Blicke zu.

In Feste Hand regte sich der Stolz und sein Trotz ballte sich mit diesem zu einer bissigen Ladung aufrichtigen Hasses zusammen. „Natürlich, was habt ihr denn gedacht!" Feste Hand gab sich Mühe, ehrlichen Herzens lauthals zu lachen, auch wenn ihm eher nach Weinen zumute war. „Heute Abend könnt ihr euren Weibern berichten, wie ihr tapferen Herzens von einem halbwüchsigen Lakota und seinen Büffeln in die Flucht geschlagen wurdet!"

„Deinen Büffeln?" Auch Adlerherz begann nun zu lachen, da er den Worten des Jungen keinen Glauben schenken wollte. Er kannte die Sioux nur zu gut und wusste, dass selbst die Knaben zu maßlosen Übertreibungen neigen konnten. Doch selbst wenn in allem immer ein Fünkchen Wahrheit steckte, so konnte er nicht verstehen, aus welchem Grund der Junge die Büffel auf seine Krieger gehetzt haben wollte.

„Aha, also deine Büffel - und warum hetzt du dann *deine* Büffel auf uns, da doch keiner unserer Stämme momentan auf dem Kriegspfad ist?"

„Das fragst du noch? Sieh dir den dort an!" Er deutete verbittert auf Karuna. „Der wird euch gesagt haben, dass fast keiner unserer Krieger mehr am Leben sein dürfte! Wieso reitet ihr sonst gegen die Lakota?"

„Tun wir?"

„Tut ihr!"

„Kleiner Lakotakrieger, mein Name ist Adlerherz. Ich bin der Kriegshäuptling der Wölfe, und ich und meine Krieger töten keine Feinde, die
wehrlos und krank auf den Fellen liegen. Ich denke, das machen nicht
einmal die Lakota, denn wo es keine Ehre gibt, da gibt es auch keinen
Sieg!"
„Dann lass mich sofort wieder frei!"
„Das kann ich nicht, denn das werden unsere weisen Männer ent-
scheiden müssen!"
„Wieso eure Geheimnismänner - ich denke, du bist der Häuptling?"
„Sieh dort hinüber!" Adlerherz deutete auf mehrere, ganz in der Nähe
liegende, undefinierbare, rohe Fleisch- und Stoffetzen.
„Und?"
„Die beiden weißen Händler, sie sind die Ursache nicht nur euren
Leids. Vor einem Sommer starben viele unserer Arikaraverwandten.
Ihnen wollten wir die Händler übergeben. Der Morgenstern fordert ein
neues Blutopfer, denn nur so können wir weiteres Unheil von unserem
Volk abwenden!"
Feste Hand bemühte sich, auch wenn es ihm entsetzlich schwer fiel,
gleichgültig und teilnahmslos zu erscheinen. Er hatte oft den Ge-
sprächen der älteren Krieger und Häuptlinge lauschen dürfen, wenn sie
über die sonderbare Religion der Pawnee und Arikara sprachen. Von
geheimnisvollen Blutopfern war dann oft die Rede, meist waren es
Jungfrauen, die ihrer Göttin, dem Morgenstern, geopfert wurden. Aber
opferten sie auch Knaben?
Was die beiden Wasicun anbetraf, erfüllte es Feste Hand mit Freude,
ihre Überreste zermalmt im Staub liegen zu sehen. Nichts anderes als
das hatten sie verdient! Aber was hatte man nun mit ihm vor?
Sicherlich schien es im Augenblick das Gesündeste zu sein, weiterhin
Gelassenheit an den Tag zu legen und sich ruhig zu verhalten. Er
musste abwarten und auf eine Gelegenheit hoffen, den Pawnee, und vor
allem diesem Gelber Huf, zu entfliehen, denn dessen Blicke verhießen
nichts Gutes und ihn machte er auch in erster Linie für sein Missgeschick verantwortlich. Der Gedanke, dass er zu sehr geträumt hatte
und sich daher hatte übertölpeln lassen, kam ihm dabei nicht im Entferntesten in den Sinn.
Karuna hingegen verstand nichts von all den in Zeichensprache dar-
gebrachten Worten. Er freute sich, Feste Hand gesund und wohlauf

wiederzusehen. Wieso nur warf ihm der Knabe diesen bissigen und feindseeligen Blick zu?

Feste Hand versuchte ständig, seine Beherrschtheit aufrecht zu erhalten, denn das Verlangen, sofort mit Adlerschwinge durch die Reihen der feindlichen Krieger zu stürmen, reizte ihn immer mehr. Aber er zweifelte nicht daran, dass Gelber Huf ihm sogleich einen Pfeil nachsenden würde, und es schien ihm, als ob er seine Gedanken erraten könnte.

Mit Hass in den Augen trafen sich immer wieder seine und die Blicke von Gelber Huf. Dieser Pawneekrieger hatte mit ihm in Lakota gesprochen. Was mochte den Mann bewegen, fragte sich Feste Hand. Doch er hatte keine Ahnung von der Vergangenheit dieses Mannes, dessen eng beisammen stehende Augen ihm schon von Natur aus ein unsympathisches und böses Aussehen verliehen. Als Knabe musste er unfreiwillig mehrere Sommer in den Zelten der Oglala arbeiten und überleben, da sie ihn auf einem ihrer Raubzüge entführt hatten. Bis ihm dann endlich die Flucht zu seinem eigenen Stamm gelingen sollte, vergingen zu viele Monde.

Eine tiefe und innere Genugtuung überkam ihn bei dem Gedanken, den jungen Lakota auf dem Opferaltar eines Pawnee- oder Arikarapriesters ausbluten zu sehen. Die ungezügelte Vorfreude auf dieses Schauspiel ließ seine beiden Augen, die fast wie eines aussahen, wie bei einem Raubtier giftig funkeln.

Adlerherz betrachtete den jungen Lakota eingehend. Er konnte dem Jungen ein gewisses Maß an Achtung und Bewunderung nicht absprechen. Dieser hatte viel riskiert für sein Volk, um unter Umständen in den Fängen eines Geheimnismannes der Pawnee sein vorzeitiges Ende zu finden. Selbst wenn er ihn kraft seiner Autorität hätte freilassen wollen, er war schließlich der Kriegshäuptling, so hatte er doch keine andere Wahl. Denn gerade weil er der Kriegshäuptling war, war er es seinem Amt und seinen Leuten schuldig, die Gesetze seines Volkes zu respektieren, auch wenn er anders darüber dachte.

Man beschloss nun doch, anders als ursprünglich geplant, in die Hütten der Pawnee zurückzukehren. Die Händler waren tot, und es lag somit kein Grund mehr vor, die Arikara sofort aufzusuchen. Da der Junge sich offensichtlich in sein Schicksal ergeben hatte, verzichtete man darauf, ihn zu binden.

Feste Hand hatte sich jedoch keineswegs in sein Schicksal ergeben. Aber je weiter sich die Pawnee vom Lager der Sichangu fortbewegten, umso sicherer fühlte sich Feste Hand für sein Volk. Und wenn es der Wille Wakan Tankas war, dass er für sein Volk in den Tod gehen sollte, würde er sich nicht sträuben wollen, da er eines ganz sicher wusste, nämlich, dass er irgendwann und zu gegebener Zeit alle seine Verwandten im Land der vielen Zelte wiedertreffen würde!

Doch bei dem Gedanken an zu Hause wurde er plötzlich tief betroffen. Aufrecht reitend, aber mit gesenktem Blick sah er vor seinen Augen das Bild seiner kranken Mutter hinter einem Schleier verschwinden. Wie mochte es ihr wohl gehen? Er dachte an Badger und Wiegendes Gras, an seinen älteren Bruder, an Lacht wie kleines Wasser, seine um ein Jahr jüngere Schwester, und an Adlerstimme.

Er konnte plötzlich wieder lächeln.

Adlerstimme, sein um fünf Jahre jüngerer Bruder, mit der Stimme eines verräucherten, alten Greises. Und er dachte an Büffelrücken, seinen liebevollen Großvater, der so sehr um seine Ausbildung bemüht war. Das Ganze, seine Ausbildung, seine Gabe, Dinge zu sehen und die Gedanken, selbst der Tiere, erraten zu können, konnte unmöglich umsonst vergeben worden sein, denn das würde doch überhaupt keinen Sinn machen!

Ein Habicht schrie. Unbewusst blickte Feste Hand zu dem über ihm kreisenden Vogel am sich zuziehenden Himmel. Tiefe, schwarzgraue Wolken eilten in nordwestlicher Richtung um die Wette davon.

Was war das? Eine große, dunkle Wolke hob sich deutlich auffallend von den übrigen ab, und sie hatte fast die Form eines Büffels, eines Büffels mit großem, breitem Buckel. Der starke Wind in den luftigen Höhen veränderte schnell die Form des Wolkenbüffels. Immer weiter krümmte sich sein Rücken, und es sah so aus, als ob, bis auf seinen Hinterlauf, der ganze Büffel in heftiger Bewegung war. Eine kleine, ganz unscheinbare, weißgraue Wolke näherte sich dem Wolkenbüffel und stieß ihn an seinem unbeweglichen Hinterlauf an. Endlich zog er seinen Lauf nach, um sich mit der kleinen, weißgrauen Wolke völlig zu verbinden.

Mit weit aufgerissenen Augen und offenem Mund blickte Feste Hand den sich neu formierenden Wolkenfetzen noch lange hinterher. Man musste kein Wicasa Wakan sein, um diese Bedeutung zu verstehen,

außer man war ein völliger Idiot, so wie dieser Gelber Huf, der krampfhaft versuchte, irgendetwas am stürmischen Himmel zu erkennen.
Durch Feste Hand aufmerksam geworden und von Neugierde gepackt,
verfolgte dieser angespannt dessen Blickrichtung, da ihm die seltsame
Wandlung im Antlitz des Jungen nicht entgangen war. Irgendetwas
musste er dort gesehen haben, denn auch seine gesamte Körperhaltung
straffte sich zusehends. Gelber Huf aber konnte nichts als einfache,
graue Sturmwolken erkennen.

Auch Adlerherz schien die Verwandlung des Lakota bemerkt zu haben
und ließ seinen Mustang zu Adlerschwinge aufschließen. „Du schöpfst
Hoffnung?"

Mit einem fast verächtlichen Lächeln blickte der junge Lakota Adlerherz von oben herab an. „Man kann nicht schöpfen, was einem gehört.
Überlegt es euch gut, was ihr tut!"

Erstaunt sah Adlerherz Feste Hand an. Mit verstörtem Blick musste er
seinen Mustang erneut antreiben, da er ihn nach der Bemerkung des
Knaben unbewusst angehalten hatte.

„Was hast du in den Wolken gesehen?" Adlerherz war verunsichert und
betrachtete ihn mit seitlich geneigtem Blick, da auch er die deutliche
Wesensveränderung des Lakota spürte, die dieser unmöglich nur vor-
täuschen konnte.

Noch einmal sah ihn Feste Hand mit einem wirren Ausdruck in seinen
Augen an. Der Mustang von Adlerherz scheute augenblicklich kurz auf,
und selbst seinem Besitzer war deutliches Unbehagen anzumerken.

„Du kennst die Geschichte der White River Ponca?"

„Jeder kennt sie!" Was sollte das, wollte ihn der Knabe mit alten
Gruselgeschichten von etwas Wichtigerem ablenken?

„Die graue Sturmschlange wurde von den Geistern geschickt, um einen
Wicasa Wakan der Lakota zu rächen!"

„Ich weiß!", antwortete Adlerherz ungeduldig. „Und weiter?"

„Was - und weiter? Ich schickte euch die Büffel! Aber noch lebe ich!"

Adlerherz verstand nicht, worauf der Knabe hinauswollte, und
antwortete mit einem nicht verstehenden Achselzucken.

„Was glaubst du, was ich euch schicke, wenn mein Nagi vor lauter
Rachegelüsten nicht ins Land der vielen Zelte gehen will?"

Adlerherz brach in schallendes Gelächter aus. Schnell erzählte er seinen
Kriegern von dem Versuch des Jungen, ihn in Angst und Schrecken zu

versetzen. Er hatte geglaubt, den Lakotaknaben zu mögen, aber nun war sich Adlerherz seiner Gefühle nicht mehr so sicher.

„Lacht nur!"

„Was?"

„Lacht ihr nur! Auch die Ponca haben gelacht, bevor mein Vater, der, Wicasa Wakan, sie mit seinen Geistern heimsuchte!" Jetzt lachte Feste Hand. Nicht echt, nicht gekünstelt, aber dafür fast wie ein Verrückter. „Eines Tages werde ich sein Nachfolger, und auch ihr könnt nichts dagegen ausrichten!" Wieder gab er sein verrücktes Lachen zum Besten.

Erschrocken, fast angewidert, wich Adlerherz zurück. Mit fahl gewordener Gesichtsfarbe versuchte er, es seinen Kriegern mitzuteilen. Aber das brauchte er gar nicht. Feste Hand hatte seine in Zeichen verwandelten Worte leise mitgesprochen, und der ebenfalls blass gewordene Gelber Huf hatte den Männern bereits alles übersetzt. Es lachte niemand mehr!

Aus den Augenwinkeln sah Feste Hand die ernsten und betroffenen Blicke der Pawneekrieger. Der Einzige, der immer noch munter dreinschaute, war Karuna, der wieder einmal nichts verstanden hatte.

Feste Hand hatte zu keiner Zeit vorgehabt, die Sache mit seinem leiblichen Vater ins Spiel zu bringen, aber sie hatten ihn herausgefordert. Nicht er war mehr ihr Gefangener, sondern umgekehrt. Unbeschwert ließ er sich mit Adlerschwinge zurückfallen, um sich zu erleichtern. Niemand hinderte ihn daran. Genauso gut hätte er einen Fluchtversuch wagen können, konnte aber nach wie vor Gelber Huf nicht richtig einschätzen. Als er sich im Anschluss zu einer Gruppe der Männer niedersetzte, griff Adlerherz die Unterhaltung wieder auf.

„Ich sagte dir schon einmal, dass ich nicht entscheiden kann, was mit dir geschieht. Das müssen unsere Geheimnismänner tun."

Freundlich sah Feste Hand zu Adlerherz auf, da er es geschafft hatte. Nun hatte er sie in der Hand, und vorerst würde ihm kein Unheil widerfahren.

Ob er allerdings auch die weisen Männer der Pawnee überzeugen konnte, blieb für ihn vorerst ein Rätsel. Er sah lächelnd zum Himmel und glaubte wieder an sich selbst und an seine Fähigkeiten, und er glaubte an seinen Bruder Tatanka, dessen Geist ihm das Zeichen in den Wolken gegeben hatte. Vielleicht auch war es Wakan Tanka selbst, der ihm damit sagen wollte, dass es immer eine Hoffnung gab, solange er sich nicht selber aufgab und an den Tod dachte.

Am abendlichen Lager erfuhr Karuna endlich alles von Adlerherz, was er über den jungen Lakota wissen wollte. Karuna bemühte sich immer wieder, an Feste Hand heranzukommen, doch dieser wendete sich, ohne dabei unfreundlich zu werden, jedes Mal von ihm ab. Karuna wurde traurig und bat Adlerherz um eine Verständigung.

Misstrauisch beäugte Feste Hand den Büffelmann, der sich krampfhaft bemühte, seinen Namen richtig auszusprechen. „Fessde And!", stammelte dieser mit seinem französischen Akzent bei jedem erneuten Versuch, den Namen des Knaben richtig in Worte zu fassen. Das war selbst für den Jungen zu viel, und er musste zu guter Letzt herzhaft über Karuna lachen.

Sosehr sich Feste Hand auch bemühte, er konnte dem schwarzen Mann keine Abneigung mehr entgegenbringen, denn nach den Erklärungen von Adlerherz war dieser, ohne es zu wollen, in die ganze Sache hineingetrieben worden.

Adlerherz unterließ es nicht, eine Bemerkung laut werden zu lassen, aus der Feste Hand erkannte, dass Karuna sich auch gegen einen Überfall auf die Sichangu ausgesprochen hatte. Er zweifelte nicht mehr an den Worten des Häuptlings, dass dieser einen Überfall nicht in Betracht gezogen hatte. Aber er bezweifelte, dass dies auch die Meinung von Gelber Huf war. Feste Hand hatte den Eindruck, als ob dieser Krieger ihm nun ganz bewusst aus dem Wege ging. Alle Pawnee verhielten sich dem Knaben gegenüber anständig, und wenn es Feste Hand aus einem anderen Blickwinkel betrachtet hätte, so hätte er sogar das Wort „zuvorkommend" benutzt.

Die Tage während der Reise zu dem Dorf der Pawnee vergingen wie im Fluge. Allein die Frage, was aus seinen Leuten geworden ist, zermarterte Feste Hand ständig das Gehirn. Wenn er doch nur gewusst hätte, dass es ihnen wieder gut geht und niemand mehr sterben musste, vor allem seine Mutter, dann hätte er dieses Abenteuer in den Reihen der Pawnee fast schon genießen können.

Um die Mittagszeit des fünften Tages nach seiner Gefangennahme tat sich vor seinem Blick das Ziel seiner unfreiwilligen Reise auf. Kuppelförmige Erdhütten, deren Wände senkrecht nach oben verliefen und ein leicht abgeflachtes, gerade noch in der Mitte spitzes Dach aufwiesen, standen fast im Zentrum von bebauten Feldern. Wie bei allen sesshaften Stämmen der Plains beliebt, hatten auch die Pawnee im Rücken ihres Dorfes ein Wäldchen stehen, durch das, munter plätschernd, ein breiter Bach seine Bahnen zog. Frauen und Mädchen arbeiteten eifrig auf den weiten Feldern und waren damit beschäftigt, die Ernte einzubringen. Größere Haufen von Kürbissen und Mais säumten die ausgetretenen Pfade zwischen den Feldern. Eine Gruppe von kleinen Mädchen, sie mochten kaum älter sein als seine Schwester Lacht wie kleines Wasser, schleppten körbeweise Bohnen von einem anderen, weiter entfernt liegenden Feld heran.

Karuna war entzückt. Es kam ihm bald so vor, als käme er nach einer unendlich langen Reise endlich wieder nach Hause. Schon lange hatte er sich keinen falschen Illusionen mehr hingegeben. Er wusste, dass er nie mehr das ungezwungene Lachen seiner Mintoa hören würde. Aber immer und immer wieder fragte er sich, wo er hin sollte, wo er hingehören würde. Nun hatte er die Antwort auf seine Fragen gefunden - wenn sie ihn wollten.

Ein friedlicher Anblick war es, der sich jedem Betrachter auftat, und selbst Feste Hand, dem diese Lebensweise aufgrund seiner anerzogenen Ablehnung widerstrebte, konnte sich einer gewissen Bewunderung, die in ihm aufkeimte, nicht erwehren.

Wie es die Krieger der Lakota wurden, so wurden auch die Krieger der Pawnee aufgeregt von ihren Angehörigen unter Freudenschreien begrüßt. Eine hübsche Frau ließ, während sie auf Adlerherz zueilte, ihre in die Schürze hineingesammelten Maiskolben zu Boden fallen. Ein Mädchen, fast im gleichen Alter wie Feste Hand, konnte ihrer Mutter kaum folgen, weil auch sie ihren Vater begrüßen wollte.

Unauffällig beobachtete Feste Hand die Begrüßungszeremonie des Mädchens aus den Augenwinkeln heraus. Es war schön. Wunderschön! Die Tochter von Adlerherz musste den Blick des fremden Knaben gespürt haben. Ein kurzer, hochnäsiger Blick, eine gekräuselte Stirn und ein schnippisches „Puh, ein Lakota!" war die Begrüßung, die ihm hingegen zukam.

Dumme Gans, ärgerte sich Feste Hand und fand das Mädchen auf einmal gar nicht mehr so schön.

Eher hässlich, mit den dünnen, geflochtenen Zöpfen, der viel zu hoch gewachsenen Nase und ihrer überheblichen Art. Adlerherz stellte Karuna und den Knaben unverzüglich seinen Stammesbrüdern vor und erklärte mit kurzen und knappen Worten, wie es zu der unerwarteten Begegnung mit ihnen kam.

Aus der Menge löste sich augenblicklich eine merkwürdige Gestalt. Feste Hand begann, seinen beschleunigten Herzschlag bis in die letzte seiner Haarspitzen zu spüren. Sofort hatte er begriffen, wer dieser Mann nur sein konnte, der über sein weiteres Schicksal zu befinden hatte. Breit und lang war er gewachsen. Am gesamten Körper war er geschmückt mit Maiskolben und Kürbisblättern. Bohnenranken hingen ihm wie sich windende Schlangen über die Schultern und ein Kranz aus Eichenblättern zierte seinen Hals. Albern sah er aus mit seinem halben Kürbis auf dem Kopf, fand Feste Hand, und musste, obwohl ihm mulmig wurde, in sich hineingrienen. Seine Gesichtshälften hatte der Pawnee mit Farbe in einen gelben und einen grünen Bereich unterteilt. In der linken Hand eine Kürbisrassel schüttelnd, trat er mit fixierendem Blick vor Feste Hand. Dieser hatte jedoch zum Schutz vor der blendenden Mittagssonne seine Augen zu schmalen Schlitzen zusammengekniffen und konnte so dem eindringlichen Blick des Priesters unbemerkt ausweichen. Er ahnte, was der Mann vorhatte, und versuchte angestrengt, an irgendetwas Blödsinniges zu denken, konnte seinen Blick aber nur schwer von dem Geheimnismann der Pawnee abwenden. Auch trug er, im Gegensatz zu seinen Stammesbrüdern, langes und offenes Haar. Ekelhaft! Wie nur konnte er ohne Probleme seine Suppe schlürfen, fragte sich Feste Hand. Ihm mussten doch immerzu seine offenen Haare in den Napf geraten. Trugen die Lakota deshalb, wenn nicht geflochtene, dann aber zumindest gebundene Zöpfe? Das musste es sein, noch nie hatte er einen Lakota mit Suppe in den Haaren gesehen.

Der Priester indessen versuchte wieder und wieder, in Feste Hand hineinzusehen, aber das Einzige, was er erkennen konnte, waren suppenbeschmierte, lange Haare. Der Geheimnismann schüttelte sich angewidert, sodass der Schmuck, den er trug, wie eine Pappel im Wind zu rascheln begann. Wieder, in kurzen Intervallen die Rassel schwingend, bezeichnete er einen großen Kreis um Feste Hand herum und sang eine für Feste Hand fremdartige, beschwörende Formel. - Was hatte das zu bedeuten? Maiskorn, wie seine Leute ihn riefen, war verwirrt. Wieso konnte er nicht in den fremden Knaben hineinsehen? Welchen Schutzzauber mochte dieser dreiste Lakotabengel benutzt haben? Er wurde wütend. „Schafft ihn fort! Schafft ihn mir aus den Augen!", schrie er in die Menge der umstehenden, fröhlichen Menschen hinein.

Alle zuckten augenblicklich zusammen. Mucksmäuschenstill war es geworden. Was hatte der Knabe ihrem Priester angetan? Der kleine, eingeschüchterte Lakota hatte sich doch nicht einmal von der Stelle gerührt!

Behutsam schob Adlerherz Feste Hand vor sich her, um ihn in seinen Wigwam zu führen.

„Halt! Du, Gelber Huf, Gebrochener Halm und Wolfsrachen kommt mit mir! Und du - du auch, schwarzer Mann!"

„Honigtau, du nimmst den Lakota mit in unsere Hütte. Wartet dort auf mich!", trug Adlerherz seiner Tochter auf, sich vorerst des fremden Knaben anzunehmen.

Gerade wollte Honigtau gegen die Anweisung ihres Vaters rebellieren, überlegte es sich aber im letzten Moment doch noch anders, als sie den bedrohlichen Blick Maiskorns in ihrem Nacken spürte.

Vorsichtig folgte Feste Hand Honigtau in die Erdhütte. Noch nie zuvor hatte er in seinem Leben eine derartige Behausung betreten. Ein angenehm mildes Licht herrschte im äußerst geräumigen Inneren. Die Erdhütten der Pawnee unterschieden sich nicht nur in der Form von den Tipis der Sioux. Der große Innenraum war durch Vorhänge aus Lederplanen und fremdartigen Decken in mehrere Räume unterteilt. Einer der Vorhänge war beiseite genommen worden und gab den Blick auf eine Art Vorratskammer frei. Bis unter die Decke türmten sich Behälter mit Feldfrüchten und gebündelte Maiskolben hingen vom Dach der Behausung herab. In der Mitte befand sich eine in Steinen eingefasste Feuerstelle, über der ein von Ruß geschwärzter Kessel hing. An den Wänden des Hauptraumes hingen, wie bei seinen Leuten auch, Felle und Waffen und allerlei Kleingerät.

Trotz der Größe fand Feste Hand den Raum behaglich, auch wenn man sich in solch einer Hütte verlaufen konnte.

Ohne dass es ihm bewusst wurde, saß er Honigtau wenig später an der noch nicht entfachten Feuerstelle schweigend gegenüber. Beide vermieden es, den anderen anzusehen. So, als ob sie den Flug einer Fliege verfolgen würden, schweifte ihr Blick unruhig im Inneren hin und her. Plötzlich und unerwartet trafen sich dann doch ihre Blicke.

Sofort schauten beide unangenehm berührt zu Boden, sodass Honigtau errötete. Für einen Lakota war dieser Knabe gar nicht mal so hässlich. Wild sah er aus und mit seiner Halskette fast wie ein Krieger, als er an der Seite ihres Vaters auf seinem Pinto in ihr Dorf kam. - Sie musste etwas sagen. Aber was?

Sicher verstand er kein einziges Wort. „Hunger?", fragte sie ihn in der Zeichensprache.

„Danke, nein, ich esse nur abends etwas!" Nur abends etwas? Na klar hatte er Hunger, aber er wollte erst einmal Eindruck schinden. Nur Krieger zogen es mitunter vor, nur einmal am Tag etwas zu essen. Blödsinn, er war kein Krieger, er war ein ausgehungerter, dummer Bengel, schalt er sich selber.

Honigtau erhob sich und kam sogleich mit einer Schürze voll köstlich duftender Maisfladen zurück. Sein Magen begann, protestierend zu knurren, aber er war ein Mann. Hoffentlich hatte sie das unanständige Knurren nicht gehört, er hatte doch keinen Hunger.

„Mhm!" Honigtau biss genüsslich ab und begann, provokatorisch zu schmatzen. „... sind wirklich gut, probier mal!" Sie stand kurz entschlossen auf und legte Feste Hand einfach einen der Maisfladen in die Hand.

„Aber nur, weil ich nicht unhöflich sein möchte!" Feste Hand schlug kraftvoll seine Zähne in den Fladen und noch mal und noch mal.

Am liebsten hätte Honigtau den jungen Lakota gefragt, ob es bei ihnen Sitte war, alles in ganzen Brocken hinunterzuschlingen, ohne es vorher zu kauen, aber stattdessen stellte sie ihm eine kleine, tönerne Schüssel hin und legte noch einige der Fladen hinein.

Dankbar schlang Feste Hand auch die übrigen schnell hinunter. Er fühlte sich besser, so gut wie schon seit Tagen nicht mehr. Noch einmal nahm er sich Zeit, das Mädchen zu betrachten. Er hatte sich geirrt. Ihre Nase war nicht hoch gewachsen und auch ihre Zöpfe waren nicht zu dünn geflochten. Und überhaupt, sie war wirklich wunderschön!

„Setzt euch", befahl indessen Maiskorn Karuna, dem Häuptling und dessen drei Kriegern, in seiner Hütte Platz zu nehmen. „Nun berichtet", forderte er die Männer auf, ihre Erlebnisse in allen Einzelheiten wiederzugeben.

Erstaunt, fast schon erschrocken, lauschte der Priester der Pawnee dem Häuptling, als dieser Wort für Wort die Gespräche mit Feste Hand zu neuem Leben erweckte. Gelber Huf nickte zustimmend. „Auch ich habe seine Worte gehört und verstanden."

Tief atmete der weise Mann durch. „Und es hat ihn nicht beeindruckt, als ihr ihm androhtet, anstelle der weißen Händler ausgeliefert und geopfert zu werden?"

„Nicht im Geringsten. Fast war es so, als wolle er uns nur aus Höflichkeit warnen."

„Wer ist er tatsächlich?" Maiskorn wurde unsicher.

„Wir sollten lieber fragen - was?", antwortete Adlerherz sogleich.

„Wenn es stimmt ..."

„... und das herauszufinden, könnte ein großes Unheil heraufbeschwören! Wir sollten vorsichtig mit diesen Dingen umgehen!", fiel der Geheimnismann Gelber Huf ins Wort.

Maiskorn ging in sich. Immer wieder, wenn er an den Lakotajungen dachte, sah er unwillkürlich lange, in eine Suppenschüssel hängende Haare vor seinen Augen. Hatte dieser Knabe die Wahrheit gesprochen und war er tatsächlich ein Schüler, der dann ohne Zweifel ein großer Wicasa Wakan seiner Feinde werden würde? Hatte er womöglich die Fähigkeit, ihm, Maiskorn, dem großen Geheimnismann und Sohn des Morgensterns, seine Zauberkräfte zu nehmen? Was würde geschehen? Er besaß uneingeschränkte Autorität. Alle seine Stammesmitglieder, selbst wenn sie ihn nicht liebten oder achteten, fürchteten ihn dann zumindest umso mehr. All das sollte verloren gehen? Was würde geschehen, wenn jemand von seinen Ängsten erfuhr? Wegjagen würden sie ihn, wenn nicht sogar noch Schlimmeres geschehen könnte.

Der immer alles wissende, der große und geheimnisvolle Maiskorn war zum ersten Mal richtig ratlos. Er konnte den Jungen unmöglich dem Morgenstern opfern, auch wenn dies seiner Göttin sehr gefallen würde. Frei lassen konnte er den Lakota auch nicht. Man würde die Pawnee für schwache, ängstliche Weiber halten, die vor einem Knaben erzittern. Und was, wenn er später dann zum Mann und vollwertigen Wicasa Wakan wurde? Nicht auszudenken, was er ihnen in einem Anfall eingegebener Rachegelüste alles antun könnte! Allen war die Schauer-

152

geschichte der Ponca bekannt, als vor etwa zwölf Sommern die Sioux die Naturgeister für sich kämpfen ließen. Sie saßen nur auf ihren Mustangs und sahen zu, wie ein ganzes Dorf zerstört wurde. Einen so gewaltigen und mächtigen Zauber durfte man nicht heraufbeschwören! Den jungen Lakota den Arikara zu übergeben, kam für Maiskorn ebenfalls nicht in Betracht. Die Priester der Arikara brauchten nur das Weshalb zu erfahren, und er würde als unfähig dastehen und sein Gesicht verlieren. Wie er es auch drehte und wendete, er hatte ein ernsthaftes Problem.

Sein sich verfinsternder Blick fiel auf Gelber Huf. Mit einem fast gehässigen Ausdruck in den Augen betrachtete er den Krieger, als ihm dann endlich die rettende Idee eingegeben werden sollte. Er hatte den Sündenbock gefunden, auf dessen Schultern er die erdrückende Last der Verantwortung abladen konnte.

Einen Widerspruch würde er nicht dulden. „Du hast Schuld, wenn irgendein Unglück über unser Volk hereinbricht! Du nahmst den Knaben mit, der allein in der Wildnis gebetet hatte!", schrie er jetzt den verdutzten Gelber Huf an. „Was glaubst du, ist das, oder wer ist das, der einsam und verlassen in der Wildnis seinen Gedanken nachgeht? He? Doch kein einfacher zwölfjähriger Knabe, so dumm kannst nicht einmal du sein, so etwas zu glauben!"

Erleichtert schnaufend, lehnte sich Maiskorn zurück. Er war gerettet. Egal, was auch geschehen würde, immer könnte er nun behaupten, noch Schlimmeres vorausgesehen und im Vorfeld verhindert zu haben. Und in der Zwischenzeit würde er versuchen, das Vertrauen des Lakota zu gewinnen, ja, vielleicht sogar dessen Freundschaft. Welch vortrefflicher Gedanke, wenn er erst einmal in der Lage war, seine Kräfte mit denen des Knaben zu vereinen.

Verzweifelten Blickes suchte Gelber Huf eine helfende Hand, die ihm aber niemand zu reichen bereit war. Mit glasig gewordenen Augen starrte Gelber Huf in die Flammen des kleinen Beratungsfeuers. Er glaubte deutlich zu spüren, wie er fiel, und hoffte nur, nicht so hart aufzuschlagen.

„Nun zu dir, schwarzer Mann. Du kanntest den jungen Lakota vor meinen Männern?"

„Oh ja!" Karuna nickte aufgeregt. Eigentlich hatte er nach dem vorherigen Gefühlsausbruch Maiskorns erwartet, dass dieser ihn sofort in den Schlund der schwarzen Höhle werfen würde. Stattdessen konnte Maiskorn auch recht umgänglich, ja, beinahe schon freundlich wirken. Karuna war erleichtert, der Zorn des Priesters schien sich nur auf Gelber Huf zu beschränken, und den mochte er sowieso nicht sonderlich.

„Würdest du mir von dir erzählen und auch, woher du den Lakotajungen kennst?" Die freundlichen, fast schon liebevollen Worte gingen Karuna runter wie Öl.

Natürlich würde er es erzählen.

Auf keinen Fall wollte er mit dem obersten Stammespriester Ärger haben!

Er würde ihm auch erzählen, wie der Junge ihm zu essen brachte. Die Passage mit dem Gras hielt Karuna allerdings für unwichtig. Ob aus Selbstschutz oder um den Knaben nicht als Idiot dastehen zu lassen, spielte dabei keine Rolle.

„Er hat also ein gutes Herz, wenn man ihn nicht reizt!", schlussfolgerte Maiskorn, nachdem er erfahren hatte, dass der Knabe selbst für den fremden schwarzen Mann Mitgefühl aufzubringen imstande war. „Das wird dann einiges erleichtern. - Nun gut, der Junge bleibt. Er wird genauso mit Güte und Sorgfalt behandelt wie die Jungfrauen des Morgensterns. Adlerherz wird dafür Sorge tragen, dass er unsere Sprache erlernt. Und du, Gelber Huf, haftest mir mit deinem Leben für das Wohlergehen und die Gesundheit dieses Lakota! - Schwarzer Mann, tu, was dir beliebt. Wenn du bleiben willst, dann bist du willkommen, oder aber gehe - es steht dir frei!"

Karuna fiel ein Stein vom Herzen. So sehr hatte er sich gewünscht, wieder irgendwohin gehören zu dürfen, und er hatte gewagt, seinem Wunsch, den er seit dem ersten Blick auf das Dorf der Pawnee hegte, nachzugehen. Man hatte ihm tatsächlich angeboten zu bleiben. Hier, wo sie lebten, wie es ihm zu eigen war - frei, als Jäger, Krieger und Bauer zugleich. Er strahlte, sein Blick war Antwort genug für Maiskorn und Adlerherz.

Adlerherz erhob sich feierlich, denn auch er hatte seit ihrer Begegnung gehofft, in Karuna einen jungen Krieger für sein Volk zu gewinnen.

„So sei es beschlossen, Schwarzer Wolf wird von nun an als Bruder der Pawnee in ihren Hütten leben!"

„Schwarzer Wolf?", fragte Karuna seinen Häuptling.

„Ja! Wir sind die Wölfe und du bist schwarz, einen besseren Namen wird dir niemand mehr geben können", lachte dieser ihn an.

Adlerherz war zufrieden.

Die Beratung mit dem Geheimnismann hatte einen völlig anderen Ausgang genommen, als er es noch vor Stunden erwartet hatte. Schwarzer Wolf, der reiten konnte wie ein waschechter Comanche, gehörte nun zu ihnen. Und Feste Hand? Ja, Feste Hand wohl oder übel auch! Er musste grinsen, als er beim Betreten seiner Hütte an Gelber Huf dachte. Gelber Huf war ein guter Krieger, einer seiner besten, aber trotzdem könnte Adlerherz fast einnässen vor Schadenfreude. Sicher würde Gelber Huf kein Auge mehr zubekommen aus Angst, es könne dem Lakota etwas zustoßen!

Adlerherz setzte sich, gefolgt von Schwarzer Wolf, zu den Kindern an die Feuerstelle.

„Tochter?"

„Ja, Vater?"

„Du wirst in Zukunft sehr wenig Zeit haben, deiner Mutter zu helfen!"

„Wieso?", fragte sie in ihrem leicht schnippischen Unterton.

„Maiskorn möchte, dass du unserem Gast unsere Sprache beibringst! Und noch etwas: Er soll sich bei uns wohl fühlen. Sehr wohl!"

„Kommt das auch von Maiskorn oder ist das deine Idee gewesen?"

„Nein, das ist einzig und allein der Wille unseres obersten Priesters!"

Honigtau sah argwöhnisch zu Feste Hand hinüber, der nichts von alldem Gesagten verstanden hatte. „Du musst ein wichtiger Mann sein, gieriger Knabe!" Sie musterte ihn scherzend von oben bis unten.

Der erste Tag im Dorf der Pawnee neigte sich seinem Ende zu. Schwarzer Wolf war glücklich und zufrieden, als er sich auf seinem eigenen Lager zur Nacht bettete. Er dachte vor dem Einschlafen noch sehr lange nach. Wann war er wohl das letzte Mal so glücklich, fragte er sich. Lange war es her, aber es fiel ihm ein. Damals trug er drei Löwenfelle und stellte sich das freudige Gesicht seiner Mintoa vor. Sicher wäre sie unsagbar stolz auf ihren Karuna, den man jetzt Schwarzer Wolf nannte und der sein Schicksal gemeistert hatte. Wie mochte es ihr wohl ergangen sein, ob sie schon verheiratet war?

Anders als in einen glücklichen Schlaf versank Gelber Huf ins Reich der Träume. Ständig schreckte er, die Drohung Maiskorns in den Ohren habend, hoch. Und wieder … Jemand rüttelte ihn unsanft wach.

„Wolfsrachen! Was ist los?"

„Schnell, du sollst sofort zu Adlerherz kommen!"

„Zu Adlerherz? Ist was mit dem Jungen?"

„Glaube schon! Aber sei leise!"

Wie wahnsinnig stürzte Gelber Huf aus seiner Hütte, stolperte ein-, zweimal nahe dem Eingang und fiel hin, sprang sofort wieder auf, ohne sich um seinen verlorenen Mokassin zu kümmern, der verwaist auf halbem Wege zurückblieb. Völlig außer Atem betrat er aufgewühlt die Hütte von Adlerherz, der bedrückt an der Feuerstelle saß.

„Was ist los, was ist mit Feste Hand?"

Schweigen. Adlerherz schüttelte angespannt den Kopf.

„Sag schon, was ist mit ihm? Ist er krank? Ist er gar geflohen?

„Nein!"

Gelber Huf wirkte total verzweifelt. „Was ist es dann? Bitte sag es mir!"

„Er hat …, na, er hat …", stammelte Adlerherz.

„Was hat er?"

„Ich glaubte, es sei besser, wenn du es von mir erfährst." Adlerherz sah ihn ganz besorgt an. „Er hat …, na, er hat … im Schlaf gefurzt!", platzte es urplötzlich aus dem sich vor Lachen biegenden Häuptling heraus. Eine der Wandabtrennungen wurde beiseite gezogen und ein Haufen grölender Pawneekrieger stimmte in das maßlose Gelächter ihres Häuptlings mit ein.

Gelber Huf fiel sein Kopf auf die Brust und er sackte in sich zusammen. Mit schmerzverzerrtem Gesicht saß er mitten im Raum auf seinem Hintern und blickte seine Gefährten mit himmelschreiender Wehleidigkeit an. Das sollten seine Freunde sein? Sie waren so grausam!

Noch Tage später ertönten, wenn Gelber Huf an einem seiner Stammesbrüder vorüberging, seltsame, furzähnliche, von leisem Lachen begleitete Laute.

Erst als Adlerherz Mitleid bekam und seinen Kriegern weitere Neckereien untersagte, ließen die „Blähungen" der Krieger endlich nach.

12.

Der Mond der gelben Blätter, der September, neigte sich seinem Ende entgegen und der Gedanke an eine rasche Flucht beschäftigte Feste Hand jeden Tag aufs Neue. Die Sorgen um seine Mutter und seine Verwandten, wie es ihnen wohl gehen würde, hatte er tief in sein Innerstes verbannt und er ließ nichts von seinen Gefühlen durch seine stets gleichbleibende Fassade nach außen dringen. Genau wie jenen erschreckenden Gedanken, der ihm immer wieder einhämmernd zu sagen versuchte: „Vielleicht bist du auch der Einzige, der davongekommen ist!" Niemand durfte erahnen, dass er sein Vorhaben, von hier zu fliehen, niemals aufgeben würde, selbst wenn es bedeutete, keinen seiner Leute in diesem Leben wiederzutreffen. Er war ein Lakota in seinem Geist und seinem Herzen, und er würde es bleiben, bis ihn Wakan Tanka zu sich rufen würde. Egal, was auch immer in dieser Welt geschah, es gab noch mehr, noch andere Familienverbände der Sichangu, niemals würde er ein Pawnee werden können, ohne sich selbst zu verleugnen!

Es war irgendwie verrückt im Lager von Adlerherz, wo man ihm fast jeden Wunsch von den Augen abzulesen schien und den jungen Lakota behütete wie einen seltenen und kostbaren Schatz. Immer bekam er fein gegerbte, neue, saubere Kleidung, sodass es schon anfing, ihm langsam peinlich zu werden. Maiskorn, der jähzornige Priester, begegnete dem Jungen mit unsagbarer Höflichkeit. Er konnte einfach alles tun. Er konnte ausreiten, er konnte jagen und seinen Gedanken nachgehen. Dennoch war er nie richtig allein. Wenn Honigtau in der Hütte ihrer Eltern das Caddo, die Sprache der Pawnee und Arikara, mit ihm übte, saß wie ein gelangweilter Köter, treu und brav, Gelber Huf vor dem Eingang der Hütte. Selbst wenn er zur Jagd gehen oder ausreiten wollte, wurde er zwar in gebührendem Abstand, aber dennoch immer begleitet. Meist lungerte eine nicht geringe Schar gleichaltriger Knaben um ihn herum. Immer, stets und ständig stand er unter Aufsicht.

Genauso erging es einem Mädchen in dem Dorf der Pawnee. Nur sehr selten bekam er sie zu Gesicht. Sie mochte wohl dreizehn oder vierzehn Sommer gesehen haben. Nie sah Feste Hand dieses Mädchen lachen. Immer stand sie fast geistesabwesend in der Mitte ihrer Altersgenossen, die fröhlich singend, tanzend oder lachend um sie herumsprangen. Er musste unbedingt mehr über dieses sonderbar behütete Mädchen erfahren, die sein Schicksal teilte, und so beschloss er, bei der nächsten Gelegenheit die Gespräche mit Honigtau in diese Richtung zu lenken.

„Was? Du siehst zu ihr? Ich schufte mich ab, um dir dummem Bengel unsere Sprache beizubringen, und du schaust nur zu dieser, zu dieser, zu dieser albernen Kiowa?" Honigtau sprang auf und wollte aus der Hütte laufen und prallte dabei fast mit ihrem Vater zusammen.

„Tochter?" Er sah ihr in die Augen. „Tränen?" Er blickte zu Feste Hand, der nichts ahnend und schulterzuckend am Feuer saß.

„Ich ärgere mich über diesen Sioux. Er ist dumm und faul. Außerdem schaut er zu der Kiowa, wo ich mir doch so viel Mühe mit ihm gebe!" Adlerherz hob seine Tochter hoch und nahm sie wie ein kleines Kind auf den Arm.

„Lass mich runter!", protestierte sie zappelnd. „Was soll der da von mir denken? Ich bin doch kein kleines Mädchen mehr!"

„Was? Du bist also nicht mehr mein kleines Mädchen?" Adlerherz fing an, seine Tochter zu kitzeln, die sich lauthals lachend in den Fängen ihres Vaters hin und herbog. Adlerherz hatte verstanden, was seine Tochter bedrückte, doch glaubte er, dass es sich bei Feste Hand nur um reine Neugierde handeln konnte. „Er ist immer noch unser Gast?", fragte er seine Tochter.

Honigtau nickte lachend ihrem Vater zu, der sie gerade wieder auf den Boden der Hütte hinunterließ. „Also ich denke, er sollte auch etwas von unserer Religion, dem Morgenstern, erfahren. Dann wird er verstehen und nicht mehr fragen!"

Adlerherz zog Honigtau mit sich und setzte sich zu Feste Hand ans Feuer. Der Häuptling erzählte Feste Hand im Grunde das, was er aus den Erzählungen seiner Verwandten bereits wusste. „Das Mädchen, die junge Kiowa, wird sie erst zur Frau, Jungfrau", verbesserte sich Adlerherz, „wird dann dem Morgenstern berichten, dass wir sie immer gut behandelt haben, und für uns um Gesundheit und eine reiche Ernte bitten."

Feste Hand begriff. Also waren es doch keine Geschichten, die die Alten erfanden, um ihre Töchter dazu zu bewegen, sich niemals zu weit von ihrem Lager zu entfernen.

Je mehr Feste Hand auf eine Gelegenheit zur Flucht wartete, umso schneller verrann die Zeit.

„Morgen, morgen klappt es ganz sicher", hörte er sich selbst die Worte vor jedem Einschlafen am Ende eines langen Tages sagen. - Nichts klappte.

Es wurde kälter und der Nordriese hatte schon seine Wanderung begonnen. Der Mond der fallenden Blätter ging und sanft folgte ihm der Mond der haarlosen Kälber, November. Feste Hand war verzweifelt.
Honigtau schien die Veränderung im Wesen ihres „Schülers" zu spüren. „Dich bedrückt etwas?"
„Ich sehe jetzt meinen dreizehnten Winter", antwortete Feste Hand mit niedergeschlagenem Tonfall.
„Aha, ich glaube, ich verstehe." Augenblicklich sprang Honigtau auf und verschwand aus der Hütte.
„Nichts verstehst du!" rief er ihr im Flüsterton hinterher.
Sie hatte wirklich nicht verstanden. Nicht, dass er um einen Winter älter geworden war, sondern die Tatsache, dass er nun keine Hoffnung mehr hatte, vor Einsetzen des Tauwetters die Seinen wiederzusehen, bedrückte ihn.
Sicher lagerten ihre Tipis, wenn es seine Gruppe, die Büffelrücken, noch gab, schon seit über einem Mond an den geschützten Berghängen der Paha Sapa.
Das war ein viel zu weiter Weg. Selbst im Sommer wäre er mehr als einen Mond unterwegs gewesen. Das schien auch Gelber Huf zu wissen, denn seit kurzem hielt er sich nicht mehr so regelmäßig während der Unterrichtsstunden vor der Hütte von Adlerherz auf.
Feste Hand war wütend und traurig zugleich. Irgendwie war ihm nach Streit, aber nicht Honigtau sollte sein Opfer sein, sie verdiente es nicht, geärgert zu werden. So begab er sich vor seine Hütte und schlenderte in Richtung des dichten Unterholzes, welches den nahen Wald wie eine undurchdringliche Mauer umgab. Im Nu war er, wie er es erwartet hatte, von einer Knabenschar umringt. Feste Hand hatte sich auch schon auf einen der Knaben eingeschossen.
„He, Kleiner Fuchs!"
„Ja, was möchtest du?", trat ein etwa gleichaltriger Knabe vor.
„Weißt du eigentlich, wann die Väter der Lakota ihren Söhnen Namen wie Kleiner Fuchs geben?"
„Sicher nur dann, wenn sie besonders tapfer sind?"

159

„Wenn ihre Söhne stinken, dann werden sie ´Fuchs` gerufen!"

„Gar nicht wahr, ich stinke nicht!", versuchte sich der Junge zu verteidigen, da er sich persönlich angesprochen fühlte.

„Doch, das tust du!" Feste Hand rümpfte die Nase.

„Tu ich nicht!"

„Dann lass mich doch mal riechen!"

„Ach was, warum rede ich überhaupt mit dir! Die Sioux sind doch sowieso alle nur Vagabunden, Lügner und Diebe!"

Feste Hand war empört. Er hatte es geschafft, Kleiner Fuchs herauszufordern, aber nun griff man seine Stammesehre an. „Was heißt hier, die Lakota sind Lügner und Diebe? Wer klaut hier wohl am meisten, he?"

„Na ihr! Ihr Lakota klaut doch alles, was euch vor die Nase kommt!"

„Ach ne, und ihr? Ihr raubt nicht nur unsere Mustangs und Mädchen, sondern jetzt auch schon unsere Knaben!", schrie Feste Hand zurück.

„Ihr aber raubt unseren Mais!", schrie Kleiner Fuchs wütend, der den Attacken von Feste Hand nicht ganz so schnell folgen konnte.

„Und ich, ich weiß es! Weißt du auch, warum das alles so ist?"

„Na, sag schon, Lakota, bevor ich dir eins auf deine hässliche Schlangennase haue!"

„Na gut!", fauchte Feste Hand den Pawneejungen an. Wie ein älterer Bruder legte Feste Hand Kleiner Fuchs daraufhin den Arm um die Schulter. „Ich werde mich bemühen, es so zu erklären, damit du es verstehen kannst! Also …" Freundschaftlich kuschelte er sich schon fast an Kleiner Fuchs heran. „Eure Krieger rauben unsere Mädchen und Weiber! Klar?"

Kleiner Fuchs nickte begeistert. So weit konnte er noch mitgehen.

„Unsere Krieger würden auch gern eure Frauen rauben! Klar?"

Kleiner Fuchs fing an, sich zu freuen. „Aber sie schaffen es nicht, weil unsere Krieger zu wachsam sind!" Begeistert und mit einem überlegenen Lachen sah er Feste Hand nun direkt in die Augen.

„Das meinte ich eigentlich nicht", gab Feste Hand zu verstehen. „Also, Kleiner Fuchs, eure Weiber sind ja so was von hässlich, dass unsere Krieger gar keine andere Wahl haben, als wenigstens den Mais zu nehmen! Wie sollten sie sonst beweisen, dass sie hier waren?"

Das herzliche Lachen von Feste Hand über seine eigene Feststellung wurde von Dutzenden Schreien und Schlägen aller Knaben übertönt, die im Dorf der Pawnee eine Mutter oder Schwester hatten. Aber

Kleiner Fuchs hatte versucht, allen zuvorzukommen, und rollte sich bereits mit Feste Hand auf dem schmutzigen und feuchten Herbstboden.

Nichts anderes hatte Feste Hand erwartet. „Mann, was seid ihr doch alle blöd!", rief er noch lauthals in die sich gerade auf ihn stürzende Knabenschar hinein. Wie sollte es auch anders sein? In seiner Brust schlug das Herz der Sioux!

Gerade als Feste Hand seinen rechten Arm endlich etwas frei bekam, um nach einem Knüppel oder Stein zu greifen, es war ihm egal was, nur irgendeine Art von Waffe, fühlte er, dass er plötzlich etwas sehr Vertrautes in seiner Hand hielt. Sein Blick fiel unweigerlich auf das kleine Wurfbeil, welches er, als er von den Pawnee entführt wurde, ganz bewusst zurückgelassen hatte.

Er hatte gehofft, dass seine Verwandten so wesentlich schneller über seinen Verbleib Bescheid wüssten, wenn sie nach der Ursache seines Verschwindens suchen würden. Für einen kurzen Augenblick hielt er inne, wusste er doch nun, dass er aus dieser unangenehmen Situation irgendwie herauskommen würde, egal, wer oder was auch dahinter stecken mochte.

Bevor er allerdings ernsthafte Probleme bekam, oder vielmehr Kleiner Fuchs, war auch schon, wie er es von Anfang an erwartet hatte, Gelber Huf zur Stelle.

Lautstark ging der dazwischen und forderte die Knaben auf, sofort von Feste Hand abzulassen. Verwundert betrachtete der Krieger die Waffe von Feste Hand. Wo kam sie her? Aber das Losgeschnatter der Pawneejungen hielt ihn sogleich davon ab, weiter darüber nachzudenken.

„Er hat mich beleidigt!", versuchte sich Kleiner Fuchs sofort zu rechtfertigen, dem, ebenso wie Feste Hand, sofort die Prügelei anzusehen war.

„So, so? Geh dich lieber waschen!", schalt ihn Gelber Huf aus.

Auch wenn Gelber Huf nur auf die von Kopf bis Fuß verschmutzten Jungen anspielte, so passte das für Feste Hand wunderbar zusammen und er fing gehässig an zu lachen. „Hab ich es dir nicht gesagt?", rief er Kleiner Fuchs eilig hinterher, als ihn Gelber Huf mit sich nahm.

„Du mach dich auch sauber", forderte Gelber Huf Feste Hand mit einem Fingerzeig auf, sich am kleinen Bach zu reinigen.

„Das hättet du mir nicht erst zu sagen brauchen, ich bin schließlich kein Pawnee!"

„Am liebsten würde ich dir gern ein paar andere Dinge sagen!" Gelber Huf sah sich um, ob sie auch von niemandem mehr beobachtet wurden, und umfasste unmissverständlich den Griff seines Messers.

Etwas knackte am gegenüberliegenden Ufer und direkt vor ihnen schlug ein größerer Stein laut platschend ins Wasser. Beide sahen auf, konnten jedoch nichts und niemanden entdecken. Gelber Huf suchte mit scharfem Blick die Umgebung ab. „Sicher nur ein Fisch, der im Wasser gesprungen ist!", beruhigte er seine eigenen zum Zerreißen angespannten Nerven.

„So sehr hasst du mich also?", griff Feste Hand die Unterhaltung mit einem überheblichen Lächeln erneut auf.

„Du bist schuld, dass ich nicht mehr ruhig schlafen kann! Ständig muss ich auf dich achtgeben, weil mir sonst Maiskor..." Gelber Huf biss sich auf die Lippen. Er hatte sich hinreißen lassen. „Mach dich sauber, und wenn du fertig bist, dann geh in deine Hütte!" Gelber Huf drehte sich um und ließ Feste Hand allein am Ufer des Baches zurück.

„Er ist alles andere als dein Freund!"

Feste Hand sah sich um. Hinter einem Hickorystrauch kam zaghaft Kleiner Fuchs hervor. Er musste ihnen unauffällig gefolgt sein und hatte ungewollt so alles mitbekommen.

„Na und? Was bedeutet schon der Hass von Gelber Huf?"

Kleiner Fuchs kniete sich an das Ufer und begann, sich zu waschen. „Ich würde mich vorsehen! Gelber Huf ist furchtbar wütend auf dich!"

„Und wieso? Selber schuld! Er hätte mich ja nicht zu fangen brauchen!"

„Genau das hatte Maiskorn ihm auch gesagt!"

„Und außerdem, was geht´s dich an?" Feste Hand wendete sich von Kleiner Fuchs ab.

„Ich meinte ja nur", griff dieser das Gespräch nach einer Weile wieder auf. „Mein Vater ist der Gebrochene Halm. Er und Wolfsrachen haben sich am Tag deiner Ankunft sehr lange bis in die Nacht hinein unterhalten. Sie dachten sicher, dass ich längst schlafe."

Feste Hand wurde nun doch neugierig. Gab es etwas, was er noch nicht wusste und was man ihm verschwiegen hatte? Honigtau - sie würde sicher für ihn alles in Erfahrung bringen.

„Scheiße!", schrie Kleiner Fuchs plötzlich auf. „Sieh, was du gemacht hast!", und er hielt ihm seine Jacke entgegen, in der ein großer Dreiangel hineingerissen war. „Kannst du dir vorstellen, was ich für Ärger bekomme?"

Feste Hand überlegte eine Weile, dabei fiel sein Blick unwillkürlich auf das kleine, am Boden liegende Wurfbeil von Büffelkalb. Ein seltsames Gefühl beschlich ihn. „Hier, nimm meine, sie ist so gut wie neu! Musst sie nur etwas sauber machen!" sagte er und warf Kleiner Fuchs seine eigene Jacke hinüber. „Sag einfach, ich wollte mit dir tauschen!"

Verwirrt sah Kleiner Fuchs zu Feste Hand hinüber. „Und was willst du dafür haben?"

„Gar nichts. Aber so machen es die Lakota, weil sie alle Diebe sind!" Feste Hand hob das Beil auf, nahm die zerrissene Jacke von Kleiner Fuchs an sich und wandte sich zum Gehen um.

„Ich hab es nicht so gemeint! Tut mir leid!", rief ihm Kleiner Fuchs hinterher.

Feste Hand blieb noch einmal stehen, drehte sich aber nicht um. Umständlich hielt er sich die alte Jacke von Kleiner Fuchs vor die Nase und schnüffelte übertrieben daran. „Sieh an, sieh an, sie stinkt ja gar nicht!" Dann ging er ohne ein weiteres Wort und ohne auf eine Reaktion des Pawnee zu warten, einfach seiner Wege.

Als er die Hütte betrat und sich fröstelnd an die Feuerstelle setzte, kam sogleich Honigtau heran und setzte sich ihm grinsend gegenüber.

„Was grinst du so breit? Hast du dir deine Zöpfe zu stramm geflochten?", fragte er sie herausfordernd.

„Nein." Sie grinste weiter.

Feste Hand schüttelte nicht verstehend mit dem Kopf. Er streckte seine klammen Hände in Richtung des Feuers und begann, sie kräftig zu rubbeln. Da die Vorhänge etwas beiseite gezogen waren, konnte sein Blick ganz beiläufig auf seine Schlafstätte fallen. „Was ist das?" Irgendein zusammengerolltes Bündel lag auf seinem Schlafplatz.

„Sieh doch nach, wenn du nicht zu faul bist!"

Feste Hand erhob sich schwerfällig und begab sich sehr umständlich zu seiner Lagerstatt. Er konnte nicht erkennen, was es sein sollte. Langsam kniete er sich hin und rollte das Bündel auseinander. „Eine Decke?"

„Ja, für Adlerschwinge. Deine alte war schon so schäbig, da dachte ich mir, zum Mond deines Alterswechsels würdest du dich darüber vielleicht freuen."

„Mond deines Alterswechsels?", fragte er Honigtau.

„Ja! Kennt ihr das bei euch nicht?"

Die erwartete Antwort blieb er schuldig. „Sie ist schön - fast so schön wie Honigtau", antwortete er stattdessen.

„Verspotte mich nicht!" Die Röte stieg ihr ins Gesicht und sie sah beschämt zu Boden.

„Das würde ich nicht wagen. Niemals!

Erstaunt sah sie, wie Feste Hand vorsichtig die Arbeiten befühlte. Sie waren so fremdartig und so wunderschön. „Was sind das für kleine, bunte Kügelchen?" Er staunte immer mehr, denn er kannte nur Arbeiten mit Stachelschweinborste oder auch Handarbeiten mit aufgenähten Muscheln.

„Perlen! Gefallen sie dir?"

„Oh ja, danke!"

Als er am nächsten Morgen zu Adlerschwinge ging und ihm die neue Decke überlegte, gab dieser ihm wichernd sein Einverständnis, denn auch ihm schien die schöne, neue Decke sehr zu gefallen.

So schnell wie die Zeit verging und der Nordriese kam, so schnell war er dann auch wieder verschwunden. Der Mond, in dem der Samen sprießt, hatte Einzug gehalten und in den letzten Senken wurden die Schneefelder von Tag zu Tag immer kleiner. Feste Hand ging es gut im Dorf der Skedee, der Wölfe. Selbst Gelber Huf hielt sich mit Anspielungen oder Gesten zurück. Es schien fast so, als ob er Feste Hand für sein Schweigen dankbar wäre, der zwischenzeitlich von Honigtau erfahren hatte, weshalb ihn der Krieger nicht gerade sonderlich mochte. Aber auch der Knabe sah in Gelber Huf den Mann, der sein Schicksal wesentlich mit beeinflusst hatte.

Es klang verrückt, aber die Pawnee hatten wirklich Angst vor seinen Verbindungen zur Geisterwelt und gesunden Respekt vor seinen, wenn auch nur erahnten Zauberkräften. Das hatte ihm einerseits das Leben gerettet, ihn andererseits zum Gefangenen seiner eigenen Überheblichkeit gemacht.

„Warum bist du so unruhig? Kitzelt dich der Frühling?"

Mit wehmütigem Blick sah Feste Hand nach Nordwesten, als er während eines Spaziergangs mit Honigtau die ersten grünen Halme auf den Wiesen nahe den noch kahlen Feldern beobachtete. „Ach, das würdest du sowieso nicht verstehen."

„Dann versuch es mir so zu erklären, damit ich es verstehe!", drängte ihn Honigtau.

Feste Hand überlegte. Sollte er mit ihr wirklich darüber sprechen? Sie sah die Dinge doch aus einem völlig anderen Blickwinkel. Allerdings, wenn er überhaupt mit jemandem über seine verborgenen Gefühle reden könnte, wäre es Honigtau. Stärker noch als seine Schwester Lacht wie kleines Wasser war sie ihm ans Herz gewachsen. Die meiste Zeit hier hatte er gezwungenermaßen nur mit ihr zusammen verbracht. Schade, dachte er manchmal, dass sie kein Junge war! „Mein Volk - meine Mutter, meine Urgroßmutter, mein Großvater, meine Geschwister - wenn ich wenigstens wissen würde, ob sie noch am Leben oder ob sie schon auf dem Geisterpfad gewandelt sind - kannst du das verstehen?"

Doch gerade, als ihr Gesichtsausdruck sich auf verstehende Weise verändern wollte, ließ ein für Feste Hand vollkommen fremder Laut ihn auf der Stelle herumfahren. Und wieder ertönte dieser fremdartige Laut, der sich anhörte, als ob, ja, als ob jemand einem Wolfsrüden während seines Geheuls seine Männlichkeit stahl.

Von vielen anderen Seiten wurde dieses grelle, lang gezogene Geheul nun erwidert, und bevor sich Feste Hand noch ein Bild von dem machen konnte, was ihn gerade so gefangen nahm, riss ihn Honigtau auch schon zu Boden. „Kiowa!", zischte sie ihn angsterfüllt an.

„Kiowa?"

Er hatte von diesen seltsamen, aber unglaublich stolzen Kriegern bereits gehört, denen in ihrer Eitelkeit ihr Aussehen während eines Kampfes wichtiger zu sein schien als ihre Gesundheit. Sein Großvater hatte ihm viel von den Witapahatu, den Kiowa, erzählt, da sich alle Erwachsenen noch sehr gut an ein sehr unschönes Ereignis vor nicht einmal zehn Sommern erinnern konnten. Während einer Friedensverhandlung wurde ein Kiowa aufgrund seiner schlimmen Taten von den Lakota im Streit erschlagen. Ohne Frage - er hatte es verdient. Doch wenig später wurden die Kiowa von den Lakota aus dem Gebiet der Paha Sapa dann endgültig vertrieben. Seither ging man sich aus dem

Wege und war nicht besonders gut aufeinander zu sprechen. - Feste Hand erschrak innerlich. Was würde nun mit ihm geschehen, falls die fremden Krieger, die das Lager überfielen, die Oberhand gewinnen sollten, da er doch ein Lakota war?

Inzwischen mischten sich in die schrillen Kriegsrufe der Kiowa auch die wütenden Kriegsrufe der Pawnee mit ein. Nach dem Lärm zu urteilen, schien im Zentrum des Dorfes ein richtiger Kampf entbrannt zu sein, aber noch konnte Feste Hand aus seiner jetzigen Position nichts Genaueres erkennen. Nur undeutliche Silhouetten von kämpfenden Gruppen warfen dem Knaben ihre Schatten entgegen. Vielleicht war das sogar die beste Gelegenheit für ihn, unentdeckt aus dem Lager der Pawnee entfliehen zu können? Aber schnell verwarf er diesen Gedanken wieder, denn gerade als einer der verhassten Lakota hätte er kaum Chancen gehabt, sich seinen Weg durch die Linien der Kiowa zu bahnen. „Wie sehr sind die Kiowa eigentlich mit den Pawnee verfeindet?", wollte er von Honigtau wissen, die mit ihm gemeinsam durch ein halb nacktes Weidengebüsch lugte.

„Sehr!" Beide sahen sich sofort um. Lachend blickte ein Reiter mit wirrer, vom Kampf zerwühlter Haartracht, mit fast schon lustig kleinen, schwarzen Augen und einem sehr dünnen, lang gezogenen Oberlippenbärtchen auf die beiden erschrockenen Pawnee hinab. Denn nichts anderes war Feste Hand für den Anführer der Kiowa, der ihn, nach seiner Kleidung zu urteilen, nie als einen Lakota erkannt hätte.

Das junge Kiowamädchen, über dessen trauriges Schicksal er bereits im Bilde war, saß mit ihrem wiedergefundenen Strahlen in den Augen auf einem blau-schwarzen Mustang neben ihrem Vater und zwei seiner Krieger. Obwohl es auch die Feinde von Feste Hand waren, musste er doch zugeben, dass sie, genau wie die Lakota, sehr edel aussahen, bis auf ihre albernen Perlenketten, die einige auf beiden Seiten ihres Kopfes trugen.

Bevor Feste Hand und Honigtau in der Lage waren zu reagieren, um sich schleunigst dem Zugriff der Kiowa zu entziehen, sprangen die beiden anderen Krieger bereits von ihren Mustangs herunter und warfen die beiden sich verzweifelt wehrenden jungen Pawnee quer über die Rücken ihrer Tiere. Ehe es sich Feste Hand versah, jagte der Krieger, der ihn gefangen genommen hatte, bereits mit ihm davon.

Der wilde, unbequeme Galopp des Kiowamustangs wollte und wollte kein Ende nehmen, und bei dem harten Auf und Ab des Pferderückens begannen seine Eingeweide, sich schon kräftig zu wehren. Aus den Augenwinkeln heraus sah er mit zunehmend schmerzendem Kopf nun Honigtau, die sich in derselben unbequemen Lage wie er befand. Auf die Geräusche der Hufe achtend, erkannte der Junge recht bald, dass sich die übrigen Kiowakrieger ihrem Anführer wieder angeschlossen haben mussten.

Die Hoffnungen und Gedanken des Jungen eilten nun in alle erdenklichen Richtungen davon. Wie weit, wie viele Tagesreisen lag das Lager der Kiowa von dem der Pawnee entfernt? Wie sollte er, nachdem er es vielleicht schaffen würde, den Kiowa zu entkommen, an den Pawnee vorbeikommen? Hatte er überhaupt noch eine Chance, jemals wieder nach Hause zu kommen? Honigtau! Er konnte sie unmöglich in den Händen der Kiowa zurücklassen. Wie sollte er fliehen, ohne seinen Adlerschwinge, den niemand einzuholen vermochte?

Zwischenzeitlich hatte sich aufgrund seiner beschwerlichen Lage so viel Blut in seinem nach unten hängendem Kopf angesammelt, dass er sein Bewusstsein verlor und nichts mehr von der schmerzenden Jagd zu spüren brauchte …

Ein nicht enden wollendes, vorsichtiges Stubsen und Rütteln ließ ihn wieder erwachen. Es war bereits dunkel, als sich Trauriger Himmel zu ihm hinuntergebeugt hatte, um nach ihm zu sehen. Trauriger Himmel, die junge Kiowa mit der ungewöhnlichen Augenfarbe des sommerlichen Himmels und dem in ihren Augen wohnenden, traurigen Blick, sprach ihn leise und zurückhaltend an. „Sei ohne Sorge, mein Mund bleibt verschlossen, und niemand wird erfahren, von mir jedenfalls nicht, wer du wirklich bist!"

Ihrem fragendem Blick zur Seite folgend, sah er neben der gebundenen Honigtau noch jemanden, den er hier nicht vermutet hätte. Doch Kleiner Fuchs sah nur beschämt zu Boden, da Trauriger Himmel seine Gedanken wohl erraten hatte.

„Was habt ihr mit uns vor?", wollte Feste Hand wissen, der nicht gewillt war, seine Neugierde zurückzuhalten.

„Ich weiß es nicht, aber sobald ich etwas erfahren habe, lass ich es dich wissen." Die beiden anderen gefangenen Pawnee würdigte sie mit keinem einzigen Blick, da sie nur Feste Hand, aufgrund ihrer gemeinsamen Vergangenheit bei den Feinden, eine gewisse Sympathie entgegenzubringen imstande war.

Als sich das Mädchen wenig später wieder bei ihrem Vater und seinen Kriegern niedersetzte, war niemand der drei Gefangenen mehr in der Lage, den Worten, ja, nicht einmal den Gesten ihrer Entführer zu folgen. Diesen so sonderbaren und vollkommen anderen Dialekt hätte selbst der weise Büffelrücken nicht enträtseln können. Nur vereinzelte und äußerst seltene neugierige Blicke auf die drei Pawnee und die notwendige Kontrolle, der ihnen immer noch nicht abgenommenen Fesseln deuteten darauf hin, dass sie von den Kiowa noch nicht vergessen worden waren. Lediglich wenn sie darum baten, sich erleichtern zu dürfen, oder wenn man ihnen Nahrung reichte, wurden ihnen die Fesseln abgenommen, doch verzichtete man bereits ab dem zweiten Tag, während sie rasteten, ihnen die Füße zusammenzubinden.

Ansonsten ließ man sie in Ruhe, ohne sich in irgendeiner Form an ihnen zu vergehen, und schenkte ihnen keine weitere Beachtung.

Gegen Mittag des zweiten Tages nach ihrer Gefangennahme schien die Kiowa etwas zu beunruhigen. Immer blieb die gesamte Gruppe stehen und spähte zurück.

„Es sind bestimmt unsere Krieger, die sie verfolgen. Nun bekommen sie es mit der Angst zu tun!", frohlockte Kleiner Fuchs.

„Das glaube ich kaum, du stinkender Pawneefuchs! Eine andere Gruppe unserer Krieger legt schon seit mehreren Tagen eine falsche Spur, welcher eure dummen Männer einfach nur nachtrotten!", lachte ihn Trauriger Himmel vergnügt an.

Sichtlich getroffen, senkte Kleiner Fuchs seinen Blick.

„Sieh nur!", wurde Feste Hand von Honigtau angesprochen, die seit ihrer Gefangennahme das erste Mal wieder etwas gesagt hatte.

Er folgte ihrem lächelnden Blick in Richtung der zurückliegenden offenen Prärie. Auch Feste Hand musste nun unweigerlich lachen, als er sah, wie mehrere Kiowakrieger immer wieder versuchten, einen einzelnen freien Mustang einzufangen. Immer wieder kreisten sie ihn ein und warfen ihre Schlingen aus, aber geschmeidig wie eine Raubkatze entzog sich der wunderschöne, braun-weiß gefleckte Pinto jedes Mal seinen Verfolgern. Fast machte es den Eindruck, als ob Adlerschwinge Gefallen an dem lustigen Treiben mit den Kiowa hätte, da er sie immer wieder foppte und aufs Neue herausforderte.

168

Nach unzähligen, vergeblichen Anläufen gaben die Krieger ihr Vorhaben auf und schlossen sich wieder der wartenden Gruppe an. Feste Hand lachte erleichtert und aus vollem Herzen auf, als er sah, wie Adlerschwinge seinem Namen alle Ehre machte und sich lautlos, wie auf Zehenspitzen tänzelnd, von hinten der Gruppe von Kriegern näherte. Als sich die Krieger umsahen, um nach dem Grund zu sehen, weshalb sich der fremde Knabe so schelmisch freute, war es bereits zu spät. Mit heraustretenden Augen sah Einsame Feder direkt in das furchteinflößende, große und zum Zubeißen weit aufgesperrte Maul des fremden Pintos.

Der nervenzerreißende und eines Kriegers sehr unwürdige Schmerzenslaut hallte weit über die Plains, und während Einsame Feder sich seine schmerzende Schulter rieb, umgab ihn das schadenfrohe und ausgelassene Gelächter seiner Gefährten. Doch schnell hatte Einsame Feder sich und seine schmerzende Schulter wieder unter Kontrolle. Ohne weiter zu zögern, zog er einen Pfeil aus seinem Köcher, legte auf Adlerschwinge an und spannte die Sehne seines Bogens.

„Hiya!" - „Nein!", schrie Feste Hand aus voller Kehle heraus.

Augenblicklich senkte Einsame Feder den Bogen, und genau wie alle seine Stammesbrüder durchbohrten Feste Hand nun die grimmigen Blicke seiner Feinde, denn dieses Nein war ihnen nicht im Caddo der Pawnee zu Ohren gekommen.

„Lakota!", schrien fast alle Kiowa aufgeregt und aus voller Kehle, ihre Kriegskeulen dabei gleichzeitig erhebend.

Die Brust von Feste Hand schwoll an vor Stolz, als er nickte und mit trotziger Stimme verkündete: „Oh ja, ich bin ein Lakota!"

Gerade wollten sich schon die ersten Krieger auf den jungen Mann stürzen, denn von diesem Moment an sollte er für sie nun kein Knabe mehr sein, da trat Trauriger Himmel, befehlend wie ein Häuptling, schützend vor Feste Hand. „Halt! Lasst ihn und seinen Mustang in Frieden! Er ist lange schon kein Lakota mehr!"

Fragende und misstrauische Blicke richteten sich nun auf die Lippen des Knaben.

Welche Worte mochten wohl die nächsten sein, die sie formen würden?

Der fast flehende Blick von Trauriger Himmel traf auf den dankbaren Blick des Lakotaknaben.

Doch konnte Feste Hand sein Herz verraten?

169

„Ihr schmutzigen Kiowahunde, meine Väter hätten euch alle erschlagen sollen, da eure Ahnen es wagten, auch nur einen einzigen eurer widerlichen und stinkenden Haufen in die Büsche unserer Paha Sapa zu setzen! Scheißer! Nichts anderes seid ihr! Eingebildete, dumme, kleine Scheißer!" Feste Hand steigerte sich wie ein Besessener in seine Beschimpfungen und Flüche hinein, bis ihm irgendwann die Puste ausgehen sollte und er sich, nach Luft ringend, notgedrungen wieder etwas beruhigen musste.

„Das hättest du dir sparen können", erwiderte Trauriger Himmel lächelnd, „sie haben nicht ein Wort verstanden!"

„Dann übersetze es!", schrie er sie an.

„Aber wie denn? Ich spreche kein Lakota, nur Kiowa und Pawnee!"

Mürrisch sah er sich nach allen Seiten um, bis sein Blick auf Honigtau fiel. Sie jedenfalls hatte es verstanden und grinste ihren Lakotakrieger sichtlich verliebt an.

Unglaublich stolz war sie auf ihn, der sich jetzt schon wie ein tapferer Krieger der Pawnee verhalten hatte.

„Jedenfalls hast du nun alle Missverständnisse ausgeräumt", begann Trauriger Himmel aufs Neue. „Die andern beiden werden nur als Sklaven gehalten werden oder wir verkaufen sie vielleicht auch an die Comanchen. Du aber hast soeben dein Leben verschenkt. Du Idiot! Hättest du nicht in Caddo fluchen können?" Trauriger Himmel wandte sich mit einem verständnislosen Kopfschütteln von dem Lakota ab und reihte sich enttäuscht wieder hinter ihrem Vater ein.

Zwischen den verachtenden und bösen Blicken der Kiowa hindurch, versuchte Feste Hand noch einmal, seinen Adlerschwinge zu entdecken, aber der war wie vom Erdboden verschlungen und ließ sich auch am nächsten Tag nicht mehr in der Nähe der Kiowa sehen.

„Was werden sie mit dir machen?", flüsterte Honigtau ihm in der darauf folgenden Nacht fragend zu.

„Sie werden ihn braten, bis er ganz und gar gut durch ist! Was denkst du denn?", mischte sich Kleiner Fuchs mit ein. „Warum hast du auch nicht den Mund gehalten!"

Selbst Kleiner Fuchs schien in diesem Moment ehrlich besorgt um ihn zu sein, denn er hatte alle früheren Streitigkeiten in den Hintergrund gedrängt, zumal er nicht vergessen konnte, dass Feste Hand im Winter die Jacke mit ihm getauscht hatte.

„Aber was hätte ich denn machen sollen? Sie wollten meinen Adlerschwinge erschießen!", rechtfertigte sich Feste Hand. „Er ist doch mein Bruder, und ich, ich bin ein Lakota, und das kann und will ich nicht verleugnen!"

„Ruhe da!" Auch wenn die drei es nicht verstanden, was ihnen der Wache haltende Kiowa herüberrief, der Stein, der Feste Hand sehr unsanft an seiner rechten Schläfe traf, machte jede Übersetzung überflüssig.

Das leichte, warme Kitzeln, welches sich von seiner brennenden Schläfe an seiner rechten Gesichtshälfte herabzog, ließ Feste Hand sich ruhig verhalten und auf dem weichen Präriegras der Länge nach ausstrecken. Über sich sah er das beruhigende Funkeln der Sterne, die nur für ihn strahlten und glitzerten, und schon bald würden sie ihm den Weg zu seinen Ahnen weisen, und dann dürfte er auch seinen leiblichen Vater treffen. Vor allem er sollte sich in den kommenden Tagen im Kreis ihrer Ahnen nicht für Feste Hand schämen müssen! Er, der junge Lakota, hatte wie ein Krieger seinen Feinden tapfer die Stirn geboten. Irgendwie machte ihn das unglaublich stolz. Was würden sich erst die Kiowa in den kommenden langen Winternächten von ihm, dem halbwüchsigen Lakota, erzählen? Keiner würde behaupten können, dass er feige den Schwanz eingeklemmt und wie ein Pawnee um sein Leben gewimmert hätte, oh nein! - Wieso nur verspürte er keine Angst, fragte er sich laufend, während er von einem leichten Dämmerzustand langsam in einen tiefen und erholsamen Schlaf verfiel.

Es begann zu regnen, oder was war das Nasse und Feuchte in seinem Gesicht, was Feste Hand erwachen und die Augen öffnen ließ? Zähne! Zwei wunderschöne, breite Reihen blendend weißer Zähne grinsten ihn fast schon an. Behutsam setzte sich Feste Hand auf und sah nach dem wachenden Kiowakrieger. Dieser stand aber nur breitbeinig, mit auf die Brust gesenktem Kopf, an einem Baum gelehnt und musste ohne Frage ein kleines Nickerchen halten, denn sonst hätte er sofort Alarm geschlagen, sobald Adlerschwinge sich ihm auch nur auf Rufweite genähert hätte. Gleichmäßig hob und senkte sich der Brustkorb von Einsame Feder, der mehr als jeder andere Grund dazu hatte, den Lakota und seinen verrückten Hengst zu hassen. Immer öfter riefen jetzt seine Gefährten, mit einem spöttischen Unterton, seinen neuen Namen: „Den

171

der Mustang beißt", und der schien Einsame Feder überhaupt nicht zu gefallen.

Etwas zögerlich streckte Feste Hand seinem Pony die gebundenen Hände entgegen. Zumindest war es einen Versuch wert. Das Tier verstand. Behutsam begann Adlerschwinge, auf den Riemen herumzukauen und ließ sein breites und scharfes Gebiss immer wieder auf der gleichen Stelle hin und her mahlen. Feste Hand konnte es kaum glauben, aber die Riemen begannen, sich tatsächlich zu lockern. Immer wieder sah er sich um, ob auch niemand der Kiowa ihn und seinen Mustang beobachtete. Aber alles blieb ruhig.

Er konnte es kaum fassen, denn schon nach einer kleinen Weile sollten seine Fesseln nachgeben und zwei Enden des zerkauten Riemens fielen einfach von seinen Handgelenken ab. Langsam und ohne den geringsten Laut erhob er sich und wollte sich gerade auf seinen Mustang schwingen, um sich schleunigst aus dem Staub zu machen, denn säße er erst einmal auf der offenen Prärie auf dem Rücken seines Bruders, könnte ihn kein Kiowa aus dieser Welt mehr einfangen. Ungewollt fiel sein Blick jedoch noch einmal auf Honigtau. Es zerriss ihn innerlich. Was sollte er nur tun? Sie zurücklassen?

Und daneben? Daneben lag zusammengekauert im Schlaf, sogar ein wenig sabbernd und Blasen pustend, Kleiner Fuchs. Sollte er ihn in seiner Sabber etwa ertrinken lassen? Aber jeden Moment konnte Den der Mustang beißt aus seinem Halbschlaf erwachen. Oder etwa nicht? Ein absolut wahnwitziger Gedanke, der nur dem unerschrockenen Geist eines Lakota entspringen konnte, verschaffte sich ungehinderten Zugang in das Bewusstsein von Feste Hand. Zart streichelte er den gewaltigen Kopf seines treuen Vierbeiners und gebot ihm zu warten, während er sich wie ein Schatten lautlos auf den Kiowa zubewegte. So tief und fest konnte Den der Mustang beißt doch gar nicht schlafen, oder verstellte dieser sich nur, um sich für seinen neuen Namen mit einem verheerenden Hieb seines Tomahawks an dem Knaben zu rächen?

Endlich. Feste Hand stand jetzt neben dem schlafenden Krieger, der keinerlei ernsthafte Anstalten machte, zu erwachen. Wie der Sohn des Nordwinds, mit eiskalter und todbringender Geschwindigkeit, durchschnitt er die Kehle des Kiowa, nachdem er ihm sein Messer aus dem Gürtel gestohlen hatte.

172

Den der Mustang beißt riss seine Augen auf. Während er mit seiner Linken in die blutroten Sturzbäche an seine Kehle griff, stützte er sich in seinem nach Atem gurgelnden Todeskampf mit der rechten Hand auf der Schulter von Feste Hand ab.

Nur zu gern hätte Feste Hand den Siegesruf der Lakota ausgestoßen, nachdem er seinen ersten erbeuteten und noch frisch tropfenden Skalp in den Händen hielt. „Niemand, hörst du, niemand legt einen Pfeil auf meinen Mustang an!"

Doch Den der Mustang beißt war unglaublich zäh. Bewegungsunfähig und immer noch lautlos nach Luft ringend, tat er seine letzten Schnaufer, um mit brechenden Augen den Knaben mit seinem kostbaren Skalp davoneilen zu sehen.

Zaghaft presste Feste Hand Honigtau seine eine, sauber gebliebene Hand auf den Mund, bis sie ängstlich, aber ohne einen Laut von sich zu geben, die Augen öffnete.

Auf ein grienendes Kopfnicken hin, hielt sie ihm ihre gebundenen Hände entgegen und erhob sich anschließend mit der gleichen lautlosen Leichtigkeit wie ein geübter Krieger.

Fast gleichzeitig schauten beide übereinstimmend auf Kleiner Fuchs, der, noch immer genüsslich sabbernd, seinen wirren Träumen nachjagte. Erstaunt sah er Feste Hand und Honigtau an, die sich, seinen Mund bedeckend, über ihn gebeugt hatten und auch ihn von den fesselnden Riemen befreiten.

„Komm schon, oder willst du erst ausschlafen?", forderte ihn Honigtau flüsternd auf, sich zu erheben, da er mit ungläubigen Augen noch nicht begriffen hatte, dass Feste Hand auch ihn soeben befreit hatte.

„Ich dachte, du hasst mich?"

Kleiner Fuchs sah Feste Hand fragend an.

„Niemand, nicht mal ein Pawnee, so wie du einer bist", lächelte dieser verschmitzt, „verdient es, als Sklave für diese eitlen Deppen zu schuften! So, und nun komm!"

Seinen Adlerschwinge führend, erreichte Feste Hand auf Zehenspitzen und gefolgt von den beiden Pawnee, die im Halbschlaf dahindämmernde Ponyherde der Kiowa. Eingehend studierte Feste Hand seine Umgebung. Er konnte es nicht fassen, dass sich die Kiowa so sicher fühlten und es nicht einmal für notwendig erachteten, eine Wache bei den Ponys aufzustellen. Sie mussten doch mit den Pawnee rechnen, die sicher schon ihren Irrtum bemerkt hatten und nicht mehr der falschen Fährte folgten. Wieso nur konnten sie sich so sorglos schlafen legen? Hatten sie etwa Angst, sie könnten bei zu wenig Schlaf Augenränder bekommen? Feste Hand war schon richtig grantig, da er zu gern gewusst hätte, was in den Köpfen dieser fremden Krieger vorging. Aber das sollte wohl für immer ein Rätsel für ihn bleiben. Noch einmal sah er sich um. „Sucht euch einen aus!", gab er ihnen mit nichts als einer Kopfbewegung zu verstehen. Er selbst saß bereits auf seinem Adlerschwinge, um im Notfall sofort reagieren zu können, musste sich aber wundern, mit welcher Gelassenheit sich die beiden Pawnee ihre Tiere auswählten. In aller Ruhe sahen sie sich die Ponys an, bis sie endlich jeder ein geeignetes Tier gefunden hatten. Feste Hand konnte es kaum glauben. Sie benahmen sich schlimmer als die Lakota! Aber als er beide fest auf den Mustangs sitzen sah, stieß er aus vollem Hals den leidenschaftlichen und lang ersehnten Kriegsruf der Lakota aus. Auch wenn es ihm im Angesicht seines jugendlichen Leichtsinns noch nicht zustand, so reichte es dennoch aus, um die Ponys in alle Richtungen zu zerstreuen. Er freute sich und sah erleichtert seine Honigtau bereits gen Norden davonstürmen, als ihn der Kriegsruf der immer noch trägen, aber trotzdem schon erwachten Kiowa ein letztes Mal zurückschauen ließ. Er lachte vergnügt auf und wollte ihnen gerade eine neue Beleidigung entgegenschleudern, als er mit Entsetzen Zeuge wurde, wie Kleiner Fuchs, von einem Pfeil in der Schulter getroffen, von seinem so sorgfältig ausgewählten Mustang stürzte. Ohne zu zögern oder an die mit Sicherheit katastrophalen Folgen zu denken, stürmte er mit Adlerschwinge auf den Pawnee zu, der gerade dabei war, sich mit verzerrtem Gesichtsausdruck wieder auf die Beine zu stellen. „Komm, greif zu!" Mit einem dankbaren Lächeln hielt Kleiner Fuchs ihm seinen Arm entgegen. Schon während er Adlerschwinge davonstürmen ließ, zog Feste Hand, den Schwung seines Mustangs nutzend, den vor Schmerz laut aufschreienden Kleiner Fuchs hinter sich auf seinen Mustang.

Wie der Adler, der sich im Sturzflug auf seine Beute stürzt, schnellte Adlerschwinge auf die nächtliche Prärie hinaus und entzog sich und seine beiden Reiter so dem sicheren Tod. Erst als das Glühen der Frühlingssonne fern im Osten die ersten Schatten auf den Plains erwachen ließ, hielt Feste Hand seinen Mustang an. Behutsam hob er den schon stark geschwächten Kleiner Fuchs von Adlerschwinge herunter.

„Ich muss unbedingt die Pfeilspitze aus deiner linken Schulter herausschneiden, weißt du das?"

Kleiner Fuchs nickte nur. Doch dann griff er mit seiner Rechten nach dem Unterarm von Feste Hand. „Warum tust du das? Du könntest mich doch einfach hier liegen lassen!"

„Damit sich die Wölfe und Kojoten an deinem stinkenden Kadaver den Magen versauen? Sag mal, spinnst du?"

„Danke!"

Während Feste Hand sich um Kleiner Fuchs kümmerte, hatte er kaum Zeit, um nach Süden, in Richtung der Kiowajagdgründe zu blicken. Inständig hoffte er, dass es Honigtau gelungen war, zu entkommen. Jeden Moment, während er dabei war, die Pfeilspitze aus der Schulter von Kleiner Fuchs herauszuschneiden, erwartete er den Angriff der Kiowa. Doch dieser sollte ausbleiben. Wieso nur? Sie mussten ihm doch schon dicht auf den Fersen sein?

Mit einer gewissen Art von Hochachtung, auch wenn es ihm für einen Lakota schwerfiel, solch ein Gefühl für einen Nichtlakota zu empfinden, registrierte sein Geist aber doch die unbeschreibliche Tapferkeit von Kleiner Fuchs.

„Du willst doch nach Hause! Nun geh schon, bevor unsere Krieger kommen!" Kleiner Fuchs hatte seinen Schmerz tatsächlich im Griff, und während Feste Hand ihn notdürftig verband, versuchte der Pawnee, ihn dazu zu bewegen, sich endlich davonzumachen.

„Und was ist, wenn eure Krieger immer noch der falschen Spur nachjagen?"

Kleiner Fuchs konnte, nachdem das Geschoss entfernt war, sogar ein wenig lächeln. „Das würde nicht einmal euch passieren!", dann sackte er mit einem leichten Schmunzeln ins Land der Träume.

Kurzerhand hiefte Feste Hand Kleiner Fuchs auf Adlerschwinge und setzte sich, ihn sicher haltend, dieses Mal hinter ihm auf seinen Mustang. Immer wieder drehte er sich um, aber nichts ließ darauf schließen, dass sie von den Kiowa verfolgt wurden. Er verstand es nicht, und das machte ihn nervös.

In der Ferne, weit im Norden und für das ungeübte Auge kaum sichtbar, nahm er die vagen Umrisse eines fremden Reiters wahr. Dies konnte nur Honigtau sein, und das Herz von Feste Hand begann, mit freudiger Aufregung heftig zu schlagen.

Doch was war das?

Jetzt sah er, dass sich aus allen anderen Richtungen sternenförmig weitere Reiter auf ihn und Kleiner Fuchs zubewegten. Nun erst, in diesem Moment, wurde ihm schlagartig klar, dass er seine einzige greifbare Chance auf eine erfolgreiche Flucht und damit die Möglichkeit, seine Verwandten jemals wiederzusehen, leichtfertig vertan hatte. Und das alles wegen - wegen eines rotznäsigen und im Schlaf sabbernden Pawneeknaben. Er hatte sich wohl oder übel geirrt, denn der erste aus Norden kommende Reiter war sicherlich Zwei Herzen, der Kiowahäuptling, Vater von Trauriger Himmel.

Im leichten Trab, Kleiner Fuchs sorgsam haltend, behielt er seine Richtung weiterhin bei. Es gab keine Möglichkeit mehr, zu irgendeiner Seite hin auszubrechen, da die Kiowa den Ring um ihn herum immer enger zogen.

Aber wenn er schon seinem Schöpfer und seinen Ahnen gegenübertreten sollte, dann wenigstens aufrecht. Waffen, bis auf das erbeutete Messer von Den der Mustang beißt, hatte er keine. Aber es musste eben reichen, um ehrenvoll von dieser Welt zu gehen.

„He!" Er wartete. „He, Kleiner Fuchs!"

„Mhm?"

„Bist du bereit?"

„Wozu? Hast du mich nicht schon genug gequält?"

„Ich würde dich gern noch viel länger und ausgiebiger weiterquälen, aber wir bekommen Besuch!"

Mit größter Anstrengung hob der immer noch nicht ganz wache Kleiner Fuchs seinen Kopf. „Von wem denn?" fragte er und blickte im Kreis in die Ferne. „Was soll das, warum erschreckst du mich so?" Er ließ seinen Kopf wieder vornüber sacken.

Feste Hand verstand nicht, wie Kleiner Fuchs so ruhig bleiben konnte, dieser war doch nur ein Pawnee, und er sah nun selber etwas eingehender den näherkommenden Feinden ins Auge.

Ein Blitz aus gemischten Gefühlen schlug auf den jungen Lakota ein. Es waren seine Feinde, so viel war sicher, aber in einer Form des kleineren Übels, welches ihn erneut heimsuchen sollte.

Wenig später stand Adlerherz, auf seinem Mustang sitzend, dem Jungen gegenüber. „Keiner wollte mir glauben, aber ich habe es immer gewusst!"

„So? Was denn?", wollte Feste Hand von Adlerherz wissen, der liebevoll die Hand seiner Tochter ergriff, die voller Stolz auf ihren Schützling, den unbezwingbaren und wilden Lakota blickte.
„Honigtau hat uns bereits alles berichtet!"
„Es tut mir aufrichtig leid", näherte sich Gebrochener Halm, „dass ich
es wagte, dir zu misstrauen!" Er hob seinen Sohn behutsam von Adlerschwinge herunter, um ihn auf seinem eigenen Mustang selbst halten zu
können.
„Nun denn, dann lasst uns heimreiten, da die Reihe unserer Tapferen ab
sofort wieder etwas breiter geworden ist!", sagte Gebrochener Halm
und blickte auf den verwirrten Knaben der Lakota.
Schweigend ritt Feste Hand, flankiert zu seiner Rechten von der
strahlenden Honigtau und zu seiner Linken von dem überglücklichen
und dankbaren Gebrochener Halm. „Hier!" Gebrochener Halm reichte
ihm einen recht großen Streifen getrockneten Büffelfleisches. „Du
musst doch völlig ausgehungert sein!"
„Mhm!"

13.

Während einer ihrer gemeinsamen Spaziergänge wurde der Gesichtsausdruck Honigtaus ernster. „Du willst fort! Ich habe es immer gespürt,
dass du eines Tages gehen würdest, aber ich dachte immer …" Sie sah
aus, als ob sich die Schleusen in ihren Augen jeden Moment öffnen
würden.
„Ich bin ein Lakota, ich muss frei sein! Deine Leute behandeln mich
seit den Kiowa wie einen der Ihren, sie sind sehr nett. Du bist nett."
„Ach, das bin ich zu dir? Du findest mich also nett?", schluchzte
Honigtau und rannte eilig in Richtung ihrer Hütte davon.
„Was ist mit dir? Du hattest mich doch gefragt!"
Ein paar Mal rief er ihr noch ihren Namen hinterher, aber das Mädchen
reagierte nicht mehr.
Was hat sie nur, fragte sich Feste Hand. Natürlich fand er sie nett, für
eine Pawnee sogar sehr nett. Das konnte es also nicht gewesen sein,
und dass er an seine Familie dachte, war doch wohl normal, deshalb
konnte sie ihm auch nicht böse sein. Nur dass er frei sein wollte, hatte

er erwähnt. Er hatte aber mit keiner Silbe verlauten lassen, dass er zu fliehen beabsichtigte, denn das dürfte er nicht einmal ihr anvertrauen.

„Oh ja, das ist schon eine verzwickte Sache mit den Weibern", scherzte Schwarzer Wolf, der in Begleitung mit dem lachenden Adlerherz zufällig vorüberkam. Feste Hand hatte immer noch Schwierigkeiten, Schwarzer Wolf mit seinem Akzent zu verstehen. Doch er schien zu begreifen, was dieser ihm damit sagen wollte.

Der Junge wurde nachdenklich. Er hatte in Honigtau nie mehr als nur einen sehr guten Freund gesehen, zumal er noch gar nicht in dem Alter war, glaubte er, wo es für ihn von Bedeutung hätte sein können. Auch wenn es anders wäre, wäre es doch sinnlos, da er nicht vorhatte zu bleiben, auch wenn sich die Pawnee alle nur erdenklichen Umstände machten, damit er keinen Gedanken an einen Fluchtplan mehr zu verschwenden brauchte.

Feste Hand nickte den beiden Männern zu und schlenderte langsam zur Hütte, in der vor wenigen Augenblicken Honigtau schluchzend verschwunden war. Ein seltsames Gefühl beschlich ihn, als er an Honigtau dachte. Er mochte sie wirklich sehr, oder war es doch mehr als nur ein Mögen? Hatte er ungewollt ihre Gefühle verletzt? Nie wäre ihm in den Sinn gekommen, dass sie seinen Sprachunterricht nicht nur als ein notwendiges und aufgezwungenes Übel betrachten könnte. Bisher hatte er nie darüber nachzudenken brauchen, und sie bei seiner Flucht von den Kiowa nicht zurückzulassen, das war doch etwas ganz anderes. Das hatte doch nichts mit albernen Gefühlen zu tun! Je länger er aber darüber nachdachte, desto flauer wurde es ihm in seinem Magen. Es stimmte, er war gern mit ihr zusammen, fast schon zu gern, stellte er fest.

Benommen trat er ein. „Es tut mir leid. Auch ich mag dich sehr!"

Honigtau sah ihn mit geröteten Augen an, aber sie lächelte. „Ich werde dir helfen!"

„Das tust du ständig, seit sie mich hier festhalten."

„Nein, niemand soll dich mehr festhalten, auch ich habe kein Recht dazu! - Im nächsten Mond, wenn die Nachtfröste gehen, werde ich dir helfen, von hier zu fliehen!"

Feste Hand war überrascht. „Das würdest du für mich tun?"

„Oh ja, mein kleiner, wilder Lakota!"

Der Mond, in dem die Kälber geboren werden, hatte Einzug gehalten. Die Tage wurden spürbar länger und die Nächte milder. Die eisigen Winde waren gemeinsam mit dem Nordriesen vom Sonnenboten vertrieben worden, und fast war es so, als könne man im Säuseln des Frühlingswindes das frische Präriegras wachsen hören. Die Lärchen in den Niederungen zeigten bereits ihr hell und freundlich leuchtendes Grün. Prall mit Schmelzwasser gefüllt, floss der kleine Bach wie ein richtiger Strom am Lager der Pawnee vorbei. Das übermütige Gezwitscher der zu neuem Leben erwachten Singvögel und das Summen der Insekten verbreitete unter den schon wärmenden Strahlen der Frühlingssonne ein allgemeines Hochgefühl im Dorf von Adlerherz. Nichts und niemand konnte in der Lage sein, dieses Glücksgefühl zu zerstören!

Selbst Feste Hand war mit Aussicht auf sein baldiges Fortkommen von diesem Frühlingserwachen mit angesteckt worden. Zuversichtlich blickte er wieder einmal gedankenverloren in nordwestliche Richtung. Seit er von Honigtau Hilfe zu erwarten hatte, hatte er die quälenden Fragen, was aus seinen Angehörigen geworden sei, von sich gewiesen. Er setzte einfach voraus, dass es ihnen gut gehen würde und sie sich bereits auf dem Weg in die Ebene befanden. In seinen Gedanken sah er an der Spitze der heimkehrenden Lalota seinen Großvater majestätisch voranschreiten.

Flankiert und unter dem Schutz der Präriedachse, bewegte sich der lange Zug gen Osten. Schritt für Schritt kamen sie ihrer Heimat immer näher und verringerten gleichermaßen die große Entfernung, die ihn von den Seinen so viele Monde zu trennen vermochte.

„Es wird Zeit für dich!" Honigtau - wie ein Geist hatte sie sich lautlos dem träumenden Knaben genähert. Stumm sah er das Mädchen mit einem wehmütigen Blick an.

„Heute Abend werden sich alle Menschen um meinen Vater und Maiskorn versammeln, das Fest zur Rückkehr der Sonne beginnt bei Einbruch der Dunkelheit. Morgen werden alle Skedee den aufgehenden Morgenstern begrüßen. Eine derartige Gelegenheit wird es für dich vorläufig nicht mehr geben! Sag einfach, du bist krank, so wird dich niemand auf dem Fest vermissen."

Nur mit einem angedeuteten, dankbaren Nicken erhob sich Feste Hand und begab sich in seine Hütte. Mit einem sonderbaren Gefühl legte er sich auf sein Lager.

Es war so weit. Endlich war der Tag gekommen, an dem er doch noch nach Hause konnte! Wieso nur zersprang ihm vor Freude nicht das Herz, fragte er sich die ganze Zeit.

„Oh, mon dieu, Fessde And, du liegst krank auf deinem Lagehr?"
Der Junge blickte zur Seite. Schwarzer Wolf kam in Begleitung von Maiskorn, um sich nach seinem Befinden zu erkundigen. Honigtau, fiel es ihm ein. Sie verlor tatsächlich keine Zeit, um seine Flucht vorzubereiten. Maiskorn blickte ein wenig misstrauisch zu dem Jungen hinunter, strafte sich aufgrund der zurückliegenden Ereignisse aber selber für sein Misstrauen. Vorsichtig befühlte er die Stirn des Knaben.
„Hat Feste Hand Schmerzen?"
„In meinem Inneren!" Das sagte alles und auch gar nichts. Eigentlich sah er doch gesund aus, aber wer weiß, von welchem Geist er besucht wurde. Mochte sein, der Knabe wollte auch nicht darüber sprechen. Maiskorn respektierte das.
„Heute Abend beginnt unser Fest, ich hatte gehofft, dass du mit uns feiern würdest!" Maiskorn sah den Jungen fragend an.
„Ich danke euch für die Freundlichkeit, aber ich versichere euch, es wird noch viele Feste geben, die wir gemeinsam feiern werden! Vielleicht geht es mir heute Abend ja auch schon wieder besser."
„Nun gut!" Maiskorn wandte sich zum Gehen um.
„Gute Besserüng, mein kleiner Kriegöhr!" Freundlich und mit einem Winken verabschiedete sich Schwarzer Wolf, der bei den Pawnee eine neue Heimat gefunden hatte. Feste Hand freute sich für den jungen schwarzen Mann, aber schmerzlich wurde ihm bewusst, dass er, sobald er das Lager verlassen hatte, wieder ein Lakota war. Schwarzer Wolf würde von nun an sein Feind sein, und auch wenn ihm dieser Gedanke widerstrebte, so änderte es doch nichts an der Realität.
Sein Feind - immer wieder dachte er darüber nach. War Adlerherz sein Feind? Der, der ihn wie seinen eigenen Sohn aufgenommen hatte? War Honigtau sein Feind? Kleiner Fuchs? War Gelber Huf sein Feind? Oh ja, Feste Hand lächelte auf seinem Krankenbett. Gelber Huf war sein Feind!
Adlerherz trat, fast so wie es Feste Hand erwartet hatte, in Begleitung seiner Tochter ein. Er sah Feste Hand schelmisch von der Seite an und blickte dann abwechselnd zu seiner Tochter und dann wieder zu ihm.
„Honigtau hat darum gebeten, bei dir zu bleiben, natürlich nur, falls du

etwas brauchst!" Als ob er nichts weiter zu tun hätte, setzte sich Adlerherz an das Lager des Knaben und tat ganz belanglos. „Ach ja, der Platte führt dieses Frühjahr ungewöhnlich viel Schmelzwasser mit sich, wusstest du das? Unsere Krieger meinten, es gibt nur wenige Stellen, wo man ihn gefahrlos überwinden kann. Am günstigsten solle es wohl da sein, wo er sich in den nördlichen und südlichen Arm zerteilt."
Adlerherz erhob sich und ging ein paar Schritte in Richtung des Ausgangs, bevor er noch einmal stehen blieb. „Ich hoffe, es geht dir bald wieder besser und - und wir bleiben Freunde?"
Feste Hand zuckte zusammen und richtete sich erschrocken von seinem Lager auf. Hatte Honigtau geplaudert oder konnte Adlerherz nur Eins und Eins zusammenzählen? „Danke, natürlich bleiben wir Freunde!"
„Du hast unsere Sprache schnell gelernt!"
„Ich hatte ja auch eine gute Lehrerin!", entgegnete Feste Hand.
„Oh ja, meine Tochter ist schon ein recht ungewöhnliches Mädchen!"
Beschämt und wieder mit geröteten Wangen blickte Honigtau zu Boden. Es war ihr schon immer recht unangenehm gewesen, wenn man in ihrem Beisein so über sie sprach.
„Bis wir uns wiedersehen, Kleiner Wicasa Wakan?"
„Bis wir uns wiedersehen, Adlerherz!"
Der Häuptling verließ seine Hütte und Feste Hand blickte fragend zu Honigtau.
„Ich habe ihm nichts gesagt! Ehrlich nicht!", beantwortete sie im Vorfeld die unausgesprochene Frage.
„Woher weiß er es dann?"
„Er weiß es, weil er zwei Augen im Kopf hat und weil er überlegt, weil er mein Vater ist, weil er der Häuptling ist. Er weiß es eben!"
„Und er unternimmt nichts dagegen?"
„Warum sollte er? Er weiß jetzt, dass du deine Zauberkräfte nie gegen ihn und unser Volk einsetzen würdest!"
Bis es dann endlich dämmern sollte, saßen die beiden einfach nur schweigend nebeneinander in der dunklen Hütte von Adlerherz. Vom Dorfplatz herüber hörte man das Trommeln und die feierlichen Gesänge der Bewohner. Niemand kümmerte sich mehr um Feste Hand, da alle mit ihren Gedanken nur noch bei dem Frühlingsfest waren. Selbst Gelber Huf ahnte nichts von dem Vorhaben des Lakota und frohlockte schadenfroh in seiner Boshaftigkeit über den kranken Zustand des

Jungen. Endlich einmal konnte er sich ganz sorglos bewegen, ohne ständig einen Gedanken an diesen verfluchten Bengel verschwenden zu müssen, der, seiner Meinung nach, nur darauf wartete, zu entfliehen. Aber anstatt tatsächlich endlich abzuhauen, machte er sich lieber lieb Kind bei Gebrochener Halm, bei Maiskorn und bei Adlerherz. Wer konnte sagen, wen er als Nächstes mit seiner einnehmenden Art einfängt! Geister hin, Geister her, er würde es niemals schaffen zu entkommen, solange er lebte! Gelber Huf lachte böse in sich hinein und gab sich wieder völlig extatisch den Tänzen und Gesängen seines Volkes hin.

Die Zeit verrann und der Moment der Flucht rückte unaufhaltsam näher. „Es ist so weit, komm!", forderte Honigtau Feste Hand auf, ihr zu folgen. Der Junge nahm seine wenigen Sachen an sich und folgte dem Mädchen, welches geschickt zwischen den langen, flackernden Schatten der Erdhütten hindurchhuschte. Das Fest schien an Intensität noch zugenommen zu haben. Alles, was sich außerhalb des großen und hoch lodernden Lagerfeuers befand, blieb den Augen der feiernden Pawnee verborgen. Dennoch bewegte sich Honigtau mit äußerster Wachsamkeit zur Herde der Mustangs. Adlerschwinge stand schon bereit. Honigtau hatte alles genau vorbereitet und löste vorsichtig ein Stück Grassode aus dem feuchten Prärieboden, um ein zusammengeschnürtes Bündel darunter hervorzuholen. „Hier, für dich! Niemand soll sagen können, die Pawnee hätten dich hungern lassen!"

Schweigend nahm er dankbar das viel zu große Bündel an sich. „Hauptsache sie sagen nicht: Seht mal, die Pawnee haben ihn gemästet!" Lautlos warf er Adlerschwinge seine Decke über, die Honigtau für ihn angefertigt hatte. Alles, was er hatte, war schnell an Adlerschwinge befestigt. Er brauchte sich nur noch auf seinen Rücken zu schwingen und davoneilen. Aber es gab noch etwas zu tun. Wie oder was sollte er Honigtau sagen, um ihr zu danken? Etwas bohrte in ihm, und er fand nicht die Worte, die er sich so viele Male schon zurechtgelegt hatte.

Schweigend standen sich die beiden gegenüber. Kleine, silberne Perlen glitzerten im hindurchbrechenden Mondlicht auf den Wangen des Mädchens.

„Ich weiß nicht, was ich sagen soll - ich habe dir so viel zu verdanken!"

„Rede nicht, kleine Natter, mach endlich, dass du fortkommst!",
schluchzte Honigtau.

Entgegen seiner Natur und seinem anerzogenen Ehrenkodex, zog er
Honigtau zu sich heran und nahm sie, natürlich nur wie eine Schwester,
in den Arm. Sturzbäche von Tränen platzten augenblicklich aus ihren
Augen heraus und bahnten sich unaufhaltsam ihren Weg.

„Tust du mir noch einen Gefallen?", fragte er das Mädchen.

„Sag schon, was willst du noch?"

„Würdest du hierauf aufpassen? Eines Tages komme ich wieder, um sie
zu holen!"

Staunend und mit weit geöffnetem Mund nahm sie die Halskette mit
den Zähnen und Krallen des Schwarzbären entgegen. „Ist sie nicht viel
zu wertvoll für dich, als dass du sie mir einfach geben willst?", fragte
sie vorsichtig. „Warum? Ich habe dich doch nur gebeten, darauf acht-
zugeben." Irgendetwas wollte Feste Hand ihr von sich da lassen und
ihm fiel nichts anderes ein, da er doch auch weiter nichts besaß. Und es
sollte vor allem etwas sein, was ihm lieb und teuer war, sonst hätte es
doch keinen Wert.

„Nun mach endlich, dass du fortkommst, bevor noch jemand etwas
merkt!"

Schweren Herzens bestieg Feste Hand Adlerschwinge. „Wir sehen uns
wieder!"

„Wir sehen uns wieder, und pass auf dich auf!"

Ein letztes Mal drehte er sich nach ihr um und schaute zurück. Neben
ihr tauchte ein kleiner Schatten auf, der zum Abschied grüßend seine
rechte Hand hob. „Kleiner Fuchs!", hauchte Feste Hand in die dunkle
Nachtluft hinein und erhob ebenfalls seine rechte Hand für einen letzten
Gruß, um wenig später langsam mit der Dunkelheit der Plains zu verschmelzen.

Allein und verlassen starrte das Mädchen dem nun für sie nicht mehr
sichtbaren Knaben hinterher und befühlte vorsichtig jedes einzelne Teil
der Kette, als könne sie auseinanderfallen. Gleich, als sie ihn das erste
Mal sah, diesen arroganten Lakotabengel, da fiel ihr sofort die Bärenkette ins Auge. Die Frage, ob nur Neugierde, reges Interesse oder Bewunderung im Spiel war, konnte sie sich damals selber nicht beantworten. Vielleicht war da aber auch noch etwas anderes mit im
Spiel. Ein Gefühl, welches sie in der Gegenwart der Knaben ihres

Dorfes zuvor noch nie gespürt hatte. Eines Tages, eines Tages würde er sie sich wiederholen, so hatte er gesagt. Ob er damit meinte, eines Tages werde ich dich holen? Wieso nur hatte sie ihn nicht danach gefragt?

„Wir sehen ihn wieder!"

Dankbar für die in Worte gefasste Hoffnung sah sie Kleiner Fuchs in die Augen, der tatsächlich auch ein wenig betroffen wirkte.

Feste Hand ließ indessen Adlerschwinge den Weg in der Dunkelheit allein finden. So oft schon hatte er in den vergangenen Monden nach Fluchtwegen Ausschau gehalten und die Wege ausgekundschaftet, dass selbst sein Mustang den richtigen Weg bereits mit verbundenen Augen finden konnte.

Feste Hand war glücklich in der Hoffnung, seine Leute bald wiederzusehen, aber zugleich von einem unguten Gefühl betroffen. Was war nur mit ihm los, fragte er sich. Hatte ihn Honigtau mit einem Zauber belegt? Doch eines Tages, dass stand für ihn fest, würde er sie von den Pawnee rauben, um so allen Pawnee zu zeigen, dass er ewig ein Lakota bleiben würde, der sich nicht umerziehen ließ. Aber war das wirklich der einzige Grund?

14.

Tagelang und unermüdlich verfolgte Igelarsch in fast schon gefährlichem Abstand die Pawnee mit ihrem jungen Gefangenen. Nie die Geduld verlierend, schlich er sich des Nachts empfindlich nahe an das ruhende Lager seiner Feinde heran. Jedes Mal stellte er dann erleichtert fest, dass es Feste Hand noch gut ging.

Von allen Seiten kundschaftete er das Lager immer wieder aus, um eine Lücke zu finden oder darauf zu warten, dass die Pawnee einen Fehler begingen und den Knaben aus den Augen ließen. Igelarsch war bereit, bis zum Äußersten zu gehen und selbst sein Leben für den Sohn seines Freundes zu geben. Aber es nützte niemandem etwas, wenn er sein Leben in einem von vorn herein zum Scheitern verurteilten Befreiungsversuch einfach wegwarf. Lächelnd spielte er mit lockeren und drehenden Handbewegungen mit dem kleinen Wurfbeil, welches er auf der Spur der Verfolgten fand. Sofort hatte er es erkannt. Seit kurzem gehörte es Feste Hand, dem er es wiedergeben würde. Sicher wollte der Junge damit ein Zeichen hinterlassen, denn dass er es verloren haben sollte, kam nicht in Frage. Er war ein Lakota!

Die Tage vergingen wie im Fluge, und wie ein unsichtbarer Schatten hatte es Igelarsch vermocht, den Pawnee bis an ihr Dorf zu folgen. Ständig wartete er auf eine passende Gelegenheit, um den Jungen zurückrauben zu können. Vielleicht konnte er sich irgendwann des Nachts in ihr Lager schleichen?
Immer aus dem Verborgenen, dem Schutz des Unterholzes oder mit Zweigen und Gräsern bewickelt, beobachtete Igelarsch jeden Schritt von Feste Hand. Er wunderte sich. Sie behandelten ihn gut. Was hatte das alles nur zu bedeuten? Auf den ersten Blick sah er auch, dass es für den Knaben unmöglich war zu fliehen, nie war er allein. Stets wurde er von mehreren Knaben umringt oder sogar von einem älteren Krieger begleitet. Am meisten jedoch wunderte sich Igelarsch über ein junges Pawneemädchen. Hübsch war sie und die beiden schienen sich gut zu verstehen, denn Feste Hand verbrachte viel Zeit mit ihr. Fast hatte es den Anschein, als gefiele ihm sein Aufenthalt in dem feindlichen Lager.
Ein schrecklicher Gedanke fuhr Igelarsch während seiner Beobachtungen durch alle Glieder, dass er sich sogar angewidert schütteln musste. Hatten die Pawnee etwa vor, aus dem Schüler ihres Wicasa Wakans einen der ihren zu machen? Gar einen Bauern, der auf den Feldern womöglich Weiberarbeit zu verrichten hatte und unter den Fingernägeln Dreck vom Acker, statt Skalpe an seinen Nähten tragen würde? Das konnte nicht sein! „Oh nein!", beruhigte sich Igelarsch wieder etwas, dazu kannte er den Jungen nur zu gut. Nie würde man einen Lakota wie ihn umerziehen können!
Um wie vieles war es da doch einfacher, die Arbeit eines wahren Kriegers zu verrichten. Einfach nur zu warten, bis die Ernte der Pawnee eingebracht war, und sie dann zu rauben. Das war ehrenhafter, als auf einem Acker im Staub umherzukriechen.
Igelarsch bedauerte es sehr, dass er keinen seiner Gefährten bei sich hatte, der den heimatlichen Zelten eine Nachricht hätte überbringen können. Immer wieder musste er seine Fähigkeiten aufs Neue unter Beweis stellen. Wie lange noch würde er unentdeckt bleiben? Er war

der Einzige, der wusste, wo der Junge festgehalten wurde, und musste unbedingt zurück und mehrere Krieger mitbringen. Wenn sie dann an einem anderen Lagerende Unruhe stiften würden, könnten nur zwei Krieger, mit guten Aussichten auf Erfolg, den Knaben zurückrauben.

Doch die Nächte wurden jetzt bereits empfindlich kühler, und der Krieger beschloss, noch einen letzten Versuch zu wagen, unbemerkt an Feste Hand heranzukommen. Im Schutze des fast schon laublosen Waldes kroch er, dicht an den Boden gepresst, durch dichtes Gebüsch. Igelarsch wartete in seinem Versteck schon seit den frühen Morgenstunden. Hier pflegte Feste Hand für gewöhnlich täglich entlangzulaufen. Er brauchte nur zu warten.

Endlich sollte die Geduld von Igelarsch belohnt werden. Immer dichter kam der Junge seinem Versteck. Doch augenblicklich schlug die Vorfreude des Kriegers wieder in Resignation um. Kaum, dass er mehrere Atemzüge getan hatte, eilten sofort die Knaben des Dorfes auf Feste Hand zu. Ein Streit schien sich anzubahnen. Igelarsch konnte kaum verstehen, worum es ging, denn selbst Feste Hand sprach mit fremder Zunge. Eine wilde Keilerei brach los, Igelarsch freute sich kindisch, denn der kleine, tapfere Lakota steckte nicht nur ein, er kämpfte wie ein Berglöwe und teilte ordentlich aus. Igelarsch sah, wie Feste Hand nach etwas zu greifen schien. Er suchte etwas. Sofort reagierte der Krieger, der die Gedanken des Jungen zu erraten schien, und warf ihm vorsichtig, da alle ihre Augen auf die Kämpfenden gerichtet hatten, das Beil mit dem kurzen Griff direkt in seine Hand, so gezielt, als ob man es ihm genau hineingelegt hatte. Feste Hand griff zu, als er die Waffe zu fassen bekam, und war schon im Begriff auszuholen. Jetzt wäre der Zeitpunkt günstig, fand Igelarsch, richtete sich vorsichtig auf und war schon sprungbereit, dem Knaben zu Hilfe zu eilen und sofort mit ihm durch das Unterholz zu flüchten. Doch das Vorhaben des Lakotakriegers sollte durch das Eingreifen von einem Pawneekrieger vereitelt werden. Igelarsch erkannte ihn sofort wieder. Das war er, der ältere Krieger, der Feste Hand stets folgte wie ein böser Schatten.

Langsam kroch Igelarsch, auf dem Bauch liegend, in sein Versteck zurück. Wenige Schritte von ihm entfernt bewegte sich der Krieger mit Feste Hand nun auf das kleine Gewässer zu. Igelarsch kroch lautlos durch das fast nicht zu durchdringende Gebüsch, bis er sich nur noch wenige Meter von ihnen erneut versteckte, um augenblicklich mit seiner Umgebung zu verschmelzen. Nur durch den Bachlauf getrennt, konnte er sie fast atmen hören, aber wieder keine Silbe verstehen.

Igelarsch fuhr innerlich zusammen. Der Pawnee wirkte bedrohlicher als jemals zuvor, als er nach seinem Messer griff. Jeden Moment, so fürchtete Igelarsch, konnte er sich auf den Knaben werfen. Sofort reagierte der Lakota, als sein Blick auf einen größeren Kiesel genau zu seinen Augen fiel. Vorsichtig nahm er ihn wiegend in die Hand und holte kraftvoll aus, um dem Pawnee den Stein direkt vor die Stirn zu schleudern.

Doch was war das? Wer hielt seinen Arm da fest? Während er warf, blieb er mit dem Ärmel seiner Jacke an einem Ast hängen, der sofort knackend brach. Augenblicklich wurde Igelarsch während seiner Bewegung zu Stein, noch bevor der kraftlos geworfene Kiesel selber klatschend in den Bach fiel. Der Pawnee, aufmerksam geworden, nahm sofort die Hand von seinem Messer und suchte nach der Ursache der Geräusche. Er schaute Igelarsch direkt in die fast zugekniffenen Augen, konnte ihn aber in seiner Tarnung und hinter dem Gewirr aus Zweigen nicht entdecken.

Nur wenige Momente später sprach der Pawnee wieder einige für den Lakota nicht zu verstehende Worte, bevor er sich dann mit bösen Blicken zurückzog. Jetzt, dachte Igelarsch, jetzt konnte er den Jungen holen, als wie aus dem Nichts einer der Knaben auftauchte, mit dem sich Feste Hand vor wenigen Augenblicken noch geprügelt hatte. Sie tauschten ihre Jacken? Missmutig nahm Igelarsch zur Kenntnis, dass Feste Hand ging und nur der Pawneejunge am Ufer zurückblieb.

Es half alle Geduld nichts, und so wartete er noch bis zum Anbruch der Dunkelheit, bevor er sich enttäuscht auf den Heimweg machte. Aber er würde wiederkommen mit seinen Kriegern, um dann den Jungen zu befreien …

Schweigend nahmen die wenigen Stammesangehörigen, die von der seltsamen Krankheit der Wasicun verschont geblieben waren, die Nachricht von Igelarsch auf.

Der Sonnentanz lag nun schon so viele Sonnen zurück, und seither schienen die Sichangu die Krankheit endgültig besiegt zu haben. Niemand erkrankte mehr oder musste den Weg ins Land der vielen Zelte antreten, da das Leben zu ihnen zurückgekehrt war. Nichts deutete bald schon mehr auf die vergangenen Ereignisse hin. Fast nichts, denn die vielen kleinen Narben in den Gesichtern der Menschen, die den Kampf gegen diesen unsichtbaren Feind aus der fremden Welt nicht aufgegeben hatten, würden als mahnende Zeichen für alle sichtbar bleiben.

Das Laub war lange schon von den Bäumen herabgefallen und die ersten Nachtfröste ließen die morgendlichen Schritte Büffelrückens, begleitet von einem harten, fast knirschenden Rascheln, über den Boden gleiten. Als Warnung vor dem weißen Mann ragten in der Ferne die vielen Bestattungsgestelle von Freunden und Verwandten in die frostige Luft, die mit ihrem winterlichen Hauch alles Traurige unter einer dünnen und friedlichen, weiß glitzernden Hülle verborgen hatte.

Die Angehörigen von Feste Hand waren Igelarsch unendlich dankbar für sein umsichtiges Handeln und die Nachricht vom Wohlbefinden ihres zukünftigen Wicasa Wakans.

Badger hatte unter seinem eng anliegenden Bastverband immer noch Schwierigkeiten, frei zu atmen. Aber dankbar über das beruhigende Wissen, dass es Feste Hand gut zu gehen schien, konnte man bis zum Frühjahr warten, ehe man nach Süden ins Land der Wölfe aufbrach. Doch alle wussten es - dies würde ein harter und langer Winter werden, denn niemand hatte im Herbst den Büffel jagen können. Die Vorräte waren fast aufgebraucht, und alle Angehörigen, egal, welchen Alters, würden sich an einer verzweifelten Nahrungssuche beteiligen müssen.

Es hatte geschneit, und der erste Schnee ließ, anders als sein Bruder, der gefrorene Reif, unter seinem weichen, beruhigenden Tuch vieles nicht mehr so hoffnungslos und düster erscheinen. Wie große Unholde hatten die schneebeladenen Tannen ihre Häupter gebeugt, so, als ob sie sich vor den tapferen und überlebenden Sichangu verneigen wollten.

Gedankenversunken fand Badger seinen ältesten Sohn, Feuer in seinen Augen, an der Bestattungsstelle seiner Mutter. Eigentlich wollte er ihn an diesem Morgen mit auf die Jagd nehmen, doch nun fand er ihn in einem anderen Gemütszustand als ursprünglich erwartet. Behutsam legte er stattdessen seinem Sohn, der mit seinen nun fast sechzehn Wintern kein Knabe mehr war, den Arm um die Schulter. „Mein Sohn! Mir fehlt sie auch!"

„Mir auch!", krähte der kleine Adlerstimme, der seinem Vater gefolgt war, da er keine Lust hatte, seiner Mutter und Lacht wie kleines Wasser bei der Hausarbeit zur Hand zu gehen.

„Uns allen fehlt sie!" Auch Wiegendes Gras war gekommen. Sie hatte schon seit dem Morgen gespürt, wie bedrückt Feuer in seinen Augen war. In vielen Dingen waren die Frauen eben schlauer und feinfühliger als die Krieger, die sich stets bemühten, alles unter ihrer rauen Schale zu verbergen. Sie ahnte etwas und wusste genau, was heute für ein Tag war.

„Der erste Schnee!"

Die Stimme von Feuer in seinen Augen brach fast. Mit feuchten Augen blickte der junge Mann zum winterlichen Himmel. „Ob sie uns und auch Feste Hand sieht?"

„Sie und dein Vater! Sie werden immer bei uns sein - wo wir auch sind!"

Nun auch hatte Badger augenblicklich begriffen, was Feuer in seinen Augen zu schaffen machte. Tief sog er die kalte, klare Winterluft in seine Lungen. „Oh ja! Vor dreizehn Wintern wurde dein Bruder Feste Hand geboren, im ersten Schnee. Ich habe es nicht vergessen, aber es schmerzt, denn dann muss ich auch an meinen Bruder denken. Nie werde ich vergessen, wie glücklich er war, als du geboren wurdest!" Badger lachte schmerzhaft. „Und, und er hatte keine Ahnung, als es so weit war. Ich weiß noch, wie wir durchs Lager liefen und überall nach unseren Frauen suchten!"

„Ihr könnt und braucht auch nicht immer alles zu wissen!" Wiegendes Gras lächelte, als sie sich umdrehte, um zum Lager zurückzugehen, und den kleinen Adlerstimme mit sich fort nahm …

Nur sehr langsam verging die Zeit bis zum sehnlichst erwarteten Ende des Mondes des Schneeblinden.

Der erste Samen begann bereits zu sprießen, und man hatte trotz aller Bedenken beschlossen, endlich aufzubrechen, um im Mond, in dem die Kälber geboren werden, Feste Hand zu befreien.

Man plante, rechtzeitig zurück zu sein, um gemeinsam mit den wenigen zurückgebliebenen Kriegern im Frühjahr Jagd auf Tatanka zu machen.

Nur Igelarsch, der die kleine Gruppe anführen würde, Feuer in seinen Augen, Winterwind und Badger mussten genügen, um Feste Hand zurückzuholen.

Mehr Krieger konnte man nicht fortlassen, denn dem Stamm waren nur einundzwanzig bewohnte Zelte und knapp zwanzig kampffähige Männer, einschließlich der noch zu jungen und unerfahrenen Krieger, geblieben.

Sie konnten es sich nicht leisten, auch nur noch einen Mann zu verlieren, daher beschloss Büffelrücken mit den verbliebenen fünfzehn Männern, darunter auch Roter Felsen, das Lager nicht zu verlegen. Hier würde man auf die hoffentlich glückliche Heimkehr der vier Krieger und Feste Hand warten wollen …

In grimmiger Kriegsbemalung und mit all ihren Ehrenabzeichen geschmückt, spähten die vier Lakota aus dem Verborgenen das Lager der Wölfe nun schon seit drei Tagen aus.

Der Mond, in dem die Kälber geboren wurden, hatte bereits begonnen, aber sie konnten weder in der Herde der Mustangs eine Spur von Adlerschwinge entdecken noch den Knaben irgendwo im Lager zu Gesicht bekommen.

„Bist du dir auch ganz sicher, dass es dasselbe Lager ist, in dem du ihn gesehen hast?"

Igelarsch warf Badger darauf aber nur einen wütenden und unmissverständlichen Blick zu. „Ich kann auch nirgends den älteren Krieger entdecken, der ihn immer verfolgte."

Igelarsch wurde von Tag zu Tag ungenießbarer. Seine Gefährten hielten ihn sicher schon für einen Idioten.

„Vielleicht ist er auch krank und kann sein Lager nicht verlassen?", vermutete Winterwind.

Die Männer sahen sich übereinstimmend an, denn dies konnte die einzige Erklärung dafür sein, da kein Zeichen auf die Anwesenheit des Jungen hinzudeuten schien.

„Da, seht!"

Igelarsch deutete aus der Uferböschung heraus auf ein hübsches und nett anzuschauendes Mädchen. Sie kam den vier verborgenen Kriegern immer näher und schickte sich an, aus dem kleinen Bach Wasser zu schöpfen. Sie hatte verweinte Augen und trug …

„Seht, sie trägt die Kette von Feste Hand!"

Feuer in seinen Augen zeigte aufgeregt auf das Pawneemädchen, das fast schon eine junge Frau war, und dann auf seine eigene Kette, die der seines Bruders bis aufs kleinste Detail glich. Was war geschehen?

Feuer in seinen Augen erhob sich lautlos. Niemand außer dem Mädchen befand sich in unmittelbarer Nähe. Ohne weiter auf eine Entscheidung von einem der älteren Krieger zu warten, stürzte er aus der Deckung heraus und warf sich auf die völlig ahnungslose Pawnee. Augenblicklich sprangen auch Badger und Winterwind auf und sahen, wie Igelarsch bereits half, das wild zappelnde Mädchen, so leise wie irgend möglich, ins Gebüsch zu zerren.

Igelarsch, Winterwind und Feuer in seinen Augen hatten alle Hände voll zu tun, das Mädchen festzuhalten. Sie wehrte sich verbissen wie eine Wildkatze mit ihren Zähnen und Krallen. Immer wieder biss sie Feuer in seine Augen in die Hand, da er verzweifelt versuchte, ihr den Mund zu zuhalten.

„Beruhige dich!" Immer wieder versuchte Badger, die Pawnee mit der Zeichensprache und allen möglichen Worten, die ihm auf Caddo in den Sinn kamen, zu beruhigen. Er schien Erfolg zu haben. Endlich, denn die Hand von Feuer in seinen Augen war schon scheußlich in Mitleidenschaft gezogen worden. Doch jetzt schien sie zu verstehen, dass man ihr kein Leid zufügen wollte.

„Hier! Woher hast du sie?" Feuer in seinen Augen deutete zuerst auf ihre Kette und dann auf seine. Honigtau riss ihre geröteten Augen weit auf. Man wollte sie also nicht entführen? Es waren die Angehörigen von Feste Hand. Er hatte ihr von seinem Bruder und ihrem gemeinsamen ersten Bären erzählt. „Du bist Feuer in seinen Augen, ich kenne Feste Hand!"

Die Krieger ließen augenblicklich von der Umklammerung des Mädchens ab. „Du sprichst unsere Sprache?"

„Ich spreche eure Sprache und Feste Hand die meine!", verkündete sie voller Stolz.

„Bitte sag uns, wo ist er? Geht es ihm gut?"

Honigtau blickte, so wie sie es in hunderten von Versuchen geübt hatte, schnippisch schräg nach oben. „Woher soll ich das denn wissen?"

„Was soll das heißen?"

„Er ist fort!"

„Wann?"

Sie lachte. „Vor vier Sonnen, während des Festes! Ich weiß es, denn ich habe ihm geholfen!"

„Wohin ist er gegangen? Wir hätten ihn doch treffen müssen!"

Honigtau bekam einen wässrigen Blick.

„Er macht einen Umweg. In der Gegend, wo der Platte sich teilt, da wird er ihn überqueren, um von dort seine Heimat zu erreichen. - Ich hoffe ihr findet ihn, bevor …"

„Bevor was?"

„Bevor ihn Gelber Huf findet! Ihr müsst euch beeilen!"

Der Blick der Lakota trübte sich. „Wie lange ist Gelber Huf schon fort?"

„Drei Sonnen, aber Feste Hand hat fast eine Sonne Vorsprung!"

Feuer in seinen Augen sah die Pawnee dankbar an. Ohne weiter darüber nachzudenken, berührte er mit seinen Fingerspitzen die Bärenkette.

Honigtau wich zurück. „Nein, nicht! Er gab sie mir! Ich soll auf sie aufpassen. Er versprach, wiederzukommen und sie sich eines Tages zu holen!"

„So, so. Ich verstehe, kleine Schwester!" Feuer in seinen Augen lächelte das Mädchen freundlich an. „Ganz sicher wird mein Bruder mehr als nur die Kette holen wollen!"

„Ganz sicher?" Sie wurde rot, während sie verschmitzt lächelte.

Feste Hand hatte bereits recht früh für einen Lakota seine Wahl getroffen. Aber sie sah schön aus, wenn sie lächelte, und würde sich in spätestens zwei bis drei Sommern vor Verehrern kaum retten können.

„Ich muss jetzt zurück, bevor mich meine Leute vermissen. Geht! Ich warte, bis ihr fort seid!"

Die vier Krieger sahen einander erstaunt an. Feste Hand hatte wirklich eine gute Wahl getroffen!

Während sie wenig später in leicht nordwestlicher Richtung dem Platte zueilten, musste Badger immer wieder grinsend an seinen Sohn denken, der auf so umständliche Weise sein Herz bereits verschenkt hatte, so wie es einst ihm selber und auch Rabbit ergangen war.

Igelarsch trieb die Männer nach jeder noch so kurzen Pause erneut zur Eile an. Er ahnte nichts Gutes, denn immer noch sah er vor sich den hasserfüllten Blick des Pawneekriegers am Bachlauf, als dieser bereit war, sein Messer gegen Feste Hand zu richten. Alle hofften, Gelber Huf abzufangen, bevor es ihm gelang, den Knaben vor ihnen zu finden.

15.

Von Tag zu Tag gewann die Sonne nun immer mehr an Kraft, und fast war Feste Hand so, als könne er sogar das neue Gras wachsen sehen. Doch durfte er sich nicht seinen Träumereien hingeben, und so hielt er ständig an, um von Erhöhungen nach etwaigen Verfolgern Ausschau zu halten. Entweder man hatte davon abgesehen, ihn zu verfolgen, oder aber sie waren so geschickt, dass sie ihm unsichtbar immer näher kamen.

Nur noch wenige Tagesritte trennten ihn von der Stelle, an der man ihn vor fast einem Sommer gefangen nahm. Doch hatte Feste Hand aus seinen Fehlern gelernt und gab sich nicht falschen Hoffnungen hin. Ständig rechnete er damit, dass von irgendwoher ein Pawnee auftauchen könnte, um ihn doch noch zurückzubringen. Die beiläufige Weisung von Adlerherz hatte er berücksichtigt, und er legte darum einen in westlicher Richtung führenden Umweg ein, um den Platte an der besagten Stelle zu durchqueren. Ohne größere Probleme durchschwamm er, an die Mähne von Adlerschwinge geklammert, den breiten und immer noch recht kühlen Fluss.

Prustend und schnaufend schüttelte sich der Mustang, als sie sicher das andere Ufer erreichten. Nun endlich hatte er den nördlichen Platte in seinem Rücken, als er sich in nordöstlicher Richtung auf dem Heimweg befand, und nichts konnte ihn mehr von seinen heimatlichen Zelten trennen. Was würden sie zu Hause wohl sagen, wenn er ihnen von seinen Erlebnissen berichtete? Freudig erregt stellte er sich das Gesicht von Feuer in seinen Augen vor, wenn er ihm seinen ersten Skalp präsentieren würde. Und Mutter, was würde sie wohl sagen? Und erst einmal sein Großvater, der weise Büffelrücken! Sicher würde er nicht lange zaudern und unverzüglich seine Ausbildung zum Wicasa Wakan wieder aufnehmen.

Dann wieder beschlich ihn die Angst des Ungewissen. Würde er überhaupt noch jemanden antreffen, dem er seine Geschichten erzählen konnte? Wie so oft in den letzten Monden, verdrängte er schnell diesen immer wiederkehrenden Spuk aus seinen Gedanken.

Links von ihm breiteten sich inzwischen die fernen Silhouetten der Sand Hills aus. Bedrohlich sahen sie aus, selbst noch aus der Ferne, weshalb er Adlerschwinge schnell ein Zeichen gab, der daraufhin sofort das Tempo anzog. Auch er schien bereits den Duft der Heimat in seinen Nüstern zu spüren und ließ sich bereitwillig zur Eile antreiben.

Der Sonnenbote hatte seinen Zenit lange schon passiert, als Feste Hand noch eine kurze Rast einzulegen gedachte. Bis zum Einbruch der Nacht konnte er dann mit seinem ausgeruhten Mustang noch ein gutes Stück seiner vor ihm liegenden, restlichen Wegstrecke bewältigen. Genüsslich soff das treue Tier an dem kleinen, klaren Bach, an dem er sich niedergelassen hatte. Auf dem Rücken liegend, beobachtete Feste Hand den Himmel und den Zug der Wolken, welcher ihm ein kleines Lächeln entlocken sollte. Immer noch sah er in Gedanken zwischen ihnen die große graue Büffelwolke, die sein Geschick so sehr beeinflusst hatte. Was wäre wohl aus ihm geworden, hätte er sie damals nicht gesehen?

„Mach es dir nicht zu bequem, du stinkende Lakotakröte!"

Augenblicklich stand Feste Hand wieder auf seinen Füßen. Adlerschwinge - er stand viel zu weit entfernt, um sofort seinem Verfolger entfliehen zu können. Ohne Frage hatte sein Mustang mehr an Kraft zuzusetzen, als der von Gelber Huf, der ihn böse und gehässig anfunkelte.

„Kommst du freiwillig mit, oder muss ich dir erst zeigen, wie sehr ich dich hasse?"

„Niemals!", schrie ihn der Junge an.

„Was bildest du dreckiger Bengel dir ein, he? Denkst du, ich reite ohne dich zurück, dass selbst die alten Weiber mit ihren knorrigen Fingern auf mich zeigen werden? Seit du da bist, habe ich nichts als Ärger gehabt, und ich habe keine Lust, ihn noch größer zu machen. Entweder du kommst von alleine mit, oder …"

„Oder was?"

Unmissverständlich griff Gelber Huf nach dem Sitz seines Messers.

„Lebend bringst du mich jedenfalls nicht zurück, du wirst schon sehen, was Maiskorn dann mit dir macht!"

Gelber Huf begann, dreckig zu lachen. „Was sollte er wohl dagegen machen, wenn ich dich schon tot in der Prärie gefunden habe, he?"

Augenblicklich schnellte Gelber Huf nach vorn, um sich auf den Jungen zu stürzen. Geschickt rettete sich dieser mit einem gekonnten

Hechtsprung zur Seite. Immer wieder griff Gelber Huf an und versuchte, den Jungen zu fangen, der sich, geschickt wie eine Raubkatze, dem Zugriff des Kriegers entzog.

Endlich schien Gelber Huf müde zu werden. Er wandte sich um und ging gelassen zu seinem Mustang.

„Was ist, Pawnee-Großvater, bist du schon müde und willst nach Hause reiten, um dich an den schmierigen Röcken der alten Weiber auszuheulen? Hu, hu, hu, Großmütter, ich bin schon zu alt, um selbst einen Lakotaknaben zu fangen!", verhöhnte Feste Hand mit schallendem Gelächter den nach Luft ringenden Krieger.

„Nur Geduld!" Fast schon gemütlich kam Gelber Huf umgehend wieder auf ihn zu. Feste Hand stockte der Atem. War er zu weit gegangen, als er den Krieger verhöhnte? Mit ungebändigter Mordlust in den Augen prüfte Gelber Huf den richtigen Sitz seiner Wurflanze. Wie ein Wolf näherte er sich, leicht hin und her tänzelnd, seinem Opfer.

Feste Hand machte sich bereit, um im rechten Moment beiseite zu springen. Irgendwie musste er dem ersten Angriff ausweichen, um dann, bevor der Krieger seine Lanze erneut auf ihn schleuderte, zu Adlerschwinge zu gelangen. Den Mustang sofort herbeizurufen, traute er sich nicht. Gelber Huf würde nicht zögern, das Tier mit seiner Lanze zu töten, sobald es in sicherer Reichweite wäre.

Gelber Huf kam immer näher. Vorsichtig bewegte sich der Junge rückwärts, um sich der nähernden Bedrohung zu entziehen. Keinen Moment ließ er dabei den Krieger aus den Augen. Alle Sehnen und Muskeln waren bei dem Knaben zum Zerreißen angespannt, sodass er im rechten Moment nur zur Seite zu springen brauchte. Genau verfolgte er, wie sich der Arm des Kriegers nach hinten absenkte. Er holte Schwung. Gleich würde er den Speer auf ihn schleudern.

Gelber Huf warf die Lanze mit aller Kraft auf den Jungen. Feste Hand stolperte ein wenig, er strauchelte, fing sich aber im letzten Augenblick noch ab, doch etwas zu spät. Schnell versuchte, er mit einem Sprung seitlich zu entkommen. Mitten in der Bewegung des Sprunges sah er aus den Augenwinkeln heraus etwas recht Ungewöhnliches. Ein stetig größer werdender, dunkler Schatten tauchte wie eine finstere Wolke hinter Gelber Huf auf. Immer klarer konnte Feste Hand, selbst aus der Bewegung heraus, die Umrisse des Schattens erkennen. Ein Büffel! Ein großer, starker Büffel überrannte von hinten den Pawnee, wendete und baute sich wie ein schützendes Schild zwischen Gelber Huf und Feste Hand auf. Ein dumpfer Schlag gegen die Brust ließ Feste Hand sagen, dass der Wurf des Pawnee ihn trotz aller Bemühungen nicht vollends verfehlt hatte. Mit schmerzverzerrtem Gesicht fiel Feste Hand, von der Wucht der Lanze getroffen, rücklings zu Boden. Noch einmal vermochte er es, seinen Kopf anzuheben, und blickte ein letztes Mal zu dem Krieger auf, der sich humpelnd an dem Büffel vorbeizudrängen versuchte, um seine Waffen zu erreichen. Der Büffel hingegen drehte seinen monströsen Kopf zu Feste Hand und sie sahen einander in die Augen. „Tatanka!" Gerade noch bevor es vor den Augen des Knaben schwarz werden sollte, erkannte er das Tier an seinem abgebrochenen und verdrehten Horn wieder. Dann wurde es finster …

16.

„Sieh nur, Vater, ich glaube, er lebt noch!" Ein Knabe, kaum älter als acht magere, sehr magere Sommer und mit einem Gesicht, übersät mit unzähligen Narben, blickte aufgeregt zu einem neben ihm stehenden, immer noch jungen Krieger. Lange, sorgfältig geflochtene Zöpfe und die Ornamentik an seiner edel gegerbten Beinbekleidung wiesen ihn und seinen Sohn als Lakota vom Stamme der Oglala aus. Auch sein Vater trug auf den etwas hervortretenden, breiten Wangenknochen die deutlichen Male einer überstandenen Krankheit der Wasicun.
Nachdenklich kniete sich der Krieger neben seinen Sohn, zu dem in Unmengen seines getrockneten Blutes am Boden liegenden Knaben. Vorsichtig suchte er gleichfalls nach dem versteckten Schlag seines Herzens, den sein Sohn so sehnlichst unter der verkrusteten Wunde in seiner Brust zu finden versuchte. Der Knabe war blass, viel zu blass. So mussten die Wasicun aussehen, von denen nun immer öfter die Rede war. Traurig schüttelte der Mann den Kopf und verneinte die unausgesprochene Frage.
„Versuch es noch einmal, bitte!"
Der Oglala zog sich eine seiner Coupfedern aus seinem Schopf und hielt den flaumigen Ansatz der Adlerfeder vor die Nase des Knaben.

196

Leicht, kaum wahrnehmbar, bewegte sich der hauchdünne Flaum der Adlerfeder.

„Er ist schon sehr schwach, viel zu schwach. Wenn wir ein oder zwei Sonnen früher hier gewesen wären - dann vielleicht …", bemerkte bedauernd der Krieger.

„Was ist hier nur passiert?"

Ein weiterer Oglala kam eben herbei und sah fragend zu dem am Boden liegenden Jungen, der nur anhand seiner Waffen und seiner Haartracht als Lakota zu erkennen war. Weshalb er die Kleidung der Wölfe trug, würde sich vielleicht klären lassen oder aber immer ein Geheimnis bleiben. Aber dass es sich um einen der ihren handelte, stand für die beiden Krieger fest, da ihrer Meinung nach ein Pawnee diese Verletzungen niemals überleben konnte, denn im Gegensatz zu den Sioux hatten sie viel zu schwache Herzen.

„Hole Wandert Nachts, schnell, sie soll sich den Jungen ansehen", forderte Gute Lanze seinen Sohn auf, der sogleich aufsprang, um die alte und weise Frau ihres Stammes zu holen.

„Sieh nur, er ist immer noch hier!" Der andere Krieger deutete in die Ferne.

„Ja", antwortete Gute Lanze, „er beobachtet uns und passt genau auf. Was denkt Bogenmacher über all das hier?"

„Du lachst mich auch bestimmt nicht aus?"

Gute Lanze sah sich um. Sie waren unter sich. „Nun sprich schon! Ich werde auch ganz bestimmt nicht lachen!"

„Sieh dir den zermalmten Pawnee und den jungen Lakota an, dann weißt du, wer das getan hat. Wir hätten ihn doch nie gefunden, ohne dass …" Bogenmacher brach ab.

„Du meinst, ohne dass uns der alte Büffel hierher lockte?"

Bogenmacher nickte. „Daran dachte ich auch mein Bruder, ich wollte es nur bestätigt wissen!"

„Macht Platz und lasst mich mit dem Jungen allein!"

Eine alte, weißhaarige Frau mit einer rauchigen Stimme, gleich einer Kürbisrassel, trat herbei. Sogleich fing sie an, sich mit dem Knaben zu beschäftigen.

In gebührendem Abstand standen die beiden Oglalabrüder, Bogenmacher und Gute Lanze, auf einer kleinen Erhebung und beobachteten den Büffel.

„Was tut er noch hier?", wollte der Sohn von Gute Lanze wissen, der ebenfalls wieder auf den alten Büffel aufmerksam geworden war.

„Er wacht!"

„Er wacht? Das verstehe ich nicht! Über wen wacht er?"

Mit einem liebevollen Lächeln beugte sich Gute Lanze zu seinem Sohn hinunter und deutete auf Wandert Nachts und den sterbenden Jungen.

„Über ihn wacht er, eines Tages wird Kleiner Biber es verstehen!"

„Ist der sterbende Sichangujunge etwa ein Wicasa Wakan gewesen?"

Erstaunt sahen sich die beiden Männer an. „Er war viel zu jung, allerdings würde das zumindest einiges erklären."

Zärtlich zerwuschelte Gute Lanze die Mähne seines immer noch kränkelnden Sohnes. Auch wenn er nach seiner Krankheit noch nicht wieder voll bei Kräften war, sein Verstand arbeitete jedenfalls ohne Probleme. Gute Lanze war trotz seines gebrochenen Herzens glücklich und dankbar, dass Wakan Tanka ihm wenigstens einen Sohn gelassen hatte. Nur er selber, sein Bruder und sein Sohn waren der traurige, verbliebene Rest einer einst so stolzen neunköpfigen Familie.

Wandert Nachts erhob sich von dem Jungen und forderte die soeben ankommenden, nachgefolgten Stammesangehörigen auf, ihr Lager an Ort und Stelle aufzuschlagen, da sie nicht gedachte, den Sichangu auf ein Travois zu betten.

Mit ernsten Blicken sahen die beiden Brüder, wie die letzten sieben Tipis der einstmals mehr als vierzig Zelte zählenden Stammesgruppe errichtet wurden.

„Dies also sind nun die starken und unbezwingbaren ´Gespaltenen Hörner` der Oglala."

Bogenmacher legte seinem Bruder die Hand auf die Schulter. „Eines Tages, ich sehe es ganz deutlich, da werden die jungen Krieger wieder in Scharen kommen und um eine gute Lanze und um einen starken Bogen bitten. Unser Handwerk wird weiterleben in unseren Söhnen!"

Dankbar sah Gute Lanze seinen Bruder, der nie die Hoffnung zu verlieren schien, an. Gute Lanze sah hingegen nicht so zuversichtlich wie sein Bruder in die Zukunft. Seit mehreren Sonnen schon führte er die Reste seines Stammes auf der Suche nach anderen Lakota vergebens durch die Prärie. Er musste sich mit seinen wenigen Leuten und den sechs verbliebenen Kriegern unbedingt einer anderen Gruppe anschließen, wenn sie überleben wollten. Ständig mied er den Kontakt mit möglichen Feinden. Selbst hinter einer alten, undeutlichen Fährte konnte sich ein Feind verbergen. Nicht einmal einen Geheimnismann hatten sie mehr! Alle waren gegangen. Wie froh waren die Überlebenden, dass Wandert Nachts die Pocken nichts anhaben konnten. Sie war, außer dem fortgegangenen Wicasa Wakan, die Einzige, die sich gleichfalls mit Krankheiten und heilenden Kräutern auskannte. Wenn es also jemand schaffte, den Knaben zurückzuholen, dann war sie es.

Die Nacht brach herein und am folgenden Morgen saß Wandert Nachts immer noch am Lager von Feste Hand. Erstaunlich, nie schien die alte Frau müde zu werden.

Immer wieder kam Kleiner Biber und schaute nach dem Befinden des älteren Jungen, der eine unsichtbare Anziehungskraft auf ihn ausübte. Gleichaltrige Spielgefährten befanden sich nicht mehr im Lager der Gespaltenen Hörner, nur noch zwei wesentlich jüngere und drei ältere Knaben, die fast schon ihren vierzehnten Sommer sahen. Auch waren den Oglala nur drei Mädchen ihrer einst so üppigen Kinderschar geblieben.

Behutsam befühlte die steinalte Frau immer wieder die Stirn des jungen Sichangu. „Sein Nagi will einfach nicht in seinen Körper zurückkehren. Ich weiß nicht, was ich jetzt noch für ihn tun kann …"

Grelle, farbige Blitze flackerten in der ewig andauernden Dunkelheit vor den Augen von Feste Hand. Fast schien es ihm, als würden sie explodieren, um sich hinter dichten Rauchwolken wieder zu verlieren. Undeutlich zeichneten sich in der Ferne die vagen Umrisse eines Büffels ab, wie zuvor, als Gelber Huf seine Lanze auf den Knaben schleuderte.

Eine Stimme! Eine tiefe, klare und warme Stimme drang direkt aus der Mitte der Erscheinung zu Feste Hand hindurch: „Ich bin Tatanka, ein Tiergeist. Dein Blick ist klar und rein und in deiner Brust schlägt das tapfere Herz eines Wicasa Wakans der Lakota, und darum wurdest du auch der Bruder des alten, weisen Büffels. Von nun an will ich dein Schutzgeist sein. So, wie ich dir als schützendes Schild aus den Wolken erschienen bin, so sollst auch du vor deinem Volk stehen. Du bist heute wiedergeboren, und dein neuer Name, den ich dir gebe, wird bald in aller Munde sein! Nun kehre zurück, Wolkenschild, und gehe deinen Weg!"

Wieder Leere, finstere, schwarze Leere.

Schmerzen in der Brust. Trotz der Dunkelheit immer noch ein Flimmern vor den Augen. Das Atmen war kaum möglich. Jeder Luftzug in den Lungen tat entsetzlich weh. „Ich bin Wolkenschild!", stammelte der Junge im halb schlafenden und halb wachen Dämmerzustand.

„Mein Name ist nun Wolkenschild!"

Dann war er wieder still.

„Was sagte er?"

„Sein Name ist Wolkenschild", antwortete Wandert Nachts auf die Frage von Gute Lanze.

„Wird er wieder gesund?"

Noch einmal befühlte Wandert Nachts die Stirn des Jungen. „Jetzt ja, er ist zurückgekehrt. Nun schläft er. Aber es wird dauern. - Lassen wir ihn schlafen!" Zufrieden, mit einem lange vermissten, glücklichen Leuchten in den alten und müden Augen lehnte sich Wandert Nachts an ihr eigenes Schlafgestell zurück und schlief erleichtert ein.

Langsam verließ Gute Lanze das Tipi der alten Geheimnisfrau. Wie gut, dachte er, dass sie mit ihren mehr als einhundert Sommern noch einen so klaren Verstand besaß!

„Nun sieh dir das an! Ist er angewachsen?" Bogenmacher deutete auf den steifbeinig stehenden Büffelbullen, nun nur noch wenige Schritte von ihnen entfernt. Niemand der Oglala verlor auch nur einen Gedanken daran, den alten Büffel womöglich in seinen Kochtopf zu befördern. Aus respektvoller Entfernung wurde er eher mit Ehrfurcht betrachtet. Irgendetwas war anders an diesem Tier, denn es verhielt sich nicht normal, das merkten sogar die wenigen Kinder.

„Sieh nur, jetzt kommt er näher!" Bogenmacher wich vorsichtig einige Schritte zurück.

Gute Lanze griff reflexartig nach dem Arm seines Bruders. „Warte, er will nicht angreifen!"

„Das hat er dir wohl zugezwinkert?", scherzte Bogenmacher.

Der Büffel blieb stehen und schaute den beiden Kriegern direkt und ohne Scheu in die Augen. Es sah so aus, als nickte er ihnen mit seinem Riesenschädel zu, dann schnaufte er kraftvoll, sodass der Staub des Bodens aufwirbelte. Noch einmal sah er zu den beiden Kriegern herüber, bevor er sich umwandte und gemächlichen Schrittes in Richtung der Paha Sapa davontrottete.

„Er weiß es!", flüsterte geheimnisvoll Gute Lanze.

„Er weiß was?"

„Er weiß, dass Wolkenschild bald wieder zu Kräften kommen wird!"

Bogenmacher erwiderte nichts. Hatte sein Bruder vielleicht sogar Recht? Nun, nachdem der alte Büffelbulle gegangen war, trauten sich die beiden Männer endlich näher an den gefallenen Pawnee heran, um ihn sich genauer anzusehen. Ihre erste Annahme bestätigte sich. Unnatürlich verdreht lag er mit gebrochenen Gliedmaßen auf dem Prärieboden. Angewidert wendete sich Bogenmacher ab, als er den aufgeschlitzten Leib des Pawnee betrachtete. Unzählige Fliegenschwärme hatten bereits ihre Eier auf den freiliegenden Gedärmen des Toten abgelegt. Er musste ein grausames Ende gefunden haben, denn die lange, blutige Schleifspur im niedergewälzten Gras sagte den Oglala, dass der Büffel keine Gnade mit seinem Opfer gekannt hatte.

„Ich denke, Kleiner Biber hat Recht gehabt!"

Gute Lanze nickte. „Das denke ich nun auch!"

Seit Tagen schon bewegte sich die kleine Gruppe der Oglala in Richtung ihrer heiligen Schwarzen Berge, immer mit der Hoffnung verbunden, Angehörige der Sieben Ratsfeuer zu finden. Aber nichts deutete auf die Anwesenheit ihrer Verwandten hin. Der Mond der Erdbeeren oder, wie er auch noch genannt wurde, der Mond der Gewitter machte im Mai seinem Namen alle Ehre und bewies, wie in jedem Frühjahr, dass er seine Bezeichnung zu Recht trug.

Unter einer schützenden Büffeldecke lugte, auf einem Travois liegend, ein scheinbar geistesabwesender, fast schon junger Mann hervor. Zum ersten Mal seit vielen, in Nebelschwaden versunkenen Tagen nahm er seine Umgebung wieder richtig wahr. Wo befand er sich? War er inzwischen bei seinem Volk gelandet?

Noch etwas benommen, schlug er die viel zu warme Büffeldecke zurück. Das Erste, was er neben dem noch frischen Frühlingswind, der ihm an diesem noch jungen Morgen entgegenschlug, verspürte, war der warme Atem von Adlerschwinge, der seinem jungen Herrn einen feuchten Willkommensgruß direkt ins Gesicht entgegenschnaubte. Wie ein treuer Hund trottete er neben dem Travois her und wachte über den Jungen.

Wolkenschild wollte sich auf dem Travois aufsetzen, wurde aber von einem ziehenden Schmerz in der Brust sofort davon abgehalten. Vorsichtig schob er sein Hinterteil etwas höher, was ihm das Sitzen erleichtern sollte.

Kleiner Biber war Wolkenschild, seit er ihn gefunden hatte, ebenfalls nicht mehr von der Seite gewichen, und so war er auch das erste menschliche Wesen, was ihn begrüßte. Verwundert blickte sich Wolkenschild um, als er den fremden Knaben zu Gesicht bekam. Etwas enttäuscht registrierte er, dass dieser nicht zu seinen Leuten gehörte. Aber es waren Lakota, die sich seiner angenommen hatten, nur das zählte im Moment!

Viele Fragen quälten den Jungen, aber nur eine konnte er bisher für sich selber beantworten: Feste Hand war gestorben und Wolkenschild war geboren worden. Dankbar sprach er ein Gebet an Wakan Tanka, der ihn wieder einmal in Schutz genommen hatte.

Da man auf ihn aufmerksam geworden war, stoppte der Zug.

„Es ist gut, dass Wolkenschild wieder unter uns weilt. Mein Name ist Gute Lanze von den Gespaltenen Hörnern, wir sind Oglala!", stellte sich ihm ein freundlich aussehender Krieger vor. „Meinen Sohn Kleiner Biber kennst du ja bereits."

Der Mann wartete geduldig, bis Wolkenschild erwidern konnte. „Mein Name ist - Wolkenschild, von den Büffelrücken. Ich bin ein Sichangu!"

Die Formalitäten waren somit geklärt, und Gute Lanze setzte sich, gefolgt von seinem Bruder Bogenmacher, zu ihm nieder. Aufgeregt musterten die wenigen Oglala den Knaben der Sichangu, der nur knapp dem Tode entronnen war.

Alle wollten wissen, was es mit ihm auf sich hatte, denn sein Schicksal sowie das ganze Drumherum sorgten in den vergangenen Tagen immer wieder für Gesprächsstoff.

„Will uns Wolkenschild berichten, was ein Knabe, so weit von seinem Volk entfernt, allein auf der Prärie macht?"

Der Junge sah ein wenig betrübt in die Ferne. „Es war am Anfang des vergangenen Sommers. Viele von uns lagen mit der Krankheit der Wasicun auf den Fellen. - Die Pawnee kamen und wir vertrieben sie, wir hatten kaum noch Krieger. Dann nahmen sie mich gefangen. Ich konnte fliehen, man verfolgte mich. Ihr habt mich gefunden. - Ich sehe, auch ihr habt gegen die Krankheit der Wasicun gekämpft und sie besiegt? Ich hoffe, mein Volk hat den bösen Geist der Krankheit auch vertreiben können!"

„Wo lagert dein Volk?", wollte Bogenmacher wissen.

„Oberhalb der Ufer des White River. Ich hatte es fast geschafft, als mich der vefolgende Pawnee stellte." Wolkenschild machte eine Pause, als ihm wieder Gelber Huf in den Sinn kam. Was war aus ihm geworden? Hatte der Büffel ihn vertrieben? Oder ging er sogar den Oglala ins Netz?

„Ihr habt die Spur des Pawnee gefunden?", wollte Wolkenschild wissen. Dem Jungen war nicht der besorgte Blick aufgefallen, als er erwähnte, an welchem Ort sein Volk lagern sollte. Die Krieger gingen auch vorerst nicht weiter darauf ein.

Gute Lanze schmunzelte gequält. „Mehr als nur seine Spur!"

Die Haltung von Wolkenschild straffte sich. „Ihr habt seinen Skalp genommen, nicht wahr?", fragte er freudig erregt.

„Das konnten wir leider nicht mehr. Dein Bruder …", der Krieger verdrehte den Kopf ein wenig zur Seite und lächelte mit fragenden Augen, bevor er weitersprach, „ein alter Büffelbulle hat nichts von ihm übrig gelassen, was sich noch gelohnt hätte, zu skalpieren!"

Mit offenem Mund überkam Wolkenschild die Erkenntnis, dass die letzten Bilder, bevor ihn die Dunkelheit verschlang, nichts mit seinen Fieberträumen gemein hatten. Es war also tatsächlich passiert. Tatanka hatte ihn beschützt.

„Wohin geht ihr?", fragte Wolkenschild nach einer Weile, da er schmerzlich feststellte, dass sich die Gruppe der Oglala in entgegengesetzter Richtung zu dem Sommerlager seines Volkes bewegte.

Bogenmacher erhob sich. „Sieh!"

Wolkenschild wandte sich um, blickte aber nur auf das breite Hinterteil des Mustangs, an dem sein Travois befestigt war. Vorsichtig erhob er sich. Auf wackeligen Beinen blickte er zu der Spitze des haltenden Zuges. Mit fragendem Blick sah er in die Runde.

„Ja, kleiner Krieger, wir sind der Rest der Gespaltenen Hörner. Viele Sommer und Winter werden vergehen, ehe die Zahl unserer Tipis wieder wachsen wird. Wir suchen Verwandte, denen wir uns anschließen können. Wir sind zu wenige. Viel zu wenige! Seit vielen Sonnen sind wir unterwegs. Es scheint fast so, als ob alle Brüder und Schwestern der Sieben Ratsfeuer von der Erde verbannt wurden. Wir können niemanden der Unseren finden, auch nicht an den Ufern des White River!"

Erschrocken blickte Wolkenschild auf Gute Lanze.

Alle Hoffnung, seine Angehörigen wiederzusehen, löste sich sofort in Nichts auf. Was war, wenn es nicht nur seine Leute getroffen hatte, sondern das gesamte Volk von der seltsamen Krankheit hingerafft worden war?

Seine Knie gaben nach und er musste sich wieder setzen. Warum sollte er für sein Volk noch weiterleben müssen, wenn doch alle längst im Land der vielen Zelte waren?

Wie versteinert blickte Wolkenschild durch die wenigen Oglala hindurch. Was sollte er nur tun?

Er war doch noch nicht in der Verfassung, allein die Suche nach seinem Stamm aufzunehmen.

„Ist ja gut!" Eine steinalte Frau bückte sich zu dem Jungen hinunter und wischte ihm vorsichtig den kalten Schweiß von der Stirn. „Wir werden unsere und auch deine Leute schon wiederfinden!"

Wolkenschild nickte nur geistesabwesend. Sagen konnte er nichts mehr, denn der Kloß in seinem Hals schnürte ihm fast die Luft ab.

Fast ziellos irrte die kleine Gruppe der Lakota durch die Prärie. Wieder waren mehrere Tage vergangen, ohne dass sie auch nur eine menschliche Seele antrafen, was die ohnehin schon betrübte Stimmung unter den Oglala nur noch weiter verschlechterte. Einzig der sich täglich bessernde Gesundheitszustand von Wolkenschild gab den Leuten Grund zu neuer Hoffnung.

Doch auch er hatte seit seiner ersten Unterredung mit ihnen nicht mehr das Bedürfnis verspürt, sich mit jemandem zu unterhalten. Teilnahmslos ließ er alles geschehen und nahm, wie ein seelenloser Körper, kaum mehr Notiz von seiner Umgebung. Die Oglala respektierten seinen Wunsch nach innerer Abgeschiedenheit und sprachen nur außerhalb seiner Reichweite über die Dinge und das offensichtliche gemeinsame Schicksal, welches sie mit dem fremden Knaben ihrer Verwandten zu verbinden schien.

Wieder waren Tage der einsamen Wanderung vergangen und Wolkenschild hatte sich immer noch verschlossen, bis eines Abends Bogenmacher freudig an sein Lager trat. „Wir haben Fährten gefunden, von

Lakota! Wir sind also doch nicht allein. Sie sind noch nicht alt und Gute Lanze ist ihnen bereits auf der Spur!"

Die finstere Vorahnung, dass offensichtlich das Schlimmste eingetreten war, was Wolkenschild sich vorstellen konnte, nämlich dass alle Lakota von der Erde fortgefegt waren, stellte sich nun als nicht richtig heraus. Es gab doch noch einige von ihnen. Vielleicht hatten auch die Reste seines Volkes andere Verwandte gesucht und sich mit ihnen zusammengetan?

Wolkenschild sprang auf, und auch wenn es ihm noch schwerfiel, bestieg er Adlerschwinge und eilte Gute Lanze hinterher. Niemand unternahm den Versuch, ihn aufzuhalten. Er war frei und, gut möglich, der letzte Sohn der Büffelrücken.

Schon von weitem erkannte Wolkenschild nach einem kurzen Ritt eine kleinere grasende Herde von Mustangs. Langsam näherte er sich der in zwei Reihen sitzenden Gruppe ihrer Besitzer, die gestikulierend um ein kleines Feuer saß und in eine aufregende Beratung vertieft war. Bisher hatte Wolkenschild nur Krieger unter ihnen erkannt, die Frauen und Kinder schienen woanders zu lagern. Erleichtert stellte er fest, dass sich unter den zahlenmäßig am stärksten vertretenen Oglala auch einige fremde Sichangukrieger befanden. Sogar die weiter nördlich lebenden Hunkpapa, Sans Arc und Miniconjou waren vertreten. In gebührendem Abstand hielt er Adlerschwinge an und wartete geduldig auf Gute Lanze.

Ewigkeiten schienen zu vergehen, während Wolkenschild aus der Entfernung versuchte, Gesprächsfetzen aufzufangen. Er war eigentlich kein Knabe mehr, fast eher schon ein junger Mann, so sah er sich selbst, aber dennoch gehörte es sich nicht, sich den Kriegern weiter zu nähern. Von Unruhen war die Rede. Maisfelder der Arikara und die übermütigen Crow? Wie passte das denn zusammen? Die Blackfeet (*nicht zu verwechseln mit den Algonkin sprechenden Blackfoot*) und die Two Kettle lagerten bereits am Oberen Missouri? Was ging hier vor sich, im Land seiner Väter? Wieso sprachen sie laufend von guten Wasicun Kriegern? Hatten die Wasicun überhaupt Krieger? Sie waren doch alle nur dumme und verachtenswürdige Händler, die nicht einmal in der Lage waren, sich bei Tageslicht zurechtzufinden! Sie sollten Krieger besitzen? Der Gedanke war einfach zu albern, nein, das konnte nicht sein. Und so beschloss Wolkenschild, dass er sich ganz klar verhört haben musste.

Die Verhandlungen gingen fast die ganze Nacht hindurch, und erst als bereits der Morgen dämmerte, löste sich die Versammlung endlich auf. Wolkenschild hatte ausgeharrt. Um nichts in der Welt wollte er als Letzter erfahren, worum es hier ging.

Er hatte ein Recht, es zu erfahren, stand er hier doch stellvertretend für alle Angehörigen seines Volkes!

Gute Lanze lächelte dem Knaben zu, als er sich von einem noch sehr jungen, aber schon viele Coups zählendem Sichangu verabschiedete. Hatte er richtig gehört? Eiserne Muschel? Ein sonderbarer Name, so fand Wolkenschild, den der fremde junge Krieger trug, der dem Jungen nun ebenfalls mit sanftem, wohlwollendem Blick zunickte. Schon lange hatten die Männer Wolkenschild im Schatten der Nacht bemerkt.

Gute Lanze wirkte erleichtert. „Alle Stämme haben sich vereint! Das ist die gute Nachricht. Wir leben noch! Sicher werden sich auch deine Leute den Stämmen angeschlossen haben. Unser Volk muss an zwei Orten zugleich um seine Jagdgründe kämpfen: Im Westen, bei den Big Horns, haben sich die Sieben Ratsfeuer gegen die Stämme der Crow vereinigt. Sie machen uns schwer zu schaffen und versuchen, uns immer weiter auf die Prärien hinauszudrängen. Immer wieder kamen sie und überfielen selbst unsere Dörfer an den Hängen der Paha Sapa. Unsere Krieger haben sie nach vielen Kämpfen bis hinter den Tongue zurückdrängen können. Im Nordosten treten unsere Brüder den Kampf gegen die Arikara an. Sie sind stark und treiben unsere Stämme immer weiter westwärts. Aber niemand weiß, warum dies alles geschieht. - Und etwas, worüber sich viele streiten: Es ist sogar die Rede davon, dass unsere Leute Verhandlungen führen, da sie an der Seite der Wasicun kämpfen sollen. Ein Wasicun-Häuptling namens Leavenworth soll die guten Wasicun anführen. Ich hätte nie gedacht, dass es so viele von ihnen geben kann, dass sie sogar Krieger entsenden können!" Gute Lanze sprach mit dem Jungen, als ob er bereits einen Krieger vor sich hätte und nicht erst einen Knaben von bald nun vierzehn Sommern.

„Ich für meinen Teil denke, dass es nicht gut ist, an der Seite der Wasicun zu kämpfen. Wir waren bereits schon einmal freundlich zu ihnen. Wir beide wissen, wohin es uns geführt hat. Ich denke, wir sollten uns unseren Brüdern in den Big Horns anschließen!"

Wolkenschild hatte aufmerksam zugehört. „Auch ich denke so wie Gute Lanze. Meine Väter würden sich auch nicht mit den Wasicun einlassen. Ich denke, dass ich meine Angehörigen sicher in den Big Horns wiedertreffen werde!"

Jedem im Lager der Oglala fiel die Verwandlung an Wolkenschild auf und dass das Leben, für alle sichtbar, in seine Augen zurückgekehrt war.

Seit der Nachricht von den Unruhen schien die Zeit für Wolkenschild still zu stehen. Es kam ihm so vor, als würden sie sich immer langsamer ihrem Ziel nähern. Selbst die reizvolle Landschaft mit ihren felsigen Hügeln, mit ihrem ständigen Wechsel zwischen der Grassteppe und den vielen Wäldern, die sie nun immer öfter zu durchqueren hatten, ließ ihn nicht auf andere Gedanken kommen. Vor einem Tag hatten sie bereits den Powder River hinter sich gelassen und näherten sich voller Erwartung dem Tongue River, an dessen südlichen Ausläufern sich die Lager der Siouxverbände befinden sollten. Aber es dauerte Wolkenschild einfach zu lange, er musste unbedingt seine Familie wiedertreffen!

Endlich war es dann doch so weit. Ein hochgewachsener Sans Arc Sioux kam ihnen eines Morgens auf seinem Mustang entgegengeritten und begrüßte die sich nähernde Gruppe. „Blutiger Dolch vom Stamm der Sans Arc grüßt seine Brüder vom Stamm der tapferen Oglala, die sich uns im Kampf gegen die räudigen Crowhunde anschließen wollen!"

„Mein Name ist Gute Lanze von den Oglala! Auch wir freuen uns, unsere Brüder hier zu treffen, um gemeinsam mit ihnen den sabbernden Crow-Hunden eine Lektion zu erteilen!"

Blutiger Dolch forderte die Ankommenden freundlich auf, ihm zu folgen. „Ich werde euch sogleich zu eurem Lagerplatz geleiten, dann werden wir reden!"

Der Sans Arc drehte sich um und führte die langsam folgenden Oglala durch ein sich weithin lichtendes Waldstück, welches den Blick auf eine leicht abfallende, dicht bewachsene Böschung frei gab. Tief unter ihnen floss der Tongue dahin, unbeeindruckt von den vielen einzelnen Gruppen von Tipis, die an seinem östlichen Ufer standen. Mehrere Lager ließen deutlich durch ihre Merkmale auf die Besitzer schließen. Aufgeregt suchte Wolkenschild nach den Lagern der Sichangu in der

Hoffnung, die Tipis seiner Verwandten darunter zu finden. Aber selbst für sein scharfes Auge war es unmöglich, Einzelheiten in der Ferne zu erkennen.

Etwas oberhalb, zwischen kleineren Baumgruppen, fast wie auf einem Plateau, sollten die Oglala ihre Tipis in der Böschung errichten. Wolkenschild war recht froh über den ihnen zugewiesenen Lagerplatz, konnte er doch von hier oben das gesamte Lager gut überblicken.

Nach wenigen Momenten standen die sieben letzten Tipis der Gespaltenen Hörner an ihrem Platz. Spärlich sah das kleine Lager aus und, im Vergleich zu einem kaum zweihundert Schritte entfernten, größeren Lager einer Sichangugruppe, fast schon einsam und verlassen. Wolkenschild musterte von seinem guten Standort aus alle Tipis, die sich in dem Lager befanden. Kein Tipi kam ihm jedoch in dem vereinigten Lager der Sichangu irgendwie bekannt vor.

Seine Vorfreude der letzten Tage schlug erneut in Verzweiflung um. Waren seine Leute etwa doch an den Missouri gezogen, um sich gegen die Arikara zu behaupten? Aber Badger und Büffelrücken würden niemals mit den Wasicun gemeinsame Sache machen. Nicht einmal, wenn es darum ginge, sich gegen diese räudigen Pawnee zu verbünden! Doch sollte ihn der Gedanke an die Pawnee nachdenklich werden lassen. Er musste seine Meinung ändern. Nein, nicht alle waren sie räudig, vor allem nicht Honigtau und Adlerherz.

„Kann ich dir bei deiner Suche helfen?"

Wolkenschild sah auf. Der junge Sichangu, den er von der nächtlichen Beratung her kannte, war soeben im Begriff, sich neben ihm ins Gras zu setzen.

„Mein Name ist Iron Shell, die Eiserne Muschel, mein Vater ist auch ein Sichangu, wir leben bei seinem Volk. Meine Mutter ist aber eine Miniconjou. Du suchst deine Verwandten, nicht wahr? Aber wenn du jemanden suchst, dann sieh doch auch einmal in anderen Lagern nach!"

Etwas überrascht sah Wolkenschild den noch jungen, aber reich dekorierten fremden Krieger an.

„Ich kenne dich, du standest doch noch eine Weile nach der nächtlichen Unterredung mit Gute Lanze zusammen!" Wieso beachtete er ihn, den Knaben, überhaupt, fragte sich der Junge. Anstatt mit ihm zu schwatzen, würde er doch sicher viel lieber gegen die Crow ziehen. „Willst du mir etwa bei der Suche helfen?"

„Ich bin doch hier, oder? Komm und hole deinen Mustang! Du hast doch einen, oder?"

Wolkenschild nickte aufgeregt. Erneut von Hoffnung getrieben, war er sofort mit Adlerschwinge zurück. Iron Shell wartete bereits am Rande seines Lagers auf den Jungen.

„Warte, warte, ich möchte auch mit!"

Wolkenschild blickte sich um. Kleiner Biber kam auf seinen dünnen Beinchen angelaufen und streckte Wolkenschild bettelnd seine genauso dünnen Ärmchen entgegen. Wolkenschild musste lachen. Genau so, vor so unendlich langer Zeit, hatte einst Adlerstimme, sein jüngerer Bruder, vor ihm gestanden, als er mit ihm ausreiten wollte. Damals war die Welt noch in Ordnung gewesen, für ihn wie auch für Kleiner Biber, der sich nur schwer endgültig zu erholen schien. „Na los, dann komm schon, kleiner Bruder!"

Trotz seiner mageren, von der Krankheit gezeichneten Gestalt zog dieser sich am Griff von Wolkenschild geschickt hinter ihm auf den Mustang. Stolz blickte er von da oben mit leuchtenden Augen auf seinen Vater und Bogenmacher herab, die das Ganze aus der Ferne beobachtet hatten.

„Er ist ein guter Junge, dieser Sichangu", bemerkte Gute Lanze, als er seinen Sohn mit Wolkenschild in das Lager des befreundeten Stammes reiten sah.

„Ja, mein Bruder, er hat ein wirklich großes und tapferes Herz! Ich wünsche mir für ihn, dass es auch stark genug ist, falls er seine Leute in dieser Welt nicht mehr wiederfindet."

17.

Seit mehreren Sonnenläufen schon folgten die vier Lakota, unter der Führung von Igelarsch, der nur noch schwach zu erkennenden Fährte von Feste Hand. Sie waren beunruhigt, denn es hob sich auch noch eine zweite Fährte neben der ersten ab, und es war ihnen auch nicht mehr möglich zu unterscheiden, ob eine von ihnen bereits älter war.

Endlich, als sie den Platte schon hinter sich gelassen hatten, erregte etwas die Aufmerksamkeit der Krieger. Ein größerer Schwarm Geier umkreiste ganz in der Nähe unter dem tiefen und wolkenverhangenen Himmel seine Mahlzeit. Beides waren wichtige Hinweise, welche die Lakota zu deuten wussten.

Ein Unwetter zog auf und mit ihm würden alle noch existierenden Spuren von der Erde fortgewaschen werden. Mit letzter Kraft hatten ihre schon vollkommen ausgezehrten Mustangs die besagte Stelle dann doch noch erreicht. Ganz offensichtlich hatte an diesem Platz irgendein Geschöpf des Großen Geistes seine letzten Atemzüge getan. Um die Stelle herum waren weit versprengte und sehr deutlich zu erkennende Hufspuren eines gewaltigen Büffels zu finden. Zu ihrer Erleichterung hatten die Geier und Kojoten vorerst noch genügend von jenem undefinierbaren Fleischklumpen, der ihre Aufmerksamkeit erregt hatte, übrig gelassen. Aber wer war das, der hier sein so ruhmloses Ende gefunden hatte? Es war kaum noch etwas zu erkennen. Die Leiche, die unverkennbar von einem Menschen stammte, sah aus, als ob sie jemand ganz bewusst bis zur Unkenntlichkeit zerquetscht hatte.

„Hier!" Winterwind hielt einen kleinen Lederfetzen hoch, der einmal Teil eines Jackenärmels gewesen sein musste. Das Blut an ihm war schon vor Tagen getrocknet. Unverkennbar waren an ihm die Farben der Pawnee nicht zu übersehen.

Igelarsch vermochte nicht zu sagen, ob es sich um Gelber Huf handelte. Der Schädel des unglücklichen Kriegers war mit derartiger Wucht zerschmettert worden, dass er aufgebrochen war und sein Innerstes preisgab. Der Leib war aufgeschlitzt und die herausgerissenen Innereien fehlten bereits.

„Kommt her!" Feuer in seinen Augen winkte seine Gefährten zu sich herüber. „Seht mal, hier! Da stand vor nicht allzu langer Zeit ein Lager!" Man zählte sieben Plätze. Ganz in der Nähe befand sich noch eine markante Stelle, an der der Prärieboden ebenfalls Unmengen von Blut aufgesogen hatte. Fragend sahen sich die Männer an. Was hatte hier stattgefunden?

Badger lief immer wieder zwischen den einzelnen Plätzen mit ihren versteckten Hinweisen hin und her. „Feste Hand lebt noch! Aber er ist verwundet. Wer immer ihn fand, ob es Sichangu oder Oglala waren, sie werden ihn mit sich genommen haben. Der Pawnee dort, so viel steht fest, ist nicht von Menschenhand getötet worden."

„Von Büffeln?", fragte Feuer in seinen Augen angespannt.

„Das, mein Sohn, weiß nur Wakan Tanka! Aber eines ist sicher: Es war, wie gesagt, nichts menschliches. Fast sieht es so aus, als ob ein alter, mächtiger Bulle nicht eher von dem unglücklichen Gelber Huf abließ, ehe er nicht den letzten Tropfen seines Blutes aus ihm heraus-gequetscht hatte!"

„Das Lager hier wurde vor nicht länger als einem, höchstens aber zwei Tagen verlassen", bemerkte Winterwind.

„Wenn wir uns beeilen, haben wir sie bald eingeholt!" Feuer in seinen Augen wollte sofort weiterreiten.

„Wenn wir jetzt keine Rast einlegen, dann werden wir bald alle zu Fuß gehen! Seht euch unsere Mustangs an und ...", Badger deutete nach oben, „... seht zum Himmel!"

Winterwind und Igelarsch pflichteten Badger bei. Es machte tatsächlich keinen Sinn, die Tiere zu Tode zu hetzen. In spätestens ein bis zwei Stunden wäre von der Fährte der abgewanderten kleinen Jagdgruppe sowieso keine Spur mehr zu finden.

Feuer in seinen Augen musste zugeben, dass die älteren Krieger Recht behalten sollten. Als sie nach dem Unwetter aus ihrem Jagdtipi krochen, waren nicht einmal mehr die Hufabdrucke des alten Büffels zu erkennen.

Wie sollte es nun weitergehen? Das Einzige, was sie wussten, war, dass Feste Hand von Lakota in Obhut genommen worden war. Ihnen blieb nichts anderes zu tun, als so lange zu suchen, bis sie die Fährte wieder-finden würden.

Ohne Unterlass durchkreuzten die vier Krieger immer wieder riesige Gebiete der Plains. Keine noch so unwahrscheinliche Möglichkeit, eine Spur zu finden, ließen sie aus. Aber nichts. Je weiter sie sich auch in den letzten Sonnen nach Westen, Norden oder wieder in östliche Richtung wandten, ihre Suche blieb erfolglos.

„Wir haben nicht einmal ein Zeichen einer anderen Gruppe Lakota gefunden!" Igelarsch wirkte besorgt. „Fast sieht es so aus, als ob wir die letzten Lakota in den Plains wären. Wo sind sie nur alle hin?"

Winterwind sah seinen Freund betrübt an, der das ausgesprochen hatte, was ihm schon seit zwei Tagen durch den Kopf ging. Es stimmte, sie hatten ein so ausgedehntes Gebiet durchstreift, da hätte selbst ein Blinder einen Hinweis auf die Anwesenheit von anderen Menschen gefunden.

Plötzlich hielt Feuer in seinen Augen, als wenn er etwas schreckliches gesehen hätte, ruckartig seinen Mustang an. „Die … die Krankheit!", flüsterte er fast schon zu leise, so, als ob er befürchtete, wenn er seine Vermutung laut aussprechen würde, dass sie dann auch wahr werden könnte. Jetzt hielten auch die anderen Krieger erschrocken an. Lag Feuer in seinen Augen mit seiner Annahme etwa gar nicht so daneben? Badger schüttelte nachdenklich seinen Kopf. „Und wenn es auch so wäre, irgendjemand ist doch dagewesen, der Feste Hand mit sich fortnahm, oder? - Na los, kommt, wir suchen weiter!"

Winterwind aber blieb mit seinem Mustang wie angewurzelt stehen.

„Was ist? Nun komm schon!"

„Wartet!"

Die drei Krieger hielten ihre Ponys wieder an und warteten, bis Winterwind langsam zu ihnen aufschloss.

„Ist dir vielleicht eingefallen, wo wir suchen könnten?"

Winterwind nickte, aber er schwieg fürs Erste.

Wie sollte er seine Gedanken in Worte fassen, damit seine Gefährten ihn verstanden? „Ich war nie ein großer Denker, so wie Büffelrücken oder auch Feste Hand", sprach er, „aber …"

„Aber was?" Badger wurde, genau wie die beiden anderen Männer, ungeduldig.

„Es stimmt, jemand hat ihn mit sich fortgenommen! Aber was ist, wenn wir ihn oder sie gar nicht finden können?"

Die drei Krieger verstanden Winterwind nicht.

„Alles, was da ist, lässt sich finden!" Igelarsch lachte seinen Freund fast schon ein wenig aus, da er für ihn immer noch wie in Rätseln sprach.

Winterwind nickte.

„Ja, mein Bruder, du hast Recht, alles was in *dieser* Welt ist, lässt sich auch finden! Kommt es euch nicht auch seltsam vor? Sieben Lagerstätten! Sieben Feuerstellen in deren Mitte!"

„Natürlich, wie sollte es sonst sein! Jedes Tipi hat eine Feuerstelle in der Mitte!"

„Und wenn es nun die Geister waren? Kann es so viele Zufälle geben? Den zerstampften Pawnee! Feste Hand, der ganz offensichtlich Hilfe brauchte! Wir alle wissen, in welcher Verbindung er zu den Kräften steht, die vielen von uns verborgen bleiben! Dann das Lager mit zufällig sieben Tipis?"

„Die Geister?", fragte Igelarsch, nun nicht mehr so belustigt.

„Ja, die Geister der Ahnen! Vielleicht sogar die der alten Sieben Ratsfeuer! Wir wissen nur noch, dass es sie einmal gab. Alle Lakota fühlen sich, seit sie denken können, unter diesem Namen verbunden, aber niemand weiß mehr, wer sie eigentlich waren!"

„Und wenn es nicht so ist?" Badger war sehr ernst geworden. Auch er hielt diese neue Betrachtungsweise nicht für zu abwegig, fürchtete aber, falls sie einem Irrtum unterlagen, die Suche zu früh abgebrochen zu haben.

„Wenn es nicht so ist, dann wird mein kleiner Bruder, wenn er wieder bei Kräften ist, wissen, wo seine Tipis zu finden sind!" Feuer in seinen Augen schien erleichtert, denn so konnte er sich in seinen Gedanken alle Optionen offen halten. „In jedem Fall denke ich, werden wir ihn gesund wiedersehen!"

„Nun gut, dann kehren wir also um!"

Betroffen stellten die Lakota im Lager Büffelrückens fest, dass die vier ausgesandten Krieger ohne Feste Hand heimkehrten. Selbst Büffelrücken schien keine einleuchtende Erklärung für die vergangenen Ereignisse zu haben. „Wir müssen abwarten, er wird heimkehren, wenn die Zeit dafür gekommen ist!", verkündete er mit fester Stimme. Nur zu gut kannten ihn seine Leute, um nicht den tiefen Schmerz und den Unterton unsagbarer Trauer in seiner Stimme zu spüren.

Spät, als der Sonnenbote seinen Lauf schon lange beendet hatte, trat Tanzender Kessel, die Mutter Büffelrückens, an ihren geistesabwesenden Sohn heran. „Du wirst sehen, alles wird gut! Er kommt heim. Ich habe es gesehen. Ich habe es damals gewusst, als mein Enkel mit seinem Bruder fort war, und ich weiß es auch dieses Mal."

„Du hast es gesehen?"

„Ja, ich habe es gesehen, aber mehr kann und darf ich dir nicht sagen! Nur so viel noch: Du wirst dein Amt bald schon in seine Hände legen können!"

Büffelrücken sah seine Mutter erstaunt an. Wusste sie tatsächlich mehr als er selber? Aber er vertraute ihr, denn auch Tanzender Kessel war in der Lage, Dinge zu sehen, die anderen Sterblichen verborgen blieben. Sein Herz begann wieder, etwas ruhiger zu schlagen, denn seine Mutter hatte es vermocht, ihm mit ihrer Offenbarung eine große Last von den

Schultern zu nehmen. Aber wann nur würde er wiederkommen, fragte sich Büffelrücken noch mit seinem letzten Gedanken, bevor er auf seinem Nachtlager endlich einschlafen durfte.

18.

Langsam näherte sich Iron Shell mit seinen beiden jüngeren Begleitern den ersten Tipis am Rande des fremden Lagers der Sichangu.

Das anfänglich nach außen hin so ruhig wirkende Lager war bei näherer Betrachtung lebendiger als ein Ameisenhaufen. Ständig kamen kleinere und auch einige größere Gruppen von Kriegern in das Lager geritten, während zur gleichen Zeit andere Gruppen, mit Kriegsbemalung und bis an die Zähne bewaffnet, es unter ihren Kriegsrufen wieder verließen. Außerhalb des Lagers verbanden sie sich dann mit den Männern der anderen Siouxstämme und eilten gruppenweise über den Tongue in Richtung der nördlichen Big Horns davon.

Nach längeren Kämpfen hatten die Sioux die Crow aus den Big Horns vertreiben können.

Doch die Crow waren hartnäckig, immer wieder versuchten sie, über den Tongue den breiten Belagerungsgürtel zu umgehen. „So leicht werden sie nicht aufgeben, sie kämpfen gut und genauso verbissen wie wir", berichtete Iron Shell. „Erst wenn wir sie im Norden über den Yellowstone getrieben haben, werden sie wohl endlich begreifen, dass wir nicht bereit sind, nachzugeben."

Wolkenschild wurde fast mit angesteckt. Am liebsten wäre er den Kriegern sofort nachgeeilt.

Iron Shell schien die Gedanken des Knaben zu erraten und lenkte seinen Blick schnell in eine andere Richtung. Eingehend begann er nun Auskunft über die einzelnen Behausungen und deren Bewohner zu geben. „Du kommst wohl von sehr weit her, was?", wollte Iron Shell von Wolkenschild wissen.

Der Junge nickte traurig. „Ja, von sehr weit! Meine Leute wohnen während der Sommermonde am White River."

„Du reitest mit den Gespaltenen Hörnern, sind gute Leute, diese Oglala. Gute Lanze hat mir an dem bewussten Abend nur gesagt, dass du deine Leute suchst und so lange Gast in ihren Zelten bist. Dein Volk kämpfte also auch gegen die Krankheit der Wasicun, und nur deshalb kamst du auf Umwegen zu ihnen?"

„Sie fanden mich auf der Prärie, ist´ne lange Geschichte!"

„Dann erzähl schon, wir haben Zeit", forderte Iron Shell den Jungen auf.

Kleiner Biber, hinter dem Rücken Wolkenschilds, riss sogleich voller Neugierde seine Augen weit auf. Zum ersten Mal hörte er nun die komplette Geschichte direkt aus dem Mund des älteren Knaben, der, im Vergleich zu ihm, tatsächlich wie der junge Krieger wirkte, für den sich Wolkenschild, die Kriegsrufe seines Volkes in den Ohren habend, auch zu halten schien.

„Ich erinnere mich noch recht gut", begann Iron Shell, nachdem der Knabe mit seiner Erzählung geendet hatte. „Vor fünf Sommern wütete auch in unseren Zelten die Krankheit der Wasicun. Ich verstehe deinen Kummer. Glaube mir, deine Leute werden diesen Kampf gewinnen, so wie auch meine Leute ihn vor fünf Sommern gewannen. Viele von uns sind gegangen, aber das Volk, deine Familie, besteht weiter! Du kannst Mutter, Vater, Bruder, Großeltern und Freunde verlieren, aber du wirst niemals deine ganze Familie verlieren. Das geht doch gar nicht! Und selbst wenn du stirbst, wird die Familie weiter bestehen!"

Wolkenschild blickte zu dem neben ihm reitenden Krieger. Er hatte recht. Sein Stamm, sie alle waren eine große Familie und mit allen anderen Lakota verwandt. Nie würde er allein sein, solange das Bündnis der Sieben Ratsfeuer alle Lakotastämme vereinte.

Iron Shell lächelte den Jungen an. Er schien verstanden zu haben.

„Sieh, Wolkenschild", fuhr er nach einer Weile fort, „selbst wenn du deine Leute hier nicht findest, dann wirst du sie woanders wiedersehen!"

„Ein Grund mehr für mich, die Crow zu hassen!"

„Ein Grund mehr für dich, die Crow zu hassen?"

Iron Shell runzelte die Stirn. Auch wenn er einen schlauen Kopf hatte, das verstand er nicht.

„Sieh mal, wenn sich meine Leute, die Büffelrücken, tatsächlich den nordöstlichen Stämmen angeschlossen haben, haben die Crow Schuld, dass ich sie am falschen Ende suche! Ohne die Streitereien mit den Crow, gäbe es nicht zwei, sondern nur einen Ort, wo ich sie suchen müsste! Obwohl mein Vater die Wasicun sicher mehr hasst als alle

Pawnee, Arikara und Crow zusammen. Deshalb denke ich, werden sie nicht am Missouri sein."

„Na dann, kleiner Krieger, lass uns weitersuchen!"

Es war bereits abends, als Iron Shell mit den beiden Jungs nach vergeblicher Suche wieder sein eigenes Zelt betrat.

„Vielleicht kommen sie ja noch, nur später!", versuchte Kleiner Biber Wolkenschild aufzumuntern, nachdem sie der Aufforderung des Kriegers folgten und am Feuer Platz nahmen. Doch das hielt selbst Iron Shell für unwahrscheinlich, der nebenbei an einem langen Stock schnitzte.

Schon als Wolkenschild den Krieger das erste Mal sah, war ihm der ungewöhnliche Stock des Mannes aufgefallen, den er immer bei sich zu tragen pflegte.

„Was machst du da?", nahm ihm Kleiner Biber die Frage ab.

„Seht her!" Iron Shell drehte den langen Stab auf die Rückseite. „Hier seht ihr fünf große Kerben. Jede Kerbe steht für einen vergangenen Mond - der Geburt der Kälber, der Gewitter, der Felsenbirnen, der Kirschen und der Pflaumen. Hier vorn schneide ich, wenn der neue Mond beginnt, für jeden Abend, an dem der Mond erscheint, eine Kerbe hinein. Für gewöhnlich ist er so oft zu sehen!" Iron Shell deutete auf mehrere lange Reihen von Kerben, die für die Tage der vergangenen Monate standen. „Und dreimal sehen wir ihn nicht, bevor er neu geboren wird. So weiß ich zu jeder Zeit nicht nur wo, sondern *wann* wir uns befinden!"

Wolkenschild staunte. „Darf ich ihn einmal halten?"

„Nur zu!"

Vorsichtig drehte der Junge den Stab hin und her. „Und mit der heutigen Kerbe dauert es noch elf Tage, bevor der Mond der Pflaumen stirbt?"

„Du hast schnell verstanden", freute sich Iron Shell.

„Aber dann wird es fast unmöglich für mich sein, meine Familie vor dem Winter wiederzufinden!"

Wolkenschild guckte betrübt, doch der soeben eintretende Gute Lanze, dem sein Bruder Bogenmacher folgte, brachte ihn gleich wieder auf andere Gedanken.

Ohne es zu wollen, mussten sie die letzten seiner Worte mit angehört haben und nahmen nun nachdenklich am Feuer Platz. Gute Lanze setzte sich als Erster in ihre Mitte. „Wolkenschild soll wissen, dass er in den Zelten der Gespaltenen Hörner vom Stamm der Oglala immer ein Zuhause haben wird! Wenn sich die Krieger wieder trennen, dann steht es ihm frei, mit den Verbrannten Schenkeln zu ziehen oder auch bei uns zu bleiben."

Überrascht sah Wolkenschild die beiden Oglala dankbar an, um anschließend in die vor Freude strahlenden Augen von Kleiner Biber zu blicken.

„Ich sagte dir doch", wandte sich Iron Shell wieder an den Knaben, „unsere Familie stirbt nie!"

Kleiner Biber zuckte zusammen. Was war das? Durch die Zeltbahn drang kurz vor der Öffnung der Rauchklappe mit reißendem Geräusch eine Pfeilspitze. Baumelnd blieb der Pfeil über den Köpfen der Insassen an seiner Befiederung in der Zeltbahn stecken. Abgedämpfte Schreie und für Wolkenschild fremdartige Kriegsrufe drangen zu ihnen hindurch. Irgendetwas sehr Beunruhigendes schien dort draußen vor sich zu gehen.

Hatten sich die Kämpfe mit den Crow etwa bis in ihr Lager ausgebreitet? Die Männer sahen sich für einen kurzen Augenblick an. Bogenmacher, der dem Ausgang des Tipis am nächsten saß, lugte vorsichtig durch einen Spalt am Rande der Plane. „Crow! Diese frechen Hunde wagen es tatsächlich, unser Lager anzugreifen!"

„Das kann nicht sein!" Iron Shell sprang auf. Er konnte den Worten, selbst jetzt, da sie durch die Kampfesschreie quasi bestätigt wurden, keinen Glauben schenken. „Seit mehreren Sonnen schon halten unsere Krieger die Crow auf der anderen Seite des Tongue in Schach!"

„Es gibt nur eine Erklärung", vermutete Gute Lanze, „sie haben von ihren entfernten Stammesbrüdern - wenn nicht sogar von diesen Durchbohrten Nasen, diesen Nez Perces - Hilfe bekommen, und nun fallen sie uns in den Rücken, um uns in die Zange zu nehmen!"

Alle drei Krieger waren schon im Begriff, aus dem Tipi zu stürzen und sich in das Kampfgetümmel zu werfen, als sich Gute Lanze noch einmal an Wolkenschild wandte: „Ich bitte dich, achte auf Kleiner Biber!" Liebevoll fuhr er seinem Sohn ein letztes Mal durch das zerzauste Haar. „Er ist alles, was mir geblieben ist!"

Die Brust von Wolkenschild schwoll augenblicklich an. „Ich werde ihn zu beschützen wissen!"

Gute Lanze lächelte beim Hinausgehen. „Das weiß ich!"

Sie waren allein. Da der Lärm immer heftiger und lauter wurde, rückte Kleiner Biber, nachdem sein Vater, sein Onkel und Iron Shell gegangen waren, dichter an Wolkenschild heran. Die Wucht des Angriffs schien an Intensität laufend zuzunehmen.

Es kam den beiden Knaben fast so vor, als ob sich der Kampfplatz immer weiter in Richtung ihres Tipis verlagern würde. Eilig löschte Wolkenschild die lodernden Flammen des Lagerfeuers, welches sogleich mit einem lauten Zischen dichte Dampfwolken durch die Rauchöffnung in die kühlere Nachtluft schickte. Als das Innere endlich dunkel war, wagte er, einen ersten Blick durch die Tür ins Freie zu riskieren. Flackernde Feuer von mehreren bereits brennenden Tipis warfen dem Knaben bizarre Schatten der kämpfenden und wütend brüllenden Krieger entgegen.

Es hatte beinahe den Anschein, als ob die Lakota im Kampf unterliegen und Meter um Meter an Boden verlieren würden. Aus dem Dickicht und dem Schutze der Nacht fielen laufend neue Feinde über das Lager der Sioux her, gerade so, als ob sie zu Dutzenden aus unzähligen Erdhörnchenlöchern hervorkriechen würden. Doch begannen, im Gegensatz hierzu, auch immer mehr Lakotakrieger aus den Lagern der anderen Stämme ihre Mustangs gnadenlos die Böschung hinaufzutreiben, um sich wutentbrannt den Angreifern entgegenzuwerfen.

Was sollte er tun? Sie waren mitten im Getümmel. Kaum spürte Wolkenschild vor Erregung, wie Kleiner Biber ihm seine zarte Hand zitternd auf die Schulter legte. Mit einem sandig knirschenden Geräusch fuhr direkt vor dem schon aufgeregt tänzelnden Adlerschwinge - fast unmittelbar vor dem Eingang des Tipis - eine Crowlanze kraftvoll in den Boden.

„Wir müssen hier weg, Kleiner Biber! Komm schnell!" Ohne noch länger zu zögern, stürmte Wolkenschild, gefolgt von Kleiner Biber, den er an seiner Hand hinter sich her zog, ins Freie und zog, aus einem Reflex heraus, die fremde Lanze aus dem Boden. Nur kurz, während er sich auf Adlerschwinge hinaufschwang, ließ er für einen Moment die Hand von Kleiner Bibers los. Er saß bereits oben und hielt dem Jüngeren seine freie Hand hin, als im Bruchteil einer Sekunde Kleiner Biber vor den Augen Wolkenschilds von den Füßen gerissen und wie von einer Sturmböe davongetragen wurde. Erschrocken blickte er dem entschwindenden Oglalajungen hinterher. Schreiend und zappelnd sah er ihn vor einem triumphierenden und lauthals lachenden Crowkrieger quer auf dem fliehenden Mustang liegen - genauso unbequem hatte Wolkenschild auch schon einmal auf einem Kiowamustang liegen müssen. Schnell suchte der Mustang des Crow, den entführten Knaben auf seinem Rücken, zwischen den wie in Extase kämpfenden Kriegern Haken schlagend, das Weite.

Wolkenschild, geschockt und fassungslos und für einen Augenblick nicht fähig, sich zu bewegen, stieß einen aus Wut und Verzweiflung geborenen Entsetzensschrei hervor. Der durch alle Glieder fahrende Schmerz der ersten Schrecksekunde ließ ihn wieder aus seiner Ohnmacht erwachen.

Doch nicht er selbst, sondern Adlerschwinge entschied hingegen, was zu tun war. Erst als ihm der Wind mit dem Geruch von verbrannten Zeltbahnen ins Gesicht schlug und er, eng an den Hals von Adlerschwinge gepresst, durch die Reihen der erbarmungslos kämpfenden Krieger jagte, erwachte sein Verstand wieder zu neuem Leben. Gerade noch vermochte sein scharfes Auge, die noch vage zu erkennende Silhouette des vor ihm her eilenden Crow zu erkennen.

Gedankenfetzen schossen ihm während der Verfolgung durch den Kopf. Was sollte er nur tun, wenn er den Crow tatsächlich stellte? Hatte er, der sich jetzt eher klein und hilflos, denn als ein großer Krieger fühlte, überhaupt eine Chance? „Ich werde ihn zu beschützen wissen …" - hatte er das vielleicht zu unüberlegt und voreilig zum Vater von Kleiner Biber gesagt? Wolkenschild, nach wie vor von wütender Verzweiflung vorwärtsgetrieben, spürte, wie ihm Tränen des in ihm aufkeimenden Zorns entwichen, oder war es nur der beißende Rauch des verbrannten Leders? Was nur sollte er tun, wenn er auf den Crow treffen würde? Er musste Kleiner Biber auf jeden Fall zurückbringen!

Er hatte Gute Lanze versprochen, auf dessen Sohn zu achten. Sicher, niemand konnte im Vorfeld erahnen, dass sie mitten in eine ausgewachsene Schlacht von zwei bis aufs Blut verfeindeten Stämmen geraten würden. Nie mehr würde er jedoch ohne Schande ein Lakotalager betreten können, oder doch? Schließlich war er ja noch ein Knabe. Aber konnte er das vor sich selber auch rechtfertigen?

Sein Griff um die Crowlanze wurde wieder fester. Die Tränen und das Gefühl von hilfloser Ohnmacht drängte er zurück. Nur winzig kleine, dünne Fährten von ihnen, als der Staub ihre Bahnen auf seinen schmutzigen Wangen trocknete, blieben zurück. Es half nichts: Wollte er weiter aufrecht als Lakota mit der nötigen Selbstachtung leben können und nicht als Mädchen hinter vorgehaltener Hand verlacht werden, musste er sich stellen, egal, welchen Preis er für den kurzen Augenblick der Unachtsamkeit auch zu bezahlen hatte.

Wolkenschild fand, trotz seiner von Panik getriebenen Überlegungen, zu seiner inneren Persönlichkeit zurück und wurde wieder ruhiger. Erst jetzt, als er wieder zu sich kam, bemerkte er, dass er sich mit Adlerschwinge schon weit hinter den kämpfenden Linien der Krieger befand. Immer leiser wurde der Lärm der Schlacht und das fahle Mondlicht konnte seinen Weg nur spärlich auf dem fremden Pfad erhellen.

Nur ein paar Meter vor sich hörte er plötzlich in dem vor ihm liegenden, dichten Unterholz den fliehenden Crow wütend schimpfen, da sich der Kleine Biber immer noch mit allen Mitteln gegen seine Entführung zu wehren schien. Mit Genugtuung vernahm Wolkenschild unerwartet einen entsetzlichen Schmerzensschrei des Crow und dessen ungezügelte Flüche über den kleinen Lakota, der zwar im Moment keine allzu starken Muskeln, dafür aber ein unbeschreiblich scharfes Gebiss zu haben schien. Der Angriff mit den Zähnen von Kleiner Biber musste den ahnungslosen Crow völlig unvorbereitet getroffen haben, da er sich sonst sicher nicht zu einem derart unkontrollierten Schmerzenslaut hätte hinreißen lassen.

Bisher schien der arglose Crow seinen Verfolger nicht bemerkt zu haben, doch Wolkenschild wurde trotzdem noch vorsichtiger und zügelte den Schritt seines Mustangs immer wieder aufs Neue. Der Wald lichtete sich wieder etwas, bis er völlig den Blick auf eine große, freie Wiesenfläche freigab, und es schien bald so, als ob der Mond noch weiter an Helligkeit gewonnen hätte, da der Knabe nun weit mehr als nur die schemenhaften Umrisse des Feindes erkennen konnte. Er hielt Adlerschwinge an. Nur noch wenige geschützte Meter trennten ihn von dem Crow, dann brauchte dieser sich einfach nur umzusehen und würde ihn entdecken. Was sollte er nur tun?

Länger warten wollte Wolkenschild nicht. Jeden Moment könnten auch noch die Stammesbrüder des Crow auf der im Mondlicht immer heller werdenden Lichtung auftauchen. Sicher, so vermutete der Knabe, befand er sich seit längerem schon in deren Territorium.

Blitzartig fasste er einen kühnen Entschluss, während er Wakan Tanka und seinen mächtigen Schutzgeist, den alten, weisen Büffel, um Hilfe anrief. Eilig bemühte er sich, Lärm zu machen und auffällig durch brechendes Astwerk zu reiten. Augenblicklich erstarrte der Crow in seiner Bewegung und wandte sich mit erhobener Kriegskeule abwehrbereit den brechenden Zweigen und dem darin auftauchenden Knaben zu. „Bei Ah-badt-dadt-deah!", rief dieser dem fast versteinerten Crow zu. „Nicht so schnell, nimm mich mit!"

Wolkenschild, schon als kleiner Knabe von unstillbarer Neugierde getrieben, vermochte es, sich gerade im rechten Augenblick zu erinnern. Oft hatte er am abendlichen Lagerfeuer seiner Mutter zugehört. Am liebsten hörte er immer wieder die Geschichte, als sein leiblicher Vater seine Mutter aus einem Winterlager entführte. Auch sie war eine geborene Crow und hatte es nicht versäumt, dem wissbegierigen, kleinen Knaben von ihrem Stamm und ihrem Schöpfer zu erzählen. Er hatte sich erinnert: Ah-badt-dadt-deah - so nannten die Crow Wakan Tanka, den Schöpfer allen Lebens.

Der Krieger senkte augenblicklich seine Kriegskeule und verharrte mit fragendem Blick. Alles, was er sah, war ein fast schon junger Mann, der quer vor sich eine Kriegslanze trug. Im Mondlicht erkannte er an ihr die Farben der Crow. Wer war dieser fremde Junge, fragte sich der Krieger angespannt. Er konnte sich, so sehr er auch überlegte, nicht an ihn erinnern.

„Wer will Yellow Plain Feather begleiten?", fragte der Crow mit seitlich geneigtem Kopf zwar recht freundlich, aber zugleich mit einem Unterton eines gewissen Misstrauens in seiner Stimme.

„Ich will es, Wolkenschild, vom Stamme der Lakota! Es sei denn …"
Wolkenschild machte bewusst eine Pause.

„Es sei denn was?", fragte Yellow Plain Feather hörbar belustigt.

„Es sei denn, du lässt meinen kleinen Bruder frei, dann kannst du allein weiterziehen!"

Der Krieger wunderte sich und fing herzlich an zu lachen. Er hielt das Ganze eher für einen Scherz, es sei denn … - hatte er etwa im Eifer des Gefechtes einen kleinen Knaben der Crow entführt, der heimlich den Kriegern gefolgt war? Das wäre zu peinlich für seine Kriegerehre!

Dass Wolkenschild in der Tat ein Lakota sein sollte, war zu absurd! Eingehend untersuchte er nun noch einmal den Knaben, den er quer vor sich auf dem Mustang festhielt. Erleichtert stellte er fest, dass es doch ein Lakota war. „Du frecher Bengel, beinahe hätte ich geglaubt …"

„Gib mir meinen kleinen Bruder heraus!", unterbrach ihn Wolkenschild nun in schärferem Tonfall.

„Ist ja gut! Du hast mich erschreckt, und nun lass uns heimreiten!" Yellow Plain Feather fing schon an, sich über die Hartnäckigkeit des Jünglings zu ärgern. Irgendwann musste es ja auch mal reichen, und so wollte er sich gerade abwenden, um weiterzureiten.

Jetzt wurde allerdings Wolkenschild von wütender Entschlossenheit angestachelt. „Du scheinst es nicht zu begreifen, was? Ich will meinen Bruder wiederhaben!"

Yellow Plain Feather stockte. Sollte er sich doch in dem jungen Mann getäuscht haben? Nein, unmöglich, so frech waren nicht einmal die Lakota. Oder doch? Ein kalter Schauer lief dem erstarrten Yellow Plain Feather den Rücken hinab, als er im Mondlicht etwas aufblinken sah. In seiner Linken hielt der Junge die Lanze fest umklammert. Mit der freien rechten Hand hatte Wolkenschild, der nun alle Angst vergessen hatte und mit jedem weiteren Atemzug nur noch wütender wurde, sein kleines Wurfbeil dem Crow entgegengeschleudert. Bevor der Crow nach dem kurzen Aufblinken reagieren konnte, traf ihn etwas sehr Hartes an seiner Schläfe. Es klackte lediglich einmal ganz kurz auf, bevor das Beil abprallte und zu Boden fiel, denn es hatte ihn nur mit seiner stumpfen Seite der Schneide getroffen. Von dem Aufprall etwas benommen, lachte Yellow Plain Feather dreimal gekünstelt, ganz kurz und abgehackt auf. Er schaute, blöde glotzend und schon schwankend, zu Wolkenschild hinüber. Während er wie ein Schlaftrunkener im Dämmerzustand den Halt verlor und seitlich von seinem Mustang hinabglitt, zögerte Wolkenschild keinen Moment zu lange. Er musste ihn doch besser getroffen haben, als er anfänglich vermutet hatte. Schon war der Crow, der nur für einen kurzen Augenblick orientierungslos am Boden lag, wieder im Begriff, auf die Beine zu gelangen, doch seine Ellbogen knickten ein und er schlug stöhnend noch einmal mit dem Kopf hart auf dem Boden auf.

Kleiner Biber war sofort von dem Mustang des Crow gesprungen und hatte sich eilig das Wurfbeil Wolkenschilds gegriffen. Schon wollte sich der jüngere Knabe, das Beil weit ausholend, über den Krieger hermachen, um ihm seinen Schädel aufs Scheußlichste zu spalten, als ihn

Wolkenschild gerade noch zurückhalten konnte. Mit einem kräftigen Fußtritt beförderte er den noch immer etwas benommenen Krieger erneut auf den Rücken, seine Lanze fest im Anschlag, bereit, jeden Moment zuzustoßen. Die scharfe Spitze drückte er dem Crow fest an die Kehle. Aufgeregt vibrierte der Adamsapfel des Kriegers, der gerade dabei war, seine Gedanken zusammenzusammeln, hoch und runter.

„Höre, Crow! Ich will deinen Tod nicht, denn meine Mutter war auch eine Absaroka. Aber solltest du jemals wieder unsere Jagdgründe betreten oder dich an einem wehrlosen Knaben der Lakota vergreifen, werde ich dich finden und mir deinen Skalp auch an meinen Gürtel hängen! - Merke dir meinen Namen gut, damit du weißt, wer dir dein Leben geschenkt hat! Ich bin Wolkenschild, ein Teton Lakota von den Sichangu am White River!"

Mit weit aufgerissenen Augen versuchte der sprachlose Yellow Plain Feather zu nicken, ohne dass sich ihm die Spitze der Lanze in die Kehle bohrte. Er konnte nicht fassen, was soeben geschehen war. Hatte ihn tatsächlich dieser einfache Knabe aufgrund seiner eigenen Überheblichkeit übertölpelt?

„Steig auf deinen neuen Mustang!", forderte Wolkenschild den vor Glück strahlenden Kleiner Biber auf, ihm Folge zu leisten. Ohne die bedrohliche Spitze der Lanze von dem am Boden Liegenden abzuwenden, ließ Wolkenschild den Crow bis zuletzt nicht mehr aus den Augen. Jeden Moment fürchtete er, könne sich das Blatt doch noch wenden. Dann drückte er seine Schenkel zweimal kurz hintereinander zusammen, woraufhin Adlerschwinge, gefolgt von Kleiner Biber auf seinem ersten eigenen Mustang, wie von Sinnen losstürmte.

Lange noch, nachdem die beiden Lakota den Blicken von Yellow Plain Feather entschwunden waren, verharrte dieser regungslos am Boden, bis er sich letztendlich, immer noch fassungslos über sein Missgeschick, auf der vom Mond beschienenen Waldlichtung aufzusetzen imstande war. Wie sollte er seinen Brüdern den Verlust seiner geliebten Stute erklären? Wie den Verlust seiner Waffen, die zusammen mit dem Mustang verloren waren, rechtfertigen? Nie würde er mit einem Sterblichen über das Erlebte sprechen können, ohne im Anschluss sein Gesicht zu verlieren! Etwas zaghaft tastete er seine schmerzende Schläfe mit der immer weiter anwachsenden Beule ab. Ein höhnisches, seufzendes Lächeln entglitt ihm trotz allem. Wie sehr er sich auch seinem Selbstmitleid hingab, er hatte alles in allem nur seinen Mustang und seine Waffen eingebüßt - nichts, was sich nicht ersetzen ließe! Sicherheitshalber befühlte er vorsichtig seinen Scheitel. Dieser seltsame Jüngling namens Wolkenschild hatte ihn verschont. Mit Leichtigkeit hätte er ihm die Lanzenspitze in seine Kehle rammen können. Seine Mutter war eine Crow, hatte er gesagt.

Yellow Plain Feather konnte jetzt sogar ein echtes Lachen von sich geben. Ja, das musste wohl stimmen, denn nur ein Jüngling, durch dessen Adern auch das Blut der Crow floss, konnte zu solchen Taten fähig sein! Mit dieser Entschuldigung konnte er fürs Erste leben und erhob sich, um sich nun zu Fuß auf den weiten Weg zu seinen Tipis aufzumachen, die viel zu weit in Richtung des Sonnenuntergangs lagen …

„Danke!"

„Wofür, kleiner Bruder?"

Wolkenschild begann, am ganzen Körper zu zittern. Jetzt erst machte sich die gesamte Anspannung bemerkbar und fing an, sich langsam und stoßweise zu entladen.

„Du hättest getötet werden können bei dem Versuch, mich zu befreien! Und danke auch für Bunte Krähe!" Der Kleine Biber grinste stolz zu Wolkenschild hinüber.

„Bunte Krähe?"

„Ja, ich finde der Name passt zu ihr!"

„Sicher hast du Recht, es ist dein Mustang. Aber jetzt sei still!"

„Eines noch …", bettelte der Jüngere.

„Na, sag schon, aber mach leise!"

„Hast du wirklich schon einen Skalp erbeutet?"

„Hier, fang auf, aber lass ihn nicht fallen!"

Staunend drehte Kleiner Biber den zugeworfenen Skalp des getöteten Kiowakriegers eine ganze Weile in den Händen hin und her, bevor er ihn Wolkenschild schweigend wieder zurückgab. Das hatte Eindruck gemacht, denn es gab zum ersten Mal etwas im Leben von Kleiner Biber, das ihn sprachlos gemacht hatte.

Je näher sie auf ihrem Rückweg nun dem eigenen Lager kamen, desto stärker schlug ihnen bereits der Geruch von verbranntem Leder in der nächtlichen Brise entgegen.

Doch Wakan Tanka war sehr stolz auf seine beiden Kinder und hatte deshalb dem Mond befohlen, sein Antlitz hinter dicken Wolken zu verbergen. Genau wie auch mit dem Sonnenboten vorerst noch nicht zu rechnen war, weshalb sich die beiden gute Chancen ausrechnen konnten, unentdeckt nach Hause zu gelangen.

Leise, noch entfernte und nicht zu deutende Gesprächsfetzen drangen zusammen mit dem beruhigenden Geplätscher des Tongue wie so sehnsüchtig erwartet zu ihnen durch. Behutsam führten die beiden jungen Lakota, streng darauf bedacht, kein Geräusch zu verursachen, ihre Tiere an den Zügeln hinter sich her. Als sie aus der Deckung heraus bemerkten, dass es sich da vor ihnen um ihre eigenen Leute handelte, gaben sie sich sogleich zu erkennen.

Was sich ihren weiteren Blicken bot, beunruhigte Kleiner Biber mehr als Wolkenschild. Kleiner Biber musste beim Anblick seines fast zerstörten Lagers mit allem rechnen, jedoch das Tipi seines Vaters, in dem auch Wolkenschild zu Gast war, schien wie durch Zauberhand unversehrt geblieben zu sein. Tapfer führte er seine Bunte Krähe durch verkohlte Haufen, welche einmal Tipis waren, und durch Gerüste noch qualmender Zeltstangen. Überall bemühten sich die unversehrten Krieger und wenigen Frauen um ihre verwundeten Gefährten. „Hierher! Kommt hier herüber!", mischte sich der Ruf einer bekannten Stimme in die Klagelieder für die gefallenen Stammesbrüder.

Im flackernden Schein eines noch brennenden und nicht mehr zu rettenden Tipis stand, zu ihnen herüberwinkend, Iron Shell mit blutverschmierter Stirn. Neben ihm saß Gute Lanze und kümmerte sich um seinen am Boden liegenden Bruder, dem der abgebrochene Schaft einer Crowlanze aus dem linken Oberschenkel ragte.

Gute Lanze sah von seinem Bruder auf. Eilig rannte er den beiden Knaben entgegen und schloss seinen Sohn sofort fest in die Arme. „Wir dachten schon …"

„Ich sagte doch, dass ich ihn zu beschützen weiß!" Wolkenschild konnte herzhaft auflachen, da er sein Versprechen nicht gebrochen hatte.

„Ich weiß, kleiner Krieger, aber wir konnten euch nirgends entdecken." Gute Lanze bemerkte erst jetzt so richtig, dass sein Sohn eine noch junge, gefleckte Stute der Crow mit sich führte. Fragend sah er die beiden Jungen an.

„Mein kleiner Bruder brauchte unbedingt ein eigenes Pony! Die Zeit dafür war gekommen und es gefiel ihm auf Anhieb!"

Selbst der am Boden liegende Bogenmacher, der seinen Schmerz tapfer zu verbergen suchte, musste in das nachfolgende Gekicher seiner Gefährten mit einstimmen.

Iron Shell hatte sich nun ebenfalls zu den Knaben gesellt. „Ein gutes Tier hat dein Sohn sich da ausgesucht!", lobte er den Sachverstand von Kleiner Biber.

Gute Lanze nickte voller Stolz, als er seinen Sohn mit dem Mustang vor sich stehen sah, kümmerte sich dann allerdings sofort wieder um seinen verletzten Bruder.

„Du bist nicht schwer verletzt?", wollte Wolkenschild wissen, der sich über das blutüberströmte Gesicht von Iron Shell und dessen dennoch so ungetrübte, gute Laune wunderte.

Aber Iron Shell lachte lauthals. „Es stinkt viel zu sehr nach Aas. Das kann nur das Blut eines dreckigen Crowhundes sein, den *ich*, Iron Shell, mit meinen eigenen Händen im ehrlichen Zweikampf tötete!" Stolz hielt er zum Beweis einen frischen und blutigen Skalp hoch.

„Wir haben sie besiegt. Die Kämpfe hier sind nun hoffentlich vorbei. Sieh dort, im Dunkeln die umhereilenden Schatten - die Crow holen ihre Toten! Sollen sie es in Frieden tun, denn sie haben tapfer und ehrenvoll gekämpft!"

„Ist Bogenmacher sehr schwer verletzt?", erkundigte sich Wolkenschild.

„Na, kommt und seht selbst!" Bogenmacher biss die Zähne zusammen, als er versuchte, den beiden Knaben erneut zuzulächeln.

„Aber wo ist Wandert Nachts? Der Speer muss entfernt und die Wunde gereinigt werden!"

In den Augen von Gute Lanze las Wolkenschild die traurige Antwort. „Wir warten bis …"

„Darf ich es mir ansehen?", unterbrach Wolkenschild den älteren Krieger.

„Du kennst dich damit aus?", fragte Bogenmacher verwundert.

Wolkenschild nickte etwas zurückhaltend.

Oft hatte er seinem Großvater zugesehen und war ihm bereits zur Hand gegangen, wenn er Verletzungen behandelte, und auch wenn Wolkenschild noch kein Mann war, so war er doch schon in der Lage, mit seinen bisherigen Kenntnissen zu helfen. Fragend sah er Bogenmacher an.

„Nur zu! Ich vertraue dir!"

Das Herz des Jungen begann vor Aufregung, seinen Puls zu verdoppeln. Eilig gab er Anweisungen an Kleiner Biber, ihm einige Sachen von seinem Lagerplatz zu holen.

Erstaunt sahen die beiden Männer, mit welchem Sachverstand und Geschick der Knabe die Speerspitze entfernte und die Wunde zu reinigen verstand, um sie danach zu verschließen. Ein stramm angelegter Verband aus Bastbinden sollte dafür sorgen, dass die Blutung nicht wieder einsetzen würde.

Nicht nur Bogenmacher ließ sich anschließend erleichtert auf sein provisorisches Lager im Tipi seines Bruders zurücksinken. Auch Wolkenschild fiel ein Stein vom Herzen. Immer noch hallten ihm die mahnenden Worte Büffelrückens in den Ohren, um nichts in der Welt beim Herausschneiden von festsitzenden Fremdkörpern Adern zu verletzen. Aber er hatte es geschafft!

Auch er lehnte sich erleichtert und erschöpft von den vergangenen Anspannungen zurück.

Die Plane am Eingang wurde beiseite geschlagen und ein junger Sans Arc trat mit fragendem Blick ein. Gute Lanze nickte dem Gast, zum Zeichen des Willkommens und dass der Krieger sein Anliegen vorbringen könne, zu.

„Mein Name ist Brüllender Stier! Kann der junge Wicasa Wakan einen Pfeil aus der Schulter meines jüngsten Sohnes entfernen?"

Wolkenschild zuckte innerlich zu Tode erschrocken zusammen. Bei Bogenmacher hatte er einfach nur Glück gehabt, keine lebensnotwendigen Arterien waren verletzt worden. Mit einfachen Schnitten konnte er die Wunde öffnen und reinigen. Aber einen Pfeil aus der Schulter entfernen? Bei einem Kind, das herumzappeln würde? Selbst bei Kleiner Fuchs war dies vor einiger Zeit schon ein gefährliches Wagnis gewesen! Wolkenschild, wie versteinert, war unfähig zu antworten, geschweige denn, sich zu bewegen.

„Wolkenschild wird alles tun, was in seiner Macht steht, um deinem Sohn zu helfen!" Die Worte von Gute Lanze ließen ihn zwar aus seiner Steifheit wieder erwachen, nahmen ihm aber zugleich die Möglichkeit, in irgendeiner Form das Kommende zu umgehen.

Ganz in der Nähe des eigenen Lagers betrat er mit seinen wenigen Utensilien zurückhaltend das Tipi von Brüllender Stier. Eine junge, gut aussehende Frau, die Mutter des etwa neunjährigen Knaben, war gerade dabei, ihrem Sprössling behutsam den Schweiß von der Stirn zu wischen.

Tapfer wie ein erwachsener Krieger, ließ der kleine Junge alles mit sich geschehen. Nur ein hin und wieder vereinzeltes Zucken in seinem Mundwinkel verriet den besorgten Eltern von dessen Schmerzen während der Prozedur.

Auch hier hatte Wolkenschild Glück, wie er es sah. Überglücklich und mit Tränen in den Augen verabschiedete die Mutter Wolkenschild, während Brüllender Stier ihm zum Abschied dankbar seine Hand auf die Schulter legte.

Wolkenschild war gerade im Begriff zu gehen, als man erneut mit fragendem Blick an ihn herantrat.

Dieses Mal handelte es sich um eine abgebrochene und feststeckende Messerklinge zwischen den Rippen eines noch jungen, aber schon grauhaarigen Miniconjou, der seiner grauen Haarpracht auch seinen Namen verdankte. Der Miniconjou lag mit angezogenen Knien auf seinem Lager.

Wolkenschild bemerkte nicht, dass ihm, während er den Krieger versorgte, jemand über die Schultern blickte und jeden einzelnen Handgriff studierte. Das leise Atmen des hinter ihm stehenden Mannes ließ ihn aufmerken. Er ließ kurz von seinem Patienten ab und schaute ehrlichen Herzens in das tief sitzende, schwarze Augenpaar eines ganz offensichtlichen Wicasa Wakans der Hunkpapa.

Der andere Geheimnismann nickte dem Jüngling freundlich zu und kniete sich neben ihn, zu dem auf seinem Lager liegendem Miniconjou nieder. „Darf ich etwas fragen?"

Wolkenschild gab ein klares und deutliches „Ja!" zu verstehen. Niemand sollte spüren, wie unsicher er doch eigentlich war, aus Angst, vor einem unlösbaren Problem zu stehen.

„Wie würde mein junger Freund vorgehen, wenn ein Pfeil so tief sitzt, dass man ihn nicht herausziehen kann?"

„Ich würde mir einen kräftigen Krieger mit breiten Schultern suchen!"

„Einen kräftigen Krieger? - Mit breiten Schultern?" Der Ältere schaute verdutzt drein.

„Ja! Der mir hilft, ihn ganz flink durchzustoßen! - Wenn keine Organe verletzt werden können!", fügte er noch schnell mit sicherer Stimme hinzu.

Der Wicasa Wakan begann zu lachen, während er sich erhob. „Ich sehe, ich werde hier nicht mehr gebraucht und kann anderen Ortes weitermachen. Vielleicht sehen wir uns ja noch einmal?"

„Natürlich, sehr gern!"

Der Wicasa Wakan war wieder gegangen, denn es gab noch viele Verwundete. Irgendwann hörte Wolkenschild sogar auf, die Verwundeten zu zählen, denen er seine Hilfe zuteilwerden ließ. Auch registrierte er nicht, dass es bereits Mittag war, als er das Tipi von Gute Lanze völlig ausgepumpt wieder betrat. Erschöpft sah er noch einmal nach Bogenmacher, der jetzt tief und fest schlief. Dessen Stirn fühlte sich erfreulicherweise normal an, und erleichtert stellte Wolkenschild fest, dass auch sein Blut kein Feuer gefangen hatte.

Gute Lanze trat, gefolgt von Kleiner Biber, ein. Stolz blickte er auf seinen jungen Gast, der über Nacht zur Berühmtheit des ganzen Lagers geworden war und sogar in seinem Zelt wohnte. Sogleich stürzte sich Kleiner Biber neugierig auf den älteren Freund. Allerdings war Wolkenschild nicht im Geringsten nach einer Unterhaltung zumute. Schlafen, er wollte einfach nur schlafen!

Aber eine Frage gab es da noch. „Was ist mit den Crow? Sie sind alle fort?"

Gute Lanze blickte, die Frage nicht verstehend, zu seinem Sohn. „Ihr wart doch hier. Habt ihr denn nicht gesehen, wie wir sie nach langem Ringen endlich über den Tongue getrieben haben? Unsere Krieger verfolgen sie noch immer." Er lachte kurz auf. „Bestimmt sind sie schon längst über den Yellowstone …" Er brach ab und machte eine Pause, als er zu begreifen schien. „Ihr wart nicht … hier?" Mit verschmitztem Gesichtsausdruck forschte er in den gesenkten Blicken der beiden nach der möglichen Antwort.

Beide Knaben blickten sich verstohlen an. Wolkenschild biss sich auf die Lippen. Er hatte nicht vorgehabt, etwas von der nächtlichen Verfolgung des Crow verlauten zu lassen. Zumal dann sofort klar war, dass er für einen Augenblick unachtsam gewesen war, denn wenn er aufmerksam gewesen wäre, wäre es dem Crow gar nicht erst gelungen, sich an Kleiner Biber zu vergreifen. - Es half alles nichts, denn die

Wahrheit, da es nun offene Fragen gab, würde doch irgendwann ans Tageslicht kommen!

Statt auf Wolkenschild wütend oder zumindest von ihm enttäuscht zu sein, fing Gute Lanze an, herzhaft zu lachen. „Nein", krähte er immer wieder vergnügt, „… ist nicht wahr! Hätte ich gewusst, wo ihr steckt, ich wäre umgekommen vor Sorge!" Er machte, nach unten blickend, eine längere Pause. „Das hast du sehr gut gemacht! Jeder Mann wäre stolz, dich seinen Sohn zu nennen. Und jeder Knabe …", er blickte auf Kleiner Biber, „… wäre sicher glücklich über einen so tapferen großen Bruder!"

„Aber ich dachte, du wärst enttäuscht von mir?"

Gute Lanze schüttelte lächelnd seinen Kopf. „Wie sollte ich? Du hast Kleiner Biber beschützt, so, wie du es versprochen hattest! Nur das zählt! Es gibt Männer, die werden niemals richtige Krieger, und dann wieder gibt es Knaben, die müssen oft schneller zu Kriegern werden, als man es für möglich gehalten hätte! - Wenn wir von hier aufbrechen, dann werden wir dich so lange begleiten, bis du dein Volk wiedergefunden hast! Das ist mein letztes Wort! - Und nun leg dich schlafen, junger Wicasa Wakan!" Freundlich lächelte er Wolkenschild noch einmal zu, bevor er mit seinem Sohn das Tipi verließ.

Wolkenschild war hundemüde. Es dauerte nur wenige Momente, ehe er in einen tiefen und traumlosen Schlaf fiel …

Es dämmerte bereits, als er wieder erwachte und das dringende Bedürfnis verspürte, sich zu erleichtern. Er traute seinen Augen kaum, als er sah, was man ihm aus Dankbarkeit für seine Hilfe bei der Behandlung der Verwundeten vor die Behausung gelegt hatte. Es standen sogar drei Mustangs angebunden vor dem Tipi! Im Hintergrund sah er den Wicasa Wakan der Hunkpapa, der mit verschränkten Armen bei Gute Lanze und Iron Shell stand und nun freundlich auf den Jungen zukam. „Sie bekunden dir hiermit ihre Dankbarkeit. - Du musst es annehmen, sonst sind sie beleidigt!"

„Ich verstehe, aber viele von ihnen haben letzte Nacht doch fast alles verloren, wie kann ich da ruhigen Gewissens die Dinge annehmen?"

Der Wicasa Wakan lächelte. „Ich verstehe. Nimm die Dinge entgegen, sie gehören dir. Dann kannst du mit ihnen machen, was du willst. Du verstehst mich?"

Wolkenschild nickte dem Hunkpapa dankbar zu, der ihm eine Möglichkeit offenbarte, sein Gewissen zu beruhigen. Und so geschah es, dass Wolkenschild bereits am nächsten Morgen schon die Gaben an die Familien verteilte, die es am schlimmsten bei dem Überfall der Crow getroffen hatte.

Nun fühlte er sich wieder besser, und erst recht, nachdem er erfahren hatte, dass offenbar alle Lakota, die er behandelt hatte, auf dem Weg der Genesung waren. Tief in seinem Inneren verspürte er einen ungeheuren Anflug von Stolz. Niemand im gesamten Lager sah in ihm mehr den Knaben, der er vor zwei Tagen noch gewesen war. Allen Ortes brachte man ihm den gleichen Respekt und die Achtung entgegen, die einem verdienten Krieger gebührten …

Die Tage und Wochen rasten wie die Monde schneller dahin, als es Wolkenschild erwartet hatte, denn ständig zogen die Lakota mit ihren Zelten immer weiter in Richtung Yellowstone, den abrückenden Crow hinterher. Nur vereinzelt flackerte noch hin und wieder ein Feuer des Widerstandes auf. Doch sollte es bei kleineren Scharmützeln bleiben, bei denen auf keiner der beiden Seiten weitere Opfer zu beklagen waren.

Die Bäume hatten längst ihr Laub abgeworfen, und auch die Nächte begannen bereits, spürbar kühler zu werden. Der junge Wicasa Wakan aber, wie er immer öfter mit einem liebevollen Unterton in der Stimme von den Lakota gerufen wurde, hatte nun alle Hoffnung aufgegeben, vor dem Winter seine eigentliche Familie wiederzusehen.

Die letzten Krieger waren schon vor Tagen mit der Nachricht heimgekehrt, dass sich alle Crow bis an die gegenüberliegenden Ufer des Yellowstone zurückgezogen hätten. Einige Gruppen der Lakota hatten sich vor einem Mond sogar schon auf den Heimweg in ihre ursprünglichen Stammesgebiete gemacht. Nur wenige Krieger blieben als Späher an den Ufern des Yellowstone zurück, um ihre Brüder zu warnen, falls die Crow erneut versuchen würden, die Lakota zu verdrängen.

Es war so weit, der Nordriese begann über Nacht, mit eiserner Härte zuzuschlagen. Wie von Zauberhand lag das gesamte Tal des Yellowstone unter einer dichten Decke aus glitzernden, weißen Flocken begraben. Wolkenschild kam aus dem Staunen an diesem Morgen nicht mehr heraus. Etwas so Reines und Schönes hatte er noch nie zuvor sehen dürfen! Die schneebedeckten Wipfel der Nadelgehölze funkelten glutrot in der aufgehenden Morgensonne, doch als er seinen Blick den verschneiten Berghängen zuwandte, überkam ihn erneut eine tiefe Traurigkeit. Was machten wohl seine Büffelrücken? Ob sie schon die schützenden Hänge der Paha Sapa erreicht hatten? Denn es war wieder einmal so weit, der erste Schnee! - Ob sie wohl an ihn dachten, jetzt, wo er doch kein Knabe mehr war, mit seinen vierzehn Wintern? Er hatte es Gute Lanze vor einiger Zeit sogar einmal erzählt, aber der hatte es sicher längst vergessen.

„Im Grunde ist es doch ein Hohn für die Crow!", lachte Gute Lanze vergnügt, als er mit seinem Bruder Bogenmacher und Kleiner Biber an dem ersten richtigen Wintermorgen vor das Tipi trat. „Die Crow wollten uns weiter auf die Prärien drängen, und nun haben sie nicht nur dieses herrliche Tal, sondern sogar ihre Big Horns einbüßen müssen. Bestimmt überlegen sie es sich das nächste Mal gründlicher, bevor sie wagen, gegen uns den Schlachtruf zu erheben!"
Es klatschte hinter Wolkenschild. Als er sich umdrehte, sah er, wie sich Bogenmacher kräftig schüttelte und versuchte, den klebrigen Schnee nicht nur aus seinen Haaren zu bekommen.
Iron Shell kam lachend angelaufen. „Das lohnt sich nicht!"
„Wieso?", fragte Bogenmacher sichtlich verärgert, da er Mühe hatte, den nassen und klebrigen Schnee auch aus seinem rechten Ohr zu entfernen.
„Darum!" Erneut klatschte ein nasser Schneeball auf Bogenmachers bisher unversehrtes Ohr ein. Ob er wirklich wütend war oder nur so tat, konnten Gute Lanze, Wolkenschild und Kleiner Biber nicht genau sagen. Aber eines wussten sie: Wenn der immer noch etwas humpelnde, aber dafür umso lauter brüllende Bogenmacher den flüchtenden Iron Shell erwischen würde, gäbe es mit Sicherheit etwas zu lachen. - Bogenmacher erwischte ihn nicht, noch nicht.
Schon am gleichen Abend kam Iron Shell jedoch recht vorsichtig in das Tipi der Oglala. Misstrauisch sah Bogenmacher Iron Shell auf die Hände, ob dieser nicht wieder hinterrücks einen Schneeball auf ihn schleudern würde. Aber nichts dergleichen geschah. Iron Shell war wie ausgewechselt. „Ich komme mit einer dringlichen Botschaft von Ghost

Head, dem Wicasa Wakan der Hunkpapa!", verkündete er mit ernstem und kräftigem Tonfall. „Wolkenschild hat sich unverzüglich in dessen Tipi einzufinden!" Sofort war Iron Shell wieder verschwunden.

Was war geschehen, fragte sich Wolkenschild erschrocken und ein langes Gesicht machend. Hatte womöglich einer seiner ehemaligen Patienten nun doch noch überraschend Fiber bekommen und war seinen Verletzungen vielleicht sogar erlegen?

Aber er hatte doch fast alle wieder herumlaufen sehen! Ihm wurde flau im Magen. Der ernste Blick von Iron Shell, als er das Tipi wieder verließ, verhieß ebenfalls nichts Gutes, da er doch sonst immer freundlich mit ihm zu schwatzen pflegte.

Sein Puls trommelte einen wilden Kriegstanz, als er das Tipi des fremden Wicasa Wakans wie auf Zehenspitzen betrat und ihm mit strengem Blick ein Platz zugewiesen wurde. Viele angesehene Männer saßen in ihren besten Kleidern um das Feuer herum.

Verzweifelt suchte er den Augenkontakt zu Gute Lanze, der ihn jedoch keines Blickes würdigte und nur starr in die Flammen schaute. Was hatte er nur getan? Doch bis er erfahren sollte, welchen Verbrechens er beschuldigt wurde, brachte man erst in aller Ruhe das Rauchopfer dar, bevor der Wicasa Wakan zu sprechen begann. Auch ihm, Wolkenschild, hatte man die Pfeife angeboten. Also würde man ihn nicht wie einen Knaben, sondern wohl eher nach den Gesetzen eines Kriegers verurteilen wollen. Was immer er auch getan haben mochte, er war sich keiner Schuld bewusst, und wenn er einen Fehler begangen hatte, dann geschah dies nicht in böswilliger Absicht, dass mussten sie doch wissen.

„Tapfere Krieger der Sieben Ratsfeuer …", eröffnete der Wicasa Wakan die einberufene Versammlung - oder eher das Strafgericht, wie Wolkenschild vermutete. Wie immer war die Rede von viel Mut, Tapferkeit und Standhaftigkeit. Viel Ehre beim Kampf gegen die Crow und, und, und.

Wolkenschild platzte fast vor Anspannung. Sie sollten doch endlich mit der Sprache herausrücken, auch wenn er insgeheim diesen Moment verfluchte, kam er dennoch erbarmungslos näher.

„Wolkenschild!"

Er horchte auf, denn nun würde das Donnerwetter über ihn mit aller Härte hereinbrechen.

„... und es ist schon viele Sommer her, als aus einem Knaben innerhalb weniger Augenblicke ein Mann werden musste. Wolkenschild, du hast geträumt und deine Vision und einen mächtigen Schutzgeist erhalten. Du bist ein Bisonträumer! Du machst deinem Volk alle Ehre und hast schon mehr getan, als nur deinen ersten Feind besiegt. Du kennst dich aus mit den heilenden Kräften der Naturgeister. Du bist fähig, mehr zu geben als zu nehmen. Von nun an folge nicht mehr als Knabe deinem Pfad, bis du eines Tages - so, wie es Wakan Tanka vorgesehen hat - ein großer Wicasa Wakan unseres Volkes wirst. Die Oglala von Gute Lanze und zehn weitere Krieger der Sans Arc, Miniconjou und auch der Sichangu werden sich dir mit ihren Familien auf der Suche nach deinem Volk anschließen. Trage diese für alle sichtbaren Zeichen eines tapferen und mutigen Kriegers!"

Ghost Head erhob sich und forderte Wolkenschild mit einer Handbewegung auf, sich ebenfalls zu erheben. Feierlich öffnete der Wicasa Wakan ein zusammengefaltetes ledernes Tuch und brachte so mehrere Coupfedern zum Vorschein. Mit Bedacht steckte Ghost Head ihm die erste Adlerfeder senkrecht in seinen Schopf, für den besiegten Crow. Dann erhielt er eine zweite, mit einem aufgemalten Hufeisen, für dessen erbeutetes Pony. Im Anschluss eine rot gefärbte Feder, als Zeichen, dass er bereits in einem Kampf schwer verwundet worden war. Er überlegte, es konnte nur die Auseinandersetzung mit Gelber Huf gemeint sein. Und noch eine weitere, eine schwarze Feder, an der die Fahne bis auf die Spitze hin abgelöst worden war. Der Wicasa Wakan machte eine längere und feierliche Pause. „Und diese für deinen ersten getöteten Feind." Es war eine Adlerfeder, von der man die Spitze schräg abgeschnitten und deren Schnittstelle man rot eingefärbt hatte.

Die durchschnittene Kehle des Kiowa! Woher konnte er das alles wissen? Gute Lanze! Wolkenschild sah zu dem am Feuer sitzenden Krieger, da er es gewesen sein musste, der dem Wicasa Wakan berichtet hatte, wie er vor langer Zeit auf die Pawnee aufmerksam wurde und sein Volk beschützte, und auch von dem Zwischenfall mit den Kiowa.

„Und ...", Ghost Head kramte noch etwas hervor, „von nun an bist du berechtigt, dieses Hemd zu tragen!"

Wolkenschild verschlug es die Sprache. Ein fein gegerbtes und sauber verarbeitetes Kriegshemd, wie das eines Akicitaanführers, mit allerlei feinen Verzierungen und Skalphaaren an den Nähten. Doch was ihn am meisten beeindruckte, war das aufgemalte Kreuz auf dem ledernen Hemd. Jeder Lakota würde hieran nun erkennen können, dass er einen Gefährten unter Einsatz seines eigenen Lebens aus Feindeshand errettet hatte.

Jetzt erst war Wolkenschild imstande, auch die anderen vernommenen Worte zu verarbeiten. Er brauchte nicht allein auf die Suche zu gehen, man würde ihn begleiten. Wer mochten diese Familien sein, dass sie ihren bisherigen Stamm verließen, um sich ihm anzuschließen? Er wusste doch nicht einmal, ob es seine Büffelrücken überhaupt noch gab. Ahnten sie, worauf sie sich einließen? Aber die Entscheidung stand unwiderruflich fest.

Es stimmte, äußerlich konnte er schon fast als ausgewachsener Mann durchgehen, aber innerlich wuchs er gerade um ein Vielfaches. Er war glücklich! Was würden seine Leute wohl dazu sagen, wenn er als voll-wertiger Krieger mit seinem eigenen kleinen Stamm im Frühling heim-kehren würde? Er fürchtete fast, dass die Nähte seiner neuen Kleidung mit den Skalphaaren zerreißen könnten, als er mit angeschwollener Brust stolz die Ehrungen vor den versammelten weisen Männern ent-gegennahm. Sein Blick fiel dankbar auf den am Feuer grinsenden Gute Lanze, er hatte es nicht vergessen. - Er war nun vierzehn Winter und kein Knabe mehr. Er war Wolkenschild, ein Krieger der Lakota!

19.

Vor mehr als einem Mond, nach Beendigung der offenen Auseinander-setzungen mit den Crow, konnte Gute Lanze, da er keinen seiner rest-lichen Krieger mehr verloren hatte, mit Erleichterung auf die ver-gangenen Ereignisse zurückblicken. Er hatte seine letzten sechs ihm verbliebenen Männer während der Unruhen behalten dürfen.

Nur ein Opfer hatte die kleine Gruppe der Oglala zu beklagen: Die alte Wandert Nachts war mit ihren über einhundert Sommern von einer verirrten Kugel aus einem der Donnerrohre getroffen worden, welche einige der Crow schon seit längerem zu besitzen schienen. Die nur noch fünfundzwanzig Köpfe zählende Gruppe hatte mit ihr ein wertvolles

Mitglied verloren und wenig später ein neues, genauso kostbares, hinzubekommen. Die Natur selbst schien darauf zu achten, dass das notwendige Gleichgewicht der Kräfte erhalten blieb.

Mit Zufriedenheit registrierte Gute Lanze, dass er mit Wolkenschild jetzt im Ernstfall auf sieben Krieger zählen konnte. Die drei Jünglinge im fast gleichen Alter wie Wolkenschild rechnete er noch nicht mit hinzu. Sicher konnte er sich auf sie verlassen, aber noch hatten sie sich durch keine besonderen Taten hervorgetan, um zu beweisen, dass sie es wert waren, als vollwertige Krieger angesehen zu werden. Niemand zweifelte daran, dass auch sie sich ihren Platz in den Reihen der Krieger verdienen würden, aber der eine eben früher und ein anderer halt später. So, wie es vorherbestimmt war vom Großen Geheimnis, so würde es geschehen.

Die Oglala waren über ihre neuen Stammesmitglieder - die zehn Familien mit den dazugehörigen elf Kriegern, die sich ihnen angeschlossen hatten - hellauf begeistert. Wie Gute Lanze und Bogenmacher richtig vermutet hatten, handelte es sich um jene Familien, bei denen Wolkenschild seine Fähigkeiten als zukünftiger Wicasa Wakan schon unter Beweis stellen musste. Sie vertrauten ihm, dem vielversprechenden jungen Mann, ihr Leben an, da sie bereit waren, ihm in eine ungewisse Zukunft zu folgen. - Aber ganz so uneigennützig waren solche Entscheidungen, waren sie erst einmal getroffen, oftmals dann doch nicht. Ein guter Wicasa Wakan, der sich auskannte mit den Gesetzen der Natur und der zu heilen verstand, war nie allein. In einer derart wilden und feindlichen Umwelt hing oft die Entscheidung über Leben oder Tod davon ab, wie es ein Wicasa Wakan verstand, Verletzungen und Krankheiten zu behandeln.

Mit Genugtuung zählten Gute Lanze und Bogenmacher immer wieder die siebzehn eng zusammengerückten Tipis, die jetzt alle zu ihrer Gruppe gehören sollten. Ihre eigenen Zelte, die bei dem Überfall zerstört worden waren, wurden mit Hilfe ihrer vielen Verwandten ausgebessert oder gar neu errichtet. Alles ließ sich ersetzen, wenn man nur zusammenhielt und teilte, nur deswegen erhielten die Oglala auch ihren Beinamen „Sie geben ihre Habe fort". Oft wurde ihr Stammesname von ihren Feinden sogar lächerlich gemacht, indem diese ihn falsch übersetzten, wie „Die ihre Habe verschleudern", da sie ganz offensichtlich selber den Unterschied der Bedeutung zwischen „in Liebe fortgeben" und „verschleudern" nicht kannten. Für die Oglala aber waren gerade dies nur bedauernswerte und arme Menschen.

Der Winter hatte nun seit mehr als einem Mond in vollen Zügen Einzug gehalten, und das Ende des Mondes des Frostes im Tipi hielt seit langem alle restlichen Gruppen der Lakota davon ab, ihre angestammten Winterquartiere aufzusuchen. Es schneite fast jeden Tag, und als ob es helfen würde, den eisigen Nordwind von den Tipis fernzuhalten, brannten des Nachts auch zwischen den Behausungen hell lodernde Feuer. Man war noch enger zusammengerückt, als man es ohnehin schon in der eisigen Jahreszeit zu tun pflegte. Fast schon berührten sich die jeden Morgen schneebeladenen Tipiwände der benachbarten Zelte an ihren unteren Enden, und man hatte zu tun, all die weiße Pracht immer wieder fortzuschaffen. Bis zu den Knien versanken die Menschen immer aufs Neue in dem frischen Schnee, wenn sie, wie am Tage zuvor, bemüht waren, die Wege zwischen ihren Behausungen frei zu räumen. Kaum konnte man die einzelnen Gruppen noch auseinanderhalten, jetzt, da sie auf so engem Raum zusammenlebten.

Sehnlichst wurde von allen, nicht nur von Wolkenschild, das langsam näher rückende Frühjahr erwartet. Immer wieder malte er sich in Gedanken aus, wie es wohl sein würde, wenn er mit seinen siebzehn Tipis und seinen achtzehn Kriegern bei seinem Volk eintreffen würde. Die Vorfreude auf ihre staunenden Gesichter ließ ihn im Vorfeld richtig unruhig werden. Wie würde man ihn wohl empfangen?

Doch sollte noch eine Menge Zeit vergehen, bevor er das herausfinden durfte, und so genoss er vorerst an den langen und dunklen Winterabenden die Unterhaltungen an den wärmenden Feuerstellen. Man besuchte sich immer wieder gegenseitig und erzählte sich Geschichten und Heldentaten, was den Prozess des Kennenlernens, im Gegensatz zu dem geschäftigen Treiben während der Sommermonate, enorm erleichterte.

Für Gute Lanze war Wolkenschild indessen wie ein eigener Sohn geworden, und für Kleiner Biber war er wie der größere Bruder, den er durch die Pocken verloren hatte.

Auch Kleiner Biber, der endlich wieder zu seiner alten Form zurückgefunden hatte, fieberte voller Erwartung auf gleichaltrige Spielgefährten dem Frühling entgegen. Nur die unvergänglichen Narben in seinem sonst hübschen und ebenmäßigen Gesicht, von dem unter der dicken Winterbekleidung kaum etwas zu erahnen war, blieben als Beweis zurück, dass die Lakota nun nicht mehr allein auf ihren Prärien waren. Doch bevor sie sich dieser Tatsache voll bewusst wurden, sollten noch viele Winterstürme über ihr Land ziehen dürfen.

Es sollten aber auch in diesem Frühjahr noch viele frostige Tage und Nächte vergehen, ehe der Sonnenbote immer mehr an Kraft gewinnen konnte und es vermochte, den Nordriesen endgültig zu verdrängen. Aber die Zeit, wenn auch viel zu langsam für die Wartenden, verging letztendlich doch. Kaum spürbar wurden die Tage, wie in jedem Jahr, wieder länger, und auch die hoch gewachsenen Pinien, wenn sie von der noch schwachen, aber schon wärmenden Frühlingssonne beschienen wurden, warfen bereits wieder ihre kräftigen Schatten auf das noch spärliche Büffelgras. Die ersten Büsche zeigten, im Gegensatz zu ihren größeren Brüdern wie Ahorn und Eberesche, auch schon die ersten zarten Spitzen des neuen Grüns, und jeder grüne Halm wagte sich nun jeden Tag ein weiteres kleines Stückchen in Richtung der Frühlingssonne hervor.

So, wie Wolkenschild es schon als kleiner Knabe getan hatte, streifte er auch jetzt, als junger Krieger, gern durch die gerade erwachende Natur. Er liebte es immer noch, allein auf die Stimmen der Naturgeister zu hören, wenn sie ihren Leben spendenden Atem auf die Erde niedergehen ließen, konnte es Kleiner Biber aber nie verwehren, wenn dieser darum bat, ihn begleiten zu dürfen.

So ritten sie auch an diesem noch wolkenverhangenen, kühlen Morgen stillschweigend durch die Wildnis, welche in vielen Jahren einmal als Montana bekannt werden sollte. Deutlich zeichnete sich in der frühen Morgenstunde noch der gefrierende Atem der beiden Reiter und ihrer Mustangs ab.

„Siehst du, kleiner Bruder? Der Nordriese ist wie ein großer und tapferer Krieger, er scheint sich an diesem Morgen noch ein letztes Mal aufzubäumen, obwohl er doch weiß, dass er im Kampf dem Sonnenboten letztendlich unterliegen muss!"

Als wolle der Nordriese die soeben gesprochenen Worte des jungen Mannes bestätigen, setzte ein allerletztes Mal der für diese Regionen gewohnt heftige Schneefall ein. Nasse Flocken fielen schwer, fast wie kleine Steine, auf den staunenden Kleiner Biber und Mutter Erde hinab.

Der Jüngere hielt einen Moment inne und lauschte dem leisen Säuseln des letzten winterlichen Windes. Auch Wolkenschild hielt nun seinen Mustang an und nutzte die Pause, um sich seinen Fellmantel am Hals enger zusammenzuziehen. Sie hatten alle Zeit der Welt, und während Wolkenschild auf den Knaben wartete, fiel sein Blick ungewollt auf einen in der Nähe stehenden, kleinen Weidenbusch, der einige seiner zarten Zweige auf unnatürliche Weise herabhängen ließ. Als Kleiner Biber wieder bei ihm war, ritten sie sogleich auf das seltsam aussehende Gebüsch zu. Augenblicklich spannte sich ihre Haltung, während sie mit unguten Gefühlen die deutlich sich vor ihnen ausbreitenden Fährten betrachteten.

„Unsere Jäger?", fragte Kleiner Biber vorsichtig und leise flüsternd.

Ein verneinendes Kopfschütteln des Älteren verdoppelte sofort den Herzschlag des nun sichtlich erschrockenen Knaben.

„Crowhunde!", zischte Wolkenschild kaum hörbar.

„Kommen sie etwa zurück?"

„Vielleicht!"

„Was machen wir jetzt? Kehren wir um und warnen unsere Krieger?"

„Wir werden ihrer Fährte folgen und sehen, wo sie uns hinführt und ob vielleicht sogar noch mehr von ihnen hier herumlungern, dann erst kehren wir um!"

Kleiner Biber machte dicke Backen und ließ ein leises Pusten durch den gespitzten Mund entweichen.

„Möchtest du dich lieber hier im Unterholz verstecken, bis ich zurückkomme?"

„Das könnte dir so gefallen! Ich will auch endlich meine erste Feder!", fauchte Kleiner Biber mit einem bissigen Lächeln zurück, um sofort im selben Atemzug noch sein vorschnelles Antworten zu bereuen.

„Nun gut! Dann komm, furchtloser Krieger!"

Langsam folgten sie der deutlichen Fährte, die von vier Jägern verursacht worden war. Diese schienen sich sehr sicher zu fühlen, da sie keinerlei Anstalten unternahmen, ihre Spuren zu verwischen. Sie rechneten offenbar mit dem Schneefall, denn die dichten und nassen Flocken nahmen immer mehr zu, und so konnten die beiden Lakota gegen Mittag nur noch ihre Fährte vermuten - das wussten auch die Crow. Da sie der Spur aber bereits seit dem Morgen in einer geraden, nach Westen verlaufenden Linie gefolgt waren, vermutete Wolkenschild, dass es sich nur um eine letzte Nachhut der abziehenden Crow handeln konnte.

Gerade als Wolkenschild kehrtmachen wollte, hob Kleiner Biber mit interessiertem Gesichtsausdruck seine rechte Hand hoch. „Hört mein kleiner Bruder etwas?", fragte Wolkenschild, sich nach allen Seiten umsehend.

„Da war etwas in der Stimme des Windes, was da nicht hineingehört!" Ohne auf Wolkenschild zu achten, lenkte Kleiner Biber sein Tier wieder in Richtung der fortreitenden Crow. Laufend hielt er an, bis er in nördliche Richtung abbog und es den Anschein hatte, als ob er dem Wind lauschte. Wolkenschild folgte dem Jüngeren stillschweigend. Was immer es auch war, was dieser hörte, was seinen eigenen Ohren und Sinnen verborgen bleiben sollte, konnte doch unter Umständen sehr wichtig sein.

Kleiner Biber hielt mitten in der Bewegung seinen Mustang an, sprang ab und kniete sich in den strahlend weißen, aber matschigen Schnee. Mit seiner Linken hielt er nach wie vor die Zügel seines Tieres, mit der rechten Hand aber begann er vorsichtig, am Boden den Schneematsch beiseite zu wischen. Einen Augenblick später trafen sich die fragenden Blicke der beiden, als die untere Schicht des Schnees durch das Fort-wischen eine blutig rote Färbung annahm. Wortlos erhob sich Kleiner Biber, und als würde er von Geisterhand geleitet, näherte er sich vor-sichtig einer umgestürzten, knorrigen, alten Weide.

Jetzt hörte auch Wolkenschild etwas. Es kam tatsächlich aus Richtung der alten Weide. „Sei vorsichtig!", rief er Kleiner Biber leise zu, doch dieser kniete sich bereits in das matschige Nass, um wenig später auf dem Bauch liegend ein kleines, graues und felliges Knäuel darunter hervorzuziehen. „Sieh her!" Stolz hielt der nun pitschnasse Knabe seine wild zappelnde Entdeckung hoch. „Seine Verwandten sind alle fort. Die Crow müssen den Kleinen übersehen und zurückgelassen haben, als sie sein Rudel töteten!" Kleiner Biber strahlte vor Freude, als er seinen jaulenden, fast schon knurrenden Fund präsentierte.

Wolkenschild aber wendete sich betrübt ab, da er doch wusste, dass der kleine Wolf ohne seine Familie hoffnungslos verloren war und allein nicht überleben konnte. Er hatte seine Familie verloren, genau wie Wolkenschild selber auch, der deswegen von einer tiefen Traurigkeit übermannt wurde.

„Was ist? Warum schaust du weg?"

„Komm und setz ihn wieder hinunter, wir müssen jetzt zurück!"

„Aber wir können ihn doch hier nicht allein zurücklassen!"

„Was denn sonst?"

„Na, wir nehmen ihn mit und ziehen ihn auf!"

„Wir?"

„Ja?", stammelte Kleiner Biber, der den kleinen Wolf, welcher sich nun etwas beruhigt hatte, in seinen wärmenden Armen hielt.

„Wie stellst du dir das vor? Es ist ein Wolf! Er will frei leben!"

„Ja, leben, aber nicht sterben! - Wir …, wir sagen einfach, es ist ein kleiner Hund!"

Wolkenschild musste nun doch ein wenig lachen. „Hast du vergessen, dass wir Hunde essen?"

„Aber ihn doch nicht!"

„Kleiner Biber, es wird sicher Ärger geben! Was, denkst du, passiert, wenn er größer wird?"

„Bis er groß ist, haben wir ihn bestimmt gezähmt!"

„So, wie niemand einen Lakota zähmen kann, kann auch niemand diesen Wolf zähmen!"

„Oh ha, schau mal her, das ist ja gar kein Wolf, das ist ja ein kleines Mädchen!"

„Versuch mal, frisst sie?"

„Nee! Iiih! Im Moment pisst sie!" Kleiner Biber hielt den noch tropfenden jungen Wolf von sich fort „Oh, du bist aber eine böse Sie!", entrüstete er sich.

Wolkenschild stieg entsetzt ab und hielt mit fast wirrem Blick der kleinen Wölfin ein Stück von seinem eigenen Trockenfleisch hin. Gierig schnappte sie danach und versuchte, mit ihren nadeldünnen, spitzen Zähnen das harte Stück kleinzubekommen.

„Ich glaube, es wird eher Abend, bevor sie es aufgefressen hat", meinte Wolkenschild mit sehr ernstem Tonfall. „Gib sie mir mal!"

„Aber tu ihr nichts!" Nur ungern übergab Kleiner Biber seinen Schützling an Wolkenschild, da er irgendwie so seltsam auf ihn wirkte.

„So, und nun steig auf deinen Mustang!", befahl Wolkenschild.

„Aber …"

„Du sollst auf deinen Mustang steigen!", befahl der Ältere beinahe etwas ungehalten.

Mit herzzerreißendem Gesicht, den Tränen nahe, bestieg Kleiner Biber gehorsam sein Pony.

„So, hier! Und pass auf, dass sie nicht herunterfällt!" Wolkenschild legte ihm die kleine Wölfin in den Schoß.

„Heißt das etwa, ich darf sie mitnehmen?" Kleiner Biber strahlte vor Freude, als er in das wohlwollende Lächeln von Wolkenschild sah.

„... und was sagen wir, wenn wir zu Hause ankommen?", fragte er seinen älteren Freund nun ganz aufgeregt.

„Ganz einfach!"

„Ganz einfach?"

„Ja, natürlich! Es war der Wille der Geister. Sie führten dich, und du musstest selbstverständlich gehorchen! - Oder was?"

„Danke! Das werde ich dir niemals vergessen!"

Während sie in Richtung ihrer Tipis unterwegs waren, hatte Wolkenschild immer wieder Gelegenheit, einen Blick auf Kleiner Biber zu werfen. Voller Stolz und überglücklich hielt dieser den Welpen fest auf seinem Schoß umklammert. Die Wärme, die vom Körper des Knaben ausging, sowie das gleichmäßige Wippen auf dem Rücken des Mustangs hatten die kleine Wölfin einschlummern lassen. Im Schlaf jaulte sie hin und wieder kurz auf, und ihre kleinen Beinchen begannen, sie im Traum auf dem unsichtbaren Geisterpfad vorwärtszutragen, um ihr getötetes Rudel zu besuchen.

„Sie träumt!", flüsterte Kleiner Biber dem Älteren zu.

„Ja, sie träumt von ihren Eltern und Geschwistern, die sie niemals mehr wiedersehen wird. - Aber nun hat sie ja dich!"

„Und dich auch!", verbesserte ihn der Jüngere.

Wolkenschild freute sich genauso wie Kleiner Biber, die junge Wölfin gerettet zu haben. Nie hätte er sie zurücklassen können, erst recht nicht, nachdem ihm eine ganz bestimmte Geschichte eingefallen war. Auch sein leiblicher Vater wurde einmal auf die gleiche Weise nass gemacht wie Kleiner Biber, nur war es bei ihm kein Wolf gewesen, sondern ein Präriehase.

Wolkenschild lächelte mit traurigen Augen in sich hinein. Wie mochte er wohl gewesen sein? Badger hatte ihm so unendlich viel von ihm erzählt, fast war es schon so, als ob er ihn kennen würde, und immer, wenn er fragte: „Wie sah er aus?", bekam er die gleiche Antwort: „Betrachte im Bach dein Spiegelbild!"

Doch nun lenkte Wolkenschild, bevor er sich wieder in seinen Träumereien verlor, seine Gedanken in eine andere Richtung. „Kleiner Biber, heute bist du zum ersten Mal in deinem Leben dem Wind gefolgt. Er hat dich zu ihr geführt. Ich weiß, dass du dir deiner Verantwortung bewusst bist, denn alles, was sie wissen und lernen muss, muss jetzt von dir kommen, von nun an wirst du ihr Bruder sein."

Der Knabe verstand, denn ab sofort würde er eine ihn durch und durch ausfüllende Verpflichtung, vor allem gegenüber seinem Volk, haben.

So, wie es Wolkenschild schon vorausgesehen hatte, wurden sie bei ihrer Ankunft auch empfangen.

Misstrauische und zurückhaltende Blicke, Unheil verkündende Vorahnungen, wenn die Wölfin später ihre Stellung im Rudel der Dorfhunde behaupten will, falls es dann überhaupt noch eines gab, blieben nicht aus. Aber Wolkenschild war bereits eine Persönlichkeit, und niemand würde ihm widersprechen wollen oder sein Urteil infrage stellen.

„Kleiner Biber - Der dem Wind folgt, wurde von den Geistern geführt, es ist nicht allein unser Wille, der uns befiehlt, die Wölfin als unsere Schwester aufzunehmen!", verkündete Wolkenschild, der mit einem mulmigen Gefühl zum ersten Mal seine Autorität unter Beweis stellte.

„... Der dem Wind folgt!", murmelten die umstehenden Dorfbewohner wie im Chor hinterher.

Gute Lanze wuchs augenblicklich ein gutes Stück über sich hinaus. Hatte nicht soeben ihr junger Wicasa Wakan seinem Sohn einen neuen zweiten Namen gegeben?

Und was für einen - „Der dem Wind folgt"! Jeder, der sich gegen die Entscheidung Wolkenschilds stellen würde, die Wölfin aufzunehmen, musste nun erst einmal an ihm vorbei!

„Hau, was für ein unglaublicher Gewinn, wenn sich eines Tages ein großer, starker Rüde mit ihr paart! Gern hätte ich davon einen Welpen nur für mich!" Alle sahen sich um. Iron Shell hatte sich eingefunden, da er durch den kleinen Auflauf der Menschen im Lager Wolkenschilds aufmerksam geworden war. „Und da es der Wille der Geister ist, denke ich, sollte sie jeder im Dorf mit einem besonders zarten Stück Fleisch willkommen heißen!" Iron Shell hielt der Wölfin ein mundgerechtes Stück Fleisch hin, was, ohne zu kauen, sofort im kleinen, knurrenden Magen des Tieres verschwand. Das Eis schien gebrochen, woraufhin

Wolkenschild und Kleiner Biber Iron Shell mit dankbaren Blicken versahen.

Noch bevor die junge Wölfin die kleinen Leckereien verputzt hatte, waren bereits mehrere Spähtrupps unterwegs, um wirklich sicherzugehen, dass die Crow auch tatsächlich abgezogen waren. Kein Lakota hatte ehrliche Lust, durch die Kriegsrufe ihrer Feinde noch einmal aus dem Schlaf gerissen zu werden! Doch schon bald kehrten die bereits ungeduldig erwarteten Späher mit beruhigenden Nachrichten wieder heim.

Gemeinsam mit den Crow war auch Kleiner Biber von ihnen gegangen und Der dem Wind folgt gekommen, da er, wenngleich auch nur unbeabsichtigt, so dennoch von Wolkenschild einen neuen Namen, der eines Kriegers würdig war, erhalten hatte.

Fast konnte man jetzt dabei zusehen, wie der ungestüme Yellowstone durch das mitgeführte Schmelzwasser, welches ihn zu einem reißenden, unüberwindbaren Strom anwachsen ließ, von Tag zu Tag immer breiter wurde. Die noch schlammigen und matschigen Pfade in der Wildnis begannen hingegen, unter der wiedergefundenen Kraft der ersten noch zärtlichen Sonnenstrahlen langsam wieder abzutrocknen. Der Mond, in dem der Samen sprießt, der März, hatte schon seit mehreren Sonnen begonnen. Immer näher rückte nun für alle Lakota der Abschied, bis sie sich wie jedes Jahr beim großen Treffen, wenn die Felsenbirnen reiften, in den Plains wiedersehen würden. Eine Gruppe nach der anderen begann damit, ihre Tipis abzubauen und verließ nun das große gemeinsame und immer kleiner werdende Winterlager ihres Volkes. Zurück blieben nur runde, dunkle und nackte Flecken auf dem Prärieboden, wo einst ihre Zelte gestanden hatten.

Auch Wolkenschild wartete angespannt darauf, dass seine Gruppe damit beginnen würde, die Tipis abzubauen. Sicherlich würde es zu dieser frühen Jahreszeit ein langer und beschwerlicher Weg mit all den mitzuführenden Travois für die kleine Gruppe werden, aber auch das schien niemandem die frühlingshafte gute Laune zu verderben.

Iron Shell kam noch ein letztes Mal vorbei, um sich persönlich von Wolkenschild zu verabschieden. „Ich wünsche dir und deinen Leuten, deinem Volk, eine gute und glückliche Reise!"

„Auch euch eine gute Reise!", erwiderte der jüngere Krieger.

„Hier, nimm das, damit du mich bis zum großen Treffen nicht vergisst und immer weißt, wann und wo du bist!" Iron Shell übergab Wolkenschild eine genaue Kopie seines Mondstabes. „Vergiss nie, die Zeichen in ihn hineinzuschnitzen und was ich dir über ihn gesagt habe, dann kannst du sogar die Tage im Voraus bis zu unserem großen Sommertreffen zählen!"

„Ich werde ihn so behandeln, wie du es mich gelehrt hast!", versicherte Wolkenschild. „Hier, und du nimm das von mir!" Wolkenschild übergab Iron Shell mehrere winzige, kleine Ledersäckchen, die mit den verschiedensten Zeichen bemalt waren. „Gib die Kräuter in Wasser! Sie helfen dir, wenn du krank bist! Es befindet sich das jeweilige Zeichen auf ihnen, wofür sie gedacht sind!"

Iron Shell nickte verblüfft. „Medizinbeutel! Das ist sehr gut!"

Beide Krieger standen noch eine Weile, schweigend auf die Fluten des Yellowstone blickend, beieinander, bis Iron Shell die entscheidende Frage stellte: „Wann gedenkt ihr eigentlich aufzubrechen?"

„Ich weiß es nicht. Ich will Gute Lanze auch nicht hetzen oder antreiben, verstehst du? Er wird sicher bald zum Aufbruch aufrufen. Aber ich hoffe, er wartet nicht so lange, bis Wolfsmädchen den ganzen Weg allein laufen kann!"

Iron Shell schwieg eine Weile, bis er seinem Freund einen Hinweis zu geben versuchte. „Ghost Head hat seine Hunkpapa auch schon auf den Weg geschickt. - Wer tut es bei deinem Volk zu Hause? Oh ja, dein Großvater, der alte, weise Büffelrücken, nicht wahr?"

Wieso stellte er ihm eine Frage, wenn er sie im Anschluss dann doch selber beantwortete, fragte sich Wolkenschild.

Iron Shell begann nun zu grinsen, da der sonst so umsichtige Wolkenschild nicht zu verstehen schien. Ganz leise flüsterte er dem jungen Wicasa Wakan ins Ohr: „Wenn *du* ihnen nicht sagst, dass es losgeht, dann sitzt ihr allesamt noch hier, wenn die Welpen von Wolfsmädchen selber schon geworfen haben!"

Wolkenschild sperrte seinen Mund weit auf.

Er kannte die Gesetze, seit er ein kleiner Winzling war. Natürlich! Er … er allein musste es sagen! Hatten sie ihn doch stillschweigend, ohne dass ein Wort darüber verloren wurde, zu ihrem Wicasa Wakan gemacht, auch wenn er noch ein Schüler dieses Amtes war und noch eine langjährige Ausbildung vor sich hatte. Er war derjenige, der den Zeitpunkt zu bestimmen hatte! Er schämte sich und konnte Iron Shell kaum in die Augen sehen.

„Es macht doch nichts! Worüber hatten wir gerade noch gesprochen? Ich bin so vergesslich geworden! Ach ja! Bis wir uns wiedersehen, eine gute Reise, mein kleiner Bruder!"

Während sich Wolkenschild die geeigneten Worte zurechtlegte, mit denen er zum ersten Mal in seinem Leben zum Abbruch eines Lagers aufrufen würde, schaute er den abziehenden Sichangu und Iron Shell noch ein letztes Mal hinterher.

Langsam ritt er auf dem Rücken von Adlerschwinge seinem Lager entgegen. Die mehr als sechzig Wolkenschilder, wie sie sich seit ihrem Zusammenschluss nun selber voller Stolz zu nennen pflegten, schienen schon auf ihren jungen Wicasa Wakan zu warten. Mit erhobenem Haupt und seinen im Frühlingswind flatternden Coupfedern kam er würdevoll auf sie zugeritten. Äußerlich ruhig und gefasst, aber innerlich aufgewühlt wie die Wellen des sturmgepeitschten Yellowstone im Mond, wenn das Laub fällt, hielt er seinen Mustang in ihrer Mitte an und sprach: „Hört mich an! Dies war ein gutes Lager! Hier haben wir einen großen Sieg über unsere tapferen Feinde, die Krähen, errungen! Hier haben wir im wärmenden Kreis unserer Verwandten den Winter gut verbracht! Aber alle unsere Brüder sind nun fort. Jetzt wollen auch wir aufbrechen, um uns im Frühling in den Prärien mit den Büffelrücken zu vereinigen. Gemeinsam werden wir dann Tatanka jagen, der uns sein Fleisch geben wird! Dort werden wir einen besseren Lagerplatz als diesen haben! Brecht die Tipis ab, wir ziehen fort!"

Sogleich begannen die Frauen, die schweren Zeltbahnen von den Stangen zu lösen, die sofort anfingen, geräuschvoll in der Frühlingsbrise zu flattern.

Wolkenschild wartete in gebührendem Abstand, bis sich eine Familie nach der anderen in die Reihe des bald aufbrechenden Zuges eingefunden hatte. Gute Lanze und Bogenmacher warteten gemeinsam mit ihm an der Spitze des Zuges.

„Das waren gute Worte!", lobte ihn Gute Lanze.

„Es war auch gut, sich in Geduld zu fassen, bis die anderen Gruppen fort waren", pflichtete Bogenmacher seinem Bruder bei. „Es war sicher für dich am schwersten, abzuwarten? Aber niemand kann jetzt sagen, dass unser junger Wicasa Wakan ungeduldig wie ein kleines Kind seine

Gruppe als erste fortgetrieben hat! Alle in unserer Gruppe haben deine Entscheidung, zu warten, für gut befunden!"

Wolkenschild fiel ein unsichtbarer Stein vom Herzen, er reagierte aber sofort. „Ich wusste, dass meine Wolkenschilder es verstehen würden!"

Viele Sonnen war die Gruppe Wolkenschilds, seit sie das Gebiet des Yellowstone verlassen hatte, nun schon unterwegs. Längst hatten sie die Paha Sapa hinter sich gelassen, und in Wolkenschild machte sich täglich immer mehr das Gefühl von innerlicher Unruhe freien Raum. Erst des Abends, wenn er dann gemeinsam mit Der dem Wind folgt und Wolfsmädchen am Feuer von Gute Lanze und Bogenmacher saß, konnte er sich in der Geborgenheit, die ihm diese Menschen hier gaben, wieder etwas beruhigen.

Wolfsmädchen schien ein Wunder der Naturgeister zu sein. Sie war ganz sicher nur zu einem einzigen Zweck auf Mutter Erde gekommen. Ständig war sie hungrig und schlang wie am ersten Tag, als sie in den Stamm aufgenommen wurde, alles gierig in sich hinein. Jeder wusste, dass sie und ihre Zähne größer und größer werden würden, und warf ihr im Vorbeigehen, sicher nicht ganz uneigennützig, immer einen kleinen Leckerbissen zu.

„Ein neuer Name, wie etwa Viele Mägen, wäre passender für sie!", scherzten seine Leute immer öfter.

Der Mond der Geburt der Kälber war gegangen, und die Wärmegewitter sowie der Mondstab von Iron Shell sagten Wolkenschild, dass er, zeitlich gesehen, seiner Heimat nicht mehr fern war. Sie waren gut vorangekommen und schon fast in dem Gebiet seiner Büffelrücken angelangt, und ständig versuchte Wolkenschild, sich in der Landschaft immer wieder neu zu orientieren.

Zwei wandernde Gruppen von Oglala und sogar eine Gruppe von Sichangu hatten bereits ihren Weg gekreuzt. Wenn sie auch den vorherigen Winter trotz der vielen und schweren Krankheitsfälle überstanden hatten, dann hatten die Büffelrücken mit Sicherheit den gerade vergangenen Winter wieder in den schützenden Hängen der Paha Sapa verbracht und müssten nun ebenfalls auf dem Weg in ihre Sommerjagdgründe sein. Oder aber sie kamen sogar direkt vom oberen Missouri.

Es gab keinen Moment, an dem nicht Späher in allen Richtungen unterwegs waren. Nicht nur, um nach herumlungernden Shoshonie oder Pawnee Ausschau zu halten, sondern auch, um nach umherziehenden Verwandten anderer Stammesverbände zu suchen. Vielleicht ließ sich auf diese Weise auch die seit Tagen quälende Frage beantworten, wer von Wolkenschilds eigenen Leuten noch da war.

Wieder einmal regnete es bis in die späten Morgenstunden hinein, als Bogenmacher, durchnässt bis auf die Haut, mit der Nachricht kam, dass er eine weitere, auffallend kleine wandernde Gruppe Lakota entdeckt hätte. Sie wäre aber so klein, dass es sich unmöglich um die von ihnen gesuchten Büffelrücken handeln konnte. Sie selber, die Wolkenschilder, bewegten sich in südöstlicher Richtung. Die andere Gruppe hingegen mehr östlich.

Wenn die gerade hindurchbrechende Sonne ihren höchsten Stand erreicht hätte, würden sie unweigerlich aufeinandertreffen, berichtete der Krieger. Da man keinen sonderlichen Grund hatte, der anderen Gruppe aus dem Wege zu gehen, behielt man weiterhin die eingeschlagene Richtung bei. Vielleicht kannten sie ja die Büffelrücken und würden Auskunft über deren Aufenthaltsort geben können.

Es bestand kein Anlass zur übertriebenen Eile, und so zog die Gruppe der Wolkenschilder mit der Gewissheit, den Weg der fremden Gruppe ohnehin zu kreuzen, auf ihrem eingeschlagenen Pfad weiter in Richtung der immer mehr an Kraft gewinnenden Sonne. Man vermutete, dass die andere Gruppe ebenfalls durch ihre Späher bereits auf sie aufmerksam geworden sein musste. Wer nun von ihnen zuerst den vermutlichen Treffpunkt erreicht hätte, würde unweigerlich auf die anderen warten, so wie man es immer zu tun pflegte, da man gerade auf der Wanderung stets begierig darauf war, miteinander interessante Neuigkeiten auszutauschen …

Wie man es auch in der anderen kleinen Gruppe vorausgesehen hatte, traf es schließlich ein. Seit einiger Zeit rastete man in der zu neuem Leben erwachenden Prärie, bereits in freudiger Erwartung auf ein Treffen mit den anderen Lakota. Immer näher kam die fremde Gruppe ihrer eigenen, und man rätselte angeregt über einige Unstimmigkeiten, denn niemand war, von ihrem Standpunkt aus, in der Lage zu sagen, ob es sich bei ihnen nun um Sichangu, Oglala, Miniconjou oder gar um Sans Arc Lakota handelte. Von jeder Untergruppe dieser Lakotastämme zeichneten sich bei der immer näher kommenden Gemeinschaft die typischen Merkmale ab.

Und noch etwas schien verwunderlich: Schon die Späher hatten ihrem Wicasa Wakan und den Häuptlingen berichtet, dass an der Spitze der fast gleichgroßen Gruppe ein sehr junger, aber schon viele Coups zählender Geheimnismann mittritt. Ist es möglich, fragte sich der Häuptling, dass es sich hier tatsächlich um den neuen Stamm der Wolkenschilder handelte? Es schien also doch mehr dran zu sein, als nur ein vages Gerücht!

Kurz nach Aufbruch aus ihrem von Berghängen geschützten Winterlager hatten sie von einer anderen Gruppe Sichangu erfahren, dass ein junger Wicasa Wakan namens Wolkenschild mehrere Anhänger um sich geschart hatte. Die fremden Sichangu konnten ihnen auch das plötzliche Verschwinden der anderen Lakotagruppen im vergangenen Sommer erklären, da sie fast alle an den Yellowstone gegen die Crow gezogen waren. Nun kehrten sie alle wieder heim, und mit ihnen kam eine neue Gruppe der Lakota hinab in die Prärien gewandert.

Der Sonnenbote hatte seinen Zenit bereits wieder verlassen und schickte seine wärmenden Strahlen auf die Erde mit all ihren Geschöpfen. Voller Erwartung standen die Häuptlinge und ihr alternder, Wicasa Wakan dessen silbrig und weiß leuchtendes Haar empfindlich in der Sonne blendete, in der Mitte des Weges, auf dem die fremde Gruppe in Kürze halten würde.

Schon vermochte man die ersten Details zu erkennen und nahm die immer näher kommende Gruppe nun noch neugieriger in Augenschein. Ohne Zweifel, wenn es sich nicht nur um Gerüchte handelte, die ihnen zu Ohren gekommen waren, dann mussten dies die Wolkenschilder mit ihrem jungen Wicasa Wakan sein, von dem ihnen Iron Shell und seine Sichangu vor wenigen Sonnen so geheimnisvoll berichtet hatten.

Stolz flankierten auf jeder Seite neun junge und kräftige Krieger den Zug. Nicht wenige junge Männer, die bald schon selber ihre ersten Coups schlagen würden, begleiteten an den Innenseiten, neben den Frauen und Kindern her reitend, ihre Väter. Am meisten aber zog der junge Wicasa Wakan die Blicke der bereits Wartenden auf sich. Hoch war er gewachsen, seine im Schopf gebundenen Coupfedern trotzten aufrecht der ihnen entgegenwehenden Frühlingsbrise. Die blendende Sonne, fast schon in seinem Rücken, ließ bisher von ihm nur Umrisse erkennen und den flüchtigen Blick auf seinen Pinto zu. Doch als sie kurzzeitig hinter einer Wolke verschwand, sorgte das nun erkennbare Bild des Mustangs, den der junge Anführer ritt, beim weiteren Näherkommen dafür, dass fast zeitgleich mehrere der lagernden Lakota mit offenem Mund in die Höhe fuhren.

Büffelrücken schluckte aufgeregt und seine Augenlider vibrierten im Takt zu seinem beschleunigten Herzschlag. Sein Blick schien sich zu verwaschen. Er glaubte, den jungen Mann zu kennen, den Krieger, der das breite Kreuz auf seinem mit Skalphaaren besetzten Kriegshemd trug.

Ruckartig, mitten aus der Bewegung heraus, stoppte der junge Wicasa Wakan überraschend seinen Pinto. Steif geworden, fast erschrocken, blickte er abschätzend für einen kurzen Augenblick auf die wartende Gruppe der Lakota. Auch er kannte die Vorhut dieser wandernden Stammesgruppe von Sichangu.

Wolkenschild schluckte, genau wie sein Großvater, einen viel zu großen Kloß hinunter, als auch er all seine Kraft aufbieten musste, um nicht die Fassung zu verlieren. Blitzartig riss er, den Siegesruf der Lakota auf seinen Lippen, seine Lanze waagerecht über den Kopf nach oben, wozu er Adlerschwinge sich zweimal tänzelnd im Kreis drehen ließ, um ihn im Anschluss zum Gruß vorn hochsteigen zu lassen. Im selben Moment, da der Pinto mit seinen Vorderhufen wieder den Boden berührte, preschte er, wie von der Tarantel gestochen, nach vorn, auf die Spitze der lagernden Lakotagruppe los.

Noch während Adlerschwinge in Bewegung auf die andere Gruppe war, sprang Wolkenschild von seinem Mustang herunter, um wieder auf seinen Füßen, fast vor seinem Großvater, zum Stehen zu kommen. Beide Männer standen sich Aug in Aug, von ihren tiefen Gefühlen füreinander überrannt, gegenüber und waren im Begriff, alle Etikette zu vergessen, da sie nicht anders konnten, als sich in die Arme zu schließen.

„Großvater! Ich habe euch gefunden", begann Wolkenschild fast zu schluchzen.

„Mein Junge, mein Junge!" Immerzu wiederholte Büffelrücken die beiden einzigen Worte, die ihm gelingen wollten, da auch er nicht fähig war, zu sprechen oder sich aus der Umarmung seines Enkelsohnes zu lösen.

Im selben Moment, da sich der alte und der junge Wicasa Wakan begrüßten, verfiel die gesamte Gruppe in ein Freudengeheul, und auch die behutsam nachrückenden Wolkenschilder schienen zu verstehen, dass sie am Ziel ihrer Reise angelangt waren, und stimmten in das Freudengeschrei der anderen Gruppe mit ein.

„Söhnchen!" Eine bekannte Stimme ließ Wolkenschild zur Seite blicken. „Großmutter!" Auch Tanzender Kessel begann, als Wolkenschild auch sie in die Arme nehmen musste, ebenso wie Wiegendes Gras und Wächst im Regen, ungeniert zu schluchzen. Zu viele schmerzhafte und immer wieder in den letzten zwei Wintern hinuntergekämpfte, bittere Gefühle machten sich endlich Luft. Selbst Badger, der vor Stolz an der Seite seines heimgekehrten Sprösslings fast zu explodieren drohte, versuchte vergebens, ein würdevoller Kriegshäuptling zu bleiben, und musste sich in das überschwappende Freudengetümmel mit hinreißen lassen, nachdem er erkannte, dass selbst Igelarsch völlig neue Seiten zu haben schien.

Feuer in seinen Augen, der mit dem auf seinen Schultern sitzenden Adlerstimme herumalberte, war, wie all die anderen, nicht imstande, seine Freude zu verbergen. Lacht wie kleines Wasser, seine jüngere Schwester, auch sie war kein kleines Mädchen mehr, das noch immer mit Puppen spielte.

Während die Begrüßungen sich hinzogen, hatte Büffelrücken Zeit, sich seinen heimgekehrten Enkelsohn eingehender zu betrachten. Feste Hand war ein Mann geworden und hatte seine so angenehme, weiche Stimme gegen die eines jungen Bullen eingetauscht, als er während der nicht enden wollenden Begrüßung seiner Angehörigen den Befehl zum Halten an seine Wolkenschilder ausrief.

„Hatte ich es dir nicht gesagt?", schluchzte Tanzender Kessel immer noch vollkommen aufgewühlt, als sie sich an Büffelrücken wandte. „Genau das habe ich gesehen!"

Büffelrücken musste lächeln. Immer hatte er sich vorgestellt, dass Feste Hand so aussehen müsse wie vor zwei Sommern und als der Knabe heimkehren würde, der er einmal gewesen war.

Nun aber stand ein Krieger vor ihm, ein Krieger und Wicasa Wakan! - Mit vielen Ehrenabzeichen war er ausgestattet und ließ so die Erinnerung an seinen leiblichen Vater vor den Augen all seiner Stammesbrüder wieder lebendig werden. Aufrecht stand sein Enkel ihm nun

gegenüber, und Büffelrücken brauchte nicht mehr nach unten zu schauen, um ihm in seine großen und ehrlichen Augen zu blicken.
Vergebens suchte Wolkenschild während der nicht enden wollenden Willkommensgrüße seiner Angehörigen das Augenpaar, welches er so sehnlichst zu finden hoffte. Aber es sollte ihm verwehrt bleiben. Doch als der erste Ansturm der Wiedersehensfreude etwas abgeklungen war, konnte Wolkenschild nun endlich die eine noch wichtige Frage stellen. Da ihm nicht in den Sinn gekommen wäre, hinter der kleinen wandernden Gruppe von Lakota seine Leute zu vermuten, konnte er sich auch im Vorfeld nicht gefühlsmäßig auf diese Situation einstellen, und so nahm er einfach an, dass seine anderen Verwandten anderen Ortes lagern mussten. „Großvater, wann treffen wir unsere anderen Leute und meine Mutter?"
Büffelrücken erstarrte augenblicklich, und sein trauriger Blick, begleitet von einem schmerzverzerrten Schweigen, sagte Wolkenschild mehr, als es irgendwelche Worte vermocht hätten.

Es dauerte noch eine ganze Weile, ehe sich die beiden wandernden Gruppen begrüßt hatten, um sich dann gemeinsam wieder in Bewegung zu setzen. Von der Seite konnte Büffelrücken seinen Enkel betrachten, wie er ernst, kalt und, ohne eine Gefühlsregung erahnen zu lassen, mit fast leblosem Blick in die Ferne seine Gruppe neben der von Büffelrücken anführte. Der alte Wicasa Wakan sah, was ihn bedrückte, und wusste nicht, wie er ihm helfen sollte.
Schon an der nächsten geeigneten Stelle, an einem kleinen, lustig dahinfließenden Bachlauf, ließen sich die Lakota nieder. Es gab so viel zu berichten und auch zu feiern, dass niemand mehr das Bedürfnis verspürte, die Wanderung an diesem Tage auch nur um einen weiteren unnötigen Schritt zu verlängern. Bis tief in die Nacht hinein hallten die Trommeln und Gesänge der Sioux über die Prärien und mischten sich mit dem Gesang der Grauwölfe und Kojoten zu der unverkennbaren, schaurig schönen und vertrauten Melodie, die viele ihrer Angehörigen nun nicht mehr hören konnten.
Alle dunklen Wolken waren mit einem Mal fortgeweht, und nur das tiefsinnige Antlitz von Wolkenschild verriet Badger und seinem Großvater, dass er seine persönliche Freude über das Wiedersehen nicht auskosten konnte. Gedankenverloren blickte Wolkenschild aus einiger

Entfernung vom Lagerplatz in den klaren Nachthimmel und suchte den leuchtenden und strahlenden Stern seiner Mutter. Schweigend gesellte sich Badger, gefolgt von Büffelrücken, zu dem Sohn und Enkel, um gemeinsam mit ihm die glückliche Heimkehr und das so lange vermisste Beisammensein in der Stille zu genießen.

Nach der Trauer und dem verzweifelten Schmerz über den Verlust seiner Mutter und der vielen anderen Verwandten, stellte sich Wut in Wolkenschild ein. Wut und Hass, nicht nur auf die Krankheit dieser Wasicun, sondern auch auf die Wasicun selbst. Die beiden Händler, die die verheerende Krankheit über sie gebracht hatten, mussten mit ihrem Leben für diese Tat bezahlen. Indirekt war er selber sogar der Urheber für diesen Akt der beiläufigen und nicht geplanten Rache gewesen. Könnte er jemals ein Freund dieser hellhäutigen Schlangen werden, geschweige denn an ihrer Seite kämpfen wollen, so, wie es andere Lakota bereits im Land der Arikara getan hatten?

Viele Dinge warfen neue Fragen in ihm auf, die er noch für sich zu klären hatte. Doch sollte dies keinen störenden Einfluss auf seine Leute haben, denn schon am nächsten Tag würden die vereinigten Lakota weiter in Richtung ihres White River abwandern.

Büffelrücken hielt sich mit lächelndem Wohlwollen bedeckt zurück und überließ, neben seinem Enkel reitend, diesem die Ehre, die Führung zu übernehmen.

Der dem Wind folgt hatte seit dem Vortag einen neuen Freund in Adlerstimme gefunden, der niemals aufhörte, in ihm zu bohren, um immer wieder die Geschichte von dessen Entführung durch die Crow zu hören. Und zum ersten Mal in seinem noch jungen Leben erhaschte er einen ihm bis dahin noch fremdartigen, kribbeligen Blick, den ihm Lacht wie kleines Wasser verschmitzt zuwarf.

Die Krieger beider Gruppen waren erleichtert, wieder einer starken Gemeinschaft anzugehören. Die Frauen schliefen wieder ruhiger und die Mädchen und Knaben hatten neue Spiel- und Kampfgefährten gefunden. Einzig der Schatten von Trauer und Schmerz, der noch über den Lakota lag, müsste noch verjagt werden, bevor man wieder in der Lage war, vollkommen unbeschwert zu lachen.

Während der wenigen Tage, die sie auf ihrem Weg in die Sommerjagdgründe noch vor sich hatten, bat Wolkenschild seinen Großvater, wie gewohnt, die Führung der Gruppe zu übernehmen. So wie es Wolkenschild schon gern als kleiner Knabe getan hatte, so tat er es auch jetzt. Immer wieder kam es vor, dass er sich während ihrer Reise absonderte oder unter dem Vorwand, mit den Spähern die Umgebung zu erkunden, in die Einsamkeit floh. Ohne die Gegenwart der vielen Menschen fiel es ihm leichter, seinen Gedanken nachzugehen und seinen Schmerz zu verarbeiten.

Büffelrücken hatte ihm bereits mitgeteilt, dass es an der Zeit sei, gleich nach ihrer Ankunft im neuen Lager, mit dem Unterricht fortzufahren. Nichts anderes hatte Wolkenschild erwartet, und daher genoss er die wenige, ihm noch verbleibende Zeit, um mit sich und seinen Gedanken wieder ins Reine zu kommen.

Noch am selben Abend, als man das Lager am Sommerrastplatz aufschlug, wurde die Ratsversammlung einberufen. Viele noch unausgesprochene Fragen, was den Zusammenschluss beider Gruppen betraf, suchten nach Antworten. Man hatte sich bereits zusammengefunden, aber es musste geklärt werden, wer die Ämter des Friedens- und des Kriegshäuptlings zukünftig bekleiden würde. Die Akicitas auf beiden Seiten der Sichangu gierten nach neuen Mitgliedern in ihren Kriegerbünden. Viel gab es zu klären, und jeder im Volk wartete gespannt auf die Ergebnisse der Versammlung, der auch Wolkenschild als dekorierter Krieger und zukünftiger Wicasa Wakan beizuwohnen hatte. Sein Vater, Badger, blieb, wie erwartet, der Kriegshäuptling der Gruppe, alle hatten sich ihm bereitwillig untergeordnet. Auf den Vorschlag seines Onkels, Roter Felsen, der das Amt des Friedenshäuptlings zuvor bekleidete, erhielt Gute Lanze auf Beschluss der Ratsversammlung dieses Amt auferlegt. Die Akicitas würden unter sich selber ihre neuen Anführer wählen und die Umformierungen vornehmen, doch bezweifelte Wolkenschild nicht, dass die Präriedachse wieder die führende Rolle einnehmen würden, die sein Vater einst vor sehr langer Zeit gegründet hatte.

Wolkenschild war sehr mit dem Ausgang der Ratsversammlung zufrieden, da man die neuen Mitglieder ihrer Gruppe in allem voll mit einbezogen hatte. Dennoch - für alle Familien, egal, welchen Ursprungs sie auch immer waren, stellte es in jedem Fall eine völlig neue Situation dar, auf die sie sich einzustellen hatten. Das unbekannte Gefühl von etwas absolut noch nie Dagewesenem, welches den neuen Stamm wie ein unsichtbarer Nebel umgab, war vielen noch recht fremd. Wie würden die vielen fremden Krieger miteinander zurechtkommen? Alle hatten zwar die gleichen Sitten, die gleichen Riten und den gleichen Gott, hatten aber dennoch so viele verschiedene und fremde Charaktere. Würden sie, wenn es darauf ankäme, ihr neues Volk so beschützen können, wie es eine jahrelang aufeinander eingespielte Kriegergemeinschaft zu tun in der Lage wäre? Würden alle Krieger wie einer denken und handeln können?

All das und noch viele weitere Fragen beschäftigten Badger und Büffelrücken, während sie des Abends immer in gemütlicher Runde beisammen saßen und versuchten, allen Eventualitäten vorausschauend zu begegnen. Aber nachdem die wichtigsten Fragen vorerst einmal geklärt waren, konnten alle Lakota wieder unbeschwerter und als ein gemeinsamer Stamm ihrer gemeinsamen Zukunft entgegenblicken …

Fast auf den Tag genau, nur einige Sommer und Winter später - Wolkenschild hatte seine Ausbildung so gut wie abgeschlossen und genoss, wie er es oft und sehr gern tat, die Einsamkeit, während sich sein weiterwandernder Stammesverband auf dem Weg in die sommerlichen Jagdgründe befand.

Sein ehemals kleiner Schützling Der dem Wind folgt war inzwischen auch kein kleiner Junge mehr und interessierte sich recht auffällig für Lacht wie kleines Wasser. Immer, wenn sich Der dem Wind folgt unterwegs auf seiner munteren Bunten Krähe befand, war er an seiner ungewöhnlichen Begleiterin zu seiner Linken, der Wölfin, schon von weitem zu erkennen.

Verträumt sah Wolkenschild, wie die Wölfin Viele Mägen, gefolgt von fünf kleinen Welpen, neben ihrem Zweibeiner hertrabte, bis ihn ein kleiner, entfernter, dunkler Punkt von seinen munteren Beobachtungen ablenken sollte. Am gegenüberliegenden Ende des Horizontes sah er die Spitze der Sichangu, wie sie, wie viele Male zuvor, die letzten Schritte auf den White River zu taten. Aber noch konnte Wolkenschild am anderen Ende nicht erkennen, um was es sich handelte, und wartete so lange ab, bis der ferne, dunkle Punkt die Konturen eines einzelnen Reiters freigab.

Ohne nun weiter zu überlegen, bestieg Wolkenschild den alternden Adlerschwinge, den Badger aus gutem Grund nicht mehr zurückgefordert hatte. Er sollte seine ihm noch verbleibende Zeit mit Wolkenschild verbringen, dem er, genauso wie seinem Vater, auf den vergangenen Reisen so treu gedient hatte.

Immer näher kamen sich die beiden Reiter. Da auch der Fremde nicht den Versuch unternahm, auszuweichen, ritt Wolkenschild direkt auf ihn zu. Der junge Lakota traute seinen Augen kaum, als er in ein ihm sehr wohl bekanntes, doch inzwischen älteres Gesicht eines Mannes blickte, welcher nicht weniger sprachlos als er selber war.

„Ich grüße meinen Freund, die Feste Hand!"

„Ich grüße Schwarzer Wolf!" Wolkenschild war verwundert. Was machte der schwarze Pawnee hier in fremden Jagdgründen? „Will der Pawnee, den man Schwarzer Wolf nennt, auf unachtsame Weise den Tod finden? Dies sind die Jagdgründe der Lakota!", scherzte Wolkenschild, der sich sichtlich über das Wiedersehen freute. Eher betrübt, anstatt erfreut über das Wiedersehen, blickte der Angesprochene steif zu Boden. „Den, den man Schwarzer Wolf nennt, gibt es nicht mehr!", sprach dieser eher zu sich selbst als zu Wolkenschild.

„Ich verstehe nicht! Du warst doch so glücklich bei den Wölfen?"

Trübsinnig sah ihn der immer noch als jung geltende Mann an. Ohne ein Wort stieg er von seinem Mustang und schwieg sich, in die Ferne blickend, längere Zeit aus. Wolkenschild wusste, dass es sich nicht gehörte, den Mann mit überflüssigen Fragen zu löchern. Wenn er dazu bereit war, würde er ganz von selber anfangen, zu berichten.

„Es war vor einem Sommer. Die Weißen kamen ins Land der Pawnee. Pawnee gaben bereitwillig fort viel von ihrem Land und sind gezogen weiter fort. Leben nun in Freundschaft mit den Weißen. Ich kann das nicht. Sie sein niemals Freunde von Schwarzer Wolf. Sahen Schwarzer Wolf immer nur böse an und wollten ihn nehmen mit. Haben vor langer Zeit schon einmal mitgenommen - weit fort. Schwarzer Wolf musste fliehen! - Schwarzer Wolf nur noch schwarzer Mann, kein Wolf, kein Skedee mehr!"

Wolkenschild sah den Mann erstaunt an. Ihm fehlten fast die Worte, etwas zu erwidern. „Was ist mit Adlerherz, was ist mit Maiskorn? Sie waren doch mehr als nur deine Freunde!"

„Maiskorn? Adlerherz?"

Wieder sah der Schwarze Wolf lange schweigend zu Boden. Wenn es Wolkenschild nicht besser wissen würde, hätte er schwören können, Tränen in den Augen des großen und starken schwarzen Mannes zu sehen. „Wollten nicht fortgeben ihre Heimat. Haben lange gekämpft, haben viel und tapfer gekämpft, auch untereinander - sind gegangen zu Morgenstern. Warten nun dort auf Schwarzer Wolf!"

„Und ... was ist mit Honigtau?", platzte es plötzlich aus Wolkenschild heraus. So lange hatte er nicht mehr an sie denken müssen, doch nun stand das Bild des kleinen, hübschen Mädchens wieder lebendig vor ihm.

„Honigtau? Oh lala, ist geworden hübsche junge Frau!"

Schwarzer Wolf konnte nun sogar etwas lächeln. „Hat aber immer noch keinen Krieger erwählt. Wird bleiben ewige Jungfrau und lebt bei Großeltern."

Wolkenschild nickte betroffen. Wenigstens schien es ihr gut zu gehen.

„Was hat Schwarzer Wolf nun vor?"

Schmerzverzerrt blickte ihn der fast gebrochene Mann an. „Ich habe alles verloren. Schon wieder einmal. Keine Hoffnung mehr. Dafür werden Weiße bezahlen. Es bleibt nur noch eins zu tun: Ich werde ehrenhaft sterben und zu Morgenstern gehen, zu alle meine Freunde! Dort ich bin dann wieder Schwarzer Wolf!"

Wolkenschild war innerlich völlig aufgewühlt von dem Gehörten, versuchte aber, seine stoische Gelassenheit zu wahren. „Warum kommst du nicht mit mir? Du bist noch jung, und die Zeit, um ehrenhaft zu sterben, wird dir nicht davonlaufen!"

„Wozu?"

Schnell, fast zu schnell, kam die Antwort von Wolkenschild. „Wozu? Ich zeige dir, wie die Lakota kämpfen - auch gegen die Wasicun. Dann erst entscheide, ob du deinem Tod einen ehrenhaften Sinn geben willst!" Wolkenschild erhob sich und bestieg seinen Mustang. „Überlege es dir!" Kurz entschlossen setzte er sein Pony in Bewegung und ließ Schwarzer Wolf mit sich und seinem Kummer, ohne ihn eines weiteren Blickes zu würdigen, zurück.

Angespannt lauschte Wolkenschild auf die gleichmäßigen Hufschläge seines Mustangs. Der Wind wehte ihm warm und beruhigend entgegen, und er hoffte inständig, dass ihm der schwarze Mann folgen würde. Was er gehört hatte, beunruhigte ihn zutiefst. In Ruhe würde er über alles nachdenken müssen. Honigtau - sie hatte ihm vor sehr langer Zeit geholfen, zu entfliehen. Sein Versprechen fiel ihm wieder ein, seine Bärenkette eines Tages abzuholen. Er schämte sich. Wie konnte er es nur so lange vergessen haben? Aber er hatte eine Aufgabe erhalten, die er erst beenden musste. Ob sie die Kette überhaupt noch besaß? Gerade als er die Hoffnung schon aufgeben wollte, dass Schwarzer Wolf ihm folgen würde, mischte sich das entfernte Getrappel eines zweiten Mustangs in die monotone trappelnde Melodie seines eigenen Tieres mit hinein. Als der Schwarze Wolf zu dem grinsenden Wolkenschild aufgeschlossen hatte, verlor keiner der beiden mehr ein weiteres unnötiges Wort, denn was sie sich zu sagen hatten, war bereits gesagt worden. Von fern konnten sie die langsam dahinziehende, schwarze Schlange der Wolkenschilder am flimmernden Horizont erkennen, die sie lange vor Sonnenuntergang erreichen sollten.

Schwarzer Wolf stoppte plötzlich seinen Mustang. Sogleich hielt auch Wolkenschild an. Hatte es sich Schwarzer Wolf nun doch noch überlegt und gedachte umzukehren?

„Sind das deine Leute?", fragte Schwarzer Wolf mit nicht verstehendem Ausdruck in den Augen. „Haben Krankheit besiegt, ja?"

„Ja und nein."

„Das sind also doch nicht alle deine Leute?"

„Doch!" Erst jetzt schien Wolkenschild zu verstehen. „Nachdem ihr fort wart, mussten viele unserer Angehörigen auf dem Geisterpfad gehen. Nun sind sie bei ihren Ahnen im Land der vielen Zelte. Das, was du hier siehst, sind eigentlich mehrere Gruppen gewesen!" Wolkenschild lächelte schmerzhaft.

Schwarzer Wolf verstand nicht. „Aber ich sehe nur eine!"

„Dem Stamm meiner Väter haben sich einige kleine Gruppen unserer Verwandten von den Oglala angeschlossen, dazu kamen noch Sans Arc und Miniconjou mit uns und sogar noch einige andere Sichangu von einer entfernteren Gruppe. Wir alle sind Lakota von den Sieben Ratsfeuern." Wolkenschild begann plötzlich und für Schwarzer Wolf unverständlich hässlich zu lachen.

„Habe ich etwas Falsches gesagt?", fragte Schwarzer Wolf betroffen.

„Nein, hast du nicht! Aber weißt du überhaupt, was das Wort `Lakota` bedeutet?"

Schwarzer Wolf verneinte. Woher sollte er auch davon etwas wissen, hatte er doch gerade erst die Sitten und Gebräuche der Pawnee erlernen müssen.

„Es ist so verdammt wahr, dass es schon wehtut!"

„Was denn?"

„Das Wort Lakota - Verbündete! Aus Resten von großen und stolzen Stämmen, im gemeinsamen Schicksal zusammengeschmiedete Verbündete - nichts anderes ist unser Stamm! Wir alle haben die Krankheit des weißen Mannes überlebt!" Wolkenschild machte eine längere Pause, bevor er das Thema wechselte. „Die gespaltenen Hörner retteten mir einst das Leben, als mich Gelber Huf mit seiner Lanze fast tödlich verwundete." Wolkenschild deutete auf eine breite Narbe auf seiner Brust.

„Deshalb kam er also nie zu uns zurück!"

„Oh nein!", erwiderte Wolkenschild. „Er wäre auch ohne die Oglala nie mehr zu euch zurückgekehrt. Mein Blutsbruder ...", er blickte zum Himmel, „der alte, weise Büffel selbst, hat ihn gerichtet. Damals erhielt ich auch meinen neuen Namen - Wolkenschild!"

Die Stirn von Schwarzer Wolf zog sich zusammen. „Es tut mir ehrlich leid, was mit deinem Volk geschehen ist, ich hätte früher etwas sagen müssen. Aber wer hätte mich verstanden?"

„Niemand!"

Das Lager der Sichangu war fast schon vollständig errichtet, als der soeben ankommende Wolkenschild und sein fremder Begleiter die ungeteilte Aufmerksamkeit der Dorfbewohner auf sich zogen. Misstrauische Blicke trafen den fremden schwarzen Krieger. Seltsam sah er aus. Schwarz war er, wie die Höhle im südlichen Ende eines alten Büffels. Sein lustiger Haarschnitt jedoch, der dem eines jungen Bullen zum Verwechseln ähnlich sah, forderte seinen Tribut in den zum Lächeln verzogenen Mundwinkeln. Allerdings wies ihn seine Kleidung deutlich als einen Pawnee aus. Aber einen derart schwarzen Mann hatten manche von ihnen erst einmal vor vielen Sommern zu Gesicht bekommen. Pawnee aber waren nicht schwarz, jedenfalls nicht, bevor man sie ins Feuer stellte.

Wolkenschild bat Schwarzer Wolf, zu warten, da er sich mit den weisen Männern seines Stammes zurückziehen musste. Denn was mit ihm geschehen sollte, ob er für immer bleiben durfte, war nicht allein nur seine Entscheidung.

Verstohlene Blicke und Neugier begegneten unterdessen dem fremden schwarzen Mann, aber niemand machte verächtliche Bemerkungen. Wakan Tanka musste sicher seine guten Gründe gehabt haben, den schwarzen Mann anders zu erschaffen als einen Lakota. Frei, nur von seiner geheimnisvollen Aura umgeben, bewegte sich Schwarzer Wolf im Lager der Sichangu und hoffte voller Ungeduld auf die baldige Rückkehr Wolkenschilds von der Ratsversammlung.

Es war bereits zu weit fortgeschrittener Stunde.

Der Mond hatte lange schon seinen Lauf begonnen, als Wolkenschild vergebens Schwarzer Wolf im Lager zu finden suchte.

Fast befürchtete er schon, dass dieser fortgeritten war, um so, wie er es ursprünglich vorhatte, den Tod zu finden.

Doch nach erfolgloser Suche begab sich Wolkenschild mit einem letzten Hoffnungsschimmer zu den Mustangs, da er wenigstens hier hoffte, ihn zu entdecken. - Schnaubend stand das Pony des Gesuchten etwas abseits von der großen Herde. Im Schatten des Mondlichtes rekelte sich, einen Grashalm zwischen den Zähnen kauend, der Schwarze Wolf im hohen Gras aalend herum.

Man hatte einstimmig beschlossen, wenn es der Wunsch des schwarzen Kriegers war, bei den Lakota zu bleiben, ihm diesen nicht zu verwehren, denn immer noch besaßen sie viel zu wenige Krieger und, im Gegensatz dazu, viel zu viele Weiber.

Wolkenschild setzte sich zu seinem Freund ins Gras und schwieg sich vorerst einmal aus.

Auch er hatte seine Gedanken zu sammeln, da die Eindrücke der Versammlung noch auf ihn nachwirkten. Es war aber an der Zeit, etwas zu Schwarzer Wolf zu sagen. Schon zu lange saß er neben ihm im Gras und der schwarze Krieger rechnete womöglich schon mit einer ablehnenden Entscheidung.

„Viele Sitten und Gebräuche werden dir anfänglich sehr fremd vorkommen. Es ist zum Beispiel ein Tabu, mit seiner Schwiegermutter zu sprechen."

„Was?"

„Ist doch vernünftig! So kommt euch niemals ein böses Wort über die Lippen, was den anderen vielleicht verletzen könnte." Wolkenschild lachte herzlich über das Gesicht von Schwarzer Wolf. „Oder aber es ist ehrenhaft, einen Feind nur zu berühren, ihn aber nicht zu töten, obwohl du es könntest!

Oder aber zu stehlen, ohne dabei erwischt zu werden. Vor allem Pferde zu stehlen!" Wolkenschild begeisterte sich immer mehr.

„Unehrenhaft ist es, die alte Mutter eines im Kampf getöteten Freundes hungern zu lassen. Genauso, wie sich gegenseitig etwas wegzunehmen! - Strafen, ja, Strafen gibt es auch! Wenn wir auf der Büffeljagd sind und ein Krieger verhält sich eigennützig und vergisst die Gemeinschaft und macht so die ganze Jagd zunichte, sodass kein Mann mehr einen Büffel erlegen kann, oder jemand durch seine Schuld verletzt oder gar getötet wird, dann, ja, dann kann es vorkommen, dass man ihm sogar sein Tipi zerstört!"

„Hat es das bei euch schon gegeben?"

„Bisher jagten alle Männer immer noch gemeinsam den Büffel!" Wolkenschild lächelte.

„Du siehst, wenn du bei uns aufgenommen werden willst, gibt es noch viel für dich zu lernen. Wir sind keine Pawnee, aber dafür sind wir Lakota, und das, mein Freund, ist weitaus reizvoller, als sich den Buckel auf einem Acker krumm zu machen!"

Wolkenschild verfiel in ein herzhaftes Lachen.

„Heißt das also, ich kann bleiben?"

Wolkenschild sagte nichts mehr, sondern nickte stattdessen seinem wiedergewonnenen Freund nur noch einmal zu.

20.

Das gesamte Volk akzeptierte die Entscheidung der Ratsversammlung, den schwarzen Krieger, dessen bescheidenes und ruhiges Wesen für einen Mann zwar als recht fremdartig, aber durchaus nicht als unangenehm angesehen wurde, mit in ihre Reihen aufzunehmen.

Für alle Familien war es etwas völlig Neues, mit einem fremden, schwarzen Krieger, der dazu noch bei den Pawnee gelebt hatte, übereinzukommen. Doch nicht zuletzt seine freundliche Art, mit der Schwarzer Wolf auftrat, vermochte es auch bei den letzten noch Zweifel hegenden Lakota, diese alsbald zu zerstreuen.

„Dein Sohn, welcher auch mein Enkel ist, hat sich sehr verändert!", begann Büffelrücken die Unterhaltung an einem dieser von allen so sehr geliebten, gemütlichen und lauen Sommerabende, an denen die unteren Enden der Zeltbahnen noch hochgeschlagen waren und so den

Blick ins Innere der geräumigen Behausung Büffelrückens freigaben. „Er ist so gut wie fertig in seiner Ausbildung, aber mit seinen Gedanken oft nicht bei dem, was ich ihn zu lehren versuche!", setzte der Wicasa Wakan die Unterhaltung nach einer Weile fort.

„Sein Blut kocht! -

Er ist nicht nur unser junger Wicasa Wakan, er ist auch ein Krieger! ... und ein Mann ... Aber mag sein, es liegt auch nur daran, dass er seit vielen Sommern kein Knabe mehr ist und endlich ein Mädchen in sein eigenes Zelt führen sollte!", bemerkte Badger lachend.

„Ich denke, dass du näher an der Wahrheit dran bist, als du denkst. Erzähl mir doch noch einmal die alte Geschichte von dem Pawneemädchen mit der Bärenkette!", forderte der Wicasa Wakan Badger auf, der nach der letzten Bemerkung Büffelrückens ungläubig die Augen aufriss, so, als ob er die Aufforderung nicht ganz verstanden hätte.

„Du meinst, er ist ...? Nein, ganz sicher nicht, Wolkensch... - oder etwa doch?"

Badger grinste. „Mein Junge? Ach ne! Er ist doch noch ... - Der hat doch ganz andere Sachen im Kopf! Der und verliebt? Aber er kennt sie doch ..."

„... sicher besser als du!", unterbrach ihn Büffelrücken. Badger stutzte.

„Heute bist du unser Kriegshäuptling. Aber wie war es vor so vielen Sommern und Wintern, als ihr, du selbst und auch dein Bruder, mein jüngster Sohn, die gewaltige Kraft in den Lenden spürtet? Kannst du ausschließen, dass Wolkenschild nicht genau das tut, was ihm von euch in die Wiege gelegt wurde? – Sein Geist ist völlig verwirrt, und wenn es denn sein muss, dann soll er zuerst diese Pawnee holen, bevor ich seine Ausbildung beenden kann! Ich hoffe nur, sie ist es auch wert!"

„Mag es nicht auch sein, er ist einfach nur zu höflich, um vielleicht genau darum zu bitten?"

Sie sahen sich um.

Feuer in seinen Augen trat ein und setzte sich zu den beiden älteren Männern nieder.

„Verzeiht mir, ich war nie der große Denker wie mein jüngerer Bruder. Ich gehe lieber auf die Jagd, schlage Coups und stehle Mustangs von meinen Feinden. Aber eines tue ich doch: Ich kenne meinen Bruder, und ich habe, genau wie mein Vater, vor Jahren einmal die kleine, hübsche Pawnee gesehen. Selbst unser Igelarsch war tief beeindruckt! - Mehr habe ich nicht zu sagen!"

Feuer in seinen Augen erhob sich wieder und wollte gerade gehen, als er noch eine Bemerkung loszuwerden gedachte. „Wenn ihr erlaubt, dann werde ich ihn begleiten!"

„Bitte warte noch!", hielt der Wicasa Wakan den Krieger mit seinen Blicken vorerst noch gefangen. „Du allein, oder werden sich noch mehrere Krieger anschließen?"

„Wenn mein Bruder sie ruft ...", Feuer in seinen Augen machte eine kurze Pause, ehe er lachend weitersprach, „... wenn er sie ruft, dann werden ihm womöglich selbst die Pawnee folgen!"

Beide älteren Krieger waren mit der Antwort fürs Erste zufriedengestellt. „Aber eines noch, mein Sohn! Diese Angelegenheit bleibt erst einmal unter uns. Schließlich sollten wir Wolkenschild vorher fragen, bevor wir ihm seine Entscheidungen abnehmen."

„Natürlich!"

Feuer in seinen Augen nickte seinem Vater und Großvater noch einmal freundlich zu, dann verließ er endgültig das Tipi. Sein verschmitztes Lächeln, während er auf dem Weg zu seinen Freunden war, musste jedem sofort ins Auge fallen.

Die Vorfreude über den sicher schon recht bald bevorstehenden Raubzug gegen die Pawnee beflügelte seine Sinne und er malte sich schon in seinen Gedanken die außer Frage stehende, ruhmreiche Rückkehr in die Zelte der Lakota aus.

„Was ist mit dir, warum grinst du so blöde?", fragte ihn Wolkenschild, als dieser ihm zufällig über den Weg lief.

„Ach, nur so, mein kleiner Bruder, aber ich glaube, ich habe dir soeben einen wahren brüderlichen Dienst erwiesen!"

„Was soll das? Hast du zu lange in der Sonne gestanden?"

„Wart´s nur ab, kleiner Bruder, wart´s nur ab!"

Feuer in seinen Augen ließ seinen Bruder einfach auf dem Weg stehen und musste zugeben, dass er sehr mit sich zufrieden sein durfte, hatte er doch die weiteren Geschicke maßgeblich mit beeinflusst.

Noch am selben Abend nahm Büffelrücken Wolkenschild beiseite, um mit ihm über das fragliche Thema zu sprechen.

„Ich kann es mir selber nicht erklären", versuchte Wolkenschild, sich zu rechtfertigen. „Aber seit einiger Zeit, seit Schwarzer Wolf zu uns gekommen ist, egal, wohin ich auch gehe, sehe ich immer wieder diese Pawnee vor mir!"

„Sie hat doch auch sicher einen Namen?" Büffelrücken sah seinen Enkel herausfordernd an.

„Ja, wieso?

„Ist er denn so hässlich, dass du ihn vergessen hast?"

„Nein, Großvater." Verlegen sah Wolkenschild zu Boden. Dieses ganze Thema hätte er am liebsten weit von sich geschoben. Fast begann er Honigtau dafür zu hassen, dass sie ihn, seit er Schwarzer Wolf wiedergetroffen hatte, sogar bis in seine Träume verfolgte. Es war ihm einfach peinlich, dass gerade er, der junge Wicasa Wakan, an etwas anderes als die Beendigung seiner Ausbildung denken musste.

„Ist ja gut!" Büffelrücken legte ihm seine Hand beruhigend auf die Schulter. „Wenn es der Wille Wakan Tankas ist und nicht nur die pure Gier in deinen Lenden, dann solltest du dich unverzüglich aufmachen und sie zu uns holen! Umso früher können wir dich in deinem neuen Amt einführen. Aber versprich mir bitte, dass du nicht wieder zwei Winter fortbleibst!"

Wolkenschild sah erstaunt auf. „Großvater, ich wollte dich doch niemals enttäuschen!"

„Ich bin nicht enttäuscht! Du bist mein Enkel!"

Die Augen von Wolkenschild begannen zu leuchten. „Danke, Großvater!"

Der eigentliche Grund für den geplanten Raubzug ihres jungen Wicasa Wakans blieb den übrigen Stammesmitgliedern vorerst noch verborgen. Das ging nur die Männer etwas an, die Wolkenschild und Feuer in seinen Augen mit in ihr Vertrauen ziehen mussten und die die überbrachten Einladungen für den Kriegszug annahmen.

Natürlich wurden alle sechs Einladungen angenommen, die Feuer in seinen Augen an die ausgewählten Krieger überbrachte, zumal das ganze Unternehmen vom Kriegshäuptling und dem alten Geheimnismann abgesegnet worden war.

Während sich Wolkenschild von seinen Angehörigen verabschiedete, blieb er ungewöhnlich lange bei Tanzender Kessel. Büffelrücken ahnte warum, und war seinem Enkel somit zugleich dankbar, dass er seine Urgroßmutter mit ins Vertrauen gezogen hatte. Sie war nicht nur die weise Mutter Büffelrückens, sondern auch eine Frau der Geheimnisse, und es wäre nicht recht gewesen, sie im Unklaren zu lassen.

Sieben Krieger mit jeweils zwei Mustangs warteten bereits am südlichen Lagerende auf Wolkenschild, der außer dem alternden Adlerschwinge auch eine jungen Stute mitzunehmen gedachte. Dies, so hatte Wolkenschild beschlossen, sollte der letzte Kriegszug für den treuen, alten Pinto werden, bevor er sich nur noch in der Sonne aalen oder mit den jungen Stuten zu vergnügen brauchte, denn das schien er prächtig zu verstehen, da unter den vielen Fohlen, die jedes Jahr auf die Welt kamen, ungewöhnlich viele braun-weiß gefleckte Pintos waren. Aber immer noch war keines unter ihnen, das seine auffallend gefärbte Mähne besaß, oder zumindest eines, das seine vererbten Charakterzüge erahnen ließ.

Geduldig warteten die sieben in ihren Kriegsfarben geschmückten Männer, bis Wolkenschild sich unter ihnen eingereiht hatte. Nun, da sie sich formiert hatten, ging es im wilden Galopp mit viel Geschrei und Aufsehen zwei Runden rund um das Lager herum, bevor sie sich in südlicher Richtung auf den Weg machten. Alle sollten und konnten sehen, wie sich der erste gemeinsame Kriegstrupp des neu geborenen Lakotastammes nach langen Sommern und Wintern auf den Weg machte, bis er sich den Blicken ihrer Familien in der Ferne entzog.

Lange noch, selbst als sie bereits schon seinen Augen entschwunden waren, saß Badger auf einer kleinen Anhöhe unweit des eigenen Lagers und schaute seinen Söhnen mit gemischten Gefühlen hinterher. Er hatte sich zurückgezogen, denn niemand sollte in seinem traurigen Blick die Besorgnis des Vaters lesen können, der viel darum gegeben hätte, bei den bevorstehenden Abenteuern seiner beiden ältesten Söhne dabei sein zu dürfen, und sei es auch nur, um auf sie zu achten. Aber es ging nicht, denn sie waren nun Männer.

Igelarsch und Winterwind, die wie Badger in einem fortgeschrittenen Alter waren, begleiteten die jungen Männer auf ihrem ersten gemeinsamen Raubzug. Er vertraute ihnen genauso wie den neuen Kriegern in ihrem Stamm, die, ganz gleich, was auch geschehen mochte, ihren Gefährten niemals von der Seite weichen würden …

Als sich die acht Männer sicher waren, dass sie sich außerhalb der Reichweite ihrer Angehörigen befanden, wurden auch sie wieder ruhiger und ließen nun ihre Tiere in ein eher flotteres Schritttempo fallen. Man scherzte und war guter Dinge. Graues Haar wie auch Brüllender Stier waren stolz und dankbar, dass man sie eingeladen und somit für würdig befunden hatte, an dem Raubzug teilzunehmen. Büffelrücken hatte im Stillen die Entscheidung seiner Enkelsöhne begrüßt, bei der Auswahl ihrer Gefährten auch auf die neuen Mitglieder ihrer Gemeinschaft nicht zu verzichten.

Gefolgt von Igelarsch, Winterwind und Bogenmacher, überließen die beiden Brüder nach wenigen Tagen Schwarzer Wolf die Führung. Er allein war in der Lage zu sagen, wo sich die neuen Siedlungsgebiete der Pawnee, und speziell die der Skedee befinden mussten.

Wolkenschild hatte während der einzelnen Ritte immer viel Zeit zum Nachdenken, doch so viel er auch grübelte, er konnte die Pawnee einfach nicht verstehen. Diese geheimnisvollen Krieger mit den fremden und für ihn fast schon abartigen Riten, die gegen die Männer in den eisernen Häuten gekämpft hatten, von denen die Alten immer noch erzählten, aber mit den Franzosen hingegen in Frieden lebten und sogar Land an sie fortgaben …

Etwa zur selben Zeit, während die acht Lakota in Richtung der Pawneejagdgründe unterwegs waren, lagen die Skedee, die Wölfe der Prärie, nicht einfach untätig wie alte Männer auf ihren Fellen herum. Mehrere Sommer schon hatte es unverständlicherweise auch keinerlei größere Auseinandersetzungen mehr mit ihren Erzfeinden, den Lakota, gegeben. Das nervte! Seit langer Zeit schon gierten die Krieger der Pawnee, auf der Suche nach neuen Herausforderungen, Ruhm und großer Ehre, zu ihren westlichen Nachbarn, den Cheyenne oder auch Shyela, wie die Lakota sie nannten, hinüber. Ihre eigenen Stämme waren weiter zusammengerückt und hatten der von Osten her drängenden Flut der fremden, weißhäutigen Menschen fast kampflos nachgegeben. Nicht alle Stammesführer waren der Meinung, dass man seine Heimat den Fremden überlassen sollte, aber die wenigen aufkeimenden Feuer des Widerstandes waren schnell gelöscht, und andere Führer traten an den Platz, wo einst weitblickende Häuptlinge wie Adlerherz das Sagen hatten.

Bis zu den Büffeljagden im Herbst lagen noch viele untätige Sonnen vor ihnen und die Felder waren lange schon bestellt und bedurften bis zur Ernte keiner größeren Fürsorge mehr. Was also sollten die Wölfe tun, um sich die Zeit sinnvoll zu vertreiben?

Mit neidvollen Blicken begutachteten die Späher der Skedee seit geraumer Zeit schon die gewaltigen und immer weiter anwachsenden Mustangherden der nun nicht mehr so weit entfernt lebenden Cheyennevölker. Doch nun sollte das Spähen und andauernde Auskundschaften der fremden Ponys endlich Früchte tragen dürfen. Über einhundert Paar samtweich gegerbte Mokassins bewegten sich unter Führung von Wolfsrachen im Schutze des morgendlichen Nebels immer weiter gen Westen.

Durch dichtes Unterholz am Rande des das Lager umgebenen Nadelwaldes verborgen, näherten sich die Krieger wie lautlose und unsichtbare Geisterwesen den schlafenden Cheyenne. Ein mehrmaliges, kurzes, singendes Rauschen, welches mit einem leicht klatschenden Geräusch endete, sagte den versteckt wartenden Pawneekriegern, dass ihre Späher die Wachen des Cheyennelagers überwältigt hatten. Die Wölfe waren in ihrem Element, denn alles verlief, ohne auch nur ein einziges alarmierendes Geräusch zu verursachen!

Mit durchschnittenen und von Kriegspfeilen durchbohrten Kehlen wurden die leblosen Körper der Wachen an den Füßen ins Unterholz geschleift, um sich obendrein noch ihrer begehrten Skalpe zu bemächtigen. Alles im und um das Lager herum lag noch in der morgendlichen Stille verborgen, während sich, auf dem Bauch kriechend, über einhundert bis an die Zähne bewaffnete Männer unaufhaltsam dem ahnungslosen Lager näherten.

Ein kleiner, bunt gefleckter Hund aus dem Inneren des Lagerkreises sprang auf und nahm, seine Nase in den Wind steckend, Witterung auf. Aufgeregt vibrierten seine Lefzen, als er versuchte, etwas von dem Unvermeidlichen aufzuspüren. Mit einem kurzen, viel zu leisen Aufheulen, als dass auch nur ein Cheyenne es hätte hören können, beendete Gebrochener Halm das viel zu kurze Leben des einzigen wirklich wachsamen Hundes des Lagers.

Ein heller Pfiff aus der Adlerknochenpfeife von Wolfsrachen, dem neuen Häuptling, ertönte und ließ augenblicklich die schrillen Kriegsrufe aus vielen kampflustigen Pawneekehlen über die Cheyenne hereinbrechen, um sie zeitgleich erschrocken aus dem Schlaf hochfahren zu lassen. Doch zu spät! Die gewaltige Herde der Mustangs, begleitet von nur wenigen Pawnee, war schon dabei, in panikartiger Flucht in Richtung des Sonnenaufganges, quer durch das überrumpelte Lager davonzustürmen. Jeder der feindlichen Krieger versuchte, während die durchgehende Herde reihenweise Tipis einriss, sich eines der Cheyenneponys zu greifen, bevor die Männer des überfallenen Lagers den Gegenangriff organisieren konnten. In Sekundenschnelle gingen die Männer der Shyela zwar zu kleineren, aber noch nicht wirkungsvollen Gegenwehren über und begannen, ihre gefährlich singenden Pfeile in die Körper der vorderen Angreifer zu schießen, doch das chaotische Durcheinander im Lager nahm noch weiterhin zu. Kämpfende Gruppen prallten wutentbrannt zusammen und lösten sich nach verbitterten Auseinandersetzungen wieder von einander ab. Einzelne Cheyennekrieger versuchten sich, von Verzweiflung getrieben, schützend vor ihre Angehörigen zu stellen, um die immer noch andauernde Woge des Angriffs nachrückender Pawnee abzuwehren.

Endlich schien ein greisenhafter, steinalter Cheyennekrieger in der Lage, seine jungen Männer wirkungsvoll zum vereinten Gegenangriff zu organisieren. Aufgeregt, mit dem Glühen der Morgensonne in seinen Augen, warf der alte Bärentatze, den man scherzhaft selbst noch im hohen Alter nicht ohne Grund auch Bärenlende rief, den jungen Männern Befehle zu. Augenblicklich schienen alle kleineren Einzelkämpfe abzuebben und sich neu auf das mittige Zentrum des Feindes zu konzentrieren. Wütend stürmten die Cheyenne nun den sich aus dem Lager rückwärts herauskämpfenden Pawnee hinterher.

Ein lautstarker Siegesruf auf Seiten der Pawnee ließ den Kampf für den Bruchteil einer Sekunde einfrieren. Wolfsrachen blies in seine Kriegspfeife und schwenkte siegestrunken seine Lanze über seinem Kopf, bevor er sich unter dem beifälligen Geschrei seiner Gefährten auf einem gestohlenen Mustang davonmachte.

So schnell, wie der Angriff über das Lager der Cheyenne hereinbrach, genauso schnell war er auch wieder vorbei. Mit vor Schmerz verkrampftem Herzen übersah Bärentatze den Kampfplatz. Die Pawnee hatten wahrlich ganze Arbeit geleistet. Nur noch vereinzelte Mustangs trabten aufgeregt und herrenlos zwischen den wenigen stehen gebliebenen Tipis umher. Von allen Seiten erhob sich das wehleidige Klagen der Trauernden um ihre gefallenen Angehörigen. Ihr Stamm war zum Tode, zum Aussterben verurteilt worden.

Das Wertvollste, was die Cheyenne außer ihren Angehörigen besaßen, waren ihre Mustangs. Auf ihnen ritten sie nicht nur zur Jagd oder in den Kampf, sie waren es, die auch die Travois, die langen Stangenschlitten, zogen, wenn sie auf Wanderung gingen.

Maheo, ihr Gott, hatte sich von seinen Kindern abgewandt, und die Tsistsistas, das Volk, wie sie sich selber nannten, waren so gut wie dem Untergang geweiht …

Mehrere Tagesritte weiter östlich, das Gebiet der Shyela hatten die acht Lakota rechter Hand schon seit längerem passiert und auch den Platte hatten sie bereits hinter sich gelassen, befanden sie sich schon an den Ufern des Republican Rivers. Hier breitete sich nun vor ihnen in all seiner malerischen Schönheit das fruchtbare Land der Pawnee aus. Zarte Birkenhaine, die von Abermillionen farbenprächtiger Feld- und Wiesenblumen umringt waren, und sich ständig wiederholende, von Weiden umstandene Weiher würden den Eindringlingen einen willkommenen Sichtschutz vor ihren Feinden bieten.

Doch nun begann für die Männer die schwierigste aller Aufgaben - den richtigen Stamm der Pawnee zu finden, ohne dabei selber gefunden zu werden! Immer öfter stießen sie jetzt auf frische Fährten, die ihren Weg kreuzten, kaum dass sie wenige Stunden alt waren. Vor allem aber eine deutliche Fährte, die einer großen und gewaltigen Herde von Mustangs, die irgendjemand in großer Eile vorangetrieben zu haben schien, erregte ihre Aufmerksamkeit. Da man keine weiteren Anhaltspunkte besaß, beschloss man übereinstimmend, sich weiter im Schutz der breiten, nach Osten führenden Fährte zu bewegen, da so die Möglichkeit, anhand der eigenen Spuren selbst entdeckt zu werden, am geringsten erschien. Die Lakota schätzten, dass es sich bei der Herde um mehrere hundert Mustangs handeln musste.

Gegen Abend erkannten sie vor sich am fernen Horizont die große, graue Staubwolke, die von den sich eilig bewegenden Tieren aufgewirbelt wurde. Man hielt sich zurück und wartete erst einmal im Verborgenen ab. Auf keinen Fall wollte man zwischen die Fronten der offensichtlich flüchtenden Pferdediebe und ihrer Verfolger geraten, denn um nichts anderes schien es sich hier zu handeln. Igelarsch wie auch Winterwind äußerten Vermutungen, dass die Pawnee mit Mustangs der Arapaho oder Shyela ihre eigenen Herden aufzufrischen gedachten. Weder mit den Arapaho noch mit den Shyela hatten die Lakota momentan Streitigkeiten, auch waren sie nicht bis aufs Blut verfeindet, wie mit den Crow, dennoch konnte man höchstens von leicht freundschaftlichen Gefühlen sprechen, welche die Stämme gerade einmal verband. Noch immer erinnerten sich einige der alten und weisen Männer beider Seiten sehr wohl daran, wer die Shyela sehr unsanft nach Süden verdrängt hatte. Gewiss, man sprach nicht mehr davon und die kriegerischen Handlungen gehörten der Vergangenheit an, aber verlassen wollten sich die acht Lakota auf diese Tatsache nicht und lieber darauf verzichten, den wütenden Shyela unter Umständen erklären zu müssen, dass sie nichts mit dem Pferderaub zu tun hatten.

Unauffällig gelang es den Lakota, sich den rastenden Pawnee noch am selben Abend bis auf wenige Pfeilschusslängen zu nähern. Schwarzer Wolf war nun schon seit mehreren Stunden unterwegs, um zu erkunden, welchem der Pawneestämme der vor ihnen lagernde Kriegstrupp angehörte. Freudig erregt kehrte er noch vor dem Morgengrauen zurück.

„Ich habe viele von ihnen wiedererkannt! Wolfsrachen führt sie jetzt an! Ich denke, du kannst dich an ihn und auch noch an Gebrochener Halm sehr gut erinnern!", sprach er jetzt direkt Wolkenschild an.

Der junge Mann nickte nur. Natürlich konnte er sich noch sehr gut an die beiden Krieger erinnern, die ihn vor vielen, längst vergangenen Sommern, da er fast noch ein Knabe war, gefangen genommen hatten. Aber Gebrochener Halm war ihm, seit er dessen Sohn, Kleiner Fuchs, vor den Kiowa gerettet hatte, nie mehr feindseelig begegnet. - Jetzt jedenfalls konnten ihnen die Pawnee nicht mehr verloren gehen, denn selbst ein Blinder wäre in der Lage gewesen, der breiten Fährte der Krieger zu folgen.

Langsam und in großzügigem Abstand warteten die Lakota, bis die Pawnee samt ihrer gestohlenen Mustangs ihre Hütten erreicht hatten. Nun hatten sie Zeit, aus ihrem Versteck heraus alles in Ruhe vorzubereiten.

Schon seit dem Vorabend saßen die Männer beisammen, um eingehender über ihre Vorgehensweise zu beraten, da sie sich so nahe vor ihrem Ziel absolut keine Fehler erlauben wollten.

„Es sind über einhundert Krieger im Lager! Ich weiß nicht, wie wir selbst im Schutze der Nacht an allen vorbeikommen sollen, ohne dass mindestens ein Krieger von uns entdeckt wird." Schwarzer Wolf schien besorgt.

„Feuer!", verkündete Graues Haar mit fester Stimme. „So hatten wir es auch bei den Mandan gemacht! Wir müssen nur warten, bis ein geeigneter, kräftiger Wind aufkommt, dann legen wir ein langes, breites Feuerband, welches sich in Richtung ihrer Felder vorwärtsfrisst."

„Graues Haar hat Recht!", pflichtete Brüllender Stier ihm bei. „Sobald ihre Ernte Feuer fängt und in Gefahr steht, vernichtet zu werden, werden alle Pawnee auf die Felder eilen, um sie zu retten!"

„Meine Brüder sind sehr schlau!", mischte sich nun Bogenmacher mit ein, der die Befürchtungen Wolkenschilds an seiner Reaktion zu erraten schien, jedoch aus anderen Beweggründen, als er vermutete. „Und mit ihnen wird Honigtau auf die Felder eilen, um das Feuer zu bekämpfen! Und dann?"

„Es ist noch etwas anderes!" Wolkenschild erhob sich. Er hegte keinen direkten Groll gegen die Pawnee. Gelber Huf war gegangen. Alle anderen Krieger und Weiber hatten ihn immer gut behandelt. Er kannte das Geschrei, welches kleine Kinder im Winter machten, wenn sie hungerten, nur zu gut. Aus irgendeinem ihm selber nicht verständlichen Grund verabscheute er den Gedanken, unschuldige Kinder, selbst wenn es Pawnee waren, hungern zu lassen, weshalb er zu einer List greifen musste. „Was denkt ihr, werden unsere südlichen Lakotabrüder und selbst die Shyela sagen, wenn sie die Ernte im Herbst von unseren Feinden stehlen wollen und nichts mehr übrig ist? Narren werden sie uns schimpfen, wenn unsere Kleinen im Winter auf ihre leckeren Maisfladen verzichten müssen! Und außerdem - mir schmecken sie auch!"

Lachend mussten die Krieger zugeben, dass dies ein wichtiger Grund sei, die Felder nur zu gefährden, ohne die Ernte zu vernichten.

„Das Feuer ist in der Tat eine hervorragende Idee!", bestätigte jetzt auch Winterwind. „Aber es muss so weit von den Feldern entfernt sein, dass es gerade noch zur Gefahr wird und ausreicht, um alle Krieger fortzulocken, und dennoch so außer Kontrolle gerät, dass es nur im letzten Moment gelöscht werden kann!"

„Und wie holen wir Honigtau?", fragten nun die übrigen Krieger.

„Das werden Wolkenschild und ich tun!", verkündete Igelarsch stolz. „Wenn das Feuer ausbricht, werden wir im Schutze der Nacht und in all der Aufregung unter ihnen nicht zu sehen sein. Niemand wird auf uns achten, selbst wenn wir sie gefunden haben! Wichtig ist nur, dass unser Feuer nicht schuld ist, wenn unsere Kinder im Winter nur getrocknetes Büffelfleisch essen müssen!"

Drei Krieger, Brüllender Stier, Graues Haar und Winterwind, würden sich um den Brandherd jenseits der Felder kümmern. Feuer in seinen Augen, Bogenmacher und Schwarzer Wolf würden auf die Mustangs achten und nebenher den Rückzug von Wolkenschild und Igelarsch aus dem Pawneelager decken, falls etwas schiefliefe. Es wurden weiterhin Treffpunkte vereinbart, um sich im Anschluss wieder zusammenzufinden. Wann das allerdings sein würde, konnte keiner der Lakota im Voraus sagen, da niemand ahnen konnte, wann der Südwind bereit wäre, des Nachts an ihrer Seite für sie zu kämpfen.

Ihre drei als Brandstifter ausgewählten Gefährten sollten sich umgehend nach dem Legen des Feuers ihren drei zurückgebliebenen Brüdern wieder anschließen, um dann Igelarsch und Wolkenschild den Rückweg freihalten zu können.

Ungeduldig warteten die fünf zurückgebliebenen Krieger im Verborgenen auf die so sehnlichst erhoffte Brise, die ihren drei Gefährten das richtige Feuer zu legen ermöglichen sollte.

Endlich, gegen Abend des zweiten Tages, seit sie in ihrem Versteck ausharrten, sollte es so weit sein. Igelarsch erhob sich im Schutz der dichten Büsche und deutete mit dem ausgestreckten Zeigefinger in die Ferne. „Dort, unsere Brüder haben begonnen!" Wolkenschild erhob sich daraufhin ebenfalls und sah angestrengt in die Ferne, wo er die drei kaum merklich dünnen und zugleich als Zeichen vereinbarten Rauchsäulen erkannte. Er musste sich doch sehr über den älteren Krieger wundern, da dieser trotz seiner nicht mehr ganz so jungen Augen seinen so scharfen Blick noch nicht verloren hatte. Erst ein paar Momente später war auch er selbst in der Lage, die sich noch undeutlich abhebenden Rauchschwaden viele Meilen am entfernten Horizont ohne Mühe zu erspähen. Schon wenig später waren es bereits keine drei einzelnen Rauchsäulen mehr, sondern hinter einer immer dunkler und dichter werdenden, grauen Mauer begann sich, gerade jenseits der Felder ihrer Feinde, eine bedrohliche Feuerwand aufzubauen. Doch noch schien niemand im vor ihnen liegenden Lager der Pawnee darauf geachtet zu haben.

In der Gesellschaft ihrer Freunde warteten Igelarsch und Wolkenschild, den Himmel geduldig beobachtend, weiterhin ab. Nur noch wenige Augenblicke - und der Sonnenbote würde sich vor der anbrechenden Nacht vollends zu verbergen wissen und den beiden Lakota damit das Zeichen geben, jetzt aufzubrechen.

Es war so weit. „Los!", forderte Feuer in seinen Augen die Männer auf, sich nun auf den Weg zu machen. Eilig trennten sich die Krieger mit den besten Wünschen voneinander, um sich sofort in alle Richtungen zu verstreuen und mit ihrer Umgebung zu verschmelzen.

Schweren Herzens gab Wolkenschild seinem Bruder die Zügel von Adlerschwinge in die Hand, bevor er sich von seinem Mustang verabschiedete. „Machs gut, mein vierbeiniger Bruder, und pass mir gut auf den Zweibeinigen auf!" Noch ein letzter zärtlicher Klaps, und auch Wolkenschild verschwand hinter dem nicht mehr zu entdeckenden Igelarsch.

Tief gebückt und mit krummen Rücken liefen die beiden bereits seit einiger Zeit der sich ihnen schnell nähernden nächtlichen Finsternis entgegen. Immer wieder warfen sie sich ins hohe Gras und lauschten, ob sie nicht nur vom Gesang der Grillen, sondern vielleicht auch von verfolgenden Fußtritten begleitet wurden. Aber nichts geschah, selbst das vor ihnen liegende Lager schien sich schlafen gelegt zu haben.

Endlich erreichten sie die Talsenke und den Rand des am Dorf angrenzenden Maisfeldes.

Ohne das leiseste Geräusch zu verursachen, eilten sie weiter vorwärts, durch die vor Trockenheit fast schon raschelnden, mannshohen Pflanzen, in Richtung des Lagers.

„Scheiße!", schimpfte Wolkenschild im Flüsterton, kurz bevor sie an der ersten äußeren Hütte angekommen waren.

„Was ist los?", fragte Igelarsch, da es bisher doch keine Probleme gegeben hatte.

„Sieh mal nach dem Feuer!", hauchte der junge Mann.

Igelarsch spähte zwar in die gewünschte Richtung, drehte sich aber mit einem nicht verstehenden Achselzucken gleich wieder um. „Und? Ich sehe nichts, ist doch alles in Ordnung!"

„Ganz genau! Wir sind hier in einem Tal und können nicht über den Hügelkamm blicken, um das Feuer zu sehen! Genauso wenig, wie es die Wachen im Dorf sehen können!"

„Na ja, und wenn schon, dann schlagen sie eben erst Alarm, wenn die Felder bereits brennen!"

„Hast du die köstlichen Maisfladen schon vergessen, die dir Pearl Bracelet immer bäckt?"

„Ähm, nee?"

„Genau wie alle anderen Krieger und auch unsere Kinder! Was wir nicht einhandeln können, das müssen wir uns wie immer stehlen! Leere Vorratslager - kein Stehlen! Keine Ehre, so einfach ist das!"

„Na gut!", maulte Igelarsch, schien aber davon überzeugt, dass es wichtiger war, am eigentlichen Plan festzuhalten. „Und was machen wir jetzt?

„Willst du es wirklich wissen?"

„Natürlich!"

„Dann leg dich einfach nur hin!"

„Was?"

„FEUER! Die Felder!"

Wie von einer feindlichen Kriegskeule getroffen, lag Igelarsch schon beim ersten Ausruf von Wolkenschild mit in den Dreck gekrallten Fingernägeln auf dem Boden.

Wenige Augenblicke später stürmten dann auch schon die ersten Menschen mit fragenden Blicken aus ihren Hütten und suchten krampfhaft nach der Ursache des Feueralarms.

Wolkenschild freute sich, als er, aus der Deckung heraus neben Igelarsch am Boden liegend, die Pawnee so orientierungslos umherlaufen sah. „Siehst du, Onkel, so geht das!"

„Kleiner Spinner!", scherzte der ältere Krieger grinsend.

Das ungeordnete Durcheinander im Lager war mit einem Mal schlagartig vorbei. Irgendjemand unter ihnen musste von der nahe gelegenen Anhöhe aus die auf sie zukommende Feuerwand bemerkt haben. Schon lagen auch die ersten nach verbranntem Gras riechenden Rauchschwaden in der Luft, die sich schwer in das Tal abzusenken begannen. Ohne zu zögern, rannten die ersten Pawnee bereits quer durch ihre Felder in Richtung der dahinterliegenden Prärie, um noch rechtzeitig ein gezieltes Gegenfeuer zu entfachen. Immer mehr Männer und Frauen folgten ihren Stammesangehörigen, um sie bei der Feuerbekämpfung zu unterstützen. Noch hatten Igelarsch und Wolkenschild Honigtau nirgends in dem Gewimmel entdecken können.

„Da vorn!" Igelarsch fasste, da er sie wiedererkannt und zuerst bemerkt hatte, Wolkenschild fest an seinem Arm und deutete mit der freien Hand in Richtung des gesuchten Mädchens, welches nun als wunderschöne junge Frau vor ihnen stand.

Wolkenschild nickte zufrieden. „Ja, das ist sie!", bestätigte er die Entdeckung des älteren Kriegers mit einer nicht unerheblichen Spur von Verzückung in seiner Stimme.

Niemand blickte in Richtung der in ihrem Versteck liegenden Krieger, weshalb sie sich auch ohne größere Bedenken vorsichtig erheben und vor den Rand des Feldes treten konnten. Langsam gingen sie näher und taten so, als ob sie bei der vor wenigen Momenten ausgebrochenen Panik etwas Wichtiges verloren hätten und es wiederzufinden hofften. Immer weiter bewegten sie sich so unauffällig vorwärts, bis sie die in ein Gespräch mit ihrer Großmutter vertiefte Honigtau fast erreicht hatten. Niemand schien auf die beiden fremden Krieger zu achten, die direkt hinter den beiden Frauen stehen blieben.

„Ich bin gekommen, um etwas zu holen!", stammelte Wolkenschild etwas unsicher in seinem lange nicht mehr gesprochenen Caddo.

Erschrocken fuhren die beiden Pawnee herum, und aus einem Reflex heraus, denn das Erste, was Honigtau sah, war das mit Kriegsfarbe bemalte Gesicht von Igelarsch, schleuderte sie ihm ihre Faust mit aller Kraft entgegen.

Nach einem kurzen Aufstöhnen hielt sich der Ältere verdutzt sein rechtes Auge, denn Honigtau hatte ihn sehr gut getroffen. Die eintretende Schrecksekunde nutzend, stürzten die beiden Frauen, gefolgt von den beiden Lakota, von denen der eine sich beim Laufen immer noch sein Auge hielt, in die nächstgelegene Hütte.

Beim erneuten Anblick der beiden in Kriegsbemalung in die Hütte nacheilenden Lakota, sprang Honigtau, sich schützend vor ihre Großmutter stellend, den beiden Männern in den Weg. Drohend schwenkte sie einen lodernden Knüppel, den sie sich aus der Feuerstelle gegriffen hatte.

„Du solltest dir besser die Farbe aus dem Gesicht wischen, sonst wird sie dich niemals erkennen!", rief Igelarsch in die fluchenden Wortfetzen von Honigtau hinein.

Gerade als Wolkenschild dem Hinweis seines älteren Gefährten folgen wollte, stürzten unerwartet mehrere Pawneekrieger im fast selben

Moment in die Hütte hinein. Mit dem schrillen Kriegsruf ihres Volkes auf den Lippen und der überlegenen Übermacht, hatten die sieben Pawneekrieger, trotz der verzweifelten Gegenwehr der beiden Lakota, ein leichtes Spiel.

Von einer Kriegskeule getroffen, sah Wolkenschild seinen Onkel Igelarsch zusammenbrechen, bevor auch ihn die Dunkelheit verschlingen sollte …

„Wir dachten schon, ihr wollt ewig schlafen!", hörte Wolkenschild die Worte von Wolfsrachen, als dieser sich zu ihm und dem gleichfalls gefesselten Igelarsch hinunterbeugte.

Wolkenschild aber hatte keine Lust, irgendetwas zu erwidern. Mit Erleichterung stellte er fest, dass sein Onkel ebenfalls die Augen geöffnet hatte und ihm aus seiner recht unbequemen Lage heraus zublinzelte.

„Ihr wolltet also unsere Ernte vernichten? Uns aushungern, was?"

Immer noch schwiegen die beiden Lakota, selbst als sie durch mehrere Fußtritte des Häuptlings auf unsanfte Weise traktiert wurden.

„Na gut!" Endlich hatte sich Wolfsrachen ausgetobt. „Wenn wir euch bei lebendigem Leib eure weichen und stinkenden Herzen herrausschneiden, vielleicht findet ihr dann eure Sprache wieder!" Gehässig lachend erhob sich der Häuptling wieder und wandte sich flüsternd seinen Kriegern zu.

Wolkenschild ahnte bereits, dass es sich hier um keine leere Drohung handelte, und auch Igelarsch wusste von den abartigen Gebräuchen seiner Feinde. Beide hofften, dass ihre Gefährten inzwischen erfahren hatten, was ihnen widerfahren war, da es für sie keine greifbare Möglichkeit geben würde, sich allein aus ihrer misslichen Lage zu befreien.

Die Männer der Pawnee schienen sie, am Boden gefesselt, allein in der Hütte zurückgelassen zu haben.

Nichts rührte sich mehr.

„Hast du eine Ahnung, wie wir hier wieder rauskommen sollen?", fragte ihn leise flüsternd Igelarsch.

„Halt´s Maul, du dreckiger Hund von einem Lakotakadaver!", hörten beide es aus dem Hintergrund herüberbrüllen. Sie waren also doch nicht allein.

Leise Gesprächsfetzen drangen zu Wolkenschild durch, und er fragte sich, ob es mitunter ratsam sein konnte, sich erkennen zu geben. Aber vorher musste er erfahren, wer sich in der Hütte befand. Fest entschlossen, seinem Schicksal nicht einfach willenlos ausgeliefert zu bleiben, rollte er sich von seinem Rücken auf die Seite und konnte so die am Feuer sitzenden Pawnee beobachten.

„Was bildest du dir ein, he? Sieh gefälligst woanders hin!", schnarrte ihn der junge Krieger an, der gemeinsam mit Honigtau und ihrer Großmutter am Feuer saß. Er sprang sogleich auf und trat Wolkenschild brutal in den Magen.

Fast musste dieser sich übergeben, als sich alles in ihm zusammenzog. Aber er hatte den jungen Pawnee erkannt, auch wenn er jetzt den typischen Haarschnitt der Krieger trug.

„Ich hätte dich bei den Kiowa lassen sollen, du hinterhältiger Hund!", beschimpfte Wolkenschild den Krieger, nachdem sich der Schmerz in seinen Innereien wieder verflüchtigt hatte.

„Was soll das heißen, he?"

„Nichts anderes."

„Weshalb und woher weiß er - und warum spricht er unsere Sprache?", wandte sich Kleiner Fuchs nun an Honigtau.

Doch sie zuckte nur mit den Achseln. „Mir egal!", sagte sie schließlich, stand auf und verließ die Hütte. Doch kam sie nur einen Augenblick später wieder herein. „Ich glaube, sie schaffen es und können unsere Felder retten!"

„Was dachtet ihr denn?"

„Sei ruhig, oder ich verabreiche dir eine Tracht Prügel, dass selbst unser Priester nicht mehr weiß, ob du ein lebendiges Herz hast!"

Doch Wolkenschild dachte nicht an Schweigen, denn wenn es eine Chance geben sollte, durfte er nicht aufhören, nach ihr zu suchen.

„Hätten wir eure Ernte zerstören wollen, dann hätten wir dies auch getan. Selbst ihr solltet das begreifen!"

„So? Und was wolltet ihr dann hier?" Honigtau bedachte die Lakota nur mit einem verachtenden und schnippischen Blick, bevor sie sich angewidert abwendete.

Hatte sie ihn endlich erkannt und wollte es nur nicht merken? Vielleicht aber durfte er sich auch nicht zu erkennen geben, wenn er und Igelarsch überhaupt noch eine Chance haben wollten. Sollte er sich etwa geirrt haben und sie hatte ihn längst vergessen?

„Honigtau! Wisch mir die Farbe aus dem Gesicht!"

„Schweig endlich, du Köter!", schrie ihn der wütend aufspringende Kleiner Fuchs jetzt an.

„Nein, warte!", konnte ihn Honigtau gerade noch zurückhalten, und so ließ er den Knüppel aus der Feuerstelle vorerst wieder sinken. „Und dann? Was soll das schon für dich ändern?"

„Dann gib mir bitte meine Bärenkette wieder, damit ich sie bei mir tragen kann, wenn ich zu meinen Ahnen gehe!"

Kleiner Fuchs und Honigtau sahen einander vorsichtig an, so als ob sich soeben beide einen Gedankenblitz teilten. Sie erhoben sich von der Feuerstelle, während die alte Großmutter des Mädchens nur verständnislos den Kopf schüttelte.

„Wehe dir, wenn du auch nur eine einzige Bewegung machst!"

„Ja, wie denn?"

Kleiner Fuchs hielt den Knüppel bedrohlich über den Kopf von Wolkenschild erhoben, während sich die junge Frau anschickte, die Kriegsbemalung des jüngeren Lakota zu entfernen.

Die anfänglich noch groben und sehr unsanften Bewegungen veränderten sich gemeinsam mit dem Gesichtsausdruck der jungen Frau, als sie die letzten Reste der Kriegsbemalung aus dem Gesicht Wolkenschilds entfernte.

Auch Kleiner Fuchs senkte den Knüppel und warf ihn wenig später zurück in die Feuerstelle. Honigtau war noch nicht in der Verfassung, etwas zu sagen. Steif blickte sie in die fragenden Augen des am Boden liegenden, nicht mehr fremden jungen Mannes.

„Und was jetzt?" Kleiner Fuchs hatte als Erster die Sprache wiedergefunden.

„Woher soll ich das wissen?"

Wolkenschild hatte nun alles Weitere in die Hände der beiden Pawnee gelegt. „In Ordnung! Ich bin dir noch etwas schuldig!" Er bückte sich und zerschnitt zuerst die Handfesseln Wolkenschilds. „Aber ihn da", Kleiner Fuchs blickte verächtlich auf Igelarsch, „ihn wird der Tod noch vor der nächsten Nacht ereilen!"

„Dann binde auch mich wieder!" Wolkenschild streckte Kleiner Fuchs seine Hände wieder entgegen.

Der junge Pawneekrieger schnaufte. „Ich kann euch nicht beide befreien! Unser Priester will nicht nur euer Blut, er will schlagende Herzen aus den Körpern seiner Feind reißen!"

„Na los, dann hau schon ab, wenn er dich fortlässt!", forderte Igelarsch Wolkenschild auf, nicht länger zu zögern.

„Nein! Entweder wir gehen beide oder wir werden beide hier sterben!"

„Weshalb bist du auch zurückgekommen? Nur wegen deiner dummen Kette?", wollte Honigtau wissen, die endlich wieder etwas sagen konnte.

„Ich wollte nicht nur sie holen. Ich bin gekommen, um dich zu holen!" Immer noch, wie auch schon vor vielen vergangenen Sommern, wurde sie rot im Gesicht, wenn ihr etwas peinlich war. Schlagartig senkte sie aber den Blick und wurde trauriger, und fast sah es so aus, als ob sie jeden Moment zu weinen anfangen könnte. „Es wäre sowieso nicht gegangen", fuhr sie traurig fort.

„Du würdest mich also nicht begleiten wollen? Nicht freiwillig?" Wolkenschild wurde ernster, da er viel zu viel gewagt hatte, und das alles scheinbar für nichts.

„Ich kann nicht!"

„Wieso nicht?"

Mit geröteten Augen blickte sie auf ihre Großmutter. „Ich kann sie nicht allein zurücklassen, sie ist der einzige Mensch, den ich noch habe!"

„Was ist nun?" Kleiner Fuchs wurde zunehmend unruhiger, da er befürchtete, dass jeden Moment die anderen Krieger zurückkommen würden.

„Es hat sich nichts geändert, ohne meinen Onkel Igelarsch werde ich nicht fliehen!"

Kleiner Fuchs ging eilig zur Tür der Hütte und spähte in die Ferne, in der man immer noch den orange glühenden Schein des allerdings jetzt schon schwächer werdenden Feuers beobachten konnte. Langsam kam er zurück und zog nachdenklich seine Stirn kraus. „Das wird mir noch leid tun!", sprach er und durchschnitt ebenfalls die Fesseln des anderen Lakota. Dann ging er zur Feuerstelle, holte den bereits weggeworfenen und schon schwelenden Knüppel aus dem Feuer und reichte ihn Wolkenschild.

„Du musst fest zuschlagen, es muss echt aussehen - aber bitte", er machte lächelnd eine Pause, „ich möchte irgendwann wieder erwachen!" und schloß seine Augen, da er nicht zu sehen wünschte, wie er niedergeschlagen wurde.

„Ich danke dir, Kleiner Fuchs!" Wolkenschild legte ihm freundschaftlich seine rechte Hand auf die Schulter.

Noch einmal öffnete dieser mit einem verzerrten Lächeln seine Augen. „Du weißt, dass meine Schuld nun getilgt ist? Wenn wir uns irgendwann auf dem Schlachtfeld wiederbegegnen, dann darf ich dich nicht mehr kennen!"

„Aber ich werde dich trotzdem wiedererkennen!"

„Nun mach schon, bevor ich es mir anders überlege!" Kleiner Fuchs schloß seine Augen und drehte sich um, während ihn Wolkenschild, dank seiner Kenntnisse, nur in einen ausgiebigen Schlaf schickte.

„Wenn du mich begleiten willst, um meine Frau zu werden, dann sollten wir keine Zeit mehr verlieren!", trat der junge Lakota nun ein letztes Mal auf Honigtau heran, um sich anschließend der Großmutter zuzuwenden. „Großmutter", sprach er sie in Caddo an, „möchtest du wissen, wie wir Lakota unsere zarten Bärentatzen über dem Feuer rösten?"

Die alte Frau blickte dem Lakota, der auch für sie kein Fremder mehr war, fest in die Augen, bis ihr winzige Tränen über ihre dicken, runden Wangen kullern sollten. „Wenn du mir versprichst, dass ich bei euch keine rohe Hundeleber essen muss, würde ich sie gern einmal probieren!"

Augenblicklich stürmte Honigtau auf den jungen Krieger los und warf ihm ihre zarten, schlanken Arme um den Hals.

„Ich will ja nicht drängeln", warf Igelarsch ein, „aber wir sollten uns nun wirklich etwas beeilen, solange wie noch niemand im Lager ist, der uns gefährlich werden könnte."

„Sofort!", antwortete Honigtau. „Wartet noch, ich hole nur schnell die Bärenkette!"

Ein seltsames Kribbeln durchfuhr Wolkenschild, als ihm Honigtau wenig später seine Bärenkette um den Hals legte und ihm dabei mit ihren wunderschönen Augen einen verliebten Blick zuwarf. In diesem Moment wurde es ihm von tiefstem Herzen bewusst, dass er sich richtig entschieden hatte, aber warum nur hatte er sie bloß so lange vergessen können?

Sicher war es der Wille Wakan Tankas, denn das war die einzige Erklärung, die für ihn in Frage kam, und jetzt durfte er es sich selber eingestehen: Auch er liebte sie, und das schon, seit sie ihm vor sehr langer

Zeit die Maisfladen in der Hütte ihres Vaters einfach in den Schoß legte.

Noch einmal drehte er sich zu Kleiner Fuchs um. Er wollte nicht, dass sie sich bei einem Wiedersehen als Feinde gegenübertraten, daher drehte er den auf dem Bauch liegenden Pawnee auf den Rücken und schob ihm hinten, in seinem Gürtel, vorsichtig sein kleines Wurfbeil zum Abschied hinein.

Nun, wenn sie sich wiedersahen, müsste ihm Kleiner Fuchs etwas dafür wiedergeben. Wolkenschild freute sich und hoffte, dass Kleiner Fuchs es nicht vergessen würde.

Vorsichtig spähte Igelarsch als Erster zur Tür der Hütte hinaus und verschwand wie ein lautloser Schatten in Richtung des nahen Feldes. Ihre Gefährten hatten ganz klar vortreffliche Arbeit geleistet, denn kaum jemand der Bewohner war im Dorf geblieben, da alle noch immer versuchten, in sicherer Entfernung die kostbare Ernte vor dem noch schwelenden Feuer zu retten.

Die Großmutter folgte Igelarsch als Zweite und Wolkenschild eilte als Letzter vor Honigtau dem schützenden Rand des Maisfeldes entgegen. Sie waren schon eine ganze Weile unterwegs, da begann die Großmutter, mit dem recht unpassenden Namen Leicht wie eine Mücke, erbärmlich zu schnaufen und nach Luft zu japsen.

„Großmutter", versuchte Igelarsch, die alte Frau zum Weitergehen zu bewegen, „wir können hier noch keine Pause machen!"

„Ich bin eine alte Frau. Ich kann nicht mehr weiter. Ich habe mein Leben gelebt, lasst mich einfach hier und macht, dass ihr schnell fortkommt!"

Entsetzt sah Honigtau ihre Großmutter an. Wolkenschild blickte erschrocken zu Honigtau, da er ahnte, dass sie nicht ohne ihre Großmutter fortkonnte.

Igelarsch hingegen sah zu Tode erschrocken nur auf die breiten Hüften von Leicht wie eine Mücke, die ihren Namen wohl vor sehr, wirklich sehr, sehr langer Zeit erhalten haben musste.

Er ahnte Schreckliches!

Leicht wie eine Mücke sah zum Glück schwerer aus, als sie in Wirklichkeit war, dennoch schwitzte Igelarsch bereits nach einer halben Stunde wie ein alter Büffel unter der enormen Last, die überglücklich grinsend über seine Schultern blickte.

Es war kaum zu glauben, aber als der Morgen bereits graute, hatten sie tatsächlich den vereinbarten Treffpunkt, das sichere Versteck ihrer Gefährten, erreicht. Sicher lauerten Feuer in seinen Augen, Schwarzer Wolf, Graues Haar, Bogenmacher, Brüllender Stier und Winterwind schon voller Ungeduld auf die Rückkehr der beiden erfolgreichen Krieger in ihrem Unterschlupf. Schon jetzt hörte Igelarsch seine Gefährten schadenfroh herumalbern, wenn sie ihn verspotten würden: „Oh, seht nur, was für eine tolle Braut hat sich unser blinder Igelarsch da wieder geraubt!"

„Puh", zeterte er leise vor sich hin, „ganz sicher werden sie mir einen neuen Namen geben, wie Maulwurf, wenn sie mich mit dieser Mücke sehen!" Ihr schallendes und gehässiges Gelächter konnte er sich nur zu gut vorstellen. Und viel, viel schlimmer noch könnte es werden. Was würde das erst für eine Heldengeschichte an den Lagerfeuern abgeben, die sich die Krieger immer wieder erzählen würden! Er konnte nur hoffen, dass seine Gefährten über dieses Thema einfach hinweggehen würden, wenn sie erst wieder ihre eigenen Zelte erreicht hätten.

„Hier herüber!"

Sofort hielten Wolkenschild und seine Begleiter inne, als sie die fast flüsternde Stimme von Feuer in seinen Augen aus einem dichten Meer von Hickorysträuchern vernahmen.

Die Umgebung noch einmal nach etwaigen Verfolgern absuchend, ließ Igelarsch Leicht wie eine Mücke absteigen und sprang dann, für ihn ungewöhnlich leichtfüßig wie eine Antilope, hinter den Strauch. Ihm war, als seien ihm auf der Stelle Flügel gewachsen, als er das erdrückende Gewicht der alten Großmutter loswerden durfte, und er sich vorkam, als ob seine Füße beim Laufen kaum mehr den Boden berühren würden.

Endlich saßen auch Wolkenschild, Honigtau und Leicht wie eine Mücke in dem dichten Versteck aus Hickorysträuchern.

„Wieso bist du allein hier?", fragte Wolkenschild seinen Bruder. „Wo sind die anderen Krieger?"

„Als Schwarzer Wolf sah, dass ihr nicht verfolgt werdet und sicher in unser Versteck zurückkehren würdet, folgten er und Bogenmacher Brüllender Stier."

„Wohin folgten sie ihm?", wollte nun auch Igelarsch voller Ungeduld wissen.

Feuer in seine Augen zog seine Augenbrauen bedächtig hoch. „Na ja, wisst ihr, das Feuer … na, es raste doch auch auf die Mustangs der Pawnee zu - ja, und Winterwind und Graues Haar fanden, dass man sie doch eigentlich retten sollte; und sie, nein, eigentlich wir alle fanden, dass die Bauern es sowieso nicht verstünden, richtig mit den Ponys umzugehen. Ja, und es waren doch zu viele Mustangs, ihr versteht? Winterwind, Graues Haar und Brüllender Stier konnten sich nicht entscheiden, welche Mustangs sie forttreiben sollten, und da baten sie uns um Hilfe, damit sie keines der Tiere zurücklassen müssen. Das ist eigentlich auch schon alles! Sie werden sicher bald schon wieder hier sein."

Mit offenem Mund sahen Wolkenschild und Igelarsch in das grinsende Antlitz von Feuer in seinen Augen. Die beiden zurückgekehrten Männer verstanden sofort, doch bevor sie noch etwas erwidern konnten, vernahmen sie aus der Ferne bereits das donnernde und immer lauter werdende Getrappel tausender auf sie zukommender Hufe.

„Na los, dann lasst uns unsere Mustangs besteigen, unsere Brüder werden gleich hier sein!" Feuer in seinen Augen erhob sich und führte seine Gefährten und die beiden Frauen in ein anderes Versteck zu ihren angebundenen Mustangs. Honigtau erhielt die Tochter von Adlerschwinge, die ihrem Vater wirklich sehr ähnlich sah. Feuer in seinen Augen gab der Großmutter sein zweites Pony, welches sie dankbar bestieg. Kaum dass sie alle auf ihren Tieren saßen, bogen hinter der nahe gelegenen Flussbiegung auch schon die ersten voranstürmenden Mustangs der gestohlenen Herde, flankiert von Schwarzer Wolf und Bogenmacher, um die Ecke. Ohne anzuhalten, wurden sie aus der Bewegung heraus mit freudigen Sieges- und Kriegsrufen von ihren Gefährten begrüßt. Schnell reihten sich die drei Männer mit den Frauen in die davoneilende Herde mit ein.

„Wir konnten doch nicht mit leeren Händen heimkehren!", rief Winterwind laut lachend zu seinem besten Freund Igelarsch, als er ihn erreichte, herüber.

„Ihr hättet entdeckt werden können und alles wäre schiefgegangen! Ihr seid total verrückt, das wisst ihr hoffentlich!"

„Na klar, sind wir verrückt", ging Winterwind auf den versteckten Vorwurf seines Freundes ein, „aber wir sind noch etwas anderes: Wir sind Lakota und die besten Pferdediebe auf den Plains!"

Auch Igelarsch musste nun lachen, da alles so wunderbar geklappt hatte und sie obendrein bereits mit der gewaltigen Herde der Pawnee in Richtung Heimat unterwegs waren. Doch recht bald schon ließ die Kraft bei einigen Tieren spürbar nach, da sie erst kurz zuvor, als sie aus dem Lager der Shyela geraubt wurden, dieselbe Strecke in umgekehrter Richtung hatten laufen müssen und die Pawnee sie nicht gerade geschont hatten. Da sie den Mustangs unbedingt etwas Ruhe zugestehen mussten, hatten Honigtau und Wolkenschild endlich Zeit, sich eingehender über all die vielen noch ungesagten Dinge zu unterhalten.

Immer wieder ließ sich, seit der Flucht vor zwei Sonnen, einer der Krieger abwechselnd zurückfallen, um zu sehen, ob sie womöglich verfolgt würden und sich das Blatt doch noch wenden würde. Einen halben Tag später kam dann bisher jeder von ihnen mit der beruhigenden Nachricht zurück, dass ihnen noch niemand auf den Fersen war.

Am dritten Tag ließ sich Wolkenschild auf Adlerschwinge zurückfallen, was dem jungen Mann sehr gelegen kam. Er genoss das Beisammensein mit Honigtau und seinen Freunden, aber so hatte er wieder einmal Zeit für sich und seine Gedanken. Geduldig wartete er ab und spähte von einer höher gelegenen Kuppe über das weite und selbst zu dieser Jahreszeit noch saftig grüne Land. Er war froh, denn endlich hatten sie wieder die Plains erreicht und man konnte wieder bis in die Unendlichkeit der weiten Grasebene blicken, ohne dass die vielen Baumgruppen und Hügel den freien Blick störten. Gerade mal ein kleiner Teich mit spärlichem Randbewuchs aus Büschen und einigen verkümmerten Weiden ganz in der Nähe seines Standortes brachte Abwechslung in das monotone Bild der endlosen Prärie. Doch das kam Wolkenschild nicht gerade ungelegen, da er schon seit Tagesanbruch nichts mehr getrunken hatte und auch Adlerschwinge schon gierig zu dem kleinen Gewässer hinüberschaute …

Währenddessen bewegten sich die Krieger mit den beiden Frauen weiter westlich, dem Lauf des Platte folgend, fast bis zu der gleichen Furt, die Wolkenschild vor sehr langer Zeit einmal benutzt hatte. Es war noch nicht Mittag, da legten sie an den Ufern eine Rast ein, damit sich die abgekämpften Tiere erholen konnten. Mücke, die zwar eine alte Pawnee war, erwies sich dennoch als sehr brauchbar. Allen fiel auf, wie sehr sich Mücke bemühte, den Männern zu gefallen. Ob aus Dankbarkeit den Männern gegenüber, da diese sie mitgenommen hatten, oder weil sie wirklich, trotz ihrer kugeligen Beleibtheit und des fortgeschrittenen Alters, darauf hinweisen wollte, dass sie immer noch ungewöhnlich flink war, vermochten die Krieger nicht einzuschätzen. Jedoch ihre stets freundliche, fast schon liebevolle Art, während sie die Krieger mit Nahrung und Wasser versorgte, erregte nicht gerade das Missfallen der fremden Männer, welche doch im Grunde genommen ihre Erzfeinde waren.

Satt und zufrieden saßen die sieben Lakota etwas abseits der Frauen, die ebenfalls gerade mit dem Essen fertig wurden, und begannen, sich genüsslich ihre Pfeifen zu stopfen. Man brauchte keine Eile mehr an den Tag zu legen. Jenseits des Sonnenunterganges lagen die Jagdgebiete der Shyela, und viel weiter als bis zu den Ufern des Platte würden sie die Pawnee sicher nicht verfolgen wollen und ohne Mustangs auch nicht können.

„Nein!" Igelarsch sprang unerwartet schreiend auf die Füße. Erschrocken sahen die übrigen Krieger ihren Gefährten an, als sei dieser soeben aus einem furchtbar bösen Traum erwacht. „Was ist los mit dir?" Fragend sahen sie zu dem bleich gewordenen Igelarsch auf. Igelarsch schlotterte. „Alles wiederholt sich!", sprach er angsterfüllt mit fremder Stimme.

„Ja, was denn?"

„Alles! Wir hätten Wolkenschild nicht allein zurücklassen dürfen!" Winterwind, der sich zu seinem Freund erhoben hatte, wich entsetzt einige Schritte zurück, als könne auch er den bösen Geist aus dem Traum von Igelarsch sehen.

„Ihr wartet hier!" Ohne weitere Worte griffen sich Winterwind und Igelarsch ihre ausgeruhten Mustangs und flogen, ihre Freunde mit fragenden Blicken zurücklassend, eng an den Hals ihrer Tiere geklammert, wie Orkanböen auf ihren Kriegsponys davon.

Feuer in seinen Augen wurde augenblicklich von einer sehr schlimmen Vorahnung erfasst. Er hatte sofort verstanden, da er sich noch sehr gut an die Einzelheiten der Erzählungen aus seiner Kindheit erinnern konnte, die im Zusammenhang mit dem frühen Ableben seines leiblichen Vaters standen. Inständig hoffte er, dass sich Igelarsch irren musste …

„Langsam, nicht so schnell!" Mit sanfter Stimme versuchte Wolkenschild Adlerschwinge davon abzuhalten, in der schon wieder an Kraft verlierenden Mittagssonne zu gierig das kühle Wasser in sich hineinzupumpen. „Mein alter Bruder, bald schon sind wir zu Hause!" Fast zärtlich streichelte der Krieger, während sein Mustang genüsslich soff, dessen lange, weiße Mähne. „Bald kannst du dich ausruhen und auf deine alten Tage den Ruhm eines tapferen Kriegers genießen!"
Adlerschwinge spitzte plötzlich mitten im Saufen seine Ohren und hob fast zeitgleich den Kopf in die Höhe, um schnell zur Seite zu blicken. „Was ist, hast du etwas gehört, mein Bruder?" Wolkenschild folgte neugierig dem Blick seines Mustangs, der sicher nur ein Erdhörnchen gehört hatte, doch die beiden nur wenige Schritte entfernten, ihn böse anfunkelnden Augenpaare von Wolfsrachen und Kleiner Fuchs ließen ihm einen heißkalten Schauer über den Rücken laufen.
„So schnell sieht man sich wieder, Lakota!"
Wolfsrachen hob seinen Arm und schleuderte, noch bevor Kleiner Fuchs zu Ende gesprochen hatte, seine Lanze auf den vor Schreck immer noch bewegungsunfähigen Wolkenschild. Der junge Krieger sah die tödliche Lanze auf sich zukommen, doch seine Glieder blieben steif und versagten ihm ihren Dienst.
Nicht so Adlerschwinge. Instinktiv spürte er, dass sich sein zweibeiniger Bruder in einer tödlichen Gefahr befand. Als ob es etwas nützen würde, machte er einen flinken Satz nach vorn, bäumte sich auf und stellte sich auf seine Hinterhufen, um die todbringende Gefahr, die auf Wolkenschild zukam, einfach mit seinen wild in der Luft ausschlagenden Vorderhufen niederzustampfen.
All das geschah wie in Zeitlupe, aber vom Moment an, da Adlerschwinge auf die Pawnee aufmerksam wurde, bis zu dem Zeitpunkt, als sich der Mustang der nahenden Lanze in den Weg stellte, waren keine zwei Sekunden vergangen.
Adlerschwinge wieherte schmerzhaft, was Wolkenschild sofort wieder aus seiner Ohnmacht erwachen ließ. Wie in einem bösen Traum musste er hilflos mit ansehen, wie das von dem Speer in die Brust getroffene Tier sich auf seine Vorderhufe niederlassen wollte und sich dabei selbst die Spitze der brechenden Lanze tief in sein Herz bohrte. Wie festgefroren sah er seinen alten Mustang zusammenbrechen, und es gab nichts, was Wolkenschild für Adlerschwinge jetzt noch hätte tun

können. Als käme es aus einer fremden Welt, drang nur noch unwirklich das hässliche Lachen der beiden Pawnee zu ihm hindurch. Er spürte, dass auch er jeden Moment den tödlichen Stoß erhalten würde, denn an eine Gegenwehr war nicht mehr zu denken, da Adlerschwinge seine Waffen unter sich begraben hatte. Doch es machte ihm nichts mehr aus. Es war egal, und so kniete er sich nieder und legte sich den gewaltigen Kopf seines sterbenden Mustangs in den Schoß, um leise für ihn ein letztes Lied zu singen. Immer flacher wurden die Atemzüge des treuen Tieres, das ihm soeben das Leben gerettet hatte, auch wenn Adlerschwinge es durch sein Opfer nur um wenige Augenblicke verlängern sollte.

Während er es behutsam ein letztes Mal streichelte, entschwand die Seele des tapferen Tieres, um sich auf den Weg ins Land der vielen Zelte zu machen. Gemeinsam mit Adlerschwinge würde er heute noch den Geisterpfad betreten und seine Eltern wiedersehen. - Aber Honigtau! Honigtau ... - es machte ihn traurig, aber sicher würde Feuer in seinen Augen sich um sie und ihre Großmutter kümmern.

Ein fremdartiger, gurgelnder Laut ließ ihn noch ein letztes Mal zu seinen Mördern aufblicken. Nicht verstehend sah er mit an, wie sich Kleiner Fuchs an seine Kehle griff.

Wolfsrachen starrte genauso fassungslos wie Wolkenschild auf den würgenden Krieger, der röchelnd auf der Stelle hin und her zu taumeln begann. Als seine Beine ihm seitlich wegknickten und er vornüberfiel, griff Wolfsrachen unverzüglich nach seinem Messer, denn er hatte noch vor Wolkenschild den gefiederten Schaft eines Lakota-Kriegspfeils im Genick des jüngeren Kriegers gesehen. Ohne weiter zu zögern, setzte Wolfsrachen, mit seinem Messer in der Hand, zur Flucht an, um seinen Mustang zu erreichen, doch der zweite Pfeil, der pfeifend die Mittagsruhe der Plains störte, traf ihn von hinten in den rechten Oberschenkel. Noch während er auf den Bauch stürzte, traf ihn ebenfalls von hinten der wütende Pfeil von Winterwind mit solch vernichtender Wucht, dass er mit seiner Spitze von innen her die Bauchdecke des Pawnee mit einem entsetzlichen Geräusch durchschlug. Keuchend, mit schmerzverzerrtem Gesicht blieb der Pawneehäuptling wenige Schritte von Adlerschwinge entfernt liegen und kämpfte um sein Überleben.

Igelarsch und Winterwind ließen sich Zeit.

Was geschehen war, war geschehen und ließ sich nicht mehr umkehren.

Leise sang Wolkenschild, immer noch den Kopf des Tieres in seinem Schoß haltend, das letzte Lied für Adlerschwinge, während dessen unsterbliches Nagi den Körper verließ, um am Ende des Geisterpfades Wolkenschilds Familie wiederzutreffen. Igelarsch und Winterwind hielten sich in respektvollem Abstand zurück, denn hier ging nicht nur ein einfaches Kriegspony zu den Ahnen.

Wolfsrachen krümmte sich immer noch mit herausquellenden Augen in seinem Schmerz und stöhnte vor sich hin. „Lieg still, du Jammerlappen!" Noch bevor der Pawnee Zeit hatte, sich ruhig zu verhalten, wies ihn ein dritter Pfeil zurecht und beendete auch seine Qual.

Noch recht lange verharrten die beiden älteren Krieger in der Nähe von dem gefallenen Adlerschwinge und Wolkenschild, bis dieser dann endlich zu seinen beiden Gefährten aufsah. Nun erst näherten sie sich ihm bis auf Tuchfühlung. Wolkenschild konnte noch nicht sprechen, aber das brauchte er auch gar nicht, denn das nahm ihm Igelarsch bereits ab.

„Sieh, er hatte ein erfülltes und langes Leben, und er ist den guten und ehrenhaften Tod eines großen und tapferen Kriegers gestorben!"

„Und so, wie es einem Krieger gebührt, werden wir ihn auch zu bestatten wissen!", fügte Winterwind noch mit hinzu.

Dankbar sah Wolkenschild zu den beiden älteren Kriegern auf, nicht nur weil sie ihn gerettet hatten, sondern auch dafür, dass sie bei ihm blieben, um Adlerschwinge für seine letzte große Reise vorzubereiten.

Wie geistesabwesend, bevor sie sich von dem Ort des traurigen Geschehens zurückziehen wollten, sah er noch einmal auf den gefallenen Kleiner Fuchs, der, um seine Ehre wiederherzustellen, sicher nicht freiwillig seinem Häuptling gefolgt war. Wolkenschild wusste nicht, was er fühlen oder denken sollte, und schloss die noch offenen Augen des jungen Pawnee.

„Ich weiß nicht, ob ich den Pfeil hätte abschießen können, hätte ich ihn früher erkannt!" Auch Igelarsch wirkte betroffen über das Schicksal von Kleiner Fuchs.

Das kleine Wurfbeil nahm Wolkenschild wieder an sich, denn es hatte nicht vermocht, Kleiner Fuchs an die Erlebnisse ihrer Kindheit zu erinnern. Kleiner Fuchs hatte vergessen.

21.

Erleichtert sahen die Zurückgebliebenen der Ankunft der drei Krieger entgegen, die Feuer in seinen Augen ihnen vor wenigen Augenblicken gemeldet hatte. Kaum dass Wolkenschild von einem der beiden mitgenommenen Pawneemustangs abgestiegen war, da fiel ihm Honigtau auch schon in die Arme. Feuer in seinen Augen hatte es nicht gewagt, etwas zu ihr zu sagen, aber sie hatte doch sehr deutlich gespürt, dass eine große Bedrohung über ihrer gemeinsamen Zukunft gelegen hatte. Dieser alte Igelarsch - sie war ihm unendlich dankbar, aber wie nur sollte sie ihm das zeigen? Sicher hatte er von ihr, als sie ihm das Auge blau schlug, immer noch so richtig die Nase voll.

„Wo ist eigentlich Adlerschwinge?" Erst jetzt fiel nicht nur ihr auf, dass Wolkenschild ohne ihn zurückgekehrt war, denn alle hatten sich im ersten Moment nur auf die Rückkehr der Männer konzentriert.

Wolkenschild holte tief Luft, ehe er antworten konnte. „Er ist unterwegs, als Krieger ins Land der vielen Zelte - zu meinen Ahnen!"

Die Mustangs von Kleiner Fuchs und Wolfsrachen hatte sie wiedererkannt, aber sie ahnte, dass dies ein Thema war, über das Wolkenschild nicht mehr zu sprechen wünschte.

Geistesabwesend ritt der Wicasa Wakan in der Mitte der Gruppe seiner Freunde. Ihm fehlte Adlerschwinge, und jeder Tritt des viel zu steifbeinigen Pawneemustangs erinnerte ihn an seinen gefallenen vierbeinigen Gefährten. Der Mustang von Kleiner Fuchs war eigentlich ein hervorragendes Tier. Seine samtig gelbe Farbe, die kastanienbraune Mähne mit den schwarzen Haarspitzen machte ihn für jeden Krieger allein schon aufgrund seines Erscheinungsbildes sehr begehrenswert. Allein diesem Umstand war es zu verdanken gewesen, dass Kleiner Fuchs das Tier immer bei sich führte und es niemals in der Herde des Stammes gelassen hatte. Er wie auch Wolfsrachen banden, wie es fast alle Krieger der Plains zu tun pflegten, stets ihre sehr edlen Tiere, sofern sie ein solches besaßen, direkt vor dem Eingang ihrer Behausungen an.

Nun waren auch die beiden letzten Mustangs der Pawnee für immer für ihren Stamm verloren gegangen. Aber all das war für Wolkenschild eher bedeutungslos, der sich schwer tat, sich seinen Schmerz nicht anmerken zu lassen.

„Da vorn!" Winterwind deutete auf drei sich in der Ferne rasch bewegende, kleine Punkte, bei denen es sich nur um zu Fuß gehende Menschen handeln konnte. Langsam schwenkte die Gruppe der Reiter mit ihrer Herde in Richtung der drei unbekannten Fremden, die nun ganz offensichtlich darum bemüht waren, sich schnellstens zu verbergen. Nach einem kurzen Blickkontakt drückten nun augenblicklich Feuer in seinen Augen und drei weitere Krieger ihren Tieren die Schenkel fest in die Seite, worauf diese sofort in einen rasenden Galopp verfielen, um sich den drei fremden Menschen schnellstens zu nähern.

Ihre bereits im Anschlag schussbereiten Bögen senkten die drei Shyelakrieger augenblicklich, als sie zu ihrer Erleichterung gewahr wurden, dass es sich bei den näher kommenden Reitern keineswegs um Pawnee, sondern um Lakota handelte.

„Winterwind und die Lakota grüßen die drei tapferen Krieger der Shyela!", erhob dieser als Erster das Wort.

„Auch wir, Bärentatze und seine zwei ältesten Söhne Bärensohn und Bärenkralle, grüßen die tapferen Krieger der Lakota!", antwortete ein bereits hochbetagter älterer Krieger.

„Ihr habt euch sehr weit", Winterwind blickte suchend in die Runde, „ohne eure Mustangs von euren Lagern entfernt?"

Bedrückt und nach den rechten Worten suchend, sah Bärentatze in die Ferne. „Wir hielten euch irrtümlicherweise für die Pawnee, von denen wir unsere Mustangs zurückholen wollten."

„Oh! Wir verstehen!"

Mehr brauchten die Lakota nicht zu wissen, da es sich nicht gehörte, weiter in der wohl noch frischen Wunde herumzubohren. Es hatte den alten Bärentatze sicher enorm viel Überwindung gekostet, so offen über ein zurückliegendes Missgeschick zu sprechen.

„Möchten die Shyela mit uns gemeinsam ihr Lager aufschlagen, bevor sie weiterziehen?", bot Winterwind an.

Gern und ohne weitere Umschweife setzten sich die Krieger nieder und warteten geduldig auf die Ankunft der anderen Lakota mit der gewaltigen Ponyherde.

„Es war vor wenigen Tagen", begann Bärentatze erneut. „Die Pawnee töteten alle unsere Wachen, bevor sie unser schlafendes Lager überfielen. Viele gute Männer sind gemeinsam mit Sonnenwind, unserem Häuptling, zu den Ahnen gegangen."

Erst jetzt begriffen die Lakota die gesamte Tragweite der ersten Aussage des älteren Kriegers. Nicht, wie anfänglich angenommen, wurden nur den dreien ihre Mustangs gestohlen, sondern es ging hierbei um die gesamte Herde des Stammes. Sie selber hatten die Spuren der Pawnee und der Shyelaponys gefunden, verfolgt und sich der vereinten Herde aus Pawnee- und Shyelamustangs bemächtigt. Alle Lakota, auch der inzwischen eingetroffene Wolkenschild und die übrigen Krieger, erkannten sofort die schwerwiegende Bedeutung ihres Zusammentreffens. Schweigend saßen alle Männer in der Runde beim Pfeiferauchen vereint, während sich Honigtau und Mücke bedächtig im Hintergrund hielten.

In die ruhig grasende Herde kam plötzlich Bewegung. Ein fast tiefdunkelroter Hengst, auf dessen Fell sich schwarz glänzend das Sonnenlicht brach, kämpfte sich aufgeregt aufbäumend und wiehernd den Weg aus der Mitte seiner Artgenossen frei und stürmte, als er den Rand der Herde erreicht hatte, wie wild auf die Männer los. Sofort sprangen alle Lakota, nach ihren Waffen greifend, entsetzt auf, da niemand sonderlich Lust hatte, von dem ganz offensichtlich verrückt gewordenen Hengst niedergetrampelt zu werden. „Bitte wartet!", bat Bärenkralle, schnell vor die fremden Krieger springend, noch nicht einzugreifen. Lachend streckte der Cheyenne dem angreifenden Hengst seine Hand entgegen, der sofort ein ausgelassenes, freudiges Wiehern hören ließ und, als er seinen früheren Herrn erreicht hatte, seinen Kopf senkte, um ihn sich ausgiebig streicheln zu lassen.

Die Lakota mussten nun peinlich berührt lächeln, da sie sich in den Augen der Shyela sicher töricht benommen hatten. Aber Wolkenschild überspielte geschickt die Situation, als er sich an Bärenkralle wandte. „Er gehört dir?"

„Nein", antwortete Bärenkralle traurig, „nun nicht mehr, aber früher einmal, da gehörte er mir!"

„Nein, ich denke, er gehört dir immer noch! – Wir haben es nicht eilig. Trennt eure Mustangs von denen der Pawnee! Wir warten, bis ihr fertig seid!" Wolkenschild sprach die letzten Worte mit ruhigem und ausgeglichenem Tonfall, bevor er sich niedersetzte, denn gerade er hatte vor kurzem erst den beißenden Schmerz kennengelernt, den man verspürte, wenn man seinen vierbeinigen Bruder verlor. Niemand sollte sich so fühlen müssen!

Bereitwillig, ohne ihrem Wicasa Wakan zu widersprechen, gingen die Lakotakrieger den Cheyenne helfend zur Hand, während sie sich anschickten, die Tiere voneinander zu trennen.

Der alte Bärentatze, der noch immer nicht so recht zu begreifen schien, was die Lakota gerade taten, während sie sich mit seinen beiden Söhnen bei den Mustangs zu schaffen machten, trat verwundert an den jungen Mann heran, der sich daraufhin wieder erhob. „Wir haben nichts, was wir euch dafür geben könnten!"

„Oh doch, dass habt ihr, gebt uns eure Freundschaft!"

„Darf ich erfahren, wer der Krieger ist, dem seine Männer so bereitwillig folgen?"

Wolkenschild sah dem alternden Cheyenne freundlich in die Augen. „Wolkenschild! Mein Name ist Wolkenschild von der Gruppe der Wolkenschilder bei den Sichangu, Adoptivsohn von Badger, unserem großen Kriegshäuptling, und Wiegendes Gras, meiner Mutter! Mein Großvater und Lehrer ist der alte und weise Büffelrücken, der Wicasa Wakan unseres Volkes!"

War das zu viel für den alten Mann, fragte sich Wolkenschild, da dieser ihn, leicht nach hinten wankend, mit offenem Mund anstarrte. Erst nach einer ganzen Weile schien der alte Krieger seine Standfestigkeit zurückzuerhalten. „Mein Name ist Bärentatze, meine Frauen rufen mich auch Bärenlende!" Ein leises, heiseres Kichern des Alten, welches er zu Lebzeiten bei dieser Bemerkung auch nicht mehr ablegen würde, ließ auch die Mundwinkel von Wolkenschild nach oben schnellen. „Dort siehst du meine ältesten Söhne, Bärenkralle und Bärensohn! Meine einzige Tochter kennst du ja bereits!" Der Alte machte eine längere Pause, bis der fragende und nicht verstehende Gesichtsausdruck des jungen Mannes ihn endlich zum Weiterreden veranlasste. „Auch ich bin dein Großvater, da Wiegendes Gras meine Tochter ist. Dein Vater gab einst zweihundert prächtige Mustangs für sie, von denen viele bereits gegangen sind, aber ihre Nachfahren suchen deine Brüder und Onkel gerade wieder heraus!" Bärentatze blickte lächelnd und voller Freude in das verdutzte Gesicht seines Enkelsohnes, den er heute auf so absonderliche Weise kennenlernen durfte.

Voller, für die beiden Frauen unverständlicher, Vertrautheit ließen sich die zwei am Feuer nieder und vertieften sich in angeregte Gespräche, auf die selbst nach Stunden kein Außenstehender Einfluss zu nehmen gedachte. Alle schienen zu spüren, dass ihre und die Schritte ihres jungen Wicasa Wakans von höherer Gewalt zu diesem Ort geleitet worden waren. Bärentatze erfuhr vom Schicksal des leiblichen Vaters von Wolkenschild, den er selber noch hatte kennenlernen dürfen, und von seinem leiblichen Enkelsohn Adlerstimme, wie auch von Lacht wie kleines Wasser, seiner Enkelin.

Zu nächtlicher Stunde, die Tiere waren von den Kriegern bereits getrennt worden, erfuhren alle, und vor allem auch der staunende Feuer in seinen Augen, von dem verwandtschaftlichen Verhältnis, welches sie alle miteinander verband. Nun kam das ungewöhnlich großzügige Verhalten Wolkenschilds auch keinem der Lakota mehr sonderbar vor, da es seine Wurzeln bereits begründet hatte. Flüsternd tauschten sie, die große Verbundenheit Wolkenschilds zu den übernatürlichen Mächten betreffend, ihre Meinungen zu diesem Thema untereinander aus. Jeder der Krieger war nun insgeheim froh, nicht in den Willen der Geister eingegriffen zu haben, als Wolkenschild scheinbar vorschnell seinen Entschluss kundgetan hatte und den Cheyenne ihre Mustangs zurückgeben wollte. Ohne sich dessen bewusst zu sein, erntete Wolkenschild in seinen Reihen eine noch stärkere Hochachtung, als es bisher je ein Wicasa Wakan seines Alters vermocht hätte.
Die Dämmerung des neuen Tages hatte bereits eingesetzt, als sich das gemeinsame Lager erhob, um sich nun in tiefer Freundschaft wieder zu trennen. Bärentatze nickte nur und legte seinen Enkelsöhnen, und selbst dem von diesem Moment überwältigten Igelarsch, seine Hände dankend auf die Schultern, zu mehr fehlte dem alten Mann einfach die Kraft. Mit zurückhaltendem Wohlwollen genossen die Lakota diesen Moment der erhabenen Stille und den Ausdruck in den Augen der drei Shyela, der mehr zu sagen vermochte, als irgendwelche überflüssigen, dahingeplapperten Worte. Und gerade in dieser, von tiefen Gefühlen geschwängerten Stille wurde der unzerbrechliche Bruderbund der einstmals verfeindeten Stämme geboren.
Noch lange, nachdem sie voneinander Abschied genommen hatten, sahen die Lakota Bärentatze und seinen Söhnen hinterher, die all ihr Können aufbieten mussten, um die große Herde mit den vielen Mustangs heimzuführen. Doch Wolkenschild würde schon bald erfahren, ob und wie es sein Großvater geschafft hatte, diese Aufgabe zu

bewerkstelligen, denn nur in wenigen Monden würden die Lakota mit ihren neuen Cheyennebrüdern gemeinsam beim sommerlichen Treffen auf den Plains den Sonnentanz feiern.

Schweigend, fast schon bescheiden und ohne überschwängliches Geschrei, näherten sich die acht Krieger, die von den zwei Frauen und einer immer noch stattlichen Anzahl von Mustangs begleitet wurden, nach wenigen Tagen endlich wieder ihren eigenen Zelten. Die Wachposten ihres Stammes mussten schon vor einiger Zeit den Ihren ihre Rückkehr gemeldet haben, da Badger und Der dem Wind folgt, begleitet von einem sehr wild und urwüchsig aussehenden Hunderudel, welches von einer älteren Wölfin geführt wurde, ihnen bereits auf halben Wege freudestrahlend entgegenkam. Überglücklich im Herzen, aber dennoch zurückhaltend fand die erste Begrüßung statt. Das Fehlen von Adlerschwinge musste Badger aufgefallen sein, doch ging er während ihres gemeinsamen Wegstückes zu den Tipis nicht weiter darauf ein, da ihn etwas anderes mehr zu beschäftigen schien. „Wir sollten uns wirklich sehr beeilen, unsere Zelte zu erreichen, da Tanzender Kessel nur noch auf euch wartet!"
Beiden Brüdern war sofort klar, was das nur bedeuten konnte. Tanzender Kessel, ihre Großmutter, fast hatten sie sie während der letzten Tage und all den aufregenden Ereignissen vergessen. Im Nu wurden die Tiere zur Eile angetrieben, um keinen weiteren Moment mehr zu verschenken.

Fast mit jedem Atemzug schien das so tapfere Lebenslicht von Tanzender Kessel immer kleiner zu werden. Alles, was sie nur noch wollte, war, die Rückkehr ihrer Urenkel abzuwarten. Wolkenschild - er sah bis aufs kleinste Haar genauso aus wie sein Vater; und sein Bruder, Feuer in seinen Augen, der so viele innere und äußere Merkmale seiner Mutter trug - in ihnen beiden lebten ihre Eltern weiter.
Sie war zufrieden. Ihr Wunsch hatte sich erfüllen dürfen, und wie sie von Büffelrücken erfahren hatte, waren sie mit Honigtau und obendrein noch vielen Mustangs gesund heimgekehrt und bereits auf dem Weg zu ihr. Jeden Moment mussten sie kommen, um nach ihr zu sehen. Dann erst durfte sie aufbrechen.
„Großmutter!"

Sie atmete für alle hörbar einmal tief vor Erleichterung durch.

Langsamen Schrittes traten Feuer in seinen Augen und Wolkenschild, Honigtau an der Hand mit sich führend, in das Tipi ein und knieten sich an das Schlafgestell ihrer Urgroßmutter nieder.

Die trüben Augen der alten Frau begannen noch ein letztes Mal zu strahlen, als sich ihre und die Blicke der beiden Brüder trafen. „Mein Junge", wandte sie sich an Wolkenschild. „Wie ich sehe, hast du eine sehr gute Wahl getroffen! Es liegt wohl im Blut, dass alle meine Enkelsöhne sich immer die fettesten Happen herauspicken!", krächzte sie. Ihr kurzes, heiseres Auflachen über ihre eigene Bemerkung wurde aber sogleich von einem kleinen Hustenanfall unterbrochen. Langsam hob sie ihre zitternde Hand und streckte sie nach Honigtau aus, und es war der jungen Frau, als wenn ihre Wange vom zarten Windhauch einer warmen Frühlingsbrise gestreichelt würde. Sofort begriff sie, dass es für Tanzender Kessel eine enorme Anstrengung sein musste, während sie versuchte, ihren Arm noch eine Weile hoch zu halten. Nur einen kurzen Augenblick noch wollte sie die liebevolle Wärme, die von ihrer neuen Enkelin ausging, spüren dürfen. Honigtau nahm die Hand der alten Frau behutsam in die ihre und hielt sie an ihrer Wange fest.

Tanzender Kessel entwich in diesem Moment, da ihr Honigtau ihre helfende Hand reichte, eine einzige Träne der Freude. Ruhig und glücklich atmete sie durch, da sie nun wusste, dass das Vermächtnis von Rabbit in guten Händen liegen würde. Noch ein letztes Mal blickte sie glücklich in die Runde auf ihre Angehörigen und auf Büffelrücken, ihren Sohn. Sie war bereit, Abschied zu nehmen und zu gehen.

Doch das verlöschende Lebenslicht schien aus einer unbekannten, fremden Quelle ein letztes Mal neue Energie aufzusaugen, denn Tanzender Kessel versuchte, sich sogar noch einmal aufzusetzen. Wolkenschild und Feuer in seinen Augen unterstützten die alte Frau sofort mit helfenden Armen. Ihre Augen begannen zu leuchten, als sie versuchte, ihre beiden Arme dem Tipiausgang entgegenzustrecken. „Seht ihr ihn auch? Er ist gekommen - zu mir!" Sie begann zu weinen und sah fragenden Blickes zu Wolkenschild und zu Feuer in seinen Augen. „Euer Vater ist da! Er will mich auf meinem Weg begleiten!" Sie fing an zu lächeln, als sie den festen Griff von Rabbits starker Hand spürte, während er ihr aufhalf. Dann schloss Tanzender Kessel mit entspanntem Gesichtsausdruck ihre Augen zum allerletzten Mal in dieser

Welt und ließ ihren Körper behutsam in die Arme der beiden Brüder sinken, während sich ihr Nagi mit Rabbit auf den Weg in das Land der vielen Zelte machte.

Tanzender Kessel war mit ihren über einhundert Sommern und Wintern das älteste Stammesmitglied im Dorf gewesen. Sie war bereits anwesend, als viele neue Stammesangehörige das Licht der Welt erblickten und ihren ersten Schrei ausstießen, und sie war auch bei ihnen, als Wakan Tanka sie rief, um ihre letzte Reise anzutreten. Tief hing das Tuch der Trauer über dem gesamten Volk der Wolkenschilder, und der Verlust, welcher ein zu großes Loch in den Familienverband hineingerissen hatte, würde noch sehr lange zu spüren sein.

Der alte Büffelrücken hatte seine Gefühle, wie man es von ihm gewohnt war, voll unter Kontrolle, ganz im Gegensatz zu Wolkenschild, bei dem man selbst nach über zehn Sonnen immer noch den schmerzlichen Verlust in den Augen ablesen konnte.

Abseits von der Ponyherde sah er, wie so oft, gedankenverloren den vorbeiziehenden Wolken nach, und er merkte nicht zum ersten Mal, dass er mit Honigtau eine gute Wahl getroffen hatte. Sie respektierte seine Gefühle und ließ ihm die Luft, die er jetzt zum freien Atmen brauchte.

„Darf ich dich stören?"

Wolkenschild sah auf. „Der dem Wind folgt! Was gibt es? Setz dich doch zu mir!", forderte er ihn freundlich auf.

„Es ist Bunte Krähe!"

„Dein Mustang? Was soll mit ihr sein?"

„Ich glaube, sie stirbt! Kannst du mitkommen und sie dir einmal ansehen?"

Wolkenschild erhob sich augenblicklich. „Na, dann komm, kleiner Bruder! - Frisst sie denn nicht mehr?"

„Nein, das ist es nicht. Ich glaube, sie hat eine schwere Kolik, denn sie bläht sich immer weiter auf, als wolle sie zerplatzen!"

„Trägt sie womöglich ein neues Leben in sich?"

„Das kann nicht sein, da sich ihr doch kein Hengst nähern durfte!"

Wolkenschild blieb kurz stehen, bevor er schmerzhaft lächelnd weiterging. „Du hast wohl Recht und es stimmt sicher, denn seit sie damals von den Crow zu uns kam, hatte Adlerschwinge sie wohl mehr als sein, denn als dein Eigentum betrachtet. Doch leider hat er sie nur als seinen Schützling und nicht als eine Stute angesehen."

Der dem Wind folgt lief nun etwas zügiger. „Dort, da liegt sie. Ich habe sie von der Herde getrennt!"

Es stimmte. Bunte Krähe sah tatsächlich aus, als ob jeden Moment ihr Bauch aufplatzen würde.

Die Wölfin Viele Mägen, die inzwischen auch kein kleines Mädchen mehr war, lag treu an ihrer Seite und bewachte die kranke Stute mit ihren wachsamen Blicken.

Vorsichtig legte sich nun auch Wolkenschild neben der Stute nieder und begann, behutsam auf sie einzureden, während er ihr den Kopf streichelte. Langsam tastete er ihren aufgedunsenen Leib ab. Ein leichtes, mehr winselndes Wiehern war das Einzige, was das fast bewegungsunfähige Tier an Lebenszeichen noch von sich zu geben in der Lage war.

Immer wieder befühlte der junge Wicasa Wakan den Bauch der Stute, während seine kraus gezogene Stirn nichts Gutes verheißen ließ.

Endlich erhob sich Wolkenschild und trat einige Schritte beiseite, bevor er sich mit angespannter, ernster Miene wieder ins Gras setzte.

„Und, sie wird sterben, nicht wahr?" Der dem Wind folgt sah aus, als ob er jeden Moment in Tränen ausbrechen würde.

Wolkenschild schüttelte ernst seinen Kopf. „So sehr liebst du deine Stute?"

Der Angesprochene konnte jetzt nur noch nicken.

Mit seiner rechten Hand klopfte Wolkenschild ein paar Mal auf den weichen Wiesenboden. „Na, komm, setz dich zu mir! Wir werden bei ihr bleiben und warten!"

„Du meinst, bis es zu Ende ist?"

„Nur falls wir ihr helfen müssen, denn das wird Viele Mägen kaum allein können!"

Bedrückt sah der Jüngere zu Boden.

„Nur falls wir ihr bei der Geburt ihrer Fohlen helfen müssen!", griff Wolkenschild den letzten Satz noch einmal auf.

Der dem Wind folgt sah seinen jungen Wicasa Wakan schräg von der Seite an. „Du meinst es auch ehrlich? Aber wie war das möglich? Ich meine, immer, wenn du mit Adlerschwinge allein fort warst, war sie doch vor meinem Tipi angebunden!"

Freundschaftlich legte Wolkenschild dem jüngeren Freund lachend den Arm um die Schulter. „Vielleicht", und nun sprach er ganz leise, „ist sie auch dem Ruf des Windes gefolgt?" Kurz blickte er mit erhobenem Zeigefinger zum Himmel hinauf, als könne auch er etwas Verborgenes im leichten Säuseln des Windes hören.

Die Furcht aus den Augen von Der dem Wind folgt schien endlich zu schwinden und das angenehme Lächeln in ihnen kehrte zurück, während er schweigend mit dem älteren Freund auf das große Ereignis wartete.

Wolfsmädchen hob plötzlich, die Ohren spitzend, ihren Kopf hoch, und im selben Moment hob auch Bunte Krähe ihren Kopf, zu den beiden Lakota hinüberblickend, so, als wolle sie ihnen mitteilen, dass jetzt der rechte Moment gekommen sei, um ein neues Leben in die Welt zu schicken. Es dauerte auch nicht mehr lange, bis das erste der beiden Fohlen das Licht der Welt erblicken sollte. Struppig, mit viel zu dünnen und zu langen, staksigen Beinen, hatte es noch alle Mühe, seinen viel zu schweren und wackeligen Kopf aufrechtzuhalten. Neugierig blickte es in die liebevollen Augen seiner Mutter.

Der dem Wind folgt war begeistert hinzugeeilt, um das Kleine willkommen zu heißen. „Sieh nur, ist es nicht wunderschön?"

Wolkenschild freute sich für seinen jüngeren Gefährten und er musste ihm Recht geben. Es war wirklich sehr schön, genau wie jedes neue Leben!

Hingebungsvoll begann Der dem Wind folgt, bereits das erste der Fohlen, welches eine kastanienbraune Färbung und einen strohgelben, hellen Schopf hatte, mit Gras trockenzureiben, während soeben das zweite zur Welt kam. Aufgeregt sah Der dem Wind folgt zu dem Geschwisterchen hinüber, dass gerade dabei war, den schützenden Leib seiner Mutter zu verlassen. Und er sah Wolkenschild, der sichtlich erschrocken ein wenig zurückwich.

Der dem Wind folgt legte sein Grasbüschel kurz beiseite, um nach dem Grund für das merkwürdige Verhalten seines Freundes zu sehen. Fast fürchtete er schon, das zweite Fohlen könne krank oder missgebildet sein, als er umgehend eines Besseren belehrt wurde. Er musste vor Freude laut loslachen, als er obendrein in das verstörte Gesicht Wolkenschilds blickte, der sich, mit wirrem Ausdruck in den Augen, verkrampft auf seine Lippen biss. „Es ist fast so schön wie das erste, nicht wahr, mein älterer Freund? Hätte es nur nicht diese vielen braunen und weißen Flecken! Aber mit den braunen, steif abstehenden Strähnchen in seiner kurzen, weißen Mähne, sieht er doch eigentlich recht lustig aus!"

Aber Wolkenschild saß immer noch steif und geistesabwesend vor dem neugeborenen Fohlen.

„Hallo! Aufwachen! Reib dein Fohlen trocken!", forderte Der dem Wind folgt Wolkenschild auf, ihm zu helfen, vermied es aber, ihm direkt in die Augen zu schauen, da er den feuchten Blick seines älteren Freundes nicht zu sehen brauchte.

„Was?", flüsterte Wolkenschild mit zittriger Stimme.

„Ich sagte dir, du sollst deinen Adlerschwinge endlich trockenreiben! Er ist zu dir zurückgekehrt!" …

22.

Eine sternenklare Nacht, wie es so viele schon vor ihr gegeben hatte und auch nach ihr noch geben würde. Ein rabenschwarzer Himmel, verziert mit Abermillionen kleiner, funkelnder Diamanten, wie es ihn nur fernab der Großstädte geben konnte, wo keine störenden Lichteinflüsse aus Leuchtreklame und Superspots den Zauber einer Nacht, wie es diese eine war, zerstören konnten.

Für eine sehr lange, viel zu lange Zeit, würden Felix und Catherine nun diesen lieb gewonnenen nächtlichen Himmel nicht mehr sehen dürfen. Aber sie würden wiederkommen, eines Tages, dessen waren sich beide ganz sicher.

Mary saß mit Catherine zusammengekuschelt unter einer bunt karierten Baumwolldecke und schaute den Zwillingen zu, wie sie das kleine, gedeckte, rauchlose Feuer gekonnt auf zärtlicher Sparflamme hielten.

Niemand, nicht einmal Martin, sagte ein Wort und unendliches Schweigen herrschte an diesem, ihrem vorletzten Abend auf der Reservation. Bei allen drückte die Stimmung des bevorstehenden Abschieds heftig auf das Gemüt. Genau wie für Catherine und Felix die Sichangu nun zu einem nicht mehr zu entfernenden Teil ihres Lebens wurden, erging es auch den Lakota.

„Die Mütze!"

„Welche Mütze?" Alle starrten ein wenig belustigt auf Felix, der, wie von der Tarantel gestochen, aufgesprungen war.

„Na, die alte Fellmütze, die mir damals Carl Bishop in die Hand gedrückt hatte! Wisst ihr nicht mehr?" Felix gab den ungefähren Wortlaut von Carl wieder: „Hier, wenn du der Felix bist, dann ist die hier wohl für dich. Einst bekam sie mein Urgroßvater von einem alten Indianer! Was auch immer … Hi, hi, endlich sind wir das alte Ding los!" - „Wir hatten sie eingesteckt und gut! Ohne weiter darüber nachzudenken!"

„Ja, und?" Martin sah Felix fragend an.

„Ich kenne diese Mütze! Ich hatte es einfach nur vergessen und nicht mehr daran gedacht! Aber jetzt, jetzt weiß ich es wieder!" Ohne auf weitere Reaktionen zu warten, stürmte er in den Bungalow, um nach nur wenigen Momenten mit der besagten Fellmütze zurückzukehren. Sehr langsam, mit einem Ausdruck unsagbarer Trauer im Gesicht, setzte er sich geistesabwesend wieder ans Feuer. „Hier!" Er zeige sie vor. „Sie ist es!"

Nach einer halben Ewigkeit ergriff Feuermond wieder das Wort. „Willst du uns auch sagen, woher du sie kennst?"

Erneut dauerte es sehr lange, bevor wieder ein Wort gesprochen werden sollte. „Die Dachsfellmütze, sie ist es, sie gehörte meinem Freund und Bruder Badger!"

Alle sahen verwundert auf Felix.

„Aber wie kann das sein?", fragte Feuermond etwas schmunzelnd. „Wir kennen die Bishops schon sehr sehr lange, wir sind fast wie eine Familie, aber die Fellmütze?"

„Wisst ihr noch?" Martin mischte sich ein. „Wisst ihr, was uns von den Ahnen und selbst von den Bishops überliefert worden ist?" Er machte eine kurze Pause, ehe er fortfuhr: „Vor langer Zeit, als die Völker noch frei waren, da sollen Krieger der Lakota einen kleinen Jungen gerettet haben, der zur Familie der Bishops gehörte. Hier drin liegt auch die lange Freundschaft begründet. Aber - was hat das mit der Mütze zu tun, frage ich mich?"

„Ich weiß es nicht", antwortete Felix, „aber sie ist es! - Seht her, diese Fellstücke und Nähte sind von Tanzender Kessel erneuert worden." Er reichte sie Feuermond zur Begutachtung.

Eingehend untersuchte dieser das alte Stück. „Was, was ist das?" Aus dem Inneren der Mütze, unter dem umgenähten Rand, zog er etwas

heraus, was aussah wie ein zusammengefaltetes Stück alter Zeitung. Vorsichtig faltete er es auseinander, warf einen kurzen Blick darauf und sagte: „Hier, ich glaube das ist für dich!"
In kaum mehr zu entziffernden Buchstaben, auf altdeutsche Weise verschnörkelt, versuchte er, das Geschriebene zu entziffern und warf schnell noch etwas neues Holz ins Feuer. Sofort loderten helle Flammen in die Nacht hinein und warfen, der seltsamen Stimmung entsprechend, bizarre Schatten auf die am Feuer Sitzenden. Mit einem nicht zu beschreibenden Gefühl begann Felix, die kaum noch zu erkennenden Buchstaben zu Worten und Sätzen zu formen …

Es ist gut, mein Bruder!

Viel ist geschehen, seit Du wieder fort bist. Du hattest Recht behalten, in allem! Alles unterliegt dem großen Geheimnis - und wenn auch ich Recht behalte, dann wirst Du diesen Brief, den unser guter, ehrlicher Freund Carl Bishop für mich schreibt, in einer fernen Zeit erhalten. Wundere Dich nicht über das, was bald mit Dir geschehen wird, und bitte verzeih mir meine Feindseligkeit, wenn wir uns dann begegnen.
Ich bitte Dich nur um eines: Wenn alles so geschieht, wie es geschehen soll, an meine Worte zu denken. Niemals darfst Du allein zurückbleiben und die Krieger fortschicken, nachdem wir mit den Ponca zusammengestoßen sind! Frage mich nicht danach, wenn wir uns sehen, denn dann werde ich es noch nicht wissen!
Unsere tapferen Söhne beschützen unser Volk, da ich nun alt werde. An der Seite von Fallender Stern werde ich die Bishops verlassen, da auch wir hier nicht mehr sicher sind und wir unsere Freunde nicht in Gefahr bringen wollen. Wir folgen den Santee in die Plains.
Bitte denke an meine Worte!
Wir sehen uns
>   *Badger*

Schweigend ließ Felix seine Arme sinken, nachdem er den alten Brief gelesen hatte. Dies war nun der endgültige Beweis dafür, dass er nicht verrückt war und nur einem Traum nachjagte. „Hätte ich ihn nur früher gelesen!" Er übergab Catherine das Papier. „Lies du ihn bitte vor. Ich möchte jetzt allein sein!"

Wie am Abend zuvor, genoss man an einem kleinen Feuer den klaren Sternenhimmel. Gerade eben kehrte Felix, der Catherine lächelnd und nicht ganz ohne Stolz seine kleine und kaum wahrnehmbare Tätowierung am Handgelenk präsentierte, mit Feuermond aus dessen Tipi zurück.

„Hihankara?", fragte Catherine vorsichtig mit gekräuselter Stirn.

Felix nickte lächelnd, ja, denn auch Catherine hatte hier viel dazugelernt. „Hihankara!", antwortete er ihr nur kurz.

„Großvater?"

Feuermond blickte verstehend in die fragenden Augen von Catherine. „Na, dann komm auch du meine Tochter, nichts soll euch jemals wieder trennen können - auch *sie* nicht!" Feuermond lächelte zufrieden in sich hinein, als er Catherine, liebevoll wie ein Vater, den Arm um die Schulter legte und sie mit sich fortnahm. Feuermond, der aus seinen Augen Blitze verschleudern konnte und jeden Fremden zusammenzucken ließ, der ihm nicht gefiel, und Feuermond, der der warmherzigste und liebevollste Großvater sein konnte, wie es keinen zweiten gab. Immer wieder gab er Anlass zum Nachdenken.

Felix sah Catherine im fahlen Licht der Nacht mit Feuermond in dessen Tipi verschwinden. Aus irgendeinem Grund spürte er, wie ihm eine unsichtbare und nicht zu definierende Last von den Schultern genommen wurde. Wieder blickte er auf sein tätowiertes Handgelenk.

Hihankara - die Eulenmacherin. Jeder Lakota hatte als Kind, wenn nicht von seinen Eltern, dann aber zumindest von den Großeltern, alles über sie erfahren dürfen, es aber im Laufe seines Lebens oft wieder vergessen.

Hihankara - die alte Eulenmacherin. Jede Seele, die auf dem Wege ins Land der vielen Zelte war, musste vor ihr auf der Hut sein. Fand sie die Tätowierung der Lakota, einen kleinen Punkt oder zwei winzige Striche, so durfte man den Pfad passieren. Fand sie sie aber nicht, so warf sie einen vom Geisterpfad hinunter auf die Erde zurück.

Niemand der jüngeren Leute sprach bis vor kurzem den alten Überlieferungen eine ernsthafte Bedeutung zu. Doch dann kamen Felix und Catherine, die alles in Frage stellten. Und auch sie selbst waren nicht mehr dieselben Menschen wie noch vor drei Monaten, zum Beginn ihrer Reise. Auch die Sioux auf der Reservation hatten sich verändert. Ruhiger waren sie geworden, nachdenklicher. Viele der Menschen hier besannen sich wieder mehr auf die alten Werte, und nicht zuletzt war es Felix` so sonderbarem Erlebnis zuzuschreiben, dass man fast täglich immer mehr Sichangu stolz und mit erhobenem Haupt, mit der traditionellen Tätowierung am Handgelenk, auf der Stirn oder aber am Kinn antraf. Niemand wollte riskieren, noch einmal, und unter Umständen sogar in diese kaputte Welt, hinuntergeschickt zu werden!

Die Morgendämmerung hatte bereits begonnen, als Felix und Catherine in ihren mit Taschen beladenen RAM stiegen.

„Großvater, danke für alles! Wir sehen uns bestimmt wieder! Nächsten Sommer, spätestens!" Felix war sehr deprimiert, und auch Catherine, die ungewöhnlich blass an diesem Morgen war, schien der Abschied nicht leicht zu fallen.

„Wenn ich dann noch hier bin, gern", bemerkte Feuermond. „Ansonsten sehen wir uns woanders wieder!", fügte er lächelnd hinzu. „Aber keine Furcht, Rodney wird dann immer noch hier sein und euch nach mir behüten!" Doch er wusste was kommen würde - er hatte geträumt und bemühte sich nicht auffällig schwermütig zu wirken.

Der Abschied von jedem Einzelnen war für alle schwer genug und niemand wollte sich unnötig selber quälen, daher beeilte man sich sehr mit dem Einsteigen.

Martin und Alfred bestiegen Alfreds alten Chevy, um sie bis Sioux Falls zu begleiten, und konnten von dort an den Dodge ihr Eigen nennen. Warum sollen wir ihn wieder verkaufen, hatte Felix gemeint.

Mit dem Wagen hatte doch alles begonnen, und er, genau wie Feuermond und alle Holy Eagles, gehörten nun zu einer Familie, die man nicht mehr trennen durfte.

Behutsam wurde der Zündschlüssel von Felix herumgedreht, als könne er sonst abbrechen, und zugleich von der Hoffnung getrieben, dass der Wagen vielleicht nicht ansprang, wenn man ihn mit dem Zündschlüssel nur kitzelte.

Aber es war ein Dodge, fast ein lebendiges Wesen, wo oft allein schon gutes Zureden half, sodass der Motor bereits schnurrte, bevor er den Schlüssel wieder losließ.

Langsam, im Standgas, durchfuhren die beiden, gefolgt von den Holy Eagle Brüdern, das Tor und ließen die immer kleiner werdende Ansiedlung auf der Reservation weit hinter sich zurück.

„Ich will eigentlich nicht nach Hause, denn das ist es nicht und war es auch nie!"

Catherine unterbrach ihre soeben begonnenen Tagebuchaufzeichnungen. „Ich weiß!" Zärtlich drückte sie seine, das Lenkrad umfassende rechte Hand. „Aber wir müssen! Unser ganzes Leben ist doch dort - und nächstes Jahr kommen wir zurück und besuchen sie wieder. - Okay?"

Felix schüttelte mit einem ironischen Grinsen seinen Kopf. „Unser ganzes Leben? - Das war kein Leben! Jeden Morgen im Dunkeln zur Arbeit gehen und wieder im Dunkeln nach Hause kommen! Und wofür? Wie lange haben wir gespart, um hierher zu können? Nein, ich gehöre da einfach nicht mehr hin! Ich will das einfach nicht mehr! Hier! Es tut mir leid, aber das hier ist jetzt mein Zuhause, und deines auch!"

Catherine wurde traurig. „Und was ist mit unseren Freunden, unseren Familien?"

„Sei doch mal ehrlich: Wann sind sie da? Wenn wir sie brauchen oder nur, wenn *sie* etwas wollen? - Hier ist alles so anders, alle sind füreinander da."

„Und wovon bitteschön wollen wir hier leben?"

„Viehzucht?"

„Viehzucht?", krähte sie im hohen Diskant, bevor sie ihre normale Stimme wiederfand. „Und was ist mit mir? Waren wir nicht glücklich in unserem neuen Haus?"

„Natürlich, ich sage doch nicht, dass ich ohne dich hier bleibe, oder?"

Catherine hatte Angst. Seit langem schon. Angst, sie würde Felix vollends verlieren - aber hatte sie das nicht bereits? „Vorschlag?", platzte es, aus der Verzweiflung geboren, aus ihr heraus.

„Erzähl!"

„Wir fahren zurück, und wenn es nicht funktioniert, na, dann verkloppen wir eben unsern ganzen Kram und züchten hier deine dämlichen Viecher! In Ordnung?"

Die gesamte Haltung von Felix änderte sich schlagartig. „Im Ernst? Ohne mich zu verarschen?"

„Nein! Im Ernst! - So, und jetzt guck auf die Straße!", lachte sie ihn an. Hauptsache, sie waren zusammen, nur das zählte im Moment für sie, alles andere würde sich schon irgendwie ergeben. Selbst wenn sie noch nicht darüber nachgedacht hatte, auch ihr gefiel die Vorstellung, ihr Leben von Grund auf an der Seite ihres Mannes zu ändern. Gedankenverloren blickte sie noch eine Weile durch das halb geöffnete Seitenfenster des Wagens, bevor sie sich wieder über ihr Tagebuch hermachte.

Der Schlafentzug der vergangenen Nacht machte sich bei Felix und Catherine noch nicht bemerkbar, da beide emotional viel zu sehr aufgekratzt waren. „Scheiß Nebel!", schimpfte Felix immer und immer wieder vor sich hin, da er ständig aufs Neue auf der sich dahinschlängelnden Straße abbremsen musste. Der Morgennebel, welcher schon seit Stunden dick und schwer über den gerade erwachenden Plains lag, drohte ihnen manchmal fast vollständig die Sicht zu nehmen.

Gerade fuhren sie wieder in eine dieser gehassten, engen Neunzig-Grad-Kurven des steilen und abschüssigen Geländes ein, als nach einem nicht zu überhörendem „Oh Scheiße, was machst du denn hier?" die blockierenden Räder des Dodge auf dem sandigen Untergrund unbeeindruckt weiterrutschten. Catherine, die sich über ihren andauernd fluchenden Mann nicht mehr wunderte, hatte kaum Zeit gehabt, sich darüber Gedanken zu machen, warum Felix so plötzlich abbremste. Während er mit Gegenlenken und fein dosiertem Gasgeben versuchte, den RAM wieder in seine Spur zu ziehen, sah sie, genauso entgeistert wie Felix, für nur wenige Zehntelsekunden durch die Frontscheibe den gewaltigen Büffel, dessen Rücken und lang herunterhängende Zotteln von einer lehmigen Kruste bedeckt waren. Mitten auf der unbefestigten Fahrbahn stand er da und glotzte sie fast schon herausfordernd an. Merkwürdig sah er aus, mit dem einen verdrehten und abgebrochenen Horn.

Doch statt den Wagen wieder unter Kontrolle zu bekommen, rutschte er immer weiter auf dem unbefestigtem Untergrund entlang. Da! Plötzliche kurze Stille unter den nicht mehr knirschenden Rädern, bevor der Motor laut aufheulte. Zeitgleich ergriffen sich beide an der Hand.

Das Erste, was Felix mit noch geschlossenen Augen vernahm, nachdem sich der Staub endlich wieder gelegt hatte, war das wärmende Licht der morgendlichen Sonne in seinem Gesicht und im Hintergrund das wohltuende Zwitschern der Singvögel und Zirpen der Grillen.

„Alles in Ordnung?"

„Ja, ich glaub schon - und bei dir?", antwortete Catherine.

„Ja. Noch mal Glück gehabt, was? - So eine verfluchte Scheiße! Na, komm, lass uns mal sehen, wie wir hier wieder herauskommen!"

Vorsichtig kletterten beide aus dem völlig verbeulten und auf der Seite liegenden Dodge.

Immer noch drehte sich leise quietschend das rechte Vorderrad des Wagens in unregelmäßigen Kreisbewegungen.

Endlich standen beide auf dem staubigen, aber festen Boden. Stumm blickte Felix auf die hoch über ihm befindliche Kuppe des Abhangs, von dem sie soeben hinabgestürzt waren. „Kaum zu glauben, dass wir das überlebt haben! Sag mal, hast du gesehen, wo dieses Vieh so plötzlich herkam?"

Schon kamen auch Martin und Alfred den Abhang mehr hinabgestolpert, als gelaufen. Ohne sie zu beachten, blieben die beiden Brüder bleich vor Schreck vor dem Dodge stehen. Martin begann zu zittern, als er den Wagen begutachtete und nur mit weit aufgerissenen Augen wie angewurzelt stehen blieb.

„Es tut mir so leid für die beiden", meinte Felix leise zu Catherine. „Sie haben es sich nicht anmerken lassen, aber ich weiß von Mary, dass sie sich schon sehr auf den Wagen gefreut haben." - „He, Martin, vielleicht kann man ihn wieder reparieren!"

Doch Martin reagierte nicht auf die Zurufe von Felix.

„Alfred, ihr bekommt ihn bestimmt wieder ganz!"

Doch auch Alfred zeigte keine Reaktion.

„Nun sagt schon was, es war doch keine Absich..." Felix erstarrte.

„Was ist, warum siehst du mich so komisch an?", wollte Catherine wissen.

Felix aber schüttelte mit weit aufgerissenen Augen, mehr zitternd als wackelnd, seinen Kopf. „Nichts!", hauchte er kaum hörbar. Immer noch stand er starr, nur mit einem merkwürdigem Gesichtsausdruck und einem Zittern, welches jetzt von seinen gesamten Körper Besitz ergriff, vor Catherine.

„Ist ja gut, Hase, ist ja weiter nichts passiert", versuchte Catherine, die ihre Fassung bereits wieder zurückerlangt hatte, Felix zu beruhigen. Behutsam begann sie, den Staub von seiner und auch ihrer Kleidung abzuklopfen. Ein kurzer, greller Schreckensschrei entglitt ihr augenblicklich und zerriss die morgendliche Stille in der gerade erwachenden Natur. Nun erst schien auch sie etwas von der seltsamen Kleidung, die Felix plötzlich trug, zu bemerken. „Was hat das zu bedeuten?", wisperte sie vorsichtig, mit verzweifeltem Blick, als sie an sich hinuntersah. Auch sie trug nicht mehr ihre Jeans und Tennisschuhe, geschweige denn ihre so geliebte, schwarze Lederjacke.

Behutsam und mit feuchten Augen strich ihr Felix durch das lange, blauschwarze Haar, welches ihr bis über die Hüften reichte. „Bitte, sag jetzt einfach gar nichts mehr, okay?" Er nahm sie fest in die Arme und hielt ihr wenig später, nachdem sie sich aus der Umarmung gelöst hatten, nur seine rechte Hand hin. Behutsam drehte er sich mit ihr zum zerschellten Dodge und den zwei darin befindlichen leblosen Personen in der Fahrerkabine. Beide hielten sie sich immer noch fest an den Händen. Es schien, als schliefen sie nur.

Martin hatte neben dem Dodge Platz genommen und seinen Kopf tief in seine angezogenen Knie vergraben. Alfred war indessen gerade dabei, den Abhang wieder hinaufzuklettern.

Jetzt, da Felix Catherines mehr ängstlichen als zärtlichen Griff spürte, der sich in seinem Arm verkrallte, wusste er, dass er nicht allein gehen musste. Gefühlvoll zog er sie mit sich. „Komm!", forderte er sie ganz leise auf, doch blieb er noch einmal stehen und wandte sich zu Martin Holy Eagle um. Zaghaft berührte er ihn an der Schulter. „Wir sehen uns wieder, mein Bruder!"

So, als ob ihn ein eisiger Windhauch kurz aufgerüttelt hätte, musste Martin sich schütteln und sah mit geröteten Augen einen Moment lang fragend auf, bevor er den Kopf wieder hängen ließ.

„Hase! Was passiert hier?" Catherine stand völlig neben sich.

„Komm mit mir!" Vorsichtig, als könne das Nagi seiner Frau zerbrechen, zog er sie mit sich fort.

Der dichte, morgendliche Nebel hatte sich noch immer nicht vollends verflüchtigt, als ihre unsicheren Schritte von unsichtbarer Hand zu einem vor ihnen wie aus dem Nichts auftauchenden, schneeweißen Tipi gelenkt wurden.

„Hase, bitte sag endlich, was geschieht hier mit uns?" Catherine suchte verzweifelt den Blickkontakt zu Felix, in der Hoffnung, er könne ihr für die mysteriösen Vorgänge eine Erklärung liefern.

Doch Felix wusste nicht, wie er ihr antworten sollte. Langsam zog er Catherine noch einmal zu sich heran. „Sei ohne Furcht, es wird dir niemand mehr etwas tun können! - Komm, ich glaube, wir sollten dort hineingehen." Noch einmal hielt er vor dem Eintreten an und sah ihr dabei tief in die Augen. „Ich denke … ich denke, wir sind am Ende unserer Reise angekommen", Felix schnaufte, „ich glaube, nun gehen wir nach Hause."

Vorsichtig betrat Felix, Catherine immer noch sachte an der Hand hinterherziehend, als Erster von links das fremde Tipi. Schon einmal hatte er dieses Tipi besucht. Jetzt, da sich die Wände in einen roten, leuchtenden Nebel hüllten, begann er, sich sehr genau zu erinnern.

„Setzt euch!", forderte eine bereits am Feuer sitzende Gestalt, die die beiden vorher noch nicht bemerkt hatten, mit ruhiger und tiefer Stimme auf, Platz zu nehmen.

„Ich grüße dich, Wanbli Wicasha!" Felix hatte seinen „alten Bekannten" sofort wiedererkannt.

„Auch ich grüße den Gefleckten Hasen, Sohn der Sichangu - und auch dich grüße ich, Rainfeather, Tochter des Raben!"

Nicht verstehend sah Catherine Felix mit fragendem Gesichtsausdruck von der Seite an.

„Crow - Absaroka - Kinder des Raben … Na, dein Stamm!", hauchte er kaum merklich zu ihr herüber.

Gerade als Catherine ihren Mund auftun wollte, erhob Wanbli Wicasha erneut seine Stimme und schnitt ihr somit den Luftzug im Mund ab, bevor sich ein erster Laut in ihm bilden konnte. „Ich freue mich ehrlichen Herzens für euch, denn endlich seid ihr am Ziel eurer unendlich langen Reise angelangt, und nichts wird im Land der vielen Zelte je wieder zwischen euch treten! Eure Familien erwarten euch bereits."

„Unsere Familien?", quietschte Catherine mit Tränen in den Augen los. „Was soll das heißen? Wir sind doch nicht etwa tot, oder was? Aber das kann nicht sein - sieh her, wir leben doch noch!"

Wanbli Wicasha sah Catherine ruhig und mit einem mitleidigen Blick an und ein darauf folgendes, zurückhaltendes Lächeln ließ jetzt auf seinen Wangen sogar zwei winzige Grübchen erkennen. „Meine

Tochter, du hast deine Fragen zum Schluss doch schon selber beantwortet! - Ja, ihr lebt noch! Der Tod …" Wanbli Wicasha schüttelte grinsend den Kopf.

„Tochter, du warst wohl zu lange in der Welt der Wasicun. Aber nur durch dich konnte Rabbit - oder auch Felix, wie du ihn nennst - zurückkehren. Ihr wart zusammen, ihr wart es wieder und ihr werdet es sein. Der Tod - oje, eine grausige Schauergeschichte der Wasicun, um ihre Kinder und Brüder in Furcht zu versetzen! - Kann eine Seele sterben? Können Geister sterben? Wakan Tanka, oder nennt ihn auch Gott, ist kein böser Gott, wie ihn die Wasicun seit vielen Generationen gern hinstellen, der seine Kinder hasst und sie auf ewig verdammt, weil sie unverzeihliche Fehler machen. Natürlich machen sie Fehler! Es sind doch nur Kinder, seine Kinder. Wir alle sind es. Dafür bestraft uns unser Gott nicht. Er gab uns das Leben, weil er uns liebt. Wären wir sonst wohl hier?"

Langsam erhob sich Wanbli Wicasha und setzte sich, nachdem er ein qualmendes Scheit aus dem Feuer nahm, nun direkt vor Catherine hin.

„Nun, Rainfeather - Wiyaka Magazu, wie deine Verwandten, die Lakota dich nennen - sieh mir in die Augen und kehre zu dir zurück!"

Sie gehorchte.

Der Rauch des Scheites, welchen der Wicasa Wakan Catherine mit der freien Hand zuwedelte, begann, ihr langsam in den Augen zu brennen. Immer wieder wedelte er ihr winzige Schwaden ins Gesicht und murmelte dazu nicht zu verstehende Formeln in Lakota.

Mit den Worten „Nun wisch dir die Tränen aus den Augen!" erhob sich Wanbli Wicasha und setzte sich an seinen Platz zurück.

Catherine folgte der Aufforderung und wischte sich mit dem Handrücken die beißenden Tränen aus den Augen.

„Nun, meine Tochter?"

Rainfeather sah auf, zum Wicasa Wakan und dann zu Felix. Sie schmunzelte und suchte nach der Hand ihres Mannes. Ihr Griff war unvermutet wesentlich fester als noch vor wenigen Momenten.

„Werden wir unsere Söhne dort auch wiedersehen?"

Felix sprang erschrocken auf. Davon hatte er Catherine doch gar nichts erzählt! Davon konnten außer ihm nur drei Menschen etwas wissen: Martin, Rodney looking Owl und Feuermond - und nur … Rainfeather selbst, sie war die Mutter.

„Oh ja!", antwortete der Wicasa Wakan . „Aber ich fürchte fast", er musste ein wenig lachen, „sie sind dir wohl ein bisschen über den Kopf gewachsen, seit du sie zum letzten Mal gesehen hast."

„Wann hast du sie denn zuletzt gesehen?", wollte Rabbit nun wissen, der sich gerade wieder zu ihr setzte.

Rainfeather wurde traurig und senkte den Blick. „Als ich krank wurde. - So entsetzlich viele von uns wurden krank und mussten gehen", sprach sie fast flüsternd mit einem herauszuhörenden Schmerz in der Stimme.

„Du wirst sie alle wiedersehen. Sie alle sind dort. - Und nun geht, meine Kinder!"

Wanbli Wicasha erhob sich und ging den beiden, die Eingangsplane öffnend, voraus. Vor dem Tipi standen bereits zwei, Rabbit nicht ganz unbekannte Ponys bereit. Freudig schnaubend und wiehernd wurde Rabbit von einem schwarz-weißen wie auch von einem rot-weißen Pinto mit langer, weißer Mähne und drei braunen Strähnen auf seiner Stirn begrüßt. Er war glücklich, denn Adlerschwinge und Präriesturm waren beide gekommen, um sie über den Geisterpfad zu tragen. Selbst die Umgebung vor dem Tipi hatte sich, fast wie von Rabbit erwartet, verändert.

Getragen von ihren Mustangs, folgten sie nun einem kleinen, ausgetretenen und immer weiter ansteigenden Pfad, der ihnen vorkam, als würde er über dem Boden schweben. Das zarte Klingen hunderter kleiner Glöckchen unter den Hufen der Tiere ließ Rabbit lächeln, da er sich daran erinnerte, wie ihn Präriesturm während seiner Vision über den Pfad getragen hatte.

Unvermutet stiegen plötzlich dichte, silberfarbene und hell strahlende Nebelschleier vom Boden her zu ihnen auf. Die Abermillionen von Wassertröpfchen in den Nebelschwaden, die sich miteinander zu verbinden schienen, verwandelten sich, je weiter sie vorankamen, in winzige, silberne Sternchen. Das strahlende Licht des Sonnenboten begann, je höher sie kamen, zu verblassen, und ein tiefes, undurchsichtiges Blaugrau umgab die beiden, während ihre Mustangs sie weiter vorwärts über den erleuchteten, aus Sternen bestehenden Geisterpfad trugen.

„Hörst du es auch? Was ist das?" Catherine zog den Kopf ein und blickte aufgeregt zu Felix.

Immer lauter wurde ein raschelndes Geräusch, als ob gewaltige Vogelschwingen sich ihre Bahn durch die Lüfte schnitten. Felix sah es als Erster - nur einen grauen Schatten.

Der Schatten, halb Eule, halb Mensch, zog dicht an Rabbit vorüber, wendete und hielt nun auf Rainfeather zu. Sie zuckte erneut zusammen und hielt sich die Hände vor ihr Gesicht, als das Schattenwesen auf sie zuhielt.

„Keine Angst! Du trägst die Tätowierung der Lakota", rief Rabbit zu ihr herüber.

Als Rainfeather die Hände von den Augen fortnahm, war der Schatten Hihankaras längst an ihr vorübergezogen und hatte sich im dichten, blau-grauen Nebel bereits wieder verloren.

Der Nebel lichtete sich endlich wieder, wurde mit jedem weiteren Atemzug dünner und dünner und gab den Blick auf die sich unter ihnen ausbreitende Prärie frei. Wie ein Schulkind, das zum ersten Mal in seinem Leben einen Wandertag mitmachen darf, sog Rainfeather gierig alle neuen Eindrücke in sich auf.

Rabbit lächelte. Auch er musste vor so unendlich langer Zeit, genauso wie Rainfeather jetzt, die Welt einst neu entdecken. Das Herz seiner Seele begann, heftig zu schlagen. „Büffelrücken - ich werde meinen Vater wiedersehen!", lachte er.

Die Angst und Unsicherheit in den Augen der beiden war aus ihren Blicken verschwunden und voller Zuversicht eilten sie dem Ende des Geisterpfades entgegen.

Der Pfad berührte endlich den weichen Boden der Plains. Unzählige Blumen und Kräuter schmückten den weichen, grünen Teppich. Vereinzelte zufriedene Grunzer einer gewaltigen, friedlich dahinziehenden Büffelherde, die kaum Notiz von den beiden sich nähernden Reitern nahm, rundete das harmonische Bild ab. Rainfeather vermochte nicht zu sagen, ob es nach Frühling, Sommer oder Herbst duftete, oder sogar nach ihnen allen zusammen, und musste erst einmal von ihrem Pony absteigen. Zaghaft befühlte sie das saftige und fast schon zu weiche, grüne Büffelgras, welches ihr bis zu den Hüften hinaufreichte. Noch nie zuvor in ihrem Leben hatte sie ein so herrliches und gesundes Grün gesehen!

Es dauerte eine Ewigkeit, bis Rainfeather bereit war, wieder auf Adlerschwinge zu steigen und weiterzureiten. Warum auch nicht? Zeit spielte nun überhaupt keine Rolle mehr, und so ließen die beiden ihre Mustangs auch gemütlich dahintraben.

Im fast gleichen Moment bemerkten sie in dem Tal, welches sich gerade vor ihnen auftat, ein verträumt daliegendes Zeltdorf, aus dem sich ihnen bereits mehrere Reiter auf schnellen und wild aussehenden Mustangs näherten. Immer näher und näher kamen sich nun die beiden Gruppen, bis sie sich fast schon gegenüberstanden. Jedoch in gebührendem Abstand stoppten die fremden Dorfbewohner ihre Tiere und bauten sich in breiter Formation vor den Ankömmlingen auf. Ein Reiter, der ihnen aus der Mitte der fremden Gruppe entgegenkam, ließ sein Tier vorn zum Gruß hochsteigen. Eine Frau von knapp vierzig Sommern sprang indessen gerade von ihrem Mustang herunter und sonderte sich von der restlichen Gruppe ab.

Rabbit identifizierte beide als Crow, konnte aber weder das eine noch das andere Gesicht irgendwo einordnen.

Rainfeather wandte sich erregt an Rabbit. „Ich glaube, ich kenne die beiden", schluchzte sie mit Freudentränen in den Augen. Mit einem Mal war Rainfeather nicht mehr zu halten und stürmte auf die Frau los. Als Rabbit aus der Entfernung die Worte „Mutter" und „Bulljumper" vernahm, wusste er, dass er mit seinen Vermutungen richtig gelegen hatte.

Langsam, im ruhigen Schritttempo näherte er sich der restlichen Gruppe von Reitern. Ein großer, breitschultriger Mann mit stolz aufragenden Adlerfedern in seinem Schopf stand ihm in Begleitung seiner Familie gegenüber. Ihre Blicke trafen sich. „Vater", entglitt es Rabbit fast flüsternd, bevor er seine Mutter und Großmutter anzusehen vermochte.

Erst ein überaus stolz, ja, fast schon arrogant wirkender junger Krieger, der ein eigenartig zurückhaltendes und dennoch breites, fieses Grinsen aufgelegt hatte und mit einer Dachsfellmütze bekleidet war, beendete das Schweigen. „Willkommen zu Hause, mein Bruder!", rief er ihm lauthals entgegen. „Und wie ich sehe, habt ihr nun doch noch den rechten Pfad ins Land der vielen Zelte gefunden!" …

23.

Alles in der Natur unterliegt einem ständigen Wandel. Altes geht und Neues kommt. Genau wie der Schnee, der schmilzt, nachdem der Sonnenbote den Kampf gegen die eisigen Nordriesen gewonnen hat, so machen auch die Alten, wenn sie meinen, die Zeit sei dafür gekommen, Platz für die neuen Generationen, die geboren werden. An die Stelle der müde gewordenen Ahnen, die mit der Weisheit des hohen Alters beladen sind, treten ihre Kinder und Enkel, die dann ihre Stelle einnehmen und auf den weitergegebenen, reichhaltigen Wissensschatz der vorherigen Generation vertrauen dürfen.

Doch nicht nur die Menschen und Gesichter im Volk der Wolkenschilder haben sich verändert, auch das freie und endlos weite Gebiet der Plains hat damit begonnen, sich in seinem Aussehen zu wandeln, und dabei stehen wir gerade erst in der Mitte des neunzehnten Jahrhunderts.

Immer mehr, kaum noch zu zählende weiße Siedler durchqueren nun in Trecks mit ihren Planwagen, den fahrenden Tipis, das Land und hinterlassen eine nicht mehr zu übersehende Spur der Verwüstung. Unzählige Kadaver tausender aus „Sportsgeist" hingemordeter Büffel verändern mit dem Gestank ihrer Verwesung den einstmals so süßen Duft der Plains. Nicht nur Pocken, Cholera und Keuchhusten sind die ersten Vorboten der Zivilisation, die den Naturvölkern schwere und eiternde Wunden zufügen. Weit entfernt, im Osten des Landes, hat sich der Wandel zum Nachteil der ehemaligen Bewohner lange schon vollzogen, doch hier auf den Plains ahnen bisher die wenigsten, was die Zukunft für sie bereithält. Die ersten Stämme auf den Plains haben jedoch bereits damit begonnen, sich erfolgreich der weißen Flut entgegenzustellen.

Um nun weitere Übergriffe der sich in seiner Existenz bedroht fühlenden indianischen Bevölkerung zu vermeiden, wurde seitens der US-Regierung der Laramievertrag auf den Plan gerufen. Unweit des Platte River wurden 1851 die verschiedensten indianischen Stämme zu einer großen Versammlung geladen. - Ein weiterer Vertrag, den man, wie alle anderen Verträge mit den Ureinwohnern zuvor, nicht beabsichtigte, einzuhalten. Doch gerade hierin lag die Geburtsstunde der großen und blutigen Indianerkriege der Plains begründet.

Noch lag das drohende Unheil schlummernd in seiner Wiege, doch wie lange würde es noch dauern, bis es mit all seiner vernichtenden Kraft erwachen würde?

Badger, der alte Kriegshäuptling, sowie der greise Büffelrücken blickten jetzt voller Stolz auf ihre jungen und kraftvollen Stammesführer, in deren Obhut man die Zukunft der Wolkenschilder gelegt hatte …

Langsam näherte sich der lange Zug der Wolkenschilder dem vereinbarten Lagerplatz unweit des Platte River. Von weitem schon sah man die unzähligen, wie Ameisen wimmelnden Punkte am fernen, flimmernden Horizont, die von über zehntausend Menschen der eingeladenen Stämme und ihren über dreißigtausend Ponys verursacht wurden.

Feuer in seinen Augen, der junge Kriegshäuptling der Gruppe, wie auch sein fast gleichaltriger Bruder, der Wicasa Wakan Wolkenschild, sahen dem Treffen der bisher oft verfeindeten Stämme mit gemischten Gefühlen entgegen. Mit den Cheyenne, auch wenn sie auf Außenstehende arrogant und überheblich wirken mochten, verbanden sie seit acht Sommern enge brüderliche Bande, da sie von den Lakota ihr von den Pawnee geraubtes Bündel mit den heiligen Pfeilen zurückerhalten hatten. In ihnen hatten sie treue und zuverlässige Gefährten gefunden, auf die man sich stets verlassen konnte.

Nur zu gut erinnerte sich Wolkenschild gemeinsam mit seinem alternden Onkel, dem anhänglichen, weißhaarigen Igelarsch, an ihr lange zurückliegendes Abenteuer, als auch sie den Cheyenne einen Freundschaftsdienst erwiesen hatten und ihnen die von den Pawnee geraubten Mustangs zurückgaben.

Auch die schlanken Arapaho, die Blauen Wolken, wie sie sie nannten, würden keine Schwierigkeiten auf der großen Versammlung machen. Zu sehr standen diese liebenswürdigen und poetisch veranlagten Krieger über den Dingen. Sie hörten interessiert zu, wenn sich andere stritten, um im Nachhinein ein Gedicht darüber zu verfassen. Jedoch die Crow und die Shoshonie, ihre Erzfeinde, bereiteten Wolkenschild und seinem Bruder einiges Kopfzerbrechen. Man hatte zwar Vereinbarungen getroffen, dass es auf keiner Seite zu Übergriffen kommen würde und alle Zwistigkeiten in den Hintergrund zu treten hatten - doch würde es gelingen, den unberechenbaren Crow oder den mit fast allen verfeindeten Shoshonie eine beruhigende Hand auf die Schulter zu legen?

Einzig Badger, mit seinem inzwischen silbrig weißen Haarschopf, der neben dem greisen Büffelrücken seinen Söhnen in zweiter Reihe folgte, hegte gewisse Erwartungen an die Begegnung mit den Shoshonie. Doch noch hatte er mit niemandem über seine verborgenen Hoffnungen gesprochen.

Aus der Ferne sahen sie bereits Adlerstimme, Anführer der Präriedachse, und Der dem Wind folgt auf sich zukommen. Vor wenigen Stunden waren sie mit einigen ihrer hochdekorierten Krieger vorausgeritten und kehrten nun mit Anweisungen von Red Cloud zurück, an welchem Ort sich die Wolkenschilder niederlassen sollten.

Nur wenige Stunden später, im Kreise all der anderen Sichangu, hatten auch sie dann ihr Lager errichtet, und Badger nutzte sofort die erstbeste Gelegenheit, sich unbemerkt aus all dem Getümmel zurückzuziehen. Niemand hinderte den gealterten und langsam durch die fremden Lager seiner Feinde schlendernden ehemaligen Kriegshäuptling der Wolkenschilder von den Sichangu aus der Gruppe der Teton Lakota daran, sich ein wenig genauer umzusehen.

Der geistig, noch agile, aber körperlich schon ein wenig müde gewordene, ältere Mann hatte sein Amt in Würden auf seinen ältesten Sohn übertragen, der zuvor bereits ein reifer und geachteter Krieger in seinen Kreisen war, bevor er das verantwortungsvolle Amt übernahm. Auf seiner krisseligen, pergamentartigen Haut, hauchdünn scheinend und versehen mit einer bronzebraunen Farbe, die aufgrund unbarmherziger und jahrelanger Witterungseinflüsse nicht nur von der Sonne gezeichnet war, verteilten sich unzählige Narben über den Körper des Mannes. Viele altersbedingte Falten, die sich über das viele Jahrzehnte alte Gesicht zogen, verrieten dessen lange Lebenserfahrung und drückten somit die weise Schönheit des hohen Alters aus. Und dennoch, ein Hauch von kindlicher Spontaneität leuchtete noch immer unter den silbrig weißen Wimpern Badgers, dessen unbeugsame Kampfeslust in einem verwelkenden Körper gefangen war. Badger bedauerte, dass es ihm bisher verwehrt geblieben war, ehrenvoll auf dem Schlachtfeld sein Leben beenden zu dürfen, denn er war bereits im Begriff, seinen siebzigsten Sommer zu sehen, und fürchtete sich wahnsinnig davor, von Krankheit geplagt, vielleicht sogar seinen wachen Verstand verlierend, ruhmlos auf seinen Fellen dahinzusiechen. Fast schon machte es ihn wütend, denn seit langem erhielt er keine Einladungen mehr, wenn die jungen Krieger seines Stammes gegen ihre Feinde auszogen. Was bildeten sich diese jungen, arroganten Krieger nur ein, da sie doch wissen mussten, was in ihm vorging!

Doch vorerst hatte er keine Zeit, sich über das unaufhaltsame Fortschreiten seines Alters und die damit verbundenen Folgen weitere Gedanken zu machen, denn immer größer wurde der innere Zwiespalt, während er durch die unzähligen Reihen der bunt bemalten Tipis seiner Feinde lief.

Noch vor wenigen Sommern und Wintern wäre dies völlig undenkbar gewesen, aber hier trafen sich unter anderem neun der wichtigsten und oft verfeindeten Plainsstämme, in ihrer gemeinsamen Waffenruhe vereint, um einem übermächtigen, nimmersatten und alles verschlingenden neuen großen Feind gegenüberzutreten.

Niemand schien ihm, dem alten, weißhaarigen Lakota, sonderliche Beachtung zu schenken. Sah man ihn überhaupt? Weiter und immer weiter humpelte er übertrieben durch die fremden Zelte. Seine Rechnung ging auf - niemand der Shoshonie schenkte ihm, dem offensichtlich verwirrten Greis der Lakota, auch nur einen einzigen feindseligen Blick. Hin und wieder wurde ihm sogar zurückhaltend zugenickt.

Im Vorbeigehen bemerkte er rechts neben sich, in einem an die Shoshonie angrenzenden, fremden Lager der Crow, eine größere Gruppe junger und recht wild aussehender Krieger, bereit, jeden Moment gegen einen Feind, wie stark er auch sein mochte, loszuschlagen. Augenblicklich, als sie den alten Lakota bemerkten, stellten sie ihr angeregtes Gespräch ein, erhoben sich wie auf Kommando und nickten ihm voller Respekt zu. Niemandem der jungen Krieger waren die Ehrenauszeichnungen, die der alte Mann trug, unbekannt, und jeder sah, dass sie hier einen wahrhaft großen Krieger ihrer Erzfeinde vor sich hatten. Es gehörte sich einfach, dem alten Mann nicht im Sitzen ihre Anerkennung auszudrücken. Badger blieb stehen und nickte den jungen Crow ebenfalls freundlich zu.

„Großvater, können wir dir helfen? Du suchst ganz offensichtlich etwas!" Ein ebenfalls mit Ehrenauszeichnungen versehener Krieger und offensichtlich der Anführer dieser Gruppe trat einige Schritte auf Badger zu.

„Oh ja, ihr tapferen Krieger der Crow, ich suche etwas! Ich suche nach Antworten auf meine Fragen! Was tun wir hier eigentlich? Wisst ihr es? Sind wir alle verrückt geworden oder was ist es sonst? Wie weit ist es gekommen? Seht euch um! Erst die Wasicun brachten uns hier zusammen! Anstatt hier darüber zu beraten, wie viel Land sie uns rauben dürfen, sollten wir uns alle zusammentun und sie unter dem gemeinsamen Kriegsgeschrei aller unserer Völker erschlagen!"

Der junge Anführer der Crow stand dem alten Mann mit offenem Mund gegenüber. Eine solche Ansprache hatte weder er noch einer seiner jungen Männer von diesem altersschwachen Tattergreis erwartet.

„Großvater, auch uns sind diese Gedanken nicht fremd! Dürfen wir dich an unser Feuer einladen?"

„So lasst uns gemeinsam die Pfeife rauchen - wer weiß, wann sie damit anfangen, uns auch noch unseren Tabak zu stehlen!"

Ein anerkennendes Lächeln auf Seiten der Crow sagte Badger, dass er mit seiner Meinung bei seinen Feinden nicht auf Widerstand gestoßen war, denn auch sie fürchteten ohne jeden Zweifel um ihre Zukunft.

Wenig später, nachdem sich Badger, der Präriedachs, in Freundschaft von den Kriegern der Crow getrennt hatte, setzte er, wieder von einer inneren tief verwurzelten Hoffnung getrieben, einen Fuß vor den anderen, immer näher in Richtung Zentrum des Shoshonielagers. Auch hier erhoben sich die jungen Krieger, wenn sie seiner gewahr wurden, und grüßten den Vorbeikommenden ehrfurchtsvoll.

Seine stille Hoffnung geriet langsam außer sich und er selber hörte seinen immer schneller werdenden Herzschlag in den Ohren dröhnen, doch als er endlich die gesuchten Zeichen, aufgemalte Sternschnuppen auf den Tipiwänden, in einem weiteren Shoshonilager entdeckte, stockte ihm der Atem. Vorsichtig, von der Seite her, näherte er sich dem gefundenen Tipi. Nach der vorherigen Anspannung drohte ihm nun auch noch das Herz stehen zu bleiben, als er das Spiegelbild seiner selbst, von einigen weiteren älteren Kriegern umringt, vor dem Eingang sitzen sah.

Der Gesuchte blickte beiläufig während des Gespräches mit seinen etwa gleichaltrigen Gefährten auf den fremden, näher kommenden, alten Mann. Dessen qualmende Pfeife, die er in seiner Linken gehalten hatte, entglitt seinem Griff und blieb auf dem bereits niedergetretenen Präriegras, vor sich hinrauchend, liegen. Stille trat ein, während sich auch die Gefährten von Fallender Stern erhoben, sich aber in respektvollem Abstand zurückhielten.

Aug in Aug standen sich nun die Zwillinge gegenüber. Lediglich die Kleidung unterschied die beiden voneinander. Niemand der anderen anwesenden alten Männer war in der Lage, den Blick von den beiden Brüdern abzuwenden. Schweigen - unendlich langes Schweigen. Jeder versuchte, auf die Etikette achtend, den Blickkontakt abzubrechen, wozu er aber einfach nicht in der Lage war. Zwei identische alte Männer, mit den gleichen Sorgen, den gleichen Falten und dem gleichen Lächeln in den Augen, während sie sich in die Arme nahmen.

„Jeden Tag lief ich durch die Lager der Lakota, in der Hoffnung, meinen Bruder bei ihnen zu finden!", begann der Fallende Stern mit derselben vom Alter und Tabak rauchig gewordenen Stimme, wie sie Badger zu Eigen war.

„Wir sind erst heute am Morgen angekommen!", erwiderte dieser.

„Ihr kennt euch noch?" Der Fallende Stern deutete auf Drei Bären, Regensänger und Blauer Berg. Wie es zu erwarten war, dauerte die Begrüßung nicht allzu lange, dafür fiel sie aber auf ungewöhnliche Weise sehr herzlich aus.

„Krummer Rücken und Isst viel?", fragte Badger etwas zurückhaltend.

Mit niedergeschlagenem Blick verneinten die Shoshonie. Mehr brauchte vorerst nicht gesagt zu werden, um zu verstehen.

„Unser Bruder, Gefleckter Hase?", fragte Fallender Stern mit sehr leiser, fast flüsternder Stimme.

„Ich bin mir sicher, dass er gemeinsam mit seinen Freunden Krummer Rücken und Isst viel im Land der vielen Zelte gerade in diesem Moment den Büffel jagt!", antwortete Badger mit nicht zu überhörendem Schmerz in seiner Stimme.

Wieder trat langes Schweigen ein, und jeder gedachte den nicht mehr anwesenden Brüdern und Gefährten, bis Drei Bären das Wort ergriff.

„Viele Sommer und Winter sind verflogen, seit wir uns das letzte Mal gesehen haben. Viele gute Brüder sind gegangen und viele gute junge Brüder sind dafür gekommen, die nun unsere Völker führen."

„Doch die Weisheit des Alters bleibt ihnen verwehrt, sonst würden sie sich mit den Kriegern der Wasicun nicht an das Feuer setzen und lächerliche Verträge über das Laufen auf unsinnigen Straßen und Wegen abschließen!", warf Badger ein.

„Genau!", ergriff nun auch Blauer Berg mit angestachelt das Wort. „Kaum lässt man seine Leggins vor diesen Weißen herunter, dann fallen sie blass vor Neid wie tot von ihren Ponys!"

Heiseres und ungeniertes Lachen im Kreis der alten Männer ließ die sich in der Nähe befindenden Shoshonie aufhorchen, und schnell sprach sich an allen Feuern herum, welch legendärer Besuch sich bei ihnen eingefunden hatte.

„Viel Zeit ist, seit wir über zweihundert Mustangs erbeutet haben, vergangen. Es waren wahrhaft gute Zeiten, aber alles hat sich verändert. Immer mehr von diesen Weißen reißen mit ihren fahrenden Tipis tiefe Furchen in die Brust von Mutter Erde! - Anstatt sie aufzuhalten, sitzen unsere Häuptlinge und jungen Männer mit ihnen im Kreis und beraten, was uns selber bleiben darf!"

Alle sahen auf Regensänger, der den geballten Zorn in seiner Stimme nicht zu verbergen gedachte.

„Beruhigen wir uns. Es sind gute Häuptlinge, die unsere Völker führen, sie werden die richtigen Entscheidungen treffen!", versuchte der im Alter etwas milder gewordene Badger, die erregte Gemeinschaft wieder zu besänftigen.

„Ich danke dir für dein Lob und dein Vertrauen in die Häuptlinge!", mischte sich jemand ein, woraufhin alle zur Seite blickten. Aufrecht, mit sehr langem, offenem, weißem Haar und einer imposanten Adlerfederkrone auf dem Kopf stand der Häuptling der Shoshonie vor ihnen, der es, aus welchem Grund auch immer, nicht versäumen wollte, den alten Lakota willkommen zu heißen.

Badger erhob sich und ging langsam auf den alten Würdenträger der Shoshonie zu.

Irgendwie kamen ihm die Gesichtszüge des ebenfalls nicht mehr jungen Mannes bekannt, fast vertraut vor, doch so sehr er sich auch bemühte, eine passende Erinnerung in sein Gedächtnis zu rufen, es sollte ihm nicht gelingen.

Doch ohne es zu wollen, half ihm Fallender Stern.

„Möchte sich Washakie zu uns ans Feuer gesellen?"

Der Häuptling nickte und nahm Platz. Im selben Moment erhielt auch Badger seine gewünschte Erinnerung zurück.

„Es freut mich", begann der Häuptling, „dich wohlauf zu sehen. Du bist allein gekommen?"

Womit die Frage über den Verbleib von Rabbit mit einem Nicken Badgers kurz und bündig geklärt wurde.

Badger blickte ungewollt auf den Gürtel des Häuptlings und die Nähte seiner Kleidung, die mit Pony- und den Skalphaaren seiner Feinde verziert waren.

„Im Vertrauen unter uns", flüsterte Washakie, sich nach allen Seiten umsehend, „es sind nur Skalps von Schwarzfüßen und Krähen!"

„Na klar!", lachte Badger laut los. „Und wenn mir am Arsch Flügel wachsen würden, dann wäre ich ein stolzer Adler und könnte von oben herab diesen Wasicun in ihre gierigen Hälse scheißen!"

„Deinen Sinn für Humor hast du jedenfalls auch im Alter nicht eingebüßt", kicherte Washakie sichtlich entzückt. „Es tut mir jedenfalls ehrlichen Herzens und aufrichtig leid, dass dein Bruder nicht mehr unter uns weilt! Er war ein wahrhaft guter Mann und großer Wicasa Wakan, und ich habe ihm, wie auch dir, sehr viel zu verdanken. Ich bin gekommen, um dir das zu sagen! - Ich denke, wir werden uns dieser Tage noch öfter sehen!"

Washakie erhob sich, grüßte kurz zum Abschied und verschwand so still und leise, wie er gekommen war.

„Mein Bruder sagte mir damals schon, dass aus Riecht nach Zucker einst Washakie, ein großer Häuptling der Shoshonie, werden würde!"

Sichtlich betroffen blickte Badger traurig zu Boden, griff aber ohne weitere Umschweife das vorherige Gespräch wieder auf. „Ich kam auf der Suche nach Fallender Stern bei den Crow vorbei. Auch sie denken wie wir!"

„Doch was können wir schon ausrichten? Wir sind nur ein Haufen alter Männer, die in wenigen Monden damit beginnen werden, auf ihre Felle zu pissen, weil sie das Wasser des Nachts nicht mehr halten können!"

„Drei Bären hat Unrecht! Wir sind keine alten Männer! Wir sind lediglich erfahrene und weise Krieger, und das macht uns den jungen Männern sogar überlegen!"

Mit zurückgekehrtem Stolz in seiner Brust sah Badger die anderen herausfordernd an.

„Will uns mein Bruder damit sagen, er will gegen die Weißen in den Kampf ziehen?" Fallender Stern sah fast ein wenig besorgt aus.

„Nein! All das, was unsere Häuptlinge zu erreichen versuchen, würden wir zerstören, außerdem … seht sie euch doch an! Diese Wasicun sind keine wahren Krieger, sie sind, jeder für sich genommen, schwach und weinerlich, die Ehre wäre nicht groß genug, und obendrein wäre es auch ein unwürdiger Abschluss eines ruhmreichen und voller großer Taten zurückliegenden Lebens!"

Badger grinste fies und breit, wie er es seit vielen Sommern und Wintern nicht mehr vermocht hatte, als seine Altersgefährten und selbst sein Bruder ihn nicht verstehend ansahen.

Wie eine kleine, listige, alte Zauberin sprach Badger, nun fast mit fremder Zunge und einem unwiderstehlich süßen Klang in seiner Stimme: „Brüder, ich hatte einen Traum! Immer und immer wieder! - Endlich, in diesem Moment verstehe ich ihn! Ganz bestimmt werde ich nicht so lange warten, bis ich vom Alter kraftlos geworden und, vom Reißen geplagt, erschöpft von meinem Mustang falle! - Ich träumte, ich ziehe mit meinen alten Brüdern wie einst auf den Kriegspfad!"

„Aber wenn es so sein soll und dein Traum tatsächlich eine tiefere Bedeutung hat - wir sind keine acht Gefährten mehr!", antwortete Fallender Stern nachdenklich.

„Mir jedenfalls gefiele der Gedanke, nicht so lange warten zu müssen, bis ich eines Tages ohne unreife Pflaumen meine Verdauung nicht mehr in den Griff bekomme. Denn was soll ich wohl im Winter machen, wenn es keine Pflaumen gibt, ich aber dennoch kacken muss?" Regensänger sah fragend in die Runde.

„Dann musst du wohl warten, bis dir dein Arsch von allein platzt!", warf Blauer Berg belustigt ein.

„Oder die steinharten Brocken zerreißen mir schon vorher mein südliches Ende!", musste Regensänger nun selber lachend hinzufügen.

„Aber das auch nur, wenn du als Felle nässender Greis deinen Rücken zum Kacken noch krumm bekommst!" Auch Fallender Stern erfreute sich inzwischen wieder seines sonnigen Gemüts.

„Also, begleitet ihr mich?"
Badger erhob sich.

„Und gegen wen wollen wir reiten? Alle sind hier in Frieden zusammengekommen!" Drei Bären sah seine Gefährten achselzuckend an.

„Nicht alle sind gekommen!"

„Es stimmt, mein Bruder Badger hat Recht! Diese dreckigen Pawneehunde sind nicht gekommen! Sie haben es nicht nötig, sich mit den anderen Völkern zu beraten, da sie sich bestimmt schon längst an diese weißen Schlangen verkauft haben!"

„Also?", fragte Badger.

„Also was?"

„Ziehen wir nun gegen die Pawnee?"

„Natürlich, was denkst du denn! Aber wer sollen die restlichen drei Brüder sein, die uns begleiten werden, damit wir acht sind und es so ist wie einst und in deinem Traum?"

„Wir werden sie nicht suchen müssen, sie kommen zu uns! Vielleicht werden wir auch mehr als nur acht Brüder sein! Vielleicht wird es ein riesiger, großer Kriegstrupp, der den jungen Pawneekriegern beibringt so zu wimmern, dass selbst die alten Weiber neidisch werden! Besucht mich morgen im Lager der Wolkenschilder, dann können wir unser weiteres Vorgehen besprechen!"

Mit dem festen Tritt eines jung gebliebenen Kriegers verließ Badger seinen Zwillingsbruder und die wiedergefundenen alten Freunde. Auf seinem Rückweg durch die Lager der anderen Stämme kam er wieder am Grenzpunkt des Crow- und Shoshonielagers vorbei.

Die Versammlung der jungen Crowkrieger um ihren Anführer hatte sich noch immer nicht aufgelöst, und immer noch wurde angeregt diskutiert, ob man den für den kommenden Tag angesetzten Verhandlungen beiwohnen oder vorzeitig mit den Zelten ihrer Stammesabteilung fortziehen sollte.

Die veränderte und gestraffte Körperhaltung des alten Lakota fiel den aufmerksamen Crow sofort ins Auge. Wie zuvor grüßten sie einander.

„Großvater, ich hoffe, du hast die Antworten auf deine dich quälenden Fragen gefunden?"

„Oh ja, danke, mein junger Freund!"

„So? - Darf ich dann Badger, den Kriegshäuptling unserer tapferen Feinde, noch einmal um Gehör bitten?"

„Medicine Wolf, Kriegshäuptling der unbesiegbaren Crow, darf Badger auch gern ein Stück des Weges begleiten oder ihn auch in seinem Tipi besuchen!"

Der Crow verabschiedete sich umgehend von seinen Männern und folgte kurz entschlossen Badgers Einladung.

„Du bist für einen Lakota recht zugänglich, ich hoffe, du führst nichts Böses gegen mich im Schilde!", bemerkte Medicine Wolf mit lächelndem Blick.

„Weißt du, ich hatte einst einen Bruder. Ich liebte ihn mehr als mein eigenes Leben. Seine Frau wurde, nachdem er gehen musste, meine Schwester. Sie war eine sehr gute Schwester und Mutter - obwohl ..."

„Obwohl was?", wollte Medicine Wolf, nun neugierig geworden, wissen.

„Obwohl sie eine Crow war!"

„Dacht ich mir´s doch!", erwiderte der Crow nun fröhlich lachend.

„Kannst du mir sagen ... - was werden die Lakota nun machen?", kam Medicine Wolf ohne weitere Umschweife zum Kernpunkt seines Anliegens.

„Ich hoffe, das Richtige! Ich hoffe, unsere Häuptlinge zeigen die nötige Stärke und wahren trotzdem den Frieden, solange es eben möglich ist. Denn eines sollte uns allen klar sein: Die Lebensweise, wie ihr und auch wir sie kannten, wird sich für immer verändern. - Mein Bruder, der gegangen ist, war ein großer Wicasa Wakan, und er sah so unendlich viele Dinge, die noch kommen würden. Er sah viele blutige Kämpfe, Unrecht, Verrat und Not als Folgen unseres unbeugsamen Aufbegehrens! Ich entsinne mich noch recht gut an eine Frage, die ich ihm immer und immer wieder stellte!"

„Welche Frage war es?" Medicine Wolf sah unglücklich aus, während er angespannt Badgers Worten lauschte.

Badger schaute betrübt in die untergehende Sonne. „Wenn du die Frage hören willst, dann wirst du sicher auch dieselbe Antwort hören wollen, die er mir jedes Mal gab!"

„Nur zu!"

„Ob es dann nicht besser sei, sich mit den Wasicun zu verbrüdern, anstatt ausgelöscht zu werden."

„Ausgelöscht?", rief Medicine Wolf erschrocken, gewann aber umgehend seine Fassung zurück. „Und, was hat er geantwortet?", fragte er vorsichtig mit äußerster Zurückhaltung, als ob er damit die Antwort irgendwie beeinflussen könnte.

„Er antwortete immer mit derselben Frage! Er fragte mich, ob die Lakota Brüder von Klapperschlangen oder Skorpionen werden könnten?"

Medicine Wolf blieb wie versteinert stehen und seine Augäpfel drohten, vor Anspannung zu zerplatzen.

Nach einer ganzen Weile, während sich beide schweigend auf die Zelte der Lakota zubewegten, ergriff der Crow wieder das Wort. „Ein guter Mann kann mein Bruder werden, mein Mustang, der Adler oder der Büffel - aber kein Skorpion oder eine Klapperschlange!"

„Genau das habe auch ich ihm immer geantwortet!"

„Badger, ich hoffe, wir werden uns in den kommenden Sommern und Wintern nie mehr in Feindschaft begegnen!"

„Aber das können wir doch gar nicht mehr!", antwortete Badger scherzhaft.

„Muss ich das verstehen?"

„Du bist ehrlich, deshalb möchte ich dir etwas anvertrauen, doch gestattest du mir zuvor eine Frage?"

„Natürlich!"

„Gibt es einen Pawnee, den du Freund oder Bruder nennst?"

„Pfui!" Angewidert spuckte Medicine Wolf auf den Prärieboden.

„Warte, du wirst es gleich verstehen, denn meine Brüder und einige alte Kampfgefährten von den Shoshonic - es sind gute, treue Männer", fügte Badger schnell hinzu, „werden in wenigen Sonnen aufbrechen, um gegen die Pawnee zu reiten! Wir haben nicht vor, wieder heimzukehren!"

Medicine Wolf nickte anerkennend. „Nun verstehe ich - das Leben eines Kriegers wurde gelebt und wird auch genauso ehrenvoll beendet!"

„Einst nannte man uns die Geisterkrieger, doch wir waren nur ein Flathead, fünf Shoshonie und zwei Lakota! Nicht alle Brüder sind mehr bei uns. Sobald wir mindestens wieder acht an der Zahl sind, brechen wir auf!"

„Bei Ah-badt-dadt-deah! Ich dachte, es sei alles nur eine Legende? Dann bist du Badger? *Der* Badger?"

„Der bin ich!"

„Nun wundert mich auch gar nichts mehr! Na, dann komm, ich möchte unbedingt dein Angebot annehmen und auch deine Familie kennenlernen!"

Erst sehr spät in der Nacht verließ Medicine Wolf das Tipi seines Gastgebers. Das angebotene Nachtlager musste er allerdings dankend ablehnen, doch auch Badger wusste, dass der Crow es nicht annehmen durfte. Zu viele Jahre des Misstrauens lagen zwischen den Stämmen, und im eigenen Lager Medicine Wolfes war man aufgrund seines längeren Aufenthalts bei den Sioux sicher schon beunruhigt. Gerade in der Vergangenheit kam es nur allzu oft durch Missverständnisse zu blutigen und nie enden wollenden Fehden.

Der wilde junge Kriegshäuptling der Crow wirkte seit dem Zusammentreffen mit den Lakota irgendwie auf sonderbare Weise verändert. Fast schien es, als sei sein Geist zwar nicht gleich um Jahre gealtert, aber in seinen Gedanken wesentlich reifer und fester geworden. Besonderen Eindruck hatten die Geheimnismänner aus Badgers Familie, der greise Büffelrücken mit seinen siebenundachtzig Sommern und Wintern sowie der fast halb so alte Enkel des Medizinmannes, Wolkenschild, auf den Crow gemacht. Mit der Bemerkung, als sie einander vorgestellt wurden, er habe bereits viel durch seinen Vater von Wolkenschild gehört, konnte jedoch niemand etwas anfangen. Erst am darauf folgenden Morgen sollte sich herausstellen, in welchem Zusammenhang der Vater von Medicine Wolf, den man Yellow Plain Feather rief, tatsächlich zu den Lakota stand.

Die Sonne war gerade erst mit einem winzigen Bruchteil ihrer morgendlichen, rot glühenden Scheibe am östlichen Himmel zu erkennen, während die frühen Nebelschleier spielerisch die Ufer des Platte wie Feenhaar einhüllten. Der uralte Platte, der alle seine morgendlichen Besucher mit seinem stets freundlichen Geplätscher begrüßte und der keine Unterschiede in seiner Freundlichkeit zu machen pflegte, egal, ob es nun ein Lakota oder ein Crow war, der sich an seinen Ufern niederließ.

Lautlos und unsichtbar wie ein Geist, stand plötzlich an diesem jungen Morgen ein fremder Krieger der Crow, stolz auf seinem Mustang sitzend, vor Badgers Tipi. Niemand konnte sagen, wann er gekommen war und wie lange er schon wartete. Geduldig musste der ebenfalls schon ältere Mann - nur Wakan Tanka allein wusste, wie lange schon - vor Badgers Tipi ausgeharrt haben. Gleich nach der Rückkehr seines Sohnes, Medicine Wolfs, von den Lakota, hatte dieser ihm von allen Erlebnissen des vergangenen Tages ausführlich berichtet. Regungslos wartete Yellow Plain Feather nun in vollem Kriegsschmuck darauf, dass man ihm Gehör schenken würde.

Verwundert sah Badger, als er sein Tipi verließ, statt der morgendlichen Sonne, als Erstes den aufrecht auf seinem Mustang sitzenden, fremden Krieger vor sich. „Mein Name ist Yellow Plain Feather, ich bin ein bedeutender Krieger der Crow und blicke auf viele große Taten zurück! Mein Sohn, Medicine Wolf, berichtete mir, dass du gute und tapfere Krieger um dich scharst, die dich und deine Brüder von den Shoshonie begleiten werden!"

„So ist es! Dann sei uns als Bruder und Kampfgefährte willkommen, Yellow Plain Feather, von den tapferen Kriegern der Crow!"

Augenblicklich begannen die Augen des Crow voller Dankbarkeit und Vitalität zu leuchten, und seine ganze, sich augenblicklich verändernde Körperhaltung verriet jedem, dass der nun bereits sechs Köpfe zählende Kriegstrupp soeben um eine treue und tapfere Seele weiter angewachsen war.

Badger bat dem Crow sogleich ein Lager in seinem eigenen Tipi an und trat mit der Bitte an Wiegendes Gras heran, sich um ihren Gast zu kümmern, bis er selbst von seinem morgendlichen Bad und seinem Gebet, in dem er Wakan Tanka seinen Dank auszudrücken gedachte, zurückkehren würde.

Auf dem Rückweg begegnete ihm Büffelrücken. Selbst der einst so riesige und hünenhafte Mann mit seinen unsagbar breiten Schultern unterlag den Naturgesetzen und war nicht in der Lage, den eigenen körperlichen Verfall aufzuhalten. Ohne weitere Umschweife sprach der alte Wicasa Wakan Badger sogleich an. „Ein Crow ist in dein Tipi gekommen. Wolkenschild sagte, es sei der Vater von Medicine Wolf?"

„So ist es, Vater!"

„Und ich hörte, mein Sohn, du planst schon wieder irgendetwas?", krächzte der heisere Büffelrücken.

„Wie kommst du nur wieder darauf?"

„Wie ich darauf komme? Sieh in den Fluss, dann sieh in dein altes, verschlagenes und grinsendes Spiegelbild, und dann sage mir, wer es nicht sehen soll!" Badger atmete tief durch. „Gestern habe ich es beschlossen, im Lager von Fallender Stern. Plötzlich stand alles ganz klar vor mir und ich wusste, dass ich nur meiner Bestimmung folgen würde!"

„Wer von uns beiden ist wohl der ältere und verwirrtere Greis? Kannst du dich vielleicht etwas deutlicher ausdrücken?"

„Vater!" Badger atmete wie ein kleines Kind, das etwas Fürchterliches ausgefressen hatte und nun ertappt wurde, schwer durch. Büffelrücken wartete geduldig, bis Badger die rechten Worte fand. „Vater, ich werde auf den Kriegspfad gehen und nicht mehr zurückkehren!"

„Hast du bereits mit Wolkenschild darüber gesprochen? Er, als unser Wicasa Wakan, muss damit einverstanden sein!"

„Noch nicht, aber vielleicht muss ich das auch gar nicht, denn es wird sein wie damals. Vier meiner ehemaligen Brüder habe ich wiedergefunden, mit Yellow Plain Feather sind wir bereits schon zu sechst. Wenn wir zu acht sind, werden wir gegen die Pawnee reiten!"

„Jetzt verstehe ich - also wie damals?" Traurig blickte der greise Geheimnismann zu Boden und wich dem prüfenden Blick seines Sohnes gekonnt aus.

Ein schrecklicher Gedanke durchfuhr Badger augenblicklich wie ein Blitz. Hatte er seinen Vater, den alten, Wicasa Wakan etwa verletzt? Er musste sofort die Situation retten!

„Vater?"

„Mhm?"

„Bist du eigentlich schon zu klapprig, viele behaupten es ja, oder kannst du dich tatsächlich noch auf einer alten, gutmütigen Stute festhalten, ohne ständig herunterzufallen?"

„Was soll das heißen, du vorlauter Bengel?" Büffelrücken stand sofort wieder kerzengerade vor seinem Sohn und spielte den Empörten. Zutiefst hatte er gehofft auf das, was nun kommen sollte.

„Ich dachte nur, vielleicht sind wir ja bereits zu siebt und der Vater könnte für den Sohn an meiner Seite reiten?"

Büffelrücken blickte Badger tief und fest in die Augen und versuchte, mit strenger Miene etwas zu ihm zu sagen, doch als dem steinalten Mann beinahe eine Träne der Freude entweichen wollte, da versagte ihm seine Stimme beinahe ihren Dienst. „Ich danke dir, du bist ein guter Sohn! Ich verspreche dir, ich werde auch ganz bestimmt nicht von meinem Mustang fallen, wenn wir gegen die Pawnee ziehen! Jedenfalls nicht öfter als einmal am Tag!", fügte der greise Büffelrücken schelmisch grinsend hinzu.

„Aber Vater, das weiß ich doch!"

Kaum dass Büffelrücken gemeinsam mit Badger das Tipi mit dem wartenden Yellow Plain Feather betrat, da gesellte sich auch schon

Wolkenschild zu ihnen. Schweigend saßen sich die vier nun am Feuer gegenüber und hingen jeder seinen eigenen, ganz persönlichen Gedanken nach.

Yellow Plain Feather sollte der Erste sein, der das Schweigen beenden würde. „Es ist schon viele Sommer und Winter her, seit unserer ersten Begegnung in den Big Horns. Wolkenschild ist nun ein großer und berühmter Wicasa Wakan der Lakota geworden, und ich hoffe, er lässt mir nicht nur mein Leben, sondern auch meine Waffen. Vielleicht sogar meinen Mustang?"

Wolkenschild sah auf und lächelte den Crow freundlich an. „Es waren andere Zeiten damals, als unsere Stämme gegeneinander kämpften. Du wolltest mir meinen jüngeren Bruder nehmen, da konnte ich nicht anders, als ihn zurückzuholen, und es war ja ein weiter Rückweg zu den Zelten der Lakota, da brauchte er deinen Mustang. Aber es freut mich, dass du zu den Deinen unbeschadet zurückgefunden hast!"

„Oh ja, das habe ich, aber erst, nachdem ich mir auch mein zweites Paar Mokassins durchgelaufen hatte!"

Das daraufhin nachfolgende, ungezwungene Gelächter brachte auch den letzten Funken von noch vorhandenem Misstrauen zum Erlöschen.

„Es ehrt mich, dass ich an der Seite der unbesiegbaren Geisterkrieger gegen die Pawnee ziehen darf. Hätte ich damals bereits gewusst, dass ich in der Tat einem ihrer Söhne begegnet bin, dann hätte ich mich sicherlich nicht so sehr über mein eigenes Missgeschick wundern müssen", bemerkte Yellow Plain Feather abschließend, bevor ein anderer Krieger das Wort ergreifen sollte. Aber der unmissverständliche, entsetzte Blick Wolkenschilds verlangte vorerst einmal nach Erklärungen, die ihm Badger nicht schuldig bleiben wollte.

„Ich denke, ich verstehe euch sehr gut", antwortete Wolkenschild nach Badgers Ansprache. „Doch wünschte ich mir, dass ihr es euch noch einmal anders überlegen würdet. Nicht nur eure weise Stimme im Rat wird uns fehlen, auch all die anderen Zelte der Wolkenschilder werden sehr einsam und verlassen ohne euch sein!"

„Die Ahnen, sie rufen uns, denn unsere Zeit ist nun gekommen", erwiderte Badger. „Wir gehen in Frieden mit unserem Lied auf den Lippen zu Wakan Tanka, mit dem Wissen, dass unsere Leute von guten, nein, von den besten Männern geführt werden, die unser Stamm je hervorbrachte. Ihr werdet sie leiten und behüten, dessen bin ich mir sicher, und mit dem Vermächtnis, welches ich von meinem Bruder, dem Sohn Büffelrückens, erhielt und welches nun das eure ist, werdet ihr alles überstehen, was auch immer da kommen mag!"

Wolkenschild nickte betrübt, doch gerade in diesem Moment wurde die Plane am Eingang beiseite gerückt und Der dem Wind folgt trat herein.

„Großväter, ihr solltet herauskommen und euch ansehen, wer da zu uns gekommen ist!"

Sogleich folgten alle der Empfehlung des jüngeren Mannes, der bereits wieder vor dem Tipi wartete.

Das Bild, welches sich den ins Freie tretenden alten Kriegern bot, war ein prachtvolles! Geschmückte und mit Zauberzeichen bemalte Kriegsponys, Adlerfedern in ihren Mähnen und mit zum Kampf hochgebundenen Schweifen. Bunte Kriegslanzen waren an ihren Seiten befestigt, und hinter den Schilden, deren Federn und Vogelbälge im Herbstwind flatterten, vermutete niemand die alternden Krieger, die nur durch ihre nicht mehr blauschwarze Haartracht ihr fortgeschrittenes Alter verraten hatten.

Alle Lakota starrten wie gebannt auf Fallender Stern, der das Ebenbild ihres alten Kriegshäuptlings war und sich nur durch die offenen, langen Haare und die sternschnuppenartigen Verzierungen auf seinem Schild von Badger unterschied. Noch nie hatten die jüngsten unter den Wolkenschildern Gelegenheit gehabt, sich in aller Ruhe aus so dichter Entfernung waschechte Krieger der Shoshonie anzuschauen. Höchstens aus der Ferne oder während einzelner Plänkeleien sahen einige von ihnen einen der fremden Krieger einmal vorbeijagen.

Was hatte das zu bedeuten, fragten sich alle Bewohner, denen der Besuch des Krähenhäuptlings am Vorabend nicht entgangen war. Am Morgen wartete dann ein Krieger der Crow vor Badgers Tipi. Nun standen unvermutet vier für den Kriegspfad ausgerüstete Shoshoniekrieger vor dessen Behausung.

Ein leises und doch immer lauter werdendes Raunen im Kreise der Umstehenden ließ ein kurz hineingeworfenes Wort immer lauter werden. „Sie reiten wieder! Sie reiten wieder! Sie reiten wieder!", wiederholten einige, und alsbald riefen es alle Dorfbewohner. Wer immer auch der Erste gewesen sein mochte, der die Bemerkung gemacht hatte, alle kannten die alten Legenden und hatten sofort verstanden.

Das anfängliche flüsternde Gemurmel hatte an Intensität so weit zugenommen, bis die ganze Dorfgemeinschaft jubelnd und voller Stolz und Bewunderung für die alten Krieger wie im Chor immerzu wiederholte: „Die Geisterkrieger, sie reiten wieder!"

Zwei etwas abseits stehende alte Männer, sie mochten lange noch nicht so alt sein wie Büffelrücken, aber auch nicht jünger als Badger, wurden von der ekstatischen Stimmung in ihrem Lager voll mit angesteckt. „Sie reiten wieder! Sie reiten wieder!", riefen auch sie lauthals im Chor ihrer Stammesangehörigen mit.

„Nein, bei Wakan Tanka, spinnst du?", schrie der eine den anderen plötzlich an.

„Wieso, was ist denn?"

„Hat der Wind des Winters etwa an Kraft verloren?"

Winterwind sah seinen alten, treuen Freund Igelarsch mit erstauntem Blick an. Ganz ruhig, fast zu leise, um überhaupt in dem Getöse gehört zu werden, blieb er ihm die Antwort trotzdem nicht schuldig: „Mein treuer Bruder hat Recht! Lass uns gemeinsam die Schweife unserer Kriegsponys ein letztes Mal hochbinden!"

Leseprobe zu: „Tränen des Adlers"

Die Reihe der in den Kampf ziehenden neun betagten Krieger bot dem Betrachter einen eindrucksvollen, fast schon überwältigenden Anblick. Kopf an Kopf standen die bemalten Mustangs mit wehenden Mähnen, bereit, gemeinsam mit ihren zweibeinigen Brüdern den Weg ins Land der vielen Zelte anzutreten. In ihrer jeweiligen Kriegsbemalung, mit all ihren Ehrenauszeichnungen und den entsprechenden Stammesabzeichen saßen sie, bis an die Zähne bewaffnet, stolz und aufrecht auf ihren Ponys im inneren Kreis der sich um sie formierenden Stammesangehörigen. Manch jüngerer Krieger sah nun, als es zu spät war, beschämt zu Boden, da er es nicht mehr für nötig befunden hatte, auch nur einem dieser mehr als ehrenwerten Krieger in der Vergangenheit eine Einladung für einen Kriegszug zu überbringen.

330

Alle Familien waren zusammengekommen, um den alten Kriegern ein letztes Mal ihre Aufwartung zu machen und ihnen den nötigen Respekt zu zollen. Viele Tränen sollten an diesem Tage noch von dem durstigen Boden der Plains aufgesogen werden, bevor die alten Männer in den Kampf zogen. Ergriffen von der Tapferkeit und dem Mut ihrer alten Krieger, dankbar, dass es ihnen vergönnt war, so lange Zeit unter ihrem Schutz, an ihrer Seite leben zu dürfen, und zugleich von unsagbarer, tiefer Trauer übermannt, standen sie ihren Lieben in diesem Leben nun ein letztes Mal gegenüber. Doch so groß der Schmerz auch sein mochte, waren sich alle darüber einig, dass es ein Wiedersehen in einer anderen Welt geben würde, und sollten ihnen auch noch so viele Generationen folgen - das Herz der Sioux würde nie aufhören zu schlagen, da alle ihre Ahnen immer in ihnen weiterleben würden!

Wolkenschild, der schweren Herzens, begleitet von seinen Brüdern und den gemeinsamen Söhnen, von seinem Adoptivvater und dessen Zwillingsbruder, den er nun endlich nach so langer Zeit kennenlernen durfte, sowie von seinem geliebten Lehrmeister und Großvater Abschied nahm, war elend zumute.

Innerlich kannte er die nicht ausgesprochenen, tiefen Beweggründe der im Aufbruch begriffenen Kriegerschar. Er verstand es und schwieg, er war der Wicasa Wakan und wusste sehr genau, dass das Leben und das ehrenvolle Verhalten im Kampf, wie die alten Krieger es kannten, nun für immer vorbei sein sollten. Nie wären sie in der Lage gewesen, sich anzupassen und Feinde, die ungestraft Gesetze übertraten, in ihren Jagdgründen zu dulden. Sie waren Krieger! Als Krieger wurden sie geboren, hatten als Krieger gelebt und würden als Krieger diese Welt auch wieder verlassen wollen.

Es war ihr unbeugsamer Wille, sich frei von über sie bestimmenden Verträgen lieber auf ihren letzten Pfad zu begeben, und das auf eine Art, wie es nur ein Kind des Großen Weltgeistes zu tun bereit war. Obwohl ihm seine Frau Honigtau die Hand hielt, gelang es Wolkenschild nur mit sehr viel Mühe, die eiserne Würde des Schamanen zu wahren.

Wiegendes Gras und die anderen alten Frauen, wie auch Pearl Bracelet, die Frau von Igelarsch, standen eng in ihrem Schmerz beieinander, in der gemeinsamen Hoffnung vereint, ihren Männern recht bald folgen zu dürfen.

Doch bis es so weit war, würden sie im behüteten Rahmen ihres Stammes mit allem, was sie zum Leben brauchten, versorgt werden. Aber in den Augen von Wiegendes Gras und Pearl Bracelet sah man noch etwas anderes als Trauer.

Irgendein fremder Glanz von Aufsässigkeit und Widerspenstigkeit wäre jedem sofort aufgefallen, doch hatten alle ihre Blicke nur auf die Männer des Kriegstrupps gerichtet, sodass die beiden alten Frauen unbemerkt und auf listige Art vor sich hin grinsen konnten.

Fast auf den Punkt genau hielten alle plötzlich den Atem an. Badger, Anführer des einzigartigen zusammengewürfelten Kriegstrupps, hob seine Kriegslanze hoch über seinen Kopf und stieß, während er sie zweimal in der Luft kreisen ließ, den Kriegsruf der Lakota aus, welcher sofort mit den Kriegsrufen der Shoshonie und Crow beantwortet wurde. Überall im Lager stimmten die jüngeren Krieger in das wilde Kriegsgeschrei mit ein, denn auch sie wussten inzwischen, was er dieses Mal zu bedeuten hatte.

Noch während das Kriegsgeschrei in den Ohren der Angehörigen widerhallte, preschte ihr einstiger Kriegshäuptling, von seinen Getreuen gefolgt, zweimal rund um ihr Lager herum, bevor sie den Augen ihrer Angehörigen in Richtung der aufgehenden Morgensonne für immer entschwinden sollten.

Langsam verschwand das riesige Lager am Platte River mit dem verwaschenen Horizont den davoneilenden Kriegern aus den Augen. Endlich konnten sie, fast genauso außer Atem wie ihre Mustangs, das wahnwitzige Tempo drosseln, mit dem sie aus dem Lager hinausgeschossen waren, und sich in Ruhe umsehen. Es war so weit, sie waren wieder allein. Anstatt Trübsinn herrschte jedoch eine ungewöhnlich ausgelassene und fröhliche Stimmung unter den Männern.

Badger konnte nicht anders und fing an, herzlich zu lachen. „Na, ihr Krieger? War das nicht ein wunderbarer und gekonnter Abgang? Das stellt jeden zukünftigen Aufbruch einer Kriegerschar in den Schatten, so schnell macht uns das keiner nach, was?"

Beifall und überschwängliche Zurufe seiner Gefährten bestätigten Badger in seiner Annahme, eine überwältigende Vorstellung abgeliefert zu haben.

Schnell entledigten sich die Männer ihrer Festtagskleidung, die sie vor ihrem Aufbruch angelegt hatten, und wischten sich die Kriegsfarben aus den Gesichtern.

Vollkommen unbeschwert ritten sie wenige Momente später ganz ungezwungen und in ihrer gewohnt lässigen Haltung in südöstliche Richtung, wo sie, wenn alles glatt verlief, in einigen Sonnen die Gebiete der Pawnee erreichen mussten.

Niemand der Männer hatte es sehr eilig und alle genossen das Beisammensein mit ihren neuen und alten Freunden. Hin und wieder nahm man sich ausgiebig Zeit für die Jagd und legte auch regelmäßige Rasten ein. Selbst auf ein wärmendes Feuer in den bereits kühler werdenden herbstlichen Nächten brauchten die inzwischen nicht mehr so kältetunempfindlichen Krieger zu verzichten, denn sie waren nur zu einem Zweck aufgebrochen - um zu kämpfen! - und früher oder später würde sich die Gelegenheit schon von allein ergeben. Aber warum sollte man bis dahin auf alle liebgewonnenen Annehmlichkeiten verzichten? Das wäre unsinnig gewesen!

Büffelrücken und auch all die anderen Männer liebten es und konnten es kaum erwarten, bis des Abends die Sonne weit im Westen endlich ihre feurige und glutrote Färbung annahm, denn dann war es wieder so weit, wenn man am gemeinsamen Feuer Platz nahm und sich vom Beginn der abendlichen Stunden an bis hin zur Nachtruhe an weit zurückliegenden Heldentaten ergötzte.

So verging Tag um Tag und ein Abend wie der andere, doch da alle auf ein langes und gutes Leben zurückblicken durften, sollte ihnen, gemütlich ihre Pfeifen rauchend, der Stoff, aus dem ihre Heldentaten gesponnen waren, noch so manchen Abend versüßen.

Zeit spielte für die neunköpfige Kriegerschar nun keine Rolle mehr, und so gaben sie sich auch nicht der Mühe hin, die Tage seit ihrem Aufbruch zu zählen. Nur eines war sehr merkwürdig: Fast schien es hin und wieder so, als ob sie von zwei Reitern verfolgt würden, doch jedes Mal, wenn sie dann eine Rast einlegten und versuchten, Näheres über die zwei fremden Reiter zu erfahren, waren diese wie die Schatten einer mondlosen Nacht vom Angesicht der Erde fortgefegt worden.

Eines Morgens, kaum dass sie wenige Momente auf ihren Mustangs saßen, da zeichneten sich am fernen nördlichen Horizont deutliche Rauchschwaden inmitten der morgendlichen Nebelschleier ab. Von dem so sehnlichst erwarteten Kampf sowie von der Neugierde des rauflustigen Kriegers getrieben, legten sie dennoch in aller Ruhe ihre beste Kleidung an und schmückten sich und ihre Kriegsponys. Würdevoll verabschiedeten sie sich vorausschauenderweise voneinander, denn noch konnte niemand ahnen, wer oder was sie in der Ferne erwarten sollte.

Die vertrauten Blicke, die sich Badger und Büffelrücken zum Abschied zuwarfen, sagten beiden mehr als Worte, da alles, was es vielleicht zu sagen gegeben hätte, lange schon gesagt worden war. „Mit etwas Glück, mein Sohn, werden wir heute Abend an den Feuern unserer Ahnen zarte Büffellende schneiden!", waren die einzigen Worte, die Badger von seinem Vater vernehmen sollte, bevor sie sich der unbekannten Quelle ihrer Aufmerksamkeit auf Tuchfühlung näherten.

In breiter Formation ritten sie, ihre Waffen für den Kampf bereit, dem erhofften Feind entgegen, doch stoppten alle gleichzeitig ihre Mustangs, als sie die letzte Anhöhe erreichten und sich vor ihnen in einem Tal die sonderbare Ursache des Brandes auftat. Hatten sie den Pawnee etwa Unrecht getan und hatten diese sich letzten Endes dann doch nicht an die Wasicun verkauft und folgten stattdessen nur ihrem eigenen Pfad des Kampfes?

Die verkohlten Überreste von mehreren fahrenden Tipis und die verstreut umher liegenden Leichen erschlagener Wasicun ließen die Geisterkrieger kurz innehalten, um die Lage richtig einzuschätzen. Niemand der Pawneekrieger, die sich an den Toten und deren Hab und Gut zu schaffen machten, hatte bisher die fremde Kriegergemeinschaft bemerkt. Zu sehr waren sie grölend und lachend damit beschäftigt, die Leichen der Getöteten auf grässlich abnorme Weise zu verstümmeln. Was sollte das bedeuten und was taten sie da, fragten sich die neun rätselnden Männer.

„Oh nein!" Büffelrücken hatte mit seinem immer noch recht scharfen Blick etwas entdeckt und deutete mit ausgestrecktem Arm auf das Objekt seiner Entrüstung.

Mit weit aufgerissenen Augen sahen sich nun auch die anderen Krieger an, da auch sie jetzt bemerkten, was für einen teuflischen Plan sich die Pawnee ausgeheckt hatten. Aus dem Boden vor dem ersten verkohlten Planwagen ragte eine Kriegslanze der Lakota, genau wie auch in den Toten deren Kriegspfeile und Lanzen steckten. Ein ungeheures Vergehen, denn unweigerlich würde man, da dieses Verbrechen noch während der Friedensverhandlungen begangen wurde, die Lakota zur Verantwortung ziehen wollen.

„Brüder!", erhob Büffelrücken das Wort. „Nun, ihr seht, dass alles, was geschieht, vom Schöpfer allen Lebens vorherbestimmt wurde! Hierher hat er uns geführt, um diesen räudigen Coyoten das Handwerk zu legen!"

„So sei es beschlossen!", sprach Badger, die Worte Büffelrückens untermauernd.

„Hoka hey! Heute ist ein guter Tag zum Sterben!"

Das gemischte Kriegsgeschrei der verschiedenen Stämme ließ die Pawnee zusammenzucken und erschrocken hochfahren. Dies konnte nur die grausige Antwort der sich getroffenen Plainsstämme auf ihr Fernbleiben am Platte sein. Andere Gedanken konnten sie in den wenigen Sekunden, die ihnen bis zum Zusammenprall mit den fremden und wütend schreienden Kriegern noch blieben, nicht mehr einleiten. Mit unbeschreiblicher Wucht drangen Pfeile und Lanzen mit knirschenden und reißenden Geräuschen in die Körper der Kämpfenden ein.

Es waren nicht viele Pawnee, die nach dem Überfall am zerstörten Wagentreck verblieben waren, lediglich nur ein paar Krieger mehr, als die Angreifer selber zur Verfügung hatten, doch machte sich im aufkommendem wilden Handgemenge schon jetzt der Unterschied von jung zu alt empfindlich bemerkbar.

Auf beiden Seiten fiel ein Kämpfer nach dem anderen tot oder verwundet von seinem Mustang, bis Yellow Plain Feather kurz entschlossen seinen Mustang wendete und mit sicherer Hand zwei Pawnee von ihren Tieren herunterschoss, ehe er selber von einer Lanze in die Brust getroffen wurde.

Drei Bären schwang, wütend um sich schlagend, seinen Tomahawk in den Unterleib eines vor Schmerz laut aufschreienden Pawnee, nachdem dieser Regensänger von hinten mit einer erbeuteten Flinte der Wasicun erschossen hatte. Erst ein weiterer kraftvoller Hieb von Drei Bären in seine Kehle brachte den unglücklich verwundeten Pawnee zum Schweigen. Doch auch Drei Bären fiel nur einen Atemzug später dem Messer des Pawneehäuptlings zum Opfer und tat neben seinem im Tode lächelnden Freund, Blauer Berg, seinen letzten Atemzug. Um seinem jahrelangen Gefährten und nun tödlich verwundeten Freund Winterwind, solange wie es ihm möglich war, den Rücken freizuhalten, kämpfte Igelarsch mit der den Lakota eigenen Todesverachtung gegen zwei Pawnee gleichzeitig.

Badger und Fallender Stern hatten nicht eine Sekunde Zeit, um nach ihren Gefährten Ausschau zu halten. Rücken an Rücken kämpften sie nun, nachdem man ihre Mustangs unter ihnen weggeschossen hatte, mit der Kraft der Verzweiflung gegen die jungen und starken Krieger der Pawnee. Sie, die Geisterkrieger waren gekommen, um den Weg ins Land der vielen Zelte zu finden. Doch zuvor mussten sie den Pawnee, ohne Ausnahme und ohne Gnade, ihre gerechte Strafe zukommen lassen.

Ein entsetzlich schmatzendes Geräusch, verbunden mit einem spitzen, blutigen Gegenstand, der den Häuptling der Pawnee von hinten mit der angreifenden Wucht eines sich aufbäumenden Büffels durchbohrte, ließ Badger erkennen, dass der alte Büffelrücken, immer noch tapfer kämpfend, den jungen Männern seine Stirn bot. Überglücklich seinem Sohn und dessen Bruder, Fallender Stern, einen Feind abgenommen zu haben, sodass es jeder der beiden nur noch mit einem Gegner zu tun hatte, nickte er ihnen ein letztes Mal freudestrahlend zu. Einen kurzen Augenblick später fiel er dann mit brechenden Augen in das so sehr von ihm geliebte Büffelgras.

Der große Schamane der Sichangu, in dessen Nähe man immer das Gefühl hatte, als ob sich das von ihm mit seinen leichten Schritten niedergetretene Präriegras sogleich singend wieder aufrichten würde. Zwei Pfeilschäfte, von denen nur die Befiederungen aus seinem immer noch beachtlich breiten Rücken ragten, hatten den Mann, der bereits zu Lebzeiten bei seinen Feinden zu einer Legende wurde, zu Fall gebracht. „Nun denn, mein Bruder, wollen wir den letzten Pawneehunden zeigen, wie es Lakota und Shoshonie selbst als Greise noch verstehen, jeden Gegner zu erschlagen!"

Ohne weiter auf Igelarsch, den letzten ihrer Gefährten, zu achten, stürzten Fallender Stern und Badger sich jeweils auf einen der immer noch nicht müde werdenden Pawnee.

Doch Igelarsch dachte im Traum nicht daran, selbst als er schon keuchte wie ein alter Büffel und er sich seines letzten Gegners entledigt hatte, sich nun aus den letzten zwei kämpfenden Gruppen herauszuhalten. Wie ein schon leicht altersschwacher Berglöwe sprang er den ihm am nächsten stehenden Pawnee von hinten an, aber immer noch kraftvoll genug, um seinen Gegner zu überrumpeln, riss ihm mit seiner linken Hand den Haarschopf zurück und vollführte einen schnellen, gekonnten Skalpschnitt mit seiner Rechten.

Ehe der Pawnee begriff, was ihn da soeben von hinten gepackt hatte, hielt der bereits nach Luft japsende Igelarsch, den grellen und schon ein wenig heiseren Siegesruf der Lakota ausstoßend, seine blutige Trophäe für alle sichtbar hoch über seinem Kopf. Ein kurzer, grunzender Schmerzenslaut entwich dem unglücklichen Pawnee, während er augenblicklich die Kampfhandlungen einstellte, seinen Tomahawk fallen ließ und mit beiden Händen vorsichtig seinen nackten, rosafarbenen Schädel befühlte.

Doch Zeit, sich seinem Schmerz hinzugeben, fand er nicht - Fallender Stern hatte ihm bereits sein Messer bis an das Heft in die Kehle gestoßen. Mit glasigem Blick rollten die Augen des Pawnee in seinem Todeskampf wild hin und her, während er auf seine Knie sackte und soeben auch den letzten seiner Brüder fallen sah.

Wie ein Faustschlag traf die drei überlebenden Gefährten die plötzlich hereinbrechende Stille.

Nichts außer dem sanftmütigen Zirpen der Grillen und dem beruhigendem Gezwitscher der Singvögel war mehr zu hören, und kaum wahrnehmbar umgab die drei schwitzenden Männer die erfrischende Brise des Herbstwindes, als sie sich einen ersten Überblick verschafften.

„Wir sind immer noch hier, stimmt´s?" Igelarsch sah geistesabwesend auf die an seiner Seite sitzenden Männer.

„Na gut, dann sollten wir uns für unsere Gefährten freuen, denn sie werden heute noch von unseren Ahnen mit allen Ehren aufgenommen werden!"

Fallender Stern nahm mit zufriedenem Lächeln Badgers Bemerkung auf, als er schon im Begriff war, sich um die gefallenen Krieger und deren Bestattung zu kümmern.

Badger saß gerade an der Stelle, an der sein Adoptivvater, der alte Wicasa Wakan Büffelrücken, sein Leben beendet hatte, und drehte ihn behutsam auf den Rücken, um in dessen lächelndes Antlitz zu schauen, als ihn ein unerwarteter Schuss erschrocken in die Höhe fahren ließ. Er wie auch seine Gefährten starrten wie gebannt in das schmutzige und verweinte Gesicht eines jungen Wasicun.

Der sieben- bis achtjährige Knabe, dessen zerzauste, blonde Mähne wie bei einem Stachelschwein abstand, stand, seine Schrotflinte im Anschlag, schützend vor einem auf dem Rücken liegenden erwachsenen Mann. Gleichzeitig bemerkten Igelarsch, Fallender Stern und Badger, wie sich der Brustkorb des am Boden liegenden Weißen kurzatmig auf und absenkte.

„Ihr dreckigen Wilden!", schrie der Kleine die drei mit weinerlicher Stimme an. „Verschwindet oder ich puste euch in eure ewigen Jagdgründe!"

Badger hatte die Worte des Jungen sehr genau verstanden und sofort begriffen, dass der Knabe nicht in der Lage war, die Pawnee von den Lakota zu unterscheiden, obwohl die Lakota doch um so vieles besser aussahen, als diese räudigen Pawnee.

Doch für den kleinen Jungen waren sie alle nur dreckige und schmutzige Wilde.

„Ruhig, kleiner Krieger! Wir sind nicht eure Feinde!", sprach Badger beruhigend auf den Jungen ein, dessen mutiges Auftreten, trotz seiner Angst, ihn fast schon beeindruckte.

Behutsam und mit offenen, dem Knaben entgegengestreckten Händen ging er langsam auf ihn zu.

„Keinen Schritt weiter!" Sofort legte der Junge seine Flinte erneut an die Wange, bereit, jeden Moment den Hebel des Abzuges durchzudrücken.

„Gut, ist ja gut. Du kannst die Waffe herunternehmen!"

Augenblicklich sah nicht nur der Junge zur Seite in die freundlichen Gesichter von zwei älteren Indianerinnen.

Die Worte hatte er zwar nicht verstanden, aber der sanftmütige Wohlklang der vernommenen Stimme ließ ihn die Waffe wieder absetzen.

Fragend blickte er zu Wiegendes Gras und Pearl Bracelet.

Genauso ungläubig wie der Junge, starrten auch Badger und Igelarsch auf ihre Angehörigen, die sich mit einem übertrieben freundlichen Nicken von dem Knaben abwandten und nun ihren Männern widmeten.

Mit offenen Mündern sahen die beiden alten Krieger, immer noch schnaufend, ihre Frauen auf sich zukommen.

„Hattet ihr etwa geglaubt, ihr dürft allein, ohne uns gehen? He?"

Ohne eine Antwort abzuwarten, ergriff auch Pearl Bracelet nun das Wort: „So unendlich viele Sommer und Winter waren wir euch immer gute Frauen gewesen, haben das Leder für eure Mokassins weich gekaut", schimpfte sie, „immer auf euch gehört und nie widersprochen, doch dieses eine Mal braucht ihr gar nicht erst daran zu denken, uns wieder fortzuschicken!"

„Das werden wir auch nicht!"
Igelarsch ging mit ungehemmtem Lachen genau wie Badger auf seine Frau zu und nahm sie, glücklich sie wiederzusehen, in die Arme. Einzig Fallender Stern blieb mit traurigem Blick allein zurück, da er unwillkürlich an seine vor zwei Wintern gegangene Morning Song denken musste. Zutiefst hatte er gehofft, sie heute im Land der vielen Zelte, wie sein Bruder Badger diesen Ort nannte, wiederzusehen, doch dieser Wunsch sollte ihm vorerst noch verwehrt bleiben.

Der weiße Junge verstand von all dem nichts, aber die Herzlichkeit, mit der sich die Indianer begrüßten, wunderte ihn umso mehr. Es sah ja fast schon so aus, als ob diese heidnischen Wilden tatsächlich Gefühle zu haben schienen.

Ein leises, schmerzhaftes Stöhnen zu Füßen des Kindes ließ auch die Lakota und Fallender Stern aus ihren Gedanken wieder erwachen. Badger wandte sich zu den beiden Wasicun um und ging nun langsam auf sie zu. „Habe keine Furcht! Die Krieger, die euch überfallen haben, sind auch unsere Feinde. Das macht uns nicht gleich zu Freunden, aber zumindest könnten wir doch etwas höflicher miteinander umgehen!"

„Was?"
Der erstaunte Junge starrte wie gebannt auf Badger, der gerade dabei war, sich um den Onkel des Knaben zu bemühen. Sofort erkannte der Lakota, dass dem Mann nicht mehr zu helfen war, da er eine tödliche Schussverletzung in seiner Bauchgegend erhalten hatte.

„Ihr sprecht unsere Sprache?", hauchte ihm der schon stark geschwächte Mann, fast schon zu leise, um es zu verstehen, entgegen.

Badger nickte nur besorgt, da er von der Seite sehr deutlich den ängstlichen Blick des Knaben fühlte.

„Ihr seit nicht die Brüder von denen?"
Badger schüttelte verneinend den Kopf, als der sterbende Bishop mit einem kurzen Blick auf die getöteten Pawnee deutete. „Es sind unsere genau wie eure Feinde!"

339

„Das ist gut!"

Erleichtert nickte Bishop und ließ sich wesentlich entspannter wieder auf den von seinem Blut getränkten Prärieboden zurücksinken, um in Frieden seine letzten Atemzüge zu tun. „Bitte! Ihr müsst mir etwas versprechen! Wollt ihr das tun?"

Kaum dass Badger die leisen Worte des Mannes verstanden hatte, nickte er ihm zu. „Was sollen wir für dich tun?" Badger war unwohl zumute, aber es gehörte sich nicht, einem Sterbenden seine letzte Bitte abzuschlagen.

„Bringt bitte Arthur-Friedrich zu seinen Eltern. Sie leben in Minnesota in ... - er ist ein guter Junge. Bitte helft ihm, allein wird er es nicht schaffen."

Ernsten Blickes vernahm Badger die Worte des Mannes, dem er, genau wie allen anderen Wasicun, am liebsten den Skalp genommen hätte, aber seine Auffassung von Ehre verbot es ihm.

„Versprecht ihr es? Bitte!"

Badger blieb die Antwort immer noch schuldig, da er mit seinem inneren Schweinehund noch nicht zu Ende gerungen hatte.

Der Mann hob, vor Anstrengung zitternd, seine Hand und griff nach der des Jungen, der an seinem Kopfende kniete.

Obwohl Badger hin und her gerissen war, musste er ihm, solange noch das Leben in ihm weilte, antworten. „In Ordnung, wir versprechen es. Wir bringen ihn zu seinen Eltern. Aber wo finden wir sie und wie heißen sie?"

Der Mann lächelte ein gequältes letztes Mal in seinem Leben kurz auf. „Es sind die Bishops, geht nach Neu Ulm, dort kennt man sie. Ich danke euch!" Und mit einem allerletzten Blick des Abschieds auf Arthur hauchte er: „Sei ein braver Junge, sie werden dir helfen!" Dann schloss er die Augen und ließ seine Seele den Körper verlassen.

Nur vereinzelte, lautlose Tränen tröpfelten wie die Vorboten eines brechenden Staudammes aus den Augen von Arthur hervor. Hilfe suchend sah er verzweifelt in die Runde auf die schweigenden und noch blutverschmierten Indianer.

Was würden sie wohl mit ihm anstellen, fragte sich der Junge, da er nicht im Entferntesten damit rechnete, dass der alte Krieger sein Wort halten würde.

BESTEHENDE UND IN VORBEREITUNG BEFINDLICHE TITEL DER INDIAN SUMMER EDITION:

Die Eleanore Hinman Interviews über das Leben und den Tod von Crazy Horse / ISBN: 978-3-947488-34-6

Kendall Old Elk:
Storys from the Heart oft he World / ISBN 978-3-947488-35-3
Geschichten vom Herzen der Welt / ISBN 978-3-947488-36-0

Peter Marsh & Veit Stone:
Pawnee – Das Tal der Wolfskrieger / ISBN 978-3-947488-19-3

Wolf G. Winning:
Mountain Sunrise / ISBN 978-3-947488-24-7
Roter Bruder Abel / ISBN 978-3-947488-25-4
Igmuntanka Wicasha - Der Puma-Mann / ISBN 978-3-947488-26-1
Wer weiß schon wann die Stunde schlägt / ISBN 978-3-947488-27-8
Washichun Sapecha 1 - Lockruf der Freiheit / ISBN 978-3-947488-28-5
Washichun Sapecha 2 - Bis ans Ende der Zeit / ISBN 978-3-947488-31-5

„Das Herz der Sioux" von Peter & Éeny Marsh:
1 - Reise zu den Ahnen / ISBN 978-3-947488-00-1
2 - Land der vielen Zelte / ISBN 978-3-947488-01-8
3 - Tränen des Adlers / ISBN 978-3-947488-02-5
4 - An den Feuern der Santee / ISBN 978-3-947488-03-2
5 - Wolkenschilde / ISBN 978-3-947488-04-9
6 - Spur der Büffel / ISBN 978-3-947488-05-6
7 - Die letzte Feder im Wind / ISBN 978-3-947488-06-3
8 - Land der schwarzen Berge / ISBN 978-3-94788-07-0
9 - Die Rückkehr des Wicasa Wakans / ISBN 978-3-947488-08-7